교 감 역 주

순암집

1

순암번역총서 01

교감역주 순암집 1

1판 1쇄 인쇄 2016년 10월 24일
1판 1쇄 발행 2016년 10월 28일

지은이 | 안정복
역 주 | 이상하
편집인 | 순암 안정복 선생 기념사업회

펴낸곳 | 성균관대학교 출판부
등 록 | 1975년 5월 21일 제1975-9호
주 소 | 03063 서울특별시 종로구 성균관로 25-2
전 화 | 02)760-1252~4 팩스 | 02)762-7452
홈페이지 | http://press.skku.edu

ISBN 979-11-5550-194-8 94150
      979-11-5550-193-3 (세트)

값 30,000원

잘못된 책은 구입한 곳에서 교환해 드립니다.

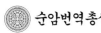
교 감 역 주

순암집 1

順菴集

안정복 지음

이상하 역주

성균관대학교 출판부   순암 안정복 선생 기념사업회

순암 안정복 선생은 조선 후기 최대의 역사서인『동사강목(東史綱目)』의 저자로 널리 알려져 있다. 순암 선생은 역사학을 정점으로 경학과 예학, 목민행정과 서학 등에 정예한 식견을 드러낸 바 있다. 특히 성호 이익의 수제자로 성호학파의 전승에도 결정적인 역할을 했다. '순암 안정복선생 탄신 300주년 기념사업회'는 그의 찬란한 학덕을 기리기 위해 지난 2011년 발족했다. 그의 학문적 업적이 오늘날에도 여전히 큰 의미를 지니고 있다는 것에 동감한 학계와 문화계, 지역 인사들이 합심하여 뜻을 받아 추진한 결과였다.

300주년이 되던 2012년에 기념사업회는 학술총서를 출간하여 학계에 순암 연구의 활력을 다시 불러일으켰고, 다양한 순암 선생 관련 학회와 백일장 등 지역의 문화행사도 꾸준히 지원했다. 국립중앙도서관, 실학박물관과는 순암의 방대한 초서롱(抄書籠), 저서롱(著書籠)의 저작을 바탕으로 전시회를 개최했으며, 국사편찬위원회에서는 순암 선생의 문집초본인『순암부부고(順菴覆瓿藁)』를 사료총서의 하나로 발간했다. 국립중앙도서관에 소장된 순암의 100종이 넘는 책들은 정갈하게 해제되어 학계에 제공되기도 했다. 이러한 학술사업의 성과들은 7권의 순암연구총서에 묶여 이미 학계에 상재된 바 있다.

2013년부터는 '순암 안정복 선생 기념사업회'로 전환하여 순암 안정복 연구의 근간을 다지는 작업에 집중하고 있다. 이미 진행된 순암연구총서와 진행을 앞둔 순암자료총서, 순암번역총서의 간행이 그것이다.

순암 집안의 4대에 걸친 생활사의 성격을 띤 『안정복일기(安鼎福日記)』는 탈초와 번역을 마치고 정리되어 곧 단행본의 형태로 출간될 예정이다. 순암 선생의 친필본 『잡동산이(雜同散異)』에 대해서도 문헌정리와 그 의미에 대한 연구가 진행되고 있다. 이들은 모두 순암자료총서의 하나로 학계에 제공될 것이다.

이번에 출간되는 『교감역주(校勘譯註) 순암집(順菴集)』 1, 2는 순암번역총서의 제1집이다. 전체 7권 분량으로 내년 초까지 순차적으로 완간될 예정이다. 『교감역주 순암집』은 2011년 3월부터 2015년 12월까지 장장 5년간에 걸쳐, 학계의 중망을 받고 있는 이상하 교수에 의해 치밀한 학술번역으로 진행되었다. 『순암집』은 일찍이 지난 1990년대 중반에 한국고전번역원에서 번역된 바 있다. 그러나 서책의 형태로는 널리 일반 대중에 전파되지 못했을 뿐 아니라 방대한 분량을 여러 필자들이 나누어 번역하였기 때문에 초래된 소소한 문제도 없지 않았다. 이번 새번역은 이러한 점들은 물론, 적지 않은 원문상의 교감을 통해 오자를 바로잡았으며, 집안 내의 인물에 대한 고증과 주석 역시 일신한 명실상부한 교감역주본이다. 학술적 치밀성을 담보한 권위 있는 번역 정본이 될 것으로 기대된다. 긴 시간 동안 열의를 보여준 번역자의 노고에 심심한 사의를 표한다. 이 『교감역주 순암집』이 순암 선생을 연구하는 지남이 될 것임을 믿어 의심하지 않는다.

『열조통기』를 비롯하여 아직 번역되지 않은 순암 선생의 저작이 적지 않다. '순암번역총서'는 이러한 국학의 중요한 저작들을 엄선하여 진중한 번역을 통해 학계에 제공하려는 기획이다. 많은 관심을 기대한다.

순암번역총서의 출간에 물심양면으로 지원을 아끼지 않은 광주안씨 광양군파 종중에 다시 한번 깊은 감사의 뜻을 전한다. 출판을 맡아준 성균관대출판부와 담당해 주신 신철호 선생께도 고마운 마음을 전하며 완간될 때까지 세심하게 살펴주시기를 부탁드린다. 함영대 박사는 묵묵히 이 일을 맡아 진행하고 있다. 그 앞날에도 행운을 기원한다.

2016년 10월 12일
성균관대 명예교수, 순암 안정복 선생 기념사업회장
송재소

이상하(한국고전번역원 교수)

1. 머리말

이 책은 순암(順菴) 안정복(安鼎福, 1712~1791)의 문집인 『순암집
(順菴集)』을 교감하고 역주(譯註)한 것이다.

『순암집』은 이미 1996년에 민족문화추진회에서 국역하였는데, 당
시 이름난 역자들이 참여하였다. 그렇지만 박식한 학자인 순암의 글
에는 찾기 어려운 전고(典故)가 매우 많아 검색 기능이 발달하지 못했
던 당시로는 일일이 찾아서 주석을 달기 어려웠고, 여러 역자가 권을
나누어 번역한 터라 책 또는 권마다 문체가 다른 곳들도 적지 않았다.
그리고 저본이 목활자라 교감이 안 된 오자들도 간간이 눈에 띄었다.

2012년 순암 탄신 300주년을 맞아 순암 안정복 선생 기념사업회가
발족하여 순암을 선양하는 다양한 사업을 기획하면서 『순암집』 재번
역이 그 중 하나로 선정되었다. 그러나 이미 선학(先學)들이 번역한
책을 다시 번역한다는 것은 아예 새로 번역하는 것보다 더 부담이
된다는 것을, 번역을 진행하면서 실로 절감하였다.

그래서 예전 번역은 쉬운 현대문으로 옮기는 데 치중하였다면, 이
번 번역에서는 원문을 보다 깊이 이해할 수 있게 하는 데 주력, 현대문

문장부호로 원문에 표점하고 원문에 주(注)를 달았다. 그리고 표점한 원문을 역문 바로 아래 두어 역문을 읽으면서 필요하면 곧바로 대조해 볼 수 있도록 하였다. 연구자들의 요구에 부응하는 이를테면 학술 번역을 지향한 셈이다. 원문에 주를 달면서 굳이 한글을 병기하지 않았다. 이렇게 하는 것이 대개 원문에 주석할 경우의 원칙이기도 하거니와 출전의 원문을 간약(簡約)하고 정확하게 정리 번역해 주석하기에 편리하다. 원문의 출전을 상세히 밝혀놓지 않고 문장만 윤색해 놓으면, 출전을 이해하지 못한 채 역문을 오독(誤讀)하는 경우가 많다.

이제 천학(淺學)이 교감 표점하고 역주한 『순암집』을 세상에 내어 놓으면서 역자로서 뿌듯한 보람보다 두려움이 앞선다. 제현의 아낌없는 질정을 기다린다.

2. 순암이란 학자

순암 안정복은 어떤 인물인가. 실학을 꽃피운 조선후기 대표적인 실학자의 한 사람으로, 『동사강목(東史綱目)』의 저자로 사람들은 대개 기억하고 일컬을 것이다. 그러나 순암을 생각할 때면 가장 먼저 나의 뇌리에 떠오르는 것은 그의 위대한 실학도 사학도 아니요 그의 유언 한 마디이다.

> 만사(輓詞)와 제문(祭文)을 받지 말라. 나를 아는 자는 절로 나에 대해 평가할 것이니, 남에게 억지로 청하여 실정을 벗어난 실없는 말을 받아서 공연히 비웃음을 살 필요는 없다.

옛날에는 누구에게 어떠한 만사나 제문을 받았는가 하는 것으로 고인에 대한 평가가 대개 결정되었다. 그래서 으레 만사와 제문들을 모아 소위 만제록(挽祭錄)을 꾸며 문집에 싣는 것을 매우 중시한다. 그런데 순암은 만사와 제문을 받지 말라고 하면서 자신의 유명(遺命)을 반드시 지키라고 단단히 다짐해 두었고, 그의 문집 『순암집(順庵集)』에는 실제로 만제록이 없다.

중국 진(晉)나라 유의(劉毅)는 "사람은 관 두껑을 덮어야 비로소 그 사람에 대한 평가가 결정된다."고 하였다. 부(富)를 잊기는 쉬워도 명예를 잊기는 어려운 법인데, 순암은 자신의 사후에 남을 평가에도 초연하였던 실로 순정(醇正)한 학자이다. 그래서 나는 무엇보다 먼저 '순유(醇儒)'라는 한 마니 말로 순암을 평가하고 싶다.

순암이 28세 때 관상을 보는 사람이 말하기를, "옛 사람이 구양공(歐陽公, 송나라 구양수(歐陽脩))의 관상을 보고, '귀가 얼굴보다 더 희니 이름이 천하에 가득할 것이고, 입술이 치아를 가리지 못하니 일없이 비방을 들을 것이다.'고 하였는데, 공의 관상이 이와 흡사하니, 공은 오늘날의 구양공이 될 것이오." 하였다. 순암은 얼굴에 마마 자국이 남아 있고 치열이 고르지 못했다고 한다. 순암의 얼굴 모습이 질직(質直)하여 바른 말을 잘하였던 그의 성품을 그대로 드러내 보여주는 듯하다.

순암 안정복(1712~1791)은 숙종 38년 12월 25일, 지금의 충청북도 제천시 대랑동 느릅원에서 아버지 안극(安極)과 어머니 전주이씨(全州李氏)의 장남으로 태어났다. 본관은 광주(廣州)이며 자는 백순(百順), 호는 순암(順菴)이다. 다른 호로는 한산병은(漢山病隱), 우이자(虞夷子), 상헌(橡軒) 등이 있다. 4세 때 모친을 따라 상경한 뒤로 여러 지역을 옮겨 살다가 25세 때 경기도 광주 경안면(慶安面) 덕곡리(德谷里)에 정착하였다. 그의 집안은 남인(南人)에 속했던 터라 노론이 득세하던 당시에 과거를 통해 입신하기 어려웠다. 순암이 14세 되던 해 할아버지 안서우(安瑞羽)가 울산부사로 부임하였으나 그 이듬해 노론의 배척을 받아 파직되었고, 그 이후로는 집안에 벼슬길이 끊겼다. 그래서 순암은 일찍부터 과거를 포기하고 학문에 전념하였다.

순암은 10세에 글공부를 시작하여 경사자집(經史子集)뿐 아니라 병서(兵書), 불경, 노장(老莊), 야사(野史), 소설 등 구할 수 있는 글을 다 섭렵하여 15, 6세부터 이미 박학하기로 이름났다. 26세에 이르러『성리대전(性理大全)』을 읽으면서 비로소 성리학에 뜻을 두었다.

갑자년(1744) 33세 때 순암은 반계(磻溪) 유형원(柳馨遠)의『반계수록(磻溪隨錄)』을 읽고 크게 감발(感發)하였다. 이어서『반계집(磻溪集)』,『동국여지지(東國輿地志)』등의 저술을 읽었는데, 이때 현실을 보는 눈이 열리고 종래의 성리학과는 다른 학문 성향이 형성되기 시작했던 것으로 보인다.

그리고 병인년(1746) 35세 때 안산(安山)에 살던 성호(星湖) 이익(李瀷)을 찾아가 스승으로 섬긴다. 처음 대면한 자리에서 이익이 학문은 자득(自得)이 매우 중요하니 새로운 이치를 밝혀 정주(程朱)와 다른 학설을 얼마든지 주장할 수 있다고 자기 소신을 거침없이 말하자, 순암은 오직 옛 성현의 말씀을 그대로 따라 성실히 실천에 옮기겠다고 겸손하게 대답한다. 성호가 정복(鼎福)이란 이름을 고칠 것을 권하자 순암은 "이름을 아무리 고치더라도 이 몸은 여전히 그 사람 그대로일 것입니다. 이 문제는 저 자신의 할 도리를 다하여 스스로 지켜가면 그만일 터이기에 감히 분부를 따르지 못합니다."라고 답하였다. 스승의 말을 매우 중시하는 당시로서는 퍽 이례적인 일이 아닐 수 없다. 순암이 매우 자존심과 소신이 강한 사람이었음을 알 수 있다.

한편 반계와 성호는 조선시대 세습하는 노비제(奴婢制)를 폐지해야 한다고 주장했는데, 순암도 "우리나라 노비법(奴婢法)은 천하에 더없이 억울한 법이다. 사람이 어떻게 대대로 계속 천민이 되어서 영원히 벗어날 수 없단 말인가."라 하였다. 의외로 다산(茶山) 정약용(丁若鏞)은 『목민심서(牧民心書)』에서 노비제를 강화하여 신분질서를 바로 세워야 한다고 주장하였다.

성호와는 도합 세 차례 만났고 함께 지낸 시일은 도합 4일이었으나 순암은 성호를 평생에 유일한 스승으로 지극히 존경하였고 수십 통의 편지를 주고받으며 진지하게 학문을 토론하였다. 그렇지만 순암은 스승과 기질이 달랐다. 성호가 활달하고 개방적이라면 순암은 온전하고 보수적인 성향을 보인다. 성호의 영향을 받은 순암은 주자(朱子)를 존신(尊信)하면서도 조선의 학자들은 주자를 잘못 배웠다고 생각하여 이미 형해화(形骸化)된 이론에만 매달리는 조선의 학문 풍토를 개탄하고 실용을 추구하였다.

반계와 성호를 통하여 실학에 눈을 떴지만, 정작 순암이 생각했던 실학은 오늘날의 소위 실학과는 개념이 다르고 분명 주자학의 정신 위에 서 있다.

『주서절요(朱書節要)』란 책은 퇴계 선생이 정력을 다한 저술이니, 참으로 학자들로서는 가장 우선으로 공부해야 할 것이며 또 일생을 두고 수용(受用)해야 할 것이다. 그런데 요즘 사람들은 이 책을 읽지 않는 이가 많다. 이런 까닭에 실학(實學)은 점점 빛을 잃고 속학(俗學)이 점점 기세를 부리고 있는 실정이다.

이와 같이 순암은 그의 학문의 뿌리를 주자학에 내리고 있지만 이 기성리설(理氣性理說)에는 별로 관심을 보이지 않았다.

대저 이기설(理氣說)이 있은 뒤로 이에 관한 학설이 한우충동(汗牛充棟)으로 많아 오늘날 학자들이 가장 중시하는 저술이 되어 하나의 폐단을 이루는 실정이다. 가만히 생각해 보면 사람이 학문한다는 것은 악을 버리고 선을 따르는 것에 불과하니, 이기(理氣)가 비록 성명(性命)의 근원이라고는 하지만 실용(實用)에는 별 관계가 없는 것 같다. 공연히 주장만 서로 오가는 사이에 한갓 종이 위의 한가한 말만 늘어놓다가 점점 과격해져서 각축을 그치지 않는 것은 또한 무슨 작태란 말인가.

주자학의 두뇌라 할 수 있는 이기설이 실용에 도움이 되지 못하고 한갓 폐단이 될 뿐이라고 지적하였다. 이것이 조선의 당시 주자학과 다른 그의 실학 정신으로, 『동사강목(東史綱目)』, 『열조통기(列朝通紀)』, 『잡동산이(雜同散異)』, 『임관정요(臨官政要)』 등 방대한 실학 저술을 남길 수 있었던 원동력이 되었다.

서학(西學)이 중국에 처음 들어온 것은 17세기 초엽이다. 이후 100여 년이 지난 18세기 초엽에 이르러서 조선에 전래하였고 성호 이익을 비롯한 성호학파(星湖學派)의 학자들은 일찍부터 천주학을 포함한 서학에 관심을 보였다. 순암은 서학 중 역법, 화포 등 서양 과학기술은 정교한 점이 있다고 인정하면서도 성학(聖學)이 아니라고 폄하해 버린다. 그는 천주학이 이단이라는 강한 소신을 가지고 비판하다가 녹암(鹿庵) 권철신(權哲身)을 비롯한 동문의 젊은 학자들로부터 갖은 모욕과 비방을 받았다.

순암은 주자학을 존숭했으나 무턱대고 맹신하지는 않았다. 그는 자신이 확신할 수 없는 주장을 받아들일 수 없어 천주교를 받아들이지 않았으리라. 지금에 와서 당시 천주교 비판의 선악을 따진들 무슨 의미가 있으랴. 다만 새로운 것을 받아들이려는 젊은이들의 호기심을 마냥 억눌러서도 안 되겠지만, 자신이 확신할 수 없는 것을 무턱대고 받아들이지 않은 순암의 근후(謹厚)한 자세도 우리는 배워야 할 것이다. 또한 자기 소신을 지키고 젊은이들이 천주학을 하다가 큰 화를 당할까 진심으로 걱정하였던 순암의 어른다운 처신은 오늘날 높이 평가받아야 할 것이다.

성호학파 안에서 순암과 가장 크게 의견의 대립을 보인 학자는 권철신이다. 순암이 보수적인 성향을 보이는 우파(右派)를 대표하는 학자라면 권철신은 진보적인 성향을 보이는 좌파(左派)를 대표하는 학자라 할 수 있다. 순암이 정주(程朱)의 학설을 힘써 따르고 지키려는 신중한 태도를 보인 반면 권철신은 정주의 학설일지라도 자기 견해와 다르면 과감하게 고치는 혁신적인 면모를 보인다. 오늘날 지식인들은 진보적인 성향을 보이는 인물은 시대에 앞선 선각(先覺)이라 하여 무턱대고 높이 평가하려는 경향이 있다. 순암과 같은 인물이 상대적으로 각광받지 못할 수 있는 것이다. 그러나 실학이 현실에 밀착한 학문이라 한다면, 나는 순암이야말로 실학자 중에서 가장 실학을 한 학자라 일컫고 싶다.

순암은 예학(禮學)에 밝고 주자학의 이념에 충실하면서 당시 현실을 외면하지 않고 어디까지나 실용을 중시하는, 소위 실학을 한 학자이다. 우리는 순암을 통해서 주자학과 실학이 본래는 하나이면서 둘임을 볼 수 있으니, 순암이야말로 주자학과 실학의 관계와 경계선을 가장 잘 보여주는 학자라 하겠다.

조선은 주자학의 나라라 명분과 염치를 지나치게 중시한 나머지 선비들은 대개 관직에 나가지 않고 산림처사(山林處士)로 자처하는 것을 고상하게 여기는 풍조가 만연하였는데, 순암은 이는 신하의 도리가 아니라고 단호히 비판하였다.

오늘날 사람들은 "아무개는 유자(儒者)이니, 틀림없이 이 벼슬에 나오지 않을 것이다."고 하면서 안 나오는 것을 고상하게 여기고, 당사자 자신도 말하기를 "어진 이를 등용해야 할 자리이지 내가 맡을 자리는 아니다."고 하면서 역시 나가지 않기로 작정한다. 그래서 이 길이 곧 하나의 큰 철한(鐵限)이 되어 이를 넘어가는 자가 아무도 없으니, 국가에서 관직을 둔 뜻이 허울 좋은 겉치레 형식이 되어 버리고 선비들도 쓰일 때가 없게 되는 것이다. 세상에 이런 이치가 어디 있겠는가. 어려서 배우는 목적은 장성해서 그대로 실행하기 위한 것이니, 만약 지금 세상 사람들의 말처럼 우물쭈물하다가 말 뿐이면, 이는 자기 몸 하나 깨끗하게 하기 위해 임금을 섬기는 인륜을 어지럽히는 자들이나 하는 짓이지, 우리 유가(儒家)의 중정(中正)한 도리가 아니다.

조선의 학자에게서는 좀처럼 듣기 어려운 말이다.

순암은 38세에 처음 벼슬길에 나가 만녕전 참봉(萬寧殿參奉), 의영고봉사(義盈庫奉事), 정릉직장(靖陵直長), 귀후서별제(歸厚署別提) 등 미관말직(微官末職)을 거쳤지만, 성심을 다해 봉직(奉職)하며 오로지 청렴하고 근신한 자세를 지켰다. 그래서 의영고봉사로 있다가 정릉직장(靖陵直長)으로 옮겨가니, 백성들이 의영사(義盈司)의 문 밖에 거사비(去思碑)를 세웠다. 스승 성호가 이 사실을 듣고서 보낸 편지에서, "의영사 문 밖에 거사비가 섰으니, 경아문(京衙門)의 낮은 관원에 대해서 이렇게 한 적이 고금에 없네. 여기에서 학문을 하거나 벼슬살이를 하거나 늘 온 힘을 다했음을 알 수 있다."라고 크게 칭찬하였다.

43세 때 부친상을 당해 사헌부 감찰을 그만둔다. 순암은 부친상을 당한 뒤로 애훼(哀毁)로 몸을 해쳐 피를 토하는 증세가 생겼다. 그래서 건강이 늘 좋지 못하였기 때문에 더욱 세상에는 관심이 없고 학문에 전념하였다.

순암은 61세에 이르러 병조판서 채제공(蔡濟恭)의 천거로 세자익위사(世子翊衛司) 익찬(翊贊)에 임명되어 세손(世孫)을 보도(輔導)하였다. 당시 세손이 훗날 정조(正祖)가 되었다.

65세에 목천현감(木川縣監)으로 부임하여 백성들이 관청에 저장할 얼음을 채취하는 일을 폐지하고, 방역소(防役所)를 설치하는 등 선정(善政)을 베풀었다. 그래서 부임한 지 몇 달이 지나지 않아 백성들이 선정을 칭송하여 온 고을 안에 목비(木碑)가 세워지니, 순암은 백성들이 목비(木碑)를 세우는 것을 금지하였다. 67세 때 겨울에는 12월에 자신의 봉급을 줄여서 백성들의 세금을 덜어주었으며, 68세 때

2월에는 자신의 봉급을 줄여서 고을 안의 굶주린 백성들을 진휼하니,
2월부터 4월에 이르기까지 진휼한 자가 2천여 명이었다.

유언에서,

> 만년에 벼슬길에 나갔다가 곧장 물러나곤 하여 오랫동안 벼슬할
> 생각이 없었으니, 이는 고상하게 은거하려는 뜻이 있어서가 아니
> 라 병세로 보아 억지로 벼슬하기 어려워서 그랬던 것이다. 제대로
> 알지 못하는 자들이 함부로 학자라는 이름을 붙여 놓았으니, 이는
> 비록 일일이 사람을 찾아다니며 해명할 수 없지만 또한 나의 진심
> 을 알지 못한 것이다.

라 하여, 자신이 학자로 일컬어지는 것조차 부담스럽게 여겼던 순
암은 1791년 80세로 고종(考終)하였다.

운명하기 이틀 전에 늘 자리 곁에 걸어두던 경의직방(敬義直方)
넉 자를 쓴 경의패(敬義牌)를 가져오라 하였고, 운명할 때에도 정신
이 맑았다고 한다. 벽에 걸린 경(敬)·의(義) 두 자를 가리키며 말하
기를 "이 두 자는 학자에게 극히 요긴하니, 모름지기 공부를 익숙하게
해야 한다. 공부가 익숙하면 흉중에 일물(一物)도 없게 된다. 나는
이러한 경지에 이르지 못하고 죽는다." 하였다고 하는 조선중기의
도학자 남명(南冥) 조식(曺植)의 임종 모습을 떠올리게 한다. 순암을
대개 실학자로 분류하지만, 그의 일생을 통해 내면을 관류하는 것은
주자학, 도학의 정신이었음을 알 수 있는 것이다. 요컨대 조선 주자학
의 그릇된 학문 풍토를 비판하고 주자를 바로 배우겠다는 정신의 바
탕 위에서 현실을 바로 보고 실용을 추구하는 학문을 한 것이 순암의

실학이라 하겠다.

3. 『순암집』의 내용

순암은 대략 50여 종의 방대한 저술을 남긴 것으로 파악된다. 그 중에서 대표적인 저술을 들어보면 『동사강목(東史綱目)』, 『열조통기(列朝通紀)』, 『잡동산이(雜同散異)』, 『임관정요(臨官政要)』 등이 있다. 그러나 순암의 학문과 사상이 가장 잘 드러나 있는 것은 역시 문집 『순암집』이다. 『순암집』은 순암의 문인 황덕길(黃德吉)이 편집하고 안경위(安景禕)가 재차 편차하고 교정한 것을 저자의 5대손 안종엽(安鍾曄)이 1900년에 목활자로 간행하였는데, 모두 15책이다. 원집(原集)이 26권 14책이고, 연보와 행장이 부록 1책으로 붙어 있다.

『순암집』에서 중요한 저술 또는 역자가 재미있게 읽은 글을 소개하겠다.

1권에는 시만 수록되어 있는데 196수이다. 조선조 문집에서는 매우 적은 분량이다. 순암이 평소 문학에는 관심을 두지 않았음을 알 수 있다. 젊은 학자들이 천주교에 빠진다는 말을 듣고 순암은 이렇게 시를 읊었다.

천당이니 지옥이니 황당한 말이니
바꿀 수 없는 도리가 우리 유가(儒家)에 있네
그 주장이 참으로 허황하지 않을지라도
악하면 지옥 가고 선하면 천당 가는 것을

천주학을 비판하던 순암의 신념을 단적으로 보여준다. 이러한 시 외에는 아들 안경증(安景曾)을 자상한 말로 훈계한 〈아들에게 보이다[示家兒]〉, 곤충과 벌레에게 배울 점을 찾아서 좌우명으로 삼은 〈주변 사물을 읊은 절구 10수[詠物十絶]〉, 스승 성호(星湖)의 「해동악부(海東樂府)」에 누락된 역사 사실 다섯 가지를 읊은 악부(樂府) 5장(章) 등이 재미있다.

그 다음으로는 편지글이 실려 있다. 모두 225편으로 성호 이익(李瀷), 윤동규(尹東奎), 이병휴(李秉休), 남유로(南維老), 채제공(蔡濟恭), 권철신(權哲身), 안경점(安景漸), 문인제자의 순서로 편차되었다.

스승 성호에게 올린 편지에는 주로 동사(東史) 편찬과 관련한 문제, 상례(喪禮) 절목, 천주교 비판 등이 주제이다. 이 밖에 병자년(1756) 45세 때 성호에게 올린 편지에서는, 자신이 정착해 살던 덕곡리에 새로 집을 짓게 된 연유와 건축 규모 형태를 말한 다음, 천하의 모든 일은 이치를 따르면 된다는 뜻에서 자신의 자인 백순(百順)에서 순(順) 자를 따 순암(順菴)이란 당호(堂號)를 지었다고 하였다. 기묘년(1759) 48세 때 성호에게 올린 편지에서는, 우리나라 자음(字音)에는 입성(入聲)인 종성(終聲)이 있으니 이것이 기자(箕子) 때부터 내려온 정운(正韻)이라 주장하는 한편 주자와 같은 대학자도 고본(古本)을 보지 않고 『참동계』를 주해(注解)하다가 경문과 주(注)를 구분하지 못하는 오류를 범하고 말았다고 하였다.

소남(邵南) 윤동규는 순암이 스승 성호를 처음 배알했을 때 성호가 사귀어 보라고 소개한 학자로 사학(史學)과 역학(易學)에 조예가 깊었다. 윤동규에게 보낸 편지에는 사학에 관한 것이 많다. 정해년

(1767) 56세 때와 58세 때 윤동규에게 보낸 편지 두 통에서는 성호 문하의 신후담(愼後聃)과 윤동규 사이에서 벌어진 성인의 공정한 희노, 즉 공희노(公喜怒)에 관한 논변에 순암이 끼어드는 것을 확인할 수 있다. 성호 문하 성리설 연구에 중요한 자료가 된다.

성호의 조카 이병휴(李秉休 1711~1777)와는 성리설과 예학을 주로 토론하였다. 기축년(1769) 58세 때 이병휴에게 보낸 편지에서 순암은 스승 성호가 세상을 떠난 뒤 자득(自得)을 중시한 성호의 영향을 잘못 받아서 이기양(李基讓)·권철신(權哲身) 등 젊은 학자들이 정주(程朱)의 학설과 다른 설을 과감하게 주장하는 경솔한 풍조가 생기고 있다고 크게 우려하였다.

병오년(1786) 75세 때 번암(樊巖) 채제공(蔡濟恭)에게 보낸 편지에서는 함께 천주학을 배척하자고 권면한다.

녹암(鹿庵) 권철신(權哲身)에게 보낸 편지에서는 주로 양명학, 선학(禪學)을 비판하고 천주학에 빠지지 말라고 간곡히 충고한다. 또한 정주(程朱)와 같은 고인의 글을 읽으면서 자기 견해를 경솔히 주장하는 것을 강하게 비판하였다.

10권에는 〈동사문답(東史問答)〉이 실려 있다. 〈동사문답〉은 순암이 『동사강목(東史綱目)』을 편찬하면서 성호, 윤동규, 이병휴 등과 문답한 편지 15편을 모아놓은 것이다. 여기에는 『주자강목(朱子綱目)』의 체제와 범례, 우리나라 사서(史書)의 문제점, 지리 고증 등 여러 분야에 걸친 토론이 자세히 실려 있는데, 우리 역사와 강토에 대한 순암의 관심과 사랑을 읽을 수 있다. 『동사강목(東史綱目)』은 순암의 대표적인 저술로 단군조선부터 고려 말엽까지를 다룬 통사(通史)이며 실학시대를 대표하는 역사서로 꼽힌다.

12권~13권에는 「상헌수필(橡軒隨筆)」이 실려 있다. 「상헌수필」은 순암의 수필이다. 상헌은 순암의 다른 호이다. 이 「상헌수필」에는 경서 의의(疑義), 치란(治亂)의 역사, 인물 품평이 실려 있는데, 당시 일본 학자(日本學者)에도 관심을 두고 소개하였다. 이 밖에 야사(野史)에 실음직한 재미난 얘기들도 많다. 그 중에서 하계(霞溪) 권유(權愈)가 동명(東溟) 정두경(鄭斗卿)에게 글을 배울 때의 일을 회상한 대목을 소개한다.

> 내가 젊었을 때 정공(鄭公)이 사마천의 『사기』에 밝다는 말을 듣고 책을 끼고 가서 가르침을 청하였네. 정공이 글을 읽으라고 하기에 읽다가 의심나는 곳에 이르러 질문을 하였더니, 정공이 말하기를, "자네의 생각은 어떠한가?" 하였다. "이런 뜻일 듯합니다." 하였더니 정공은 "좋다." 하더군. 그리고 질문할 때마다 좋다는 말로만 대답하였지. 내가 머리를 숙인 채 글을 읽다가 마지막 편에 이르렀을 때 갑자기 정공이 보이지 않았네. 그래서 고개를 들고 둘러보니, 정공은 방 윗목에서 소매를 떨치며 춤을 추다가 나와 눈이 마주치자 말하기를, "좋고도 좋구나! 글 뜻은 굳이 알 필요가 없고, 그저 많이 읽기만 하면 된다." 하더군.

16권에는 「함장록(函丈錄)」이 실려 있다. 순암은 1746년 10월 17일에 평소 흠모해 오던 성호 이익을 찾아가 배알한다. 안정복은 이때 하룻밤만 묵고 돌아왔고, 이듬해 9월 20일에도 하룻밤만 묵고 돌아왔으며, 그 이듬해 1748년 12월 14일에는 세 번째 찾아가서 이틀 밤을 묵고 돌아왔다. 그리하여 안정복이 스승과 함께한 시일은 도합

4일이 된다. 「함장록」은 이 4일 동안의 기록이다. 이 글은 순암과 성호의 학문 성향 및 조선의 주자학과 실학의 미묘한 차이를 엿볼 수 있는 좋은 자료이다. 기실 주자학과 실학은 다른 두 체계를 갖춘 학문이 아니라 주자학 안에서 일어난 새로운 움직임을 따로 정의해 임의적으로 구분한 것을 실학이라 했다고 보는 편이 타당할 것이다. 이 글에서는 이 밖에도 성호의 집이 작은 초가삼간이었고, 계집종이 차려 온 상에는 밥은 그릇에 차지 않았고 반찬은 새우젓이 흰 사기접시에 조금 담겨 있고 나박김치가 한 접시였으며 또 토호(土瓠)로 끓인 국이 있었는데, 맛이 모두 짜서 검소한 생활을 짐작할 수 있다는 대목, 그리고 주인과 손님이 수인사하고 대화하는 과정도 당시 청빈한 선비의 생활 모습을 떠올리며 음미해봄직하다.

17권에는 『천학고(天學考)』와 『천학문답(天學問答)』 등이 실려 있다. 『천학고』는 『한서(漢書)』, 『열자(列子)』, 『통전(通典)』, 『명사(明史)』 및 명청(明淸) 시대 학자들의 저술인 정효(鄭曉)의 『오학편(吾學編)』, 전겸익(錢謙益)의 『경교고(景敎考)』, 고염무(顧炎武)의 『일지록(日知錄)』과 조선 학자의 저술인 지봉 이수광의 『지봉유설(芝峯類說)』, 성호 이익의 「천주실의발(天主實義跋)」 등의 문헌을 인용하여 천주학이 중국과 조선으로 전래한 경위를 밝힌 글이다. 『천학문답』은 제목 그대로 문답 형식을 빌려 천주학이 이단임을 밝힌 글이다. 순암은 『천학문답』에서 유교의 상제를 천주와 동일하다고 보고 태극은 숭배의 대상이 아니라고 한 마테오 리치의 주장과 달리 상제를 태극・리(理)와 동일한 것으로 인식하고 상제가 만물을 창조했다고 주장하였다. 주자학 벽이단(闢異端)의 논리이다.

『천학문답』 부록은 스승 성호가 천주학을 수용하지 않았음을 밝힌 것이다. 성호는 서학(西學)에도 관심이 많아 자신의 저술에서 천문 (天文)·역법(曆法)·수학·측량법·수리(水利) 등에 관한 서양 과 학서 13종, 지리서(地理書)와 지도 4종, 서양 윤리서 2종, 천주학 교 리서 2종 도합 21종의 서양 서적과 서양 문물 다섯 가지를 언급하였으 며, 서양과학을 높이 평가하여 지구설(地球說)을 인정하기도 했다. 천주학에 대해서는『천주실의』등 교리서에서 유교(儒敎)와 맞는 부 분은 수용하고 유교와 어긋난 부분은 단호히 비판하였다. 성호의 이 러한 두 가지 성향 때문에 성호의 사후에 성호학파 안에서 성호가 천주학을 수용했느냐 여부는 큰 쟁점이 되었다.

19권에는「영장산객전(靈長山客傳)」,「아기설(啞器說)」,「파아기 설(破啞器說)」,「동국지계설(東國地界說)」등이 실려 있다.

「영장산객전」은 자신의 학문의 과정과 관력(官歷), 행실 등을 서술 한 일종의 자전(自傳)이다. 이 글에서 일생을 학자로 보낸 순암이 삼국시대 촉한(蜀漢)의 승상 제갈량과 동진(東晉)의 은사(隱士) 도 연명을 사모하였다는 것은 퍽 의외이다. 안정복이 일생 동안 초야에 묻혀 학문 연구만 했던 것은 과거를 통해 포부를 펼 수 없는 답답한 처지에서 어쩔 수 없는 선택이었음을 알 수 있다. '한 사람을 사귀는 것이 한 사람을 끊는 것만 못하다.'고 한 말이 그러한 심정을 단적으로 보여준다.

「아기설」과「파아기설」은 벙어리저금통을 샀다가 깨면서 소감을 쓴 글로 세상에 많이 알려져 있다. 「아기설」에서는 사람이 말을 조심 하기도 해야 화를 면할 수 있다고 하고, 「파아기설」에서는 바른 말을 하지 않는 세태를 비판하였다.

「동국지계설」에서는 우리나라는 사방에서 적을 받을 수 있는 지형

임을 지적하고 특히 북방의 국경이 강역이 줄어든 이유를 역사 사실을 들어서 설명하면서 국방의 중요성을 역설하였다. 순암이 『동사강목』을 저술하는 등 우리 역사에 관심을 쏟았던 이유가 무엇보다 우리 강역을 아끼고 지키는 데 있었음을 알 수 있게 한다.

1996년에 민족문화추진회가 간행한 『순암집』의 해제에 각 권에 수록된 작품들을 잘 정리해놓았으므로 여기서는 역자가 중요하거나 재미있다고 생각한 작품들만 소개하는 데 그쳤다.

순암은 원래 문장을 잘하는 데는 뜻을 두지 않고 연구와 저술로만 일생을 보냈다. 끝으로 역자로서 소감을 말하면, 『순암집』에는 한갓 문학적 수사를 목적으로 쓴 실없는 글은 한 편도 볼 수 없고 당색(黨色)을 드러내 보인 글을 찾기도 어렵다. 실로 학자의 글이다.

일러두기

1 이 책은 국립중앙도서관(國立中央圖書館) 소장 『순암집(順菴集)』을 대본으로 삼았다.

2 원문은 현대문 문장부호로 표점하고, 역문의 아래에 두었다.

3 주석은 원문에 각주로 달고 한글을 병기하지 않았으며, 오자로 판단된 글자는 교감하여 각주로 밝혔다.

4 인명과 같은 짧은 주석은 역문에 간주로 달았다.

5 운문은 원문을 병기하였다.

6 이 책에 사용한 부호는 아래와 같다.

( )∶번역문과 음이 같은 한자를 묶는다.

〔 〕∶번역문과 뜻은 같으나 음이 다른 한자를 묶는다.

" "∶대화 등의 인용문을 묶는다.

' '∶재인용이나 강조 어구를 묶는다.

『 』∶각주에서 출전을 밝힌다.

차례

즉 근력은 어떻고 병은 어떠냐를 물으신 것이다. 그리고 또 이르시기를 "쇠하지 않았구려." 하셨다. 다른 동료들에겐 아무 말씀도 없으셨는데 유독 이 천신에게만 이러한 말씀을 하셨으니, 동료들이 모두 부러워하면서 치하하였다. 이 하찮은 소신(小臣)이 어이하여 이러한 영광을 얻었단 말인가! 이에 불쇠헌(不衰軒)이란 당호(堂號)를 걸어서 작은 정성을 나타내고, 이어 절구 한 수를 읊었다 • 259

순암집 2권

서書

순암집 3권

서書

순암집
1권

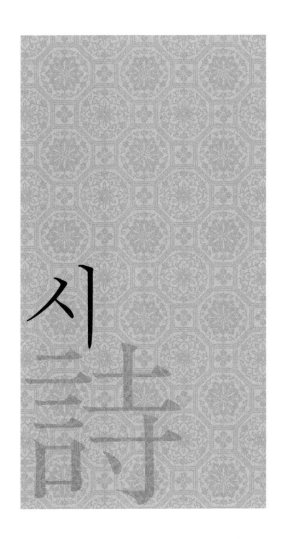

시
詩

1. 팔월 보름에 한퇴지(韓退之)의 「일년명월금소다(一年明月今
   宵多)」를 운으로 삼아서 절구 일곱 수를 짓다
   仲秋望日, 詠退之一年明月今宵多[1]爲韻, 成七絶. 신해년(1731, 20세)

계절이 가을에 이르니
서풍이 싸늘하게 불어오누나
달이 산 위에 떠오르니
정신이 한결 전일함을 깨닫겠네

節序臨高秋 西風吹慄慄 桂魄[2]推上山 頓覺精神一[3]

찬 이슬은 붉은 대궐에 내리고
금빛 달은 흰 하늘에 달린다
사랑스러워라 오늘밤 이 흥취가
해마다 해마다 이어지는구나

玉露飛丹闕 金丸走素天 可憐今夜興 歲歲又年年

---

1 一年明月今宵多 : 韓愈의 「팔월 15일 밤, 장 공조에게 주다〔八月十五夜贈張功
   曹〕」라는 시에 나오는 구절이다. 『韓文考異 3권』
2 桂魄 : 달의 이칭으로, 달 속에 계수나무가 있다고 하여 붙여진 이름이다.
3 頓覺精神一 : 팔월 보름이라 더욱 밝아진 달빛을 형용한 것이다.

이 산골에 가을 기운 가득해
산 위에 뜬 달빛 더없이 맑구나
옥도끼로 언제 찍어내었는가
저 달이 오늘밤 이토록 밝구나

峽中秋氣滿 山月十分淸 玉斧何年琢 金精[4]此夜明

골짜기마다 바람소리 많고
봉우리마다 눈빛 매끄러운데
어디서 왔는가 한 쌍의 기러기가
달빛 비친 시내에서 마주해 춤추네

萬壑風聲緊 千峯雪色滑 一雙何處鴈 相對舞溪月

갠 날 달빛이 반공에 밝으니
찬 기운이 하늘 가득 서렸어라
맑은 저 빛은 언제부터 온 것일까
듣자니 예나 지금이나 같다고 하네

---

4 金精 : 『初學記』 1권에 『河圖帝覽嬉』를 인용하여 "달이란 금의 정기이다.〔月者, 金之精也.〕"하였다. 五行의 金은 西方을 가리키고, 가을을 뜻한다. 그래서 가을 달을 금의 정기라 한 것이다.

霽月當空白 連天冷氣侵 淸光來幾世 聞道古如今

달은 늘 그대로 흘러가는데
이 향기는 어디서 날아오는 걸까
뗏목 타고 하늘로 찾아가고 싶노니
맑은 이 밤에 선학이 우는 것을

桂魄流依舊 天香⁵何處飄 乘槎⁶欲一問 仙鶴唳淸宵

달 보며 때로 술잔을 기울이며
시도 읊조리고 맘껏 노래도 하노니
세상의 벼슬아치들이
이와 비교해 더 낫지 않으리

....

5 天香 : 매우 좋은 향기를 뜻하는 말인데 여기서는 달을 桂魄, 즉 계수나무의
 정기로 표현했기 때문에 그 향기를 형용한 것이다.

6 乘槎 : 晉나라 때 바닷가에 사는 사람이 해마다 가을 음력 8월이 되면 어김없
 이 뗏목이 떠오는 것을 보고 그 뗏목에 양식을 가득 싣고 수십 일 동안 갔더니,
 멀리 宮室에는 베 짜는 아낙들이 많고 물가에는 소를 끌고와 물을 먹이는
 사내가 있었다. 그가 돌아와서 점술로 유명한 嚴君平에게 물어보았더니 "모년
 모월 모일에 客星이 牽牛星을 범하였다." 하였다. 소를 끌고 있던 사내가 견우
 였던 것이다. 『張華 博物志 卷10』 여기서는 8월이기 때문에 이 고사를 사용하
 였다. 즉 밝은 달밤 仙鶴이 우니, 작자 자신도 신선이 사는 하늘나라로 찾아가
 고 싶다고 한 것이다.

對月時傾酒 吟詩且狂歌 世間靑紫[7]客 較此不爲多

2. 망호정(望湖亭)의 치자 분재

題望湖亭[8]盆梔 갑인년(1734, 23세)

한 그루 치자꽃이 초당 곁에 서 있는데
복사꽃 오얏꽃과 봄빛 다투는 건 수치로 여기지
가을 들어 찬이슬이 내려 꽃들이 다 진 뒤에
저 홀로 청청하여 늦은 향기를 지키누나

一樹禪花[9]伴草堂 羞將桃李鬪春光 秋來露重群芳歇 獨自靑靑保晚香

---

8 望湖亭 : 경기도 陽川縣 객관 동쪽에 있던 정자인 듯하다.

9 禪花 : 치자꽃을 가리킨다. 치자나무를 사찰에 잘 심고, 치자꽃이 복사꽃 오얏
꽃에 비해 소박하고 조촐하기 때문에 이렇게 말한 듯하다.

3. 꿈에 짓다

夢作 을묘년(1735, 24세)

을묘년에 병으로 처갓집에 머물러 지내면서 『주서절요(朱書節要)』
를 보고 있었다. 6월 29일 꿈에 주자(朱子)를 뵙고 이어 『강목(綱
目)』의 미심쩍은 곳과 사실을 알 수 없는 곳을 논하였다. 주자가 운
자(韻字)를 불러주면서 시를 짓게 하기에 곧바로 그 운자에 따라 시
를 읊고 꿈을 깨니 기이하다는 생각이 들었다. 평소에 주자를 몹시
그리워하고 사모했기 때문에 이런 일이 있은 것이 아니겠는가!『주
례(周禮)』에서 말한 상몽(想夢)일 것이다. 그때 마침 윤창희(尹昌
喜) 기보(起甫)가 나와 함께 자고 있었는데 내가 그 꿈 얘기를 하고
이어 말하기를 "밭 '田' 자 운(韻)은 말이 안 될 듯하다." 하니, 기보
가 말하기를, "한퇴지(韓退之)의 시에 '경전의 말씀을 공부하는 것
은 묵정밭을 일구는 것과 같네.〔經訓乃菑畬〕' 하였으니, '田' 자나 '菑
畬' 자나 무엇이 다르겠는가." 하였다.〔乙卯, 余病滯甥舘[10]而觀『朱書
節要』. 六月廿九日, 夢謁朱子. 余進謁, 因論『綱目』疑義幷未詳. 朱子
呼韻命賦詩, 卽隨韻對云云, 覺而異之. 豈非平日嚮慕之深而然歟!『周
禮』所謂想夢[11]也. 尹昌喜起甫適同寢, 余言其夢, 因曰, "田字韻, 似不

---

10 甥舘 : 贅館과 같은 말로 사위가 거처하는 방을 말한다. 여기서는 처가를 뜻한
   다. 사위의 이칭으로도 쓰인다.

11 想夢 : 생각이 꿈으로 되는 것이다. 『周禮』의 三夢에 대한 주에 王昭禹가 "몸
   이 접하면 일이 되고 정신이 만나면 꿈이 되는데 정신이 모이는 사람은 想夢이

成說." 起甫日, "韓詩'經訓乃菑畬'[12], 田與菑畬何異焉?"〕

이단은 나의 도가 아니니
경전 말씀이 바로 나의 밭일세
격물치지(格物致知) 공부가 이뤄져야
비로소 성현을 말할 수 있으리

異端非我道 經訓卽余田 格致工成後 方能語聖賢

절로 사라지니 꿈이란 정신이 움직이는 것이다.〔形接爲事, 神遇爲夢; 神凝者
想夢自消, 夢者精神之運也.〕"하였다. 『周禮訂義 42권』이 말은 원래 『列子』
「周穆王」에 보인다.

12 經訓乃菑畬 : 唐나라 韓愈의 「符讀書城南」에 "문장이 어찌 귀하지 않으리오.
경전의 말씀을 공부하는 것은 묵정밭을 일구는 것과 같네.〔文章豈不貴, 經訓
乃菑畬.〕"하였다. 경전을 공부하여 문장을 짓는 것을 筆耕과 같다고 한 것이다.

4. 『심경(心經)』을 읽으며

讀心經 정사년(1737, 26세)

구절마다 방심해선 안 된다고 했으니

주자의 마음을 먼 훗날 서산(西山)이 알았어라

평소엔 위미(危微)의 심법(心法)을 자세히 토론하지만

실제 일을 만나야 비로소 이 마음 알 수 있지

句句須要不放心¹³ 西山逈得考亭心¹⁴ 平居細討危微法¹⁵ 遇事方能驗此心

....

13 맹자가 "학문하는 방도는 다른 것이 없다. 그 달아나 버린 마음을 찾는 것일 뿐이다.〔學問之道無他 求其放心而已矣〕" 하였다. 『孟子 告子 上』

14 考亭心 : 考亭은 주자의 호이다. 朱子가 "학문하는 방도를 맹자는 단연코 놓아 버린 마음을 찾는 데에 있다고 했으니, 배우는 사람은 모름지기 먼저 이 놓아 버린 마음을 수습해야 한다. 그렇지 않고 이 마음을 놓아버리면 博學도 쓸데없는 일이고 審問도 쓸데없는 일이니, 어떻게 밝게 분별하며 어떻게 독실히 행하겠는가. 대개 몸은 하나의 집과 같고 마음은 한 집의 주인과 같은 것이다. 이 집의 주인이 있은 뒤에야 문호를 청소하고 사무를 정돈할 수 있으니, 만약 주인이 없다면 이 집은 하나의 황폐한 집에 불과할 뿐이다.〔學問之道, 孟子斷 然說在求放心. 學者須先收拾這放心, 不然, 此心放了, 博學也是閑, 審問也是 閑. 如何而明辨, 如何而篤行? 蓋身如一屋子, 心如一家主. 有此家主然後, 能 灑掃門戶, 整頓事務. 若是無主, 則此屋不過一荒屋爾.〕" 하였고, 「求放心齋銘」 이 있다. 『心經附註 卷3』

15 危微法 : 舜임금이 禹임금에게 禪讓하면서, "인심은 위태롭고 道心은 은미하 니, 오직 정밀하게 살피고 한결같이 지켜야 진실로 그 중을 잡을 수 있으리

라.〔人心惟危, 道心惟微；惟精惟一, 允執厥中.〕”한 것을 가리킨다. 『書經
大禹謨』 성리학에서 이 네 구절을 옛 성인이 마음을 전한 旨訣이라 하기 때문
에 이렇게 말한 것이다.

5. 삼가 「망호정(望湖亭)의 분매(盆梅)」 시에 차운하다

敬次望湖亭盆梅韻 기미년(1739, 28세)

땅에 일양이 돌아오자

하늘은 몇 가지 매화를 피웠구나

봄바람의 힘 빌리지도 않고

온갖 꽃들보다 오히려 먼저 피었어라

양원에선 눈과 함께 갔고

은나라 솥에선 소금과 함께 왔지

어찌 복사꽃 오얏꽃 마냥

봄빛을 질투하고 또 달빛을 시샘하랴

地回一陽[16]處 天放數枝梅 不借東風力 却先百卉開

梁園同雪去[17] 殷鼎和塩來[18] 肯作桃李樹 妬春更月猜

----

16 至回一陽 : 『周易』의 64卦를 열두 달에 配屬하면 陽爻 하나가 처음 생긴 復卦
가 冬至에 해당된다. 이때부터 겨울이 가고 봄기운이 소생한다고 여기는
것이다.

17 梁園同雪去 : 梁나라 簡文帝가 눈 속에서 매화 찾는 시를 읊었던 고사가 있다.
簡文帝의 「梅花賦」에 "옥을 꿰고 구슬을 매단 듯하고, 또 얼음을 달아놓고
우박을 펼쳐놓은 듯해라.〔旣玉綴而珠離 且冰懸而雹布〕" 하였다.

18 殷鼎和塩來 : 매실이 솥 안의 음식물을 요리하는 조미료로 쓰일 만함을 말하
는데 재상의 역할에 비유된다. 殷나라 高宗이 재상 傳說에게 "너는 짐의 뜻을
가르쳐서 만약 술과 단술을 만들거든 네가 누룩과 엿기름이 되며, 만약 간을

맞춘 국을 만들거든 네가 소금과 매실이 되어야 한다.〔爾惟訓于朕志, 若作酒醴, 爾惟麴糵; 若作和羹, 爾惟鹽梅.〕"하였다. 『書經 說命 下』

6. 산에 사는 게 좋아라

山居好 경신년(1740, 29세)

산 사람들은 산에 사는 게 좋다고 늘 말하더니
산에 사는 게 무한히 좋은 줄 비로소 알겠구나
지금 산에 살고 있는데 무엇이 좋은가
세상의 명리가 귀에 전혀 들리지 않는 것일세

山人每說山居好 始信山居好無窮 今日山居何事好 世間名利耳專聾

7. 자신을 경계하다
自警

천하보다 집안 다스리기 더 어렵다고들 하니
모름지기 어려운 곳에서 공부를 징험해야지
장공의 인 자는 도리어 공연한 일 만든 것
효성와 우애 실행하면 참을 일도 없는 것을

人說家難天下易 須從難處驗工夫[19] 張公忍字[20]還多事 孝悌行來忍亦無

....

19 須從……工夫 : 謝上蔡가 "자기를 극복하는 것은 모름지기 성질이 치우쳐 극복하기 어려운 곳으로부터 극복해야 한다.〔克己, 須從性偏難克處克將去.〕"하였다. 『論語集註 顏淵』 즉 공부를 할 때는 자기 성질의 치우친 점, 예컨대 급한 성질과 같은 것을 극복해 보고 그것을 통하여 자기 공부에 성취가 있는지 징험해 보아야 한다는 뜻이다.

20 張公忍字 : 張公은 唐나라 張公藝를 가리킨다. 그는 9代가 함께 동거하여 北齊, 隋, 唐의 세 왕조에서 그 집에 旌表를 내렸다. 唐나라 高宗이 그 집에 행차하여 친족 간에 화목하게 지낼 수 있는 비결을 물으니, 장공예가 참 을 忍 자 백 개를 올렸다. 이에 고종이 훌륭히 여겨 비단을 하사하였다고 한다. 『小學 6권 善行』

8. 남공서(南公瑞)-운로(雲老)-의 시에 차운하다
次南公瑞-雲老-韻

나는 본디 쓸모없는 재목이라
옹종한 몰골로 산골짜기에 있지만
그대는 좋은 자질이니
한 자도 굽은 곳이라곤 없구나
우연히 취향이 서로 맞아서
왕왕 나의 집에 찾아오는데
고담준론이 푸른 하늘에 닿아
종횡무진 변환이 무궁하니
어찌 초야에서 늙을 사람이랴
명성 의당 초목에까지 미치리
선비란 원래 자리 위의 보배이니
덕을 닦는 건 옥에 비길 만하다네
안타까워라 명리를 다투는 자들은
날이 갈수록 본성을 잃어버리고
높은 벼슬로 향리에서 으스대고
위세를 부려 종족을 능멸하니
뭐가 다르랴 가난한 집 아낙이
자질구레하게 몇 줌 곡식 다투는 것과
귀중한 건 내 분수를 지키면
만사가 다 만족스럽지 않은 게 없으리

我本樗櫟材 癰腫在巖谷 君是松桂質 不有一尺曲[21]

臭味偶相合 往往來茅屋 高談軼靑冥 顚倒任闔闢

豈合老林泉 名宜被草木[22] 儒者重席珍[23] 修德堪比玉

嗟嗟競末流 本性日喪斁 軒冕誇鄕廬 勢位凌宗族

何異貧家女 屑屑爭甁粟 所貴守吾拙 萬事無不足

21 不一有尺曲 : 좋은 목재이면서 조금도 굽은 곳이 없다는 뜻이다. 『孔叢子』
「居衛」에 "子思가 '聖人이 사람을 관직에 임용하는 것은 큰 목수가 나무를
사용하는 것과 같아 그 장점을 쓰고 단점을 버린다. 그러므로 먹구슬나무와
가래나무처럼 좋은 목재가 아름이 되게 굵은데 몇 척의 썩은 곳이 있어도
좋은 목수는 버리지 않는다.' 하였다." 하였다.

22 名宜被草木 : 蘇軾의 「潮州韓文公廟碑」에 韓愈의 문장을 찬양하여 "공이 옛날
용을 타고 백운향에서 노닐면서, 손으로 은하수 헤치고 하늘 문장 나눠 얻었는
데, 천손 직녀는 또 공을 위해 운금상 짜서 바치자, 바람 타고 가뿐히 날아
천자 곁에 내려와서는, 쇠퇴한 세상의 이단을 쭉정이처럼 쓸어버리고, 또 서
쪽으로 함지에 놀고 부상에 다다르니, 초목들까지 은하수의 밝은 빛을 입게
되었네.〔公昔騎龍白雲鄕 手抉雲漢分天章 天孫爲織雲錦裳 飄然乘風來帝旁 下
與濁世掃粃糠 西游咸池略扶桑 草木衣被昭回光〕"라고 한 데서 온 말이다. 文名
을 크게 떨칠 것이라는 뜻이다.

23 席上珍 : 선비의 才德을 뜻한다. 『禮記』「儒行」에 "유자는 자리 위의 진귀한
보배를 가지고서 임금이 불러 주기를 기다린다.〔儒有席上之珍以待聘〕" 한 데
서 온 말이다.

9. 윤경화(尹景和)-성(渻)-의 시에 차운하다

次尹景和-渻-韻 신유년(1741, 30세)

산골짜기에 국향이 있는 줄 뉘 알랴
무성한 꽃과 잎이 햇볕에 비친다네
바람이 불면 형기가 서재에 가득하니
흡사 은자(隱者)를 잊지 못하는 듯

谷裏誰知有國香[24] 葳蕤莖葉照朱光[25] 風來馥郁掀書幄 似與幽人不果忘

---

24 國香 : 한 나라에서 뛰어난 향기라는 뜻으로 난초를 가리키는 말인데 품행이
뛰어난 사람을 가리키는 말로 쓰인다. 『春秋左傳』宣公 3년에 "난초에는 국향
이 있다.〔蘭有國香〕" 하였다.

25 朱光 : 붉은 빛으로 햇빛을 뜻한다. 晉나라 張戴의 「七哀詩」에 "朱光馳北陸
浮景忽西沈" 하였는데 李善의 注에 "朱光은 해다." 하였다.

10. 『대학』을 읽고

讀大學

대학을 다 읽고 나니 밤이 이미 깊어

희미한 등잔불 깜박이며 붉은 불빛 흔들리네

삼경에 달빛은 일천 봉우리에 움직이고

일만 나무에 바람 소리는 한 골짜기에 전해진다

세상의 덧없는 명성 모두 꿈 속 같거니

그 중에 참 의미를 뉘라서 알 수 있으랴

권하노니 그대 위미의 뜻을 찾아보라

뜻이 성실해질 때에 공효가 있음을 알게 되리

讀罷曾書²⁶夜已窮 殘燈明滅影搖紅 三更色動千山月 萬木聲傳一壑風

世上浮名渾似夢 箇中眞味孰能通 勸君更討危微²⁷義 意到誠時²⁸覺有功

---

26 曾書 : 『大學』의 이칭이다. 朱子가 "『大學』 經 1장은 孔子의 말을 曾子가 기술 하였다."고 했기 때문에 이렇게 말한 것이다. 『大學章句』

27 危微 : 주 15) '危微法' 참조.

28 意到誠時 : 『大學』 8조목 중의 誠意를 가리킨다. 이는 마음에 일어나는 생각 을 성실하게 하는 것이다.

11. 『과체동인부(科體東人賦)』 책의 표지에 쓰다

題科體東人賦册²⁹面 병인년(1746, 35세)

시골에 한 아낙이 있었는데
타고난 용모 아랑곳 않고 살다가
세상 사람들 따라 분단장을 하여
도리어 식자의 빈축을 사게 되었네

田間有一婦　鬢髮任天眞　隨俗買丹粉　翻爲識者嚬

29　科體東人賦 : 科文體로 쓴 우리나라 사람의 賦들을 모아 놓은 책이다. 과거
　　공부의 교재용으로 만든 것이다.

12. 성오(省吾)가 와서 수십 일 머물렀는데 돌아간다기에 오언 단율 (五言短律) 2수를 입으로 읊어서 주다

省吾[30]來留數旬, 及歸, 口號五言短律二首以贈.

만 권 책을 독파하고 나니
붓을 내림에 신들린 것 같다고 한
고인이 빈말을 하지 않았으니
이 말을 경험해 보고서야 알았네
밤에는 인적이 고요해진 뒤 잠들고
아침에는 일찌감치 일어나서
책상 앞에 앉아 부지런히 공부해
날로 새롭고 또 날로 새로워져야지

讀書破萬卷 下筆若有神[31] 古人不虛語 此語經歷親
夜寐人定後 朝起及淸晨 孜孜几案間 日新又日新[32]

---

30 省吾 : 權日身(1742~1791)의 자이다. 그는 호는 移菴이고 權哲身의 아우이
다. 李檗의 권유로 천주교에 入敎하여 청나라에서 영세를 받고 돌아온 이승훈
에게 최초로 영세를 받고 교인들끼리 職制를 결정할 때 主敎가 되었다. 辛亥邪
獄 때 이승훈과 함께 제주도로 유배 갔다가 천주교에서 탈퇴하였다.

31 讀書…有神 : 杜甫의 「奉贈韋左丞丈二十二韻」에서 자신의 공부를 술회하여
"만 권의 책을 독파하니 붓을 내림에 신이 들린 듯했네.〔讀書破萬卷 下筆如有
神〕"하였다. 만 권을 책을 읽고 나니 글이 저절로 써졌다는 뜻이다.

학문은 일상생활 중에 있나니

이 밖에는 참으로 부질없는 것

만 길의 봉우리에 오르고 싶으면

먼저 자기 발밑에서 시작해야지

옛사람들은 실천을 중요히 여겨서

헛된 말 부끄럽게 여겨 침묵하였으니

밤낮으로 이를 잊지 말아야 하고

언제나 여기서 찾아야 하리라

爲學在日用　此外儘悠悠　欲至萬丈峯　先自足下由

古人貴實行　沉嘿恥言浮　朝晝當不忘　造次於是求

32　日新又日新 : 殷나라 湯王의 「盤銘」에 "진실로 어느 날 새로워졌으면 이를
계기로 날로 새로워지고 또 날로 새로워져야 한다.〔苟日新, 日日新, 又日新.〕"
하였다. 이는 몸을 씻어 때를 없애듯이 마음의 때를 씻어 덕을 새롭게 향상시
켜야 한다는 뜻이다. 『大學章句 傳2章』

13. 꿈을 기억하여
記夢

병인년(1746, 35세) 5월 6일 밤, 꿈속에 어떤 사람과 성리(性理)를 얘기하였다. 그 사람이 말하기를, "학문을 할 때 먼저 걸음걸이와 말에서 징험해 보아야 한다. 마음이 밖으로 달아나 보존되지 않은 사람은 말이 경솔하고 걸음걸이가 조급하다. 마음이 보존되어 전일하면 말은 반드시 온화하고 느리며 걸음걸이는 반드시 안정되고 느긋하다. 마음속에 항상 성찰하면 한번 말하고 한번 걸어갈 때에도 모두 방만히 지나치지 않게 된다. 이렇게 오래 지속하여 익숙해지면 공부가 절로 성취된다." 하였다. 꿈을 깨고 생각해 보니 그 말이 참으로 옳다고 생각되기에 절구 한 수를 지어 기록한다.〔丙寅五月初六日夜, 夢與人論性理. 其人曰: "凡爲學, 當先驗於行步言語之間. 無心者, 其言輕而疾, 其行急而速; 心存主一, 則言必和緩, 行必安舒. 心常省察, 則一言一行, 皆不放過; 久久習熟, 工夫自成." 覺而思之信然, 賦一絶以識之.〕

마음을 잡고 놓음은 본래 내면에 하는 일
마음이 움직일 때 용맹하게 잡아야 하네
한번 걷고 한번 말할 때에도 미리 징험하여
마음을 보존하고 보존하면 그 맛이 무궁하리

人心操舍³³本由中 動處端宜猛着工 一步一言先自驗 存存不已味無窮

33 人心操舍 : 孔子가 사람 마음의 속성에 대해 "잡으면 보존되고 놓으면 없어져서, 출입하는 것이 때가 없어 그 향방을 알 수 없다.〔操則存, 舍則亡, 出入無時, 莫知其鄕.〕" 한 말에서 왔다. 『孟子 告子上』

14. 지암(止菴) 남장(南丈)-유로(維老)-이 보여준 시에 차운하다

次止菴南丈-維老-[34]見示韻 기사년(1749, 38세)

임명된 낮은 관직은 버리고 갈 수 있지만
사실 아닌 헛된 명성을 받는 것을 어이하리요
외물들이야 내버려둘 뿐 구태여 말할 게 있으랴
세월만 보내다 이 생애 그르칠까 도리어 걱정일세

一命[35]微衙可以行　其如虛譽本非情　從他外物何須說　却恐悠悠誤此生

34　止菴南丈 -維老- : 미상.

35　一命 : 처음 벼슬에 오르는 것을 말한다. 周나라 때 官階는 一命으로부터 九命
　　에 이른 데서 온 말이다. 즉 一命은 가장 낮은 벼슬이다.

15. 심재(沁齋)에서 직숙하는 중에 인랑(隣郞) 송도명(宋道明)-취행(聚行)-의 시에 차운하다

沁齋直中, 次鄰郞宋道明-聚行-韻. 경오년(1750, 39세)

흥망성쇠 역사에 감회가 이는데
깊은 집은 대문이 닫힌 채 적요하여라
지금의 조정 계책에 탄식하노니
고려조를 거울로 삼아야 하리
몸을 바친 충성은 전함이 있고
성곽 허무니 원망하는 노래가 생겨났지
지난 자취를 누구에게 물어볼거나
아득히 먼 시대의 일인 것을

感存興廢事 深院閉寥寥 廟籌嗟今日 殷鑑³⁶在麗朝
焚躬忠有傳³⁷ 撤郭怨興謠 往蹟憑誰問 蒼茫世代遙

---

36 殷鑑 : 가까운 전대를 거울삼아 경계해야 한다는 뜻이 담겨 있다. 『詩經』「大雅 蕩」에 "殷나라의 거울이 멀리 있지 않고 바로 夏나라 시대에 있다.〔殷鑑不遠 在夏后之世〕"한 데서 온 말이다.

37 焚躬忠有傳 : 焚躬은 임금을 살리기 위해 자신을 희생함을 뜻한다. 漢나라 班固의 「幽通賦」에 "紀信은 자신을 불태워서 임금을 보위하였고 商山四皓는 뜻을 기르며 은거해 기울어지지 않았네.〔紀焚躬以衛上兮 皓頤志而弗傾〕"하였다. 기신은 漢王 劉邦의 부하이다. 유방이 滎陽에서 項羽에게 포위당해 위태할 때 기신이 왕의 수레를 타고 거짓으로 한왕인 척 하면서 항우를 속여

유방을 구출하였는데 항우가 노하여 그를 불태워 죽였다. 임금을 위해 자신을 희생한 신하가 있었는데 그 사람의 조상 중에도 임금을 위해 희생한 충신이 있었다는 뜻이다. 甄萱과의 전투에서 王建으로 가장해서 왕건을 살린 申崇謙과 그의 후손으로 임진왜란 때 彈琴臺에서 전사한 申砬의 고사를 가리키는 듯하다.

16. 고려산(高麗山)

원주 강화부(江華府)에서 서북쪽으로 5리 지점에 있다. 고려 고종(高宗)을 이 산에다 장사했으니, 바로 홍릉(弘陵)이다.〔山在江華府西北五里, 高麗高宗葬此; 卽弘陵是也.〕

고려산 봉우리에 석양이 밝은데
작은 빗돌이 옛 서성에 묻혀 있어라
유민들은 전왕의 은덕을 잊지 못해
한 조각 산에 옛 나라의 이름 붙였구나

高麗峯頭夕照明 短碑埋沒古西城 遺民不忘前王德 一片山存故國名

17. 의영고(義盈庫)에서 직숙하는 밤에 감회가 있어
義盈直中, 夜坐有感. 신미년(1751, 40세)

사마가 틈을 지나듯 세월은 빨리 흐르니
가는 해에 안타까운 심정 절로 금하기 어려워라
잠시 낮은 관리 되어 서울에 와 있지만
어찌 하찮은 벼슬 때문에 도심을 손상시키랴

倏忽流光隙駬駬[38] 惜年懷思自難禁 暫爲小吏來京國 豈以微官損道心

번잡한 일 젖혀두고 고전을 보아야지
성가신 일 줄이려고 시도 읊지 않는다
그 가운데 의미를 뉘라서 알 수 있으랴
밤이 깊도록 홀로 궤안(几案)에 기대 있노라

撥冗正宜看古典 省煩聊復廢長吟 箇中意味誰料得 獨倚枯梧[39]到夜深

---

38 隙駬駬 : 駬馬가 틈새를 지나간다는 것으로, 세월이 매우 빨리 흐름을 뜻한다. 駬는 駟馬로 네 필의 말이 끄는 수레인데 옛날에는 가장 속도가 빠른 수레였다. 『禮記』「三年間」에 "삼 년의 상이 25개월 만에 끝나는 것이 마치 사마가 틈 사이를 지나가는 것과 같다.〔三年之喪, 二十五月而畢, 若駟之過隙.〕"한데서 온 말이다.

39 枯梧 : 마른 오동나무인데 几案을 뜻하는 말로 쓰인다. 『莊子』「德充符」에

전국시대 惠施가 사람들과 토론을 벌인 뒤에 지친 몸을 쉬는 모습을 형용하여 "마른 오동나무 궤안에 기대어 눈을 감고 있다.〔據枯梧而瞑.〕"한 데서 유래하였다.

18. 역사를 읊다

詠史 이때 진서(晉書)를 읽고 있었다. 時, 讀『晉書』. 임신년(1752, 41세)

예전에는 가밀의 문전에 드나들던 사람이요
오늘에는 왕륜의 막부(幕府)에 빈객이었지
부화한 문인(文人)은 일을 이루기 어려운 법
조생은 끝내 남의 속박을 받지 않는 사람이었네

　-이상은 유곤(劉琨)을 읊은 것이다.-

昔時賈謐門前客[40] 今日王倫幕裏賓[41] 始識浮華難濟事[42] 祖生終是不羈

....

40 賈謐門前客 : 賈謐은 晉나라 惠帝 때 權臣이었다. 가밀을 추종한 이른바 '二十
四友'가 있었는데 石崇, 歐陽建, 陸機, 陸雲 등과 함께 유곤 형제도 그 가운데
들었다. 『晉書 62卷 劉琨傳』

41 王倫幕裏賓 : 趙王 司馬倫이 執政하면서 유곤을 記室督, 從事中郎으로 삼았
기 때문에 이렇게 말한 것이다. 사마륜의 아들 荂가 바로 유곤의 누나의 사위
였다. 그래서 유곤 父子가 모두 사마륜의 신임을 받았다. 『晉書 62卷 劉琨傳』
司馬倫은 조정의 정사를 전횡하면서 너무 많은 사람에게 封爵을 준 나머지
高官의 冠을 장식하는 데 쓰는 담비 꼬리가 부족하여 개 꼬리로 보충하여
續貂라는 고사가 생기게 한 권신이다.

42 浮華難濟事 : 浮華는 실질에 힘쓰지 않고 화려한 문장을 짓는 것으로 글을
짓는 文士를 지칭하는 말로 쓰인다. 石崇이 河南의 金谷에 별장을 짓고 빈객을
불러 모아 시를 읊으며 놀 때 유곤도 참석하여 시를 읊어서 당시 사람들에게
인정을 받았다. 또한 유곤은 左思, 郭璞과 함께 東晉 때 시에 뛰어난 세 사람으
로 꼽힌다. 유곤보다 친구인 祖逖이 먼저 공을 이루었고, 유곤은 후일 段匹磾

人[43]

-右劉琨-

경방(京房)과 곽박(郭璞)은 당시에 역학으로 이름나

길흉을 잘 맞추는 신묘한 재주 형언하기 어려웠건만

어이하여 잠룡의 뜻을 알아서

운명에 따라 마음 낮춰서 삶을 보전할 줄 몰랐던고

  -이상은 곽박(郭璞)을 읊은 것이다.-

京郭[44]當年以易名 指凶示吉妙難形 如何不識潛龍[45]義 任運穨心保此生

에게 죽임을 당하게 되었을 때 지은 시에 "어찌 생각했으랴 백번 단련한 강철
이 손가락에 감을 만큼 유약해질 줄을〔何意百鍊剛 化爲繞指柔〕" 하였다. 『晉
書 62卷 劉琨傳』

43 祖生……羈人 : 祖生은 晉나라 祖逖을 가리킨다. 그는 劉琨과 우정이 매우
두터웠는데, 어느 날 한 이불을 덮고 자다가 한밤중에 닭이 우는 소리를 듣고
는 유곤을 발로 쳐서 깨우면서 말하기를 "이것은 나쁜 소리가 아니다." 하고
일어나 춤을 추면서 말하기를 "천하가 혼란하여 호걸들이 다투어 일어나게
되면 나와 그대는 마땅히 中原으로 가야 할 것이다." 하였다. 그 후 조적은
石勒의 난을 평정하기 위하여 양자강을 건너가다 강 한가운데서 맹세하기를,
"조적이 중원을 평정하지 못하고 다시 강을 건널 때는 이 강에 몸을 던지리라."
하였다 한다. 『晉書 62卷 祖逖傳』

44 京郭 : 前漢 때의 京房과 東晉 때의 郭璞을 병칭한 것이다. 경방은 자는 君明
인데 梁나라 焦延壽에게서 易學을 배워서 災變을 미리 알았다. 그래서 여러
차례에 재변에 대한 예언을 한 것이 모두 맞아 元帝의 총애를 받았다. 그러나
權臣 石顯이 조정을 비방하며 천자에게 잘못을 뒤집어씌운다고 모함하여 41

무홍의 명망은 세상을 경륜할 만했으니
강좌의 이오라고 칭송이 자자하였지
난세를 태평하게 바꿔놓을 방도는 없었지만
일심으로 삼대 섬겨 국가 안위가 한 몸에 달렸었지
　-이상은 왕도(王導)를 읊은 것이다.-

茂弘[46]雅望足經時　江左夷吾[47]有口碑[48]　濟難雖無旋轉術[49]　一心三世[50]

세 때 처형되었다. 『漢書 75권 京房傳』곽박은 자가 景純인데, 박학하고 詞賦
에 뛰어났으며 易學과 卜筮에 특히 조예가 깊었다. 王敦이 반역을 꾀할 마음을
품고서 곽박에게 길흉을 점치게 했는데 점괘가 아주 흉하게 나오자 왕돈이
화가 나 그의 목을 베어 죽였다. 『晉書 72권 郭璞列傳』

45　潛龍 : 『周易』「乾卦」初九에 "숨은 용이니 쓰지 말아야 한다.〔潛龍勿用〕"한
데서 온 말로 자신의 재주를 숨기고 세상에 드러내지 말아야 한다는 뜻을
담고 있다. 京房과 郭璞은 『주역』에 통달한 사람이니 이 말을 익히 알았을
터인데도 그 이치를 깊이 알지 못했다는 뜻에서 이 말을 인용한 것이다.

46　茂弘 : 晉나라 때 王導의 자가 茂弘이다. 그는 元帝 때의 명재상으로 명망이
높아서 朝野에서 仲父라고 일컬었으며, 원제가 죽은 뒤에는 遺詔를 받들어
明帝를 보필하였고 명제의 유조를 받들어 成帝를 보필하였다. 왕도는 세 조정
을 두루 섬기면서 나아가서는 장수가 되고 들어와서는 정승이 되어 충성을
다해 큰 공훈을 세웠다. 벼슬이 太傅에 이르렀고 文獻이란 시호를 받았다.
『晉書 65권 王導傳』

47　江左夷吾 : 왕도가 승상으로 있을 때 진나라는 中原을 빼앗기고 江左, 즉 양자
강 이남 지역으로 천도했는데, 溫嶠가 江東에 가서 조정이 미약한 것을 보고
실망했다가 재상 왕도를 보고는, "강좌에 管夷吾가 있으니 내가 무슨 걱정을

繫安危

　-右王導-

부모의 뜻 받드는 효성 노래자 같았거늘

어이하여 차마 소매를 끊고서 왔던가

창을 베고 자면서 충성을 가다듬어야 했을 테니

구구한 옥경대 따위는 필요하지 않았으련만

　-이상은 온교(溫嶠)를 읊은 것이다.-

候色承顔似老萊⁵¹ 如何更忍絶裾⁵²來 枕戈⁵³當勵氷膽⁵⁴志 不用區區玉

하리오." 하였다 한다. 夷吾는 춘추시대 齊나라의 명재상인 管仲의 자이다.
『晉書 卷65 王導傳』

48　口碑 : 훌륭한 명성이나 행실이 사람들의 입에 전해지는 것을 문자를 돌에
새기는 것에 비긴 것이다. 이는 "이름을 하필 돌덩이에다 새길 것인가? 노상에
행인의 입이 비석과 같느니.〔有名何必鐫頑石 路上行人口似碑〕"란 시구에서
유래하였다.

49　濟難……轉術 : 중원이 혼란하여 晉나라가 南遷하게 되는 것을 막지 못했다는
뜻이다.

50　一心三世 : 晉나라 元帝, 明帝, 成帝 세 임금을 왕도가 일심으로 섬겼다는
뜻이다.

51　老萊 : 춘추시대 楚나라 사람인 老萊子를 가리킨다. 그는 효성으로 어버이를
받들어 일흔의 나이에 색동옷을 입고 어린아이의 놀이를 하여 어버이를 기쁘
게 하였다고 한다. 『小學 稽古』

52　絶裾 : 溫嶠는 晉나라 때 사람인데 劉琨의 권유를 받고 벼슬에 나가려 할 때
어머니가 굳이 말리자 어머니가 붙들고 있는 옷자락을 잘라버리고 벼슬에

鏡臺[55]

-右溫嶠-

나왔다.『世說新語 尤悔』

53 枕戈 : 창을 베고 자는 것으로, 적을 섬멸하여 복수할 뜻이 매우 간절함을
뜻한다. 杜甫의「壯遊」에 "창을 베고 잔 구천을 생각하고 절강을 건넌 진시황
을 생각한다.〔枕戈憶勾踐, 渡浙想秦皇〕"하였다. 溫嶠는 晉나라 때 王敦의
반란과 蘇峻의 반란을 진압하고 始安郡公에 봉해졌다. 당초 그가 出仕할 때
모친 崔氏가 옷소매를 잡고 만류하자 옷소매를 자르고 떠났고, 모친이 세상을
떠났을 때에도 난리를 평정하느라 돌아와서 장례를 치르지도 못하였다.『晉書
67권 溫嶠傳』

54 氷膽 : 맑고 깨끗한 忠心을 비유한 것이다. 宋나라 鄭俠의「謝曹運判啓」에
"氷蘗처럼 맑은 충정은 오직 생사에도 바뀌지 않는 절개가 있을 뿐입니다.〔冰
膽蘗心 惟有生死之不二〕"하였다.

55 玉鏡臺 : 晉나라 溫嶠가 劉聰을 정벌하여 얻은 옥으로 만든 경대이다. 온교의
從姑母의 딸이 아름답고 총명하였는데 종고모가 온교에게 사윗감을 골라달라
고 부탁하였다. 온교가 자신의 아내로 삼고 싶어서 자기만 못지 않은 좋은
사윗감을 골랐다고 속였다. 婚禮를 치를 때 보니 바로 온교였다.『世說新語
假譎』

19. 종인(宗人)인 정진(正進)-경점(景漸)-이 준 시에 차운하다
次宗人正進-景漸-[56]見贈韻

임신년(1752, 41세)에 내가 정릉 직장(靖陵直長)으로 있었는데 정
진(正進)이 과거 보러 가는 길에 나를 찾아왔고, 이어 봉은사(奉恩
寺)에 머물러 공부하면서 자주 나를 찾아와 즐거운 시간을 보내곤
하였다. 계유년(1753, 42세) 봄에 내가 직중(直中)에 있었는데 정진
이 또 재실(齋室)로 와서 밤늦도록 얘기하면서 율시 한 수를 보여주
기에 내가 차운해서 주었다.〔壬申, 余守靖陵. 正進科行歷訪, 因留奉
恩寺做業, 頻有過從之樂. 癸酉春, 余在直中. 正進來齋室夜話, 因示一
律, 遂次贈.〕

재실에 거처하며 날마다 하릴없이 시를 읊노니
가슴 속으로는 고금의 역사를 저울질해 본다네
헛된 명성 때문에 세상 그물에 걸린 것 부끄러워하노니
그 누가 참된 요결(要訣)로 초심을 일깨워줄거나

56　正進-景漸-：安景漸(1722~1789)은 자가 正進이고, 호는 冷窩이며, 본관은
　　廣州이다. 東巒 安翔漢의 현손이며, 安信亨의 아들이다. 1771년(영조47) 式
　　年試 丙科에 급제, 成均館典籍을 거쳐 禮曹佐郎에 이르렀다. 星湖 李瀷의 문
　　인으로 벼슬을 버리고 경상도 밀양에 살면서 大山 李象靖, 小山 李光靖 형제
　　및 順菴 安鼎福 등과 교유하였다. 저술로 『冷窩集』이 있다.

산사에서 옛일 얘기하니 정 더욱 도탑고

객지에서 다정히 글을 토론함에 견해가 깊어라

이별 앞에 각자 각별히 당부하느니

광려의 둔한 도끼 갈아 침을 만들어야지

齋居日日謾長吟 胸裏乘除到古今 自媿虛名縈世網[57] 誰將眞訣戒初心
禪窓話舊親情厚 客榻論文見解深 臨別各存規警語 匡廬鈍斧擬磨針[58]

---

57 世網 : 세상의 그물이란 말로 벼슬을 뜻한다. 관직을 맡고 있으면 자기 몸을 마음대로 할 수 없기 때문에 이렇게 표현한 것이다.

58 匡廬……磨針 : 둔한 도끼를 부지런히 갈아서 가는 침을 만들 듯이 부지런히 공부하여 학업을 성취하자는 뜻이다. 匡廬는 중국 成都府 彰明縣 북쪽에 있는 大匡山으로 李白이 젊을 때 독서하던 곳이다. 匡山이라 하기도 하고 廬山이라 하기도 한다. 이백이 이 산에서 독서하다가 공부를 성취하지 못하고 산을 내려오다가 길에서 쇠방망이를 가는 노파를 보았다. 이백이 노파에게 그 연유를 물으니, 노파가 대답하기를 "침을 만들려고 한다." 하였다. 이백이 이 말에 감동을 받아 되돌아가서 학업을 마쳤다. 『李太白集注 36卷』 鈍斧는 날이 둔한 도끼로 둔한 재능을 비유한 것이다.

20. 정진(正進)에게 주다
贈正進

우연히 집을 떠나 강가에 머물러 있는데

소슬한 가을바람이 수초를 흔드는구나

입이 있어도 감히 천하의 일을 말할손가

흉금 터놓을 영남 사람을 지금에야 만났구려

가을 깊은 산골에 서재는 아늑하고

고요한 밤 추운 집에서 담소는 진솔해라

광문처럼 낮은 관직이라도 매인 몸이니

언제나 집을 지어 이웃에서 살아볼거나-오래 전부터 영남으로 이주할

계획이 있었으나 결국 뜻을 이루지 못하였다.-

偶然爲客滯江濱 蕭瑟霜風動白蘋 有口敢言天下事 開懷今遇嶺南人

秋深小峽琴書[59]穩 夜靜寒堂笑語眞 官冷廣文猶係繫[60] 誅茅[61]何日接芳

---

59 琴書 : 거문고와 서책으로, 선비의 한가로운 일상을 뜻한다. 晉나라 陶淵明의
「始作鎭軍參軍經曲阿作」에 "어릴 때부터 세상사에 뜻이 없어, 마음은 오직
금서에 있었네.〔弱齡寄事外 委懷在琴書〕"하였고, 「歸去來辭」에서는 "친척들
과의 정담을 기뻐하고, 거문고와 책을 즐김으로써 시름을 푼다.〔悅親戚之情
話 樂琴書以消憂〕"하였다.

60 官冷……係繫 : 廣文은 唐나라 玄宗 때 廣文館博士를 지낸 文人 鄭虔을 가리
킨다. 그의 집이 몹시 가난했으므로 이른 말이다. 杜甫가 정건에게 「醉時歌」
에 "제공은 서로 줄을 이어 대성을 오르는데, 광문 선생만 유독 벼슬이 낮아라.

鄰⁶²–舊有移嶺之計, 竟未遂意.–

많은 고대광실에는 고량진미도 싫증내는데, 광문 선생은 밥도 부족하구려.
〔諸公袞袞登臺省 廣文先生官獨冷 甲第紛紛厭粱肉 廣文先生飯不足〕"하였다.

61 誅茅 : 잡초를 베어내는 것으로 집을 짓고 은거함을 뜻한다. 南朝 梁나라 沈約
의 「郊居賦」에 "혹 잡초를 베고 가시덩굴을 베며 혹 서쪽으로 갔다가 다시
동쪽으로 가네.〔或誅茅而剪棘, 或旣西而復東〕"하였다.

62 芳隣 : 이웃의 미칭이다. 唐나라 王勃의 「滕王閣序」에 "사가의 보배로운 나
무가 아니고 맹씨의 좋은 이웃을 접하였네.〔非謝家之寶樹 接孟氏之芳隣〕"
하였다.

21. 『광주부지(廣州府志)』를 편수하다가 병자년, 정묘년의 일에 이르러 붓을 멈추고 눈물을 흘리며 율시 한 수 적다

修廣州府志, 至丙丁事, 閣筆潸然, 謾書一律. 계유년(1753, 42세)

병자, 정묘년 치욕을 차마 말할 수 있으랴

종묘 사직을 당시에 법당에다 모셨었지-그때 종묘의 위판(位板)을 개원사(開元寺) 법당에 모셨다.-

전쟁으로 화의 끌어낸 오랑캐는 좋은 전략이었고

화의 때문에 전쟁을 그르친 우리 계책은 부끄럽구나

대장의 군색한 계책으로 아침에 대궐 에워 쌓고-당시 대장(大將)이었던 신경진(申景禛)과 구굉(具宏)이 장수와 사졸들을 사주하여 북을 울리고 떠들면서 대궐문 밖에 모여 빨리 척화(斥和)를 주장하는 신하들을 잡아 보내고 화의(和議)를 서두를 것을 청하였다.-

재상의 기발한 계책으로 밤중에 남의를 만들었지-화의가 이루어지자 최명길(崔鳴吉)이 자기 식구를 시켜 밤에 남의(藍衣)를 만들도록 했는데 장차 주상에게 입히기 위한 것이었다.-

하늘의 운세가 이와 같아 어찌할 수 없으니

우선 유초(遺草)를 써서 간신을 경계하였지

丙丁遺耻說難堪　廟社當年奉佛龕-時奉宗廟位板于開元寺法堂.- 以戰縱和胡計得　因和誤戰我謀慙

元戎窘策朝圍闕-時, 大將申景禛·具宏, 陰嗾將士, 鼓譟入闕門外, 請執送斥和臣, 而速請和事.- 宰相奇籌夜製藍-和事已定, 崔鳴吉使其家人夜製藍

衣⁶³. 將欲爲上衣之.- 天運如斯無可奈 且修遺草戒奸媒

---

63 藍衣 : 남색 옷이다. 仁祖가 남한산성에서 淸나라에 항복할 때 洪瑞鳳이 "국왕
은 늘 袞龍袍를 입고 계시니, 그 옷을 입어도 되겠는가?" 하고 물으니, 龍骨大
가 말하기를, "곤룡포야 입을 수 없지 않는가." 하고 崔鳴吉이 입고 있는 藍衣
를 가리키며 말하기를, "이런 옷을 입고 오게 하라." 하였다.

22. 남문을 나가는데 최지천(崔遲川)의 당시 일이 생각나 말 위에서 감개가 일어서 절구 7수를 지었다

出南門, 憶崔遲川[64]當日事, 馬上慨然成七絶.

생각하면 그 옛날 최 승상은
자주 사신으로 가 오랑캐 추장 만났지
초구 하사한 황은이 중하다고
세 번 절하고 아홉 번 머리 조아렸네-칸(汗)이 성 아래 왔을 때 지천(遲川)이 상국(相國) 홍학곡(洪鶴谷)과 찾아가니 그가 초구(貂裘)를 주었다. 두 사람은 그것을 받아 몸에 걸치고 춤을 추면서 황은에 감사하다고 하면서 세 번 절하고 아홉 번 머리를 조아리고 나왔다.-

憶昔崔丞相 頻頻使虜酋 貂裘皇恩重 三拜九叩頭-汗到城下, 遲川與鶴谷洪相國[65]同往, 汗[66]遺以貂裘. 二人披掛舞蹈, 稱謝皇恩, 三拜九叩頭而出.-

사람들은 말하기를 공이 어려운 일 했으니

---

64 崔遲川 : 병자호란 때 화의를 주장한 崔鳴吉의 호가 遲川이다.

65 鶴谷洪相國 : 洪瑞鳳(1572~1645)의 자는 輝世이고 호가 鶴谷이다. 병자호란 때 和議를 주장하여 崔鳴吉, 金藎國, 李景稷 등과 청나라 군대의 진영에 자주 내왕하며 화의에 대한 실무를 수행하였다. 시호는 文靖이다.

66 汗 : 고대에 鮮卑, 柔然, 突厥, 回紇, 蒙古 등의 나라에서 자기 임금을 일컫는 말이다. 여기서는 淸나라 太宗 홍타이치[皇太極]를 가리킨다.

금나라 군사의 진격을 늦추었다고들 하지만
죽지 않을 방도를 스스로 마련해둔 것이니
이 말이 참으로 어리석은 말일세-청나라 군대가 우리나라로 쳐들어올 때
마부대(馬夫大)가 선봉장으로 서교(西郊)에 이르렀다. 이때 최명길이 나가서
그와 만나 대화하여 적군의 진격을 조금 늦춰서 주상이 남한산성으로 들어갈
수 있었다. 후인들이 이 일을 가지고 남들이 하기 어려운 일이었다고 한다.-

人言公不易 前去緩金師 不死曾自辦 此言眞可嗤-淸人東逼, 馬夫大爲先
鋒到西郊. 崔出見與語, 少緩其師, 上得入南漢. 後人以此事爲人之所難.-

형세가 급박하여 성은 함락되었지만
남의 입으라는 건 오랑캐 뜻이 아니었지
어찌하여 하룻밤 사이에
촘촘히 꿰매어 상자에 넣어 두었던가-항복하기로 결정했을 때 오랑캐
쪽으로부터 푸른 옷을 입고 널을 신고 오라는 말은 없었는데, 최명길이 밤에
남의를 만들게 하였다.-

勢逼雖下城 藍衣非虜意 如何一夜間 密密縫在笥-下城事定, 虜無靑衣興
櫬之辭, 而崔夜製藍衣.-

이미 화의가 성사되었으면
우리 백성이 곧 너희 백성이건만
공은 한 마디 구원하는 말도 없어
노루 고라니 쫓듯 우리 백성 몰아댔지

旣已成和事 吾民卽爾民 公無一言救 驅去若獐麕

세 신하가 당시 붙잡혀서
포박된 채 적의 군영 앞에 갔는데
그날 양파에서 한 말에
지금도 사람들 껄껄 웃는다네-오달제(吳達濟)·윤집(尹集) 두 학사(學
士)가 척화(斥和)했던 사람이라는 이유로 붙잡혔는데 최명길이 오랑캐 진영
으로 압송하면서 도중에 양파(陽坡)에 이르러 말에서 내려 쉬면서 '죽어서는
안 된다'는 말로 두 공을 달렜는데, 그가 한 말이 모두 애걸복걸하여 살기만
하라는 말들이었다.-

三臣[67]昔被執 面縛[68]詣軍前 當日陽坡語 至今人囅然-吳尹兩學士, 以斥
和人被執. 崔押到虜營, 中路至陽坡, 下馬休息, 誘二公以不可死之語. 其言皆
欲乞哀求生也.-

오랑캐 기세가 비록 두렵다 해도
명나라 은혜는 잊어서는 안 되는 법
명나라가 군대를 요청했던 당시에

---

67 三臣 : 병자호란 때 淸나라에 항복하는 것을 끝까지 반대하다가 청나라에 붙
　　잡혀 가서 殉節한 尹集, 吳達濟, 洪翼漢을 가리킨다.
68 面縛 : 양손을 뒤로 돌려서 묶은 것으로 투항을 뜻하는 포박이다. 面은 얼굴을
　　앞으로 향하게 하는 것인데 일설에 면은 背의 뜻으로 손이 뒤로 가게 묶는다는
　　뜻이라 한다.

응당 힘써 싸워서 오랑캐 막았어야 했지

虜勢雖云怕 皇恩不可忘 徵兵一段事[69] 當以力爭防

우리나라가 삼백 년 동안
선비를 양성해 어진 신하 얻었는데
종당에 가서 지천 같은 자는
마침내 나라 팔아먹은 사람일세

聖朝三百載 養士得賢臣 到底遲川子 竟將國賣人

---

69 徵兵一段事 : 명나라가 원병을 보내줄 것을 요청하여 1619년 2월에 建州衛의
後金을 정벌하기 위해 元帥 姜弘立이 1만 3천 명의 군사를 거느리고 요동으로
들어갔다. 그 해 3월, 명나라의 提督 劉綎의 군사와 합세하여 富車嶺에서
후금의 군사 6만 명과 접전하여 크게 패했다. 이 전투에서 助防將 金應河는
전사하고 강홍립이 副元帥 金景瑞 등과 함께 적에게 투항하였다. 『燃藜室記述
卷21 廢主光海君故事本末』

23. 또 절구 한 수를 읊다

又吟一絕

천지도 최 상국을 깊이 수치로 여기나니

산하 정기를 타고난 이는 바로 정동계로세

당시에 의리(義利)의 구별은 다 알았으련만

만년에 와서 이룬 이름은 저마다 다르구나

天地深羞崔相國[70] 山河正氣鄭桐溪 當時俱識熊魚義[71] 晚道成名各不齊

----

70 崔相國 : 병자호란 때 화의를 주장한 遲川 崔鳴吉을 가리킨다.

71 熊魚義 : 熊魚는 熊掌, 즉 곰 발바닥과 물고기로, 이 두 가지는 모두 맛이 좋지만 곰 발바닥이 더 맛있다. 두 가지를 다 원하지만 한꺼번에 취할 수 없을 경우에는 義에 맞는 길을 택한다는 뜻이다. 孟子가 말하기를, "생선도 내가 먹고 싶은 바이고 곰 발바닥도 내가 먹고 싶은 바이지만 이 두 가지를 한꺼번에 다 먹을 수 없다면 나는 물고기를 버리고 곰 발바닥을 취하겠다. 삶도 내가 원하는 바이고 義도 내가 원하는 바이지만, 이 두 가지를 한꺼번에 다 얻을 수 없다면 나는 삶을 버리고 의를 취하겠다.〔魚我所欲也, 熊掌亦我所欲也; 二者不可得兼, 舍魚而取熊掌者也. 生亦我所欲也, 義亦我所欲也; 二者不可得兼, 舍生而取義者也.〕" 하였다. 『孟子 告子上』

24. 허장(許丈) 조수(釣叟) 시에 차운하다

次許丈釣叟韻 허장의 이름은 욱(壤)이고 자는 중후(仲厚)인데 창해(滄海)의 손
자로서 대대로 저도(楮島)에서 살고 있다. 許丈名壤, 字仲厚, 滄海[72]之孫, 世居楮島.

홍진을 밟고 걸어 도성문을 나와서
선경(仙境) 같은 집에 돌아와 내 뜻대로 사시네
압구정에서 좋은 모임 뱃놀이를 하고
저도에서 풍류라 양화에 취하누나-고려 때 복재(復齋) 한종유(韓宗愈)가
저도(楮島)에 살면서 언제나 술만 취하면 일어나 춤을 추면서 양화사(楊花詞)
를 노래했으므로 당시 사람들이 그를 양화도(楊花徒)라고 하였다.-

軟紅[73]踏破出東華 歸臥仙齋也自誇 勝會鷗亭浮桂棹 風流楮島醉楊花[74]

---

72 滄海 : 仁祖 때 사람 許格의 호이다. 그는 자가 春長이고 또 다른 호는 崇禎處
士인데 東岳 李安訥에게 시를 배워 문장에 능하였고 慷慨하여 氣節이 있었다.
병자호란 때 우리나라가 청나라에 항복하자, 遺詩를 남기고 자결하였다. 楮子
島에 살았다.

73 軟紅 : 軟紅塵과 같은 말로 사람이 붐비는 번화한 저자거리를 뜻한다. 宋나라
蘇軾의 「次韻蔣穎叔錢穆父從駕景靈宮」에 "목까지 드리운 반백의 머리털은 부
끄럽지 않으나 수레에 이는 홍진은 오히려 그리워라.〔半白不羞垂領髮 軟紅猶
戀屬車塵〕"하였는데, 自注에 "전배들이 장난삼아 '서호의 풍월이 도성의 홍진
의 향기로운 흙만 못하다' 한 말이 있다.〔前輩戲語, 有西湖風月, 不如東華軟紅
香土.〕"하였다.

74 勝會……楊花 : 상대방 許壤이 저도에 살며 풍류를 즐기는 모습을 고사를 사

-高麗韓復齋宗愈⁷⁵居楮島⁷⁶, 每醉後起舞歌楊花詞, 時人謂之楊花徒.-

만나면 그 자리에서 누구나 친구요
가는 곳마다 강산이 곧 내 집이었지
그윽한 흥취 만년에도 외려 다하지 않아
또 어부를 따라서 물 가 모래톱에 앉으시지

逢場人物皆成友　到處江山便是家　幽興晩來猶未已　又隨漁父坐沙涯

용하여 형용하였다.

75 韓復齋宗愈 : 韓宗愈(1287~1354)는 고려후기의 문신으로 자는 師古이고 호
가 복재이며 본관은 淸州이다. 벼슬이 左政丞에 이르렀고, 漢陽府院君에 封해
졌다. 詩文에 뛰어났으며 저서로 『復齋集』이 있다. 시호는 文節이다.

76 楮島 : 都城 동쪽 25리, 三田渡 서쪽 한강에 있는 섬인 楮子島의 준말이다.
저자도는 닥나무가 많이 자란다 하여 붙여진 이름으로 지금의 금호동과 옥수
동 남쪽 한강에 있었던 모래섬이었다. 고려 말 韓宗愈의 소유였다가 조선개국
과 함께 왕실의 소유가 되었다. 세종은 둘째딸 貞懿公主에게 이 섬을 하사했고
공주의 아들 安貧世가 정자를 지어 세도가와 시인묵객을 불러들였다. 저자도
는 뚝섬 앞쪽에서 중랑천이 한강 본류와 만나는 지점에 토사가 퇴적하여 생긴
섬으로 봄이면 살구꽃, 가을이면 갈대가 아름다웠다. 조선시대에 촌락이 형성
되었다가 1925년 을축년 대홍수로 모래와 자갈만이 쌓이고 사람은 거의 거주
하지 않게 되었다. 동서로 2000m, 남북으로 885m, 총면적 118만㎡의 섬으로
1960년대까지 존재했으나 1970년대 강남을 개발할 때 이 섬의 모래를 대량
채취한 탓에 지금은 없어졌다.

25. 봉은사(奉恩寺) 판사(判事) 체한상인(體閑上人)에게 주다
贈奉恩寺判事[77]體閑上人

그대는 천지간에 몸이 한가로운 사람이거늘
어이하여 이 풍진세상 스스로 가까이하는고
뜰 앞의 잣나무가 결국 무슨 일인가
본래부터 도는 인륜에 있는 것을

爾爲天地體閑人　何奈風塵也自親　柏樹庭前[78]窮底事　由來此道在彝倫

77　判事 : 조선시대 불교 종파의 首長이다. 判禪宗事 또는 判敎宗事의 준말이다.

78　柏樹庭前 : 어느 승려가 趙州禪師에게 "어떤 것이 조사(祖師)가 서쪽에서 온 뜻입니까?"라고 물으니, 조주선사가 대답하기를 "뜰 앞의 잣나무니라." 하였다고 한다. 이것이 참선하는 사람들이 參究하는 대표적인 話頭의 하나가 되었다. 『無門關』 41則

26. 서리가 내린 뒤 나뭇잎이 다 떨어졌는데 정원 한 켠에 해바라기
    한 가지가 국화 떨기 속에서 꽃을 피웠기에 느낌이 있어 읊다
    霜後木葉盡脫, 庭畔葵花一枝, 在菊叢中放開一花, 有感而吟. 병자
    년(1756, 45세)

바람 앞에 나무들 온전한 잎이 없고
서리 내린 뒤 꽃들도 옛 자태를 다 잃었는데
국화를 짝하여 늦게까지 꽃을 피웠으니
햇볕 향한 일편단심 지키는 네가 어여뻐라

風前萬木無全葉 霜後群芳失舊林 獨伴菊英同晚節 憐渠能保向陽心

27. 초서롱에 적다

題鈔書籠[79]

이미 고질병이 몸에 있는데도
서책을 좋아하는 건 여전하여라
언제나 귀한 책 있단 말만 들으면
무슨 수를 써서든 반드시 구하지
이미 책을 살 돈이 없기에
책을 베낄 생각을 가질 수밖에
온종일 쭈그리고 앉아 베끼고
날 저물면 등잔 아래에 베껴 쓰지
잔글씨로 지렁이 기어가듯 쓰지만
결코 부끄럽게 여긴 적은 없어라
힘이 지치면 남의 손 빌려서라도
그 책을 다 베껴 쓰고야 말지
한 책 베끼는 게 몹시 어려우니
어루만지며 진귀한 보물로 여긴다
집사람은 누차 그만두라 말리며
피로가 쌓여 병이 들까 걱정하네

---

79 鈔書籠 : 저자의 서재에 놓여 있던 대바구니로 빌려온 서책을 베낀 원고를
모아두는 곳이다.

벗들에게도 비웃음을 받나니

이미 벼슬했거늘 무슨 필요 있냐지만

내 몸에 병 있는 줄 스스로 아니

무슨 원대한 생각 가진 건 아니고

유별난 기호를 진실로 버리지 못해

애오라지 내 뜻대로 살아가는 게지

자식 하나 아우 하나가 있지만

누구에게 물려줄 수 있을지 모르겠네

나 자신이나 읽어보면 그만이지

후세까지 생각할 게 있으리오

못난 자손 만나면 모아둔 책도 없애고

잘난 자손 만나면 반드시 더 모을 테니

지금 눈앞에 놓인 책을 읽으면서

한 권에서 넉넉한 맛 느끼는 편이 낫지

沉疾已在躬　嗜書猶不廢　每聞有奇籍　多方必圖致

旣無買書錢　乃有鈔書意　垂首坐終日　復以燈火繼

蠅頭[80]畫蚯蚓　曾不爲愧恥　力疲倩人手　卷終斯置已

成編亦艱難　把玩自珍貴　家人屢挽止　勞瘁恐成祟

---

80 蠅頭 : 파리 대가리로 작은 글자를 뜻한다. 宋나라 陸游 「書感」에 "어이 알았
　　으랴 백발의 늙은이가 아직도 파리 대가리만한 잔글씨 읽을 줄을.〔豈知鶴髮殘
　　年叟　猶讀蠅頭細字書〕"하였다.

亦蒙朋友笑　旣宦安用是　自知身有病　不作長久計[81]

偏好固莫捐　聊爾從吾志　有一子一弟　不知誰可遺

我但要披閱　豈復思後世　逢愚聚亦散　賢必能添實

不如供目前　一卷有餘味

81　長久計 : 長久之計의 준말로 오랜 세월을 두고 준비하는 원대한 계책이다.

28. 저서롱에 쓰다
題著書籠[82]

우리 한산의 가업은

팔백 년을 이어왔는데

집안이 원래 가난한 탓에

책을 제대로 쌓아두지 못했는데

수십 년 동안 갖은 고생 겪으며

전심전력하여 책을 구입해서

경사자집의 갖가지 서책들을

그럭저럭 모아서 구비하였네

책마다 표지를 새로 입히고

고생스레 손수 다 꿰매었지

화났을 때도 책만 읽으면 기쁘고

병들었을 때도 책만 읽으면 나으니

이것이 내 운명이려니 믿고서

종횡으로 책을 앞에 쌓아두노라

옛날에 이 책들을 쓴 분들은

성인이 아니면 필시 현인이리니

굳이 책을 펴서 읽어봐야 하리요

---

82 著書籠 : 저자의 서재에 놓여 있던 대바구니로 지은 글을 모아두는 곳이다.

그냥 손으로 만져도 마음이 흐뭇해라

책을 본 지 세월이 쌓여가서

읽은 책이 백 권 천 권도 넘으니

가슴속엔 마치 무언가 있어서

밖으로 마구 뛰쳐나오려는 듯

그래서 저술하려는 뜻을 일으켜

글을 짓느라 밤잠도 잊었어라

집사람과 친구들이야

나를 미친 사람으로 보겠지만

변변찮은 글이나마 소중히 여기노니

옛날 양자운도 태현경을 썼었다네

惟我漢山業[83] 相承八百年 家世本淸貧 曾不有簡編

辛勤數十載 求之心頗專 經史與子集 裒稡亦畧全

一一堅紙裝 辛苦手自穿 當怒讀卽喜 當病讀卽痊

特此用爲命 縱橫堆滿前 當時作書者 非聖必是賢

豈待開卷看 撫弄亦欣然 讀之積年歲 卷帙踰百千

胸中如有物 輪囷[84]欲自宣 遂起著書意 編輯夜忘眠

---

83 漢山業 : 저자의 본관인 경기도 광주의 행정 구역 명칭이 신라 문무왕 때 漢山
州였기 때문에 한산이라 일컬은 것이다.

84 輪囷 : 생각이 불쑥불쑥 일어나는 모습을 형용한 것이다. 韓愈의 「贈別元十八
協律」의 "窮途致感激 肝膽還輪囷"의 '輪囷'에 대한 『五百家注昌黎文集』의 孫
氏의 注에 "踴躍貌"라 하였다.

家人與朋友 視之若狂癲 燕石[85]謾自珍 子雲曾草玄[86]

85 燕石：燕山에서 나는 옥 비슷한 돌이다. 고대 宋나라의 어리석은 사람이 이 돌을 梧臺 동쪽에서 주워서 큰 보물이라 여겨 비단으로 수십 겹을 싸서 잘 보관하였으나 결국 평범한 돌에 불과했다고 한다. 『太平御覽 地部』 여기서는 저자 자신이 지은 글을 비유하였다.

86 子雲曾草玄：子雲은 後漢때의 학자인 揚雄의 자이다. 그가 벼슬길에 나가지 않고 『周易』의 이치를 가지고 『太玄經』을 지으니, 당시 사람들이 조롱하였다. 劉歆은 『太玄經』을 두고 "후세 사람들이 장독 덮개로나 쓸 것이다."라고 조롱했다. 『漢書 87권 揚雄傳』 여기서는 저자가 자신이 벼슬길에 나가지 않고 남들이 알아주지도 않는 글을 쓴다는 것을 비유로 말하였다.

29. 양성재(楊誠齋)가 벼슬을 그만두고 남계(南溪) 가에 한가로이 살면서 자찬(自贊)한 시에 차운하다

次楊誠齋退休南溪之上自贊韻[87] 2수

아침이면 한 그릇 밥을 먹고
해 저물면 표주박에 물을 마신다
지극한 즐거움이 그 가운데 있으니
세상의 영고성쇠는 한바탕 꿈이어라

朝來一簞食 晚後一瓢飲[88] 至樂在其中 榮枯付一枕

---

87 楊誠齋……自贊韻：楊誠齋는 宋나라 楊萬里이다. 그를 높여서 誠齋先生이라고 부르며, 그의 字는 廷秀이다. 孝宗 때 國子監博士가 되고 뒤에 普文閣待制로 벼슬을 마쳤다. 그의 「自贊」은 두 수인데 "강바람은 내게 시를 지으라 하고 산 위에 뜬 달은 나를 불러 술 마시라 하네. 술 취해 떨어진 꽃잎 위에 거꾸러지니 천지가 나의 이불과 베개일세.〔江風索我吟 山月喚我飲 醉倒落花前 天地爲衾枕〕"하고, 또 "눈으론 남의 시비를 보지 않고 입으로는 비판하는 말 하지 않노라. 단지 용서받지 못할 죄 하나 있으니 명월과 청풍을 함부로 대한 것일세.〔靑白不形眼底 雌黃不出口中 只有一罪不赦 唐突明月淸風〕"하였다.

88 朝來……瓢飲：孔子가 安貧樂道하는 제자 顔回를 칭찬하여 "한 그릇의 밥과 한 표주박의 물로 누추한 마을에 사는 것을, 사람들은 그 근심을 견디지 못하는데, 안회는 그 즐거움을 바꾸지 아니하니, 어질구나 안회여.〔一簞食一瓢飲 在陋巷 人不堪其憂 回也不改其樂 賢哉回也〕"한 말을 인용한 것으로 가난한 삶을 형용하였다.『論語 雍也』

시상(詩想)은 대개 삼상에서 잘 떠오르고

주흥에 때로 한 번씩 술에 취한다

천고에 도연명이 내 마음을 알았나니

북창 아래 한가히 누워 맑은 바람 쐬었지

詩情多在三上⁸⁹ 酒興時復一中 千古淵明知我 北窓高臥淸風⁹⁰

---

89 三上 : 말 위인 馬上, 베개 위인 枕上, 변소에서인 厠上을 합칭한 말이다. 宋나라 歐陽脩의 『歸田錄』에 "내가 평생에 지은 문장이 대부분 三上에서 나왔으니, 곧 馬上과 枕上과 厠上이다." 한 데서 온 말이다.

90 千古……淸風 : 陶淵明이 여름에 북창 아래 누워 맑은 바람을 쐬면서 스스로 자신을 태곳적인 伏羲氏 시대의 사람이라 하였다. 李白의 「戲贈鄭溧陽」에 이러한 도연명의 모습을 두고 "북창 아래서 맑은 바람 쐬며 스스로 복희씨 때 사람이라 하네.〔素琴本無絃 漉酒用葛巾 淸風北窓下 自謂羲皇人〕" 하였다. 伏羲氏는 태곳적 임금으로 그 시대의 백성들은 아무 근심 없이 순박하고 태평하게 살았기 때문에 인용한 것이다.

30. 생각나는 대로 절구 여덟 수를 읊다

漫吟八絶 정축년(1757, 46세)

푸르른 홰나무 아래서 시를 길게 읊고
풀 우거진 지당 가엔 땅거미가 들어온다
그야말로 심양의 도처사와 같으니
세연은 도리어 얕고 도심은 깊어라

綠槐樹下弄長吟 靑草塘邊納晩陰 正似潯陽陶處士 世緣還淺道情深[91]

은거하여 세상사는 상관하지 않고
천 편의 시를 지으며 스스로 으스댔지만
도리어 세상 사람들이 하찮게 여기니
이제부턴 벙어리 귀머거리처럼 살아가리

---

91 正似……情深 : 이 구절은 蘇軾의 「軾以去歲春夏侍立邇英云云」에 "향산의 늙은 거사와 그야말로 흡사하니, 세상 인연은 얕고 도의 뿌리는 깊어라.〔定似香山老居士 世緣終淺道根深〕"라는 구절을 차용한 것이다. 香山의 늙은 居士는 당나라 白居易를 가리킨다. 백거이가 刑部尙書로 있다가 벼슬을 그만두고 香山의 如滿스님과 함께 香火社를 결성, 서로 종유하면서 香山居士라 자칭했다. 여기서 潯陽의 陶處士는 陶淵明을 가리킨다. 도연명이 彭澤縣令으로 있다가 벼슬을 그만두었고, 廬山의 東林寺의 慧遠法師가 중심이 되어 결성한 정토 신앙 단체인 白蓮社에 참여했기 때문에 이렇게 말한 것이다.

幽居不與世相通 手錄千編謾自雄 還被俗人看厭薄 從今如啞復如聾

한적한 산골에 산 지 네 해가 넘었는데
문전에 수레와 말이야 분주히 오가건 말건
알지 못하겠어라 저렇게 오가는 이들이
이 산골 늙은이 달콤한 잠 맛을 알 수 있을까

空谷深居四載強 門前車馬任奔忙 不知去去來來者 能識山翁睡味長

붉은 살구꽃은 지고 푸른 풀이 우거졌는데
나의 산거에는 진종일 사립문이 닫혀 있어라
주인은 본래 인정이 없는 사람이 아니건만
본래 세속 사람 찾아오는 이가 드문 게지

紅杏花飛綠草肥 山居盡日掩柴扉 主人不是無情者 自是俗人來到稀

비 갠 뒤 서늘해지고 초목은 맑은데
죽장망혜 차림으로 정원을 둘러 거닌다
새가 날고 꽃이 지는 건 다 대수롭지 않고
콸콸 흐르는 시냇물만이 유독 사랑스러워라

雨後微凉草樹淸 芒鞋竹杖繞園行 鳥飛花落渾閑事 獨愛流泉漱漱鳴

산에 비는 지나가고 뉘엿뉘엿 해 지는데
외밭에 잡초 다 매고 다리 뻗고 앉아 쉰다

시내에 고기 떼 올라왔다 아이들이 말하기에
또 실을 꼬아서 낚싯줄을 만들어 보노라

山雨過來夕照遲 瓜田鋤畢坐如箕 兒童報道溪魚上 又試經綸理釣絲

산골 집의 색다른 맛 아는 이가 적나니
한낮이 다 되도록 혼자 사립문은 닫아 두고
저녁밥 실컷 먹으니 아무런 할 일이 없어
북창 아래 덜렁 누워 태곳적 시절 꿈꾸노라

山家奇事少人知 獨閉衡門日午時 晩飯飽來無箇事 北窓高臥夢軒羲[92]

출처행장(出處行藏)을 대개 상황 따라 해왔나니
흥이 일면 어느 곳에선들 시를 읊지 않으랴
도연명이 어찌 관직을 바랐던 사람이었으랴
세상 사람들과 관직 놓고 장난해 본 것이지

隨遇行藏[93]我自多 興來無處不絃歌 淵明豈是求官者 聊與世人戲一窠

---

92 北窓……軒羲 : 태곳적 시절 사람처럼 한가롭고 태평하게 지낸다는 뜻이다.
주 90) '千古……淸風' 참조.

93 隨遇行藏 : 벼슬할 만한 때를 만나면 세상에 나가고 그렇지 못한 때를 만나면
물러나는 것이다. 孔子가 "등용되면 도를 행하고 버려지면 은둔한다.〔用之則
行 舍之則藏〕"한 데서 온 말이다. 『論語 述而』

31. 만물을 관찰하다

觀物 2수

새가 지저귀는 건 도와달라는 게 아닌데
개구리가 우는 건 누구를 위하려는 것인가
절로 때가 이르면 움직이는 법이니
고요히 관찰하면 하늘의 이치 알 수 있다네

禽語非求益 蛙鳴欲爲誰 自然時至動 天理靜觀知

만물은 모두 천성대로 움직이는데
사람만이 사욕을 마음대로 부리누나
마음 성찰하고 보존하는 공부 계속하면
천리가 점차 환히 보이게 되는 법이지

物以天機動 人惟私欲橫 省存⁹⁴工不已 此理⁹⁵漸看明

---

94 省存 : 省察 操存의 준말로 자신을 반성하고 마음을 달아나지 않게 보존하는
    공부이다.

95 此理 : 여기서 此 자는 관용적으로 理 앞에 붙는 말이다. 이를테면 理는 此理
    라 하고 物은 彼物과 같은 경우이다.

32. 봄날에 회포를 읊다
春日書懷

산 늙은이는 본래 산에 살면서
한 번 칩거하면 열흘 한 달 지나다가
봄 경치 찾는 사람 있단 말 들으면
기뻐서 지팡이를 끌고 밖으로 나온다

山翁本在山 一臥經旬月 聞有尋春人 欣然携杖出

33. 봄비
春雨

부슬부슬 한밤중에 내리는 비
쓸쓸하게 베개 맡에서 들리누나
아침이 되어 사방을 둘러보니
봄빛이 벌써 성큼 다가왔구나
나무 끝엔 푸른 싹이 돋아나고
꽃가지에는 꽃술이 향기 토한다
고요히 만물이 생성하는 뜻 보니
나도 모르게 마음이 흐뭇하여라

霡霂中宵雨　蕭踈枕上聞　朝來看四面　春色已三分
木末芽抽碧　花梢蘂吐芬　靜觀生物意　不覺我心欣

34. 분의당(分宜唐)에서 생각나는 대로 읊다

分宜堂漫吟 기묘년(1759, 48세)

나의 집 즐거운 일을 누구에게 얘기할거나
산골에 날이 길어서 하루가 마치 한 해인 듯
남한산 유람한 것은 김 도독의 뒤에 한 일─신라(新羅)의 문사 김대문(金
大問)이 한산주 도독(漢山州都督)이 되어 「유한산기(遊漢山記)」를 썼다.─
북창 아래 누웠으니 복희씨 이전 사람이로세
임천에서 나물 먹으니 가난해도 욕될 일 없고
화초를 심고 가꾸는 것은 고요한 중에 권리일세
방 안이 씻은 듯 정갈해 속세 자취가 없으니
이 몸이 도리어 별천지에 와 있는가 하노라

吾堂樂事與誰傳 日永山中似大年 南漢淸遊金督後─新羅文士金大問爲漢
山州都督, 作遊漢山記.─ 北窓高臥伏羲前**96**
林泉茹飮貧無辱 花木栽培靜有權 一室脩然無俗累 却疑身世是壺天**97**

----

96 北窓……羲前 : 태곳적 시절 사람처럼 한가롭고 태평하게 지낸다는 뜻이다.
　　주 90) '千古……淸風' 참조.

97 壺天 : 호로병 속의 세계란 말로 신선세계를 뜻한다. 壺公이란 신선이 저잣거
　　리에서 약을 팔고 있었는데, 모두 그저 평범한 사람인 줄로만 알고 있었다.
　　하루는 費長房이란 사람이 호공이 천정에 걸어둔 호로병 속으로 들어가는
　　것을 보고는 비범한 인물인 줄 알고 매일같이 정성껏 그를 시봉하였다. 하루는

호공이 그를 데리고 호로 속으로 들어갔는데, 그 속은 완전히 별천지였다고
한다. 『後漢書 82권 下 方術列傳 費長房』

35. 딸아이를 경계하다
警女兒

아녀자 행실은 많지 않아 네 가지뿐이니
부지런하고 태만하지 말아 조석으로 경계하라
용모는 공경스러워 의당 차분해야 하고
언어는 찬찬하고도 온화해야 한다
덕은 유순하되 무엇보다 정절이 중요하고
일은 주식 장만하고 부지런히 베 짜는 게지
이 말을 마음속에 새겨두기만 하면
복록이 면면히 이어져 자손이 넉넉하리라

婦行無多只有四 孜孜不怠警朝曛 貌存敬謹宜思靜 言欲周詳更着溫
德以和柔貞烈最 工因酒食織紅勤 若將此語銘心肚 吉福綿綿裕後昆

36. 성호선생(星湖先生)이 속하(涑河)의 안 수재(安秀才) 낙중 (樂重)에게 준 시를 삼가 차운한 두 수를 낙중에게 주고, 아울러 정진(正進)에게 보이다

敬次星湖先生寄涑河[98]安秀才樂重韻二首贈樂重, 兼示正進.

대도는 끝내 민멸하지 않아
우리 동방에 선생이 나오셨네
도산의 바른 학맥을 이어서
지극한 이치를 많이 천양하셨지
구름은 은하수 나루에 걷히고
바람은 무궁화 강토에 맑은데
재능을 감추어 선현의 뒤 따르고
자취를 거두어 초야에 묻혔어라
영남에는 뛰어난 선비 많은데
그대 두 사람은 금옥 같은 문장
나란히 선생을 찾아와 배알하고
공경히 제자의 예(禮)를 갖추었네
오경의 핵심을 다 파악하였고

---

98 涑河 : 경상남도 밀양시 초동면 金浦里 동북쪽에 있는 마을로 행정적으로는 금포리에 속한다. 일명 소캐라고 한다. 1470년 무렵에 引儀 安普文이 경상남 도 함안군 大里로부터 이곳으로 이주한 뒤로 廣州安氏의 世居地가 되었다고 한다.

육예의 문장도 깊이 공부해야지

유자는 취할 만한 점이 있으니

한 곡조 창랑가를 노래했었네

성인도 광인도 다 자기에게 달린 것

그 이치가 매우 환하게 드러났지만

몽매한 자는 진흙탕에 앉은 것 같고

지혜로운 이는 하늘 높이 나는 것 같으니

일찌감치 그 차이를 구별할 줄 안다면

힘찬 전도를 누가 막을 수 있으랴 하신

자상하게 가르쳐 주신 그 말씀이

끝없는 강과 바다처럼 드넓었어라

나 역시 문하에서 배운 사람이라

한 번 듣고 마음에 큰 감명 받았지만

오랫동안 고질병으로 고생하다 보니

귀밑머리에 흰 서리가 내린 듯하여라

갈 길이 멀다 부질없이 걱정하느라

한밤에 잠 못 이뤄 혼자 서성인다네

大道終不泯 先生出東方 步趨陶山正 至理多闡揚

雲捲析木津[99] 風淸槿花鄕 卷懷追前脩 斂跡遯荒庄

---

99 雲捲析木津 : 析木은 별자리[星次]의 이름이고 析木津은 은하수의 나루이
다. 箕星과 斗星 두 별자리 사이에 위치하며 十二支의 寅에 속해서 東方인

嶺表多奇士 二子金玉章[100] 聯袂拜床下[101] 敬修一瓣香[102]

五經抽關鍵 六藝嗽潤芳[103] 孺子在所取 一曲歌滄浪[104]

聖狂皆由己[105] 厥理孔顯彰 或如泥中坐 或如天際翔

우리나라에 해당한다. 즉 성호 이익이 퇴계 이황의 학맥을 이어받아 우리 동방에 바른 학문을 밝혔다는 뜻으로 말하였다.

100 金玉章 : 금옥처럼 훌륭한 문장이다. 唐나라 韋應物의「郡齋雨中與諸文士燕集」에 "고개 숙여 한 잔 술을 마시고 고개 들어 금옥 같은 문장을 듣는다.〔俯飲一杯酒 仰聆金玉章〕" 하였다.

101 拜床下 : 존경하는 어른을 배알함을 뜻한다. 後漢 때 諸葛亮이 龐德公을 찾아가면 반드시 방덕공이 앉은 床 아래서 공경히 절하였는데 방덕공은 제지하지 않고 태연히 절을 받았다는 고사에서 생긴 말이다. 『資治通鑑 65권』

102 敬修一瓣香 : 스승으로 섬기는 禮를 갖추었음을 뜻한다. 一瓣香은 一炷香과 같은 말로 한 가닥 향이다. 禪宗에서 禪師가 開堂普說, 즉 스승으로부터 印可를 받고 처음으로 法床에 올라 설법할 때 향을 사르는데 세 번째 향을 사를 때 "이 한 가닥 향을 나에게 道法을 전해 주신 아무 法師에게 삼가 바칩니다." 한 데서 온 말이다.

103 六藝嗽潤芳 : 晉나라 陸機의「文賦」에 "뭇 저술들의 작은 물줄기 같은 말들을 다 기울이고 육예의 향기롭고 윤택한 내용으로 입을 헹군다.〔傾群言之瀝液 漱六藝之芳潤〕" 한 구절을 인용하였다.

104 孺子……滄浪 : 이 구절은 직역하면 "유자가 취하는 바에 있었으니 한 곡조 창랑을 노래했다."가 된다. 孺子는 아이다. 滄浪은 물 이름으로 漢水 동쪽 부분이다. 춘추 시대에 어떤 아이가 노래를 부르기를 "창랑의 물이 맑으면 내 갓끈을 씻을 만하고, 창랑 물이 흐리면 내 발을 씻을 만하네.〔滄浪之淸兮, 可以濯我纓; 滄浪之濁兮, 可以濯我足.〕" 하였다. 이 노래를 滄浪歌라 한다. 『孟子 離婁上』

105 聖狂皆由己 : 『書經』「多方」의 "성인이라도 생각하지 않으면 광인이 될 수 있고, 광인이라도 능히 생각만 하면 성인이 될 수 있다.〔惟聖罔念作狂, 惟狂

審辨宜及早 沛然孰能當 諄諄詔敎語 浩浩江海洋
我亦摳衣者 一聞心緖長 久矣嬰沉疾 兩鬢催飛霜
徒懷道遠[106]憂 夜起獨彷徨

곤륜산이 모든 산의 조종인데
그 한 줄기 동쪽으로 달려와서
백두산은 중간에 높이 솟았고
지리산은 바닷가에 우뚝하여라
지리산을 둘러싼 일천 리 땅에
문물이 발달해 절로 인구가 많아졌고
왕업은 혁거세로부터 시작되었고
육부 촌장들이 새로 고을을 열었어라
고려를 거쳐서 우리 조선에 이르자
이룩한 문물이 찬란히 빛났으니
아름다운 말과 착한 행실들이
얘기로 전해져 입에서 향기가 나네
진실로 알겠네 신령하고 수려한 땅엔
정기를 받아 훌륭한 인물들이 난다는 것을
지금까지도 그 전통이 끊어지지 않아

克念作聖.」라는 말을 인용하였다

106 道遠 : 日暮途遠의 준말로 늙어서 살 날은 많이 남지 않았고 해야 할 일은
많다는 뜻이다. 『史記 66권 伍子胥列傳』

남은 물줄기가 질펀하게 흐르누나
세도는 비록 갈수록 낮아졌어도
뜻을 가다듬어 절개 더욱 드러났으니
평소의 분수 지키며 주경야독하고
명리를 쫓는 벼슬 따위는 비웃고 말지
이러한 영향을 받고 자란 두 사람은
지조와 절의를 아무도 당할 수 없지
예전에 우리 집으로 방문했을 때
한 마디 말에 서로 뜻이 맞았지
가슴 속에 하고픈 말은 매우 많았지만
병 때문에 오래 얘기하지 못하였으니
이별한 뒤에 그리운 마음만 많은 채
어느덧 달이 가고 해가 바뀌었는데
이 서찰이 어디로부터 보내왔는가
너무도 기쁜 나머지 일어나 서성인다

崑崙萬山宗　一榦走東方　白頭從中起　智異界海揚

環山一千里　文物自成鄕　王業始赫居　六部開新庄

歷麗及聖朝　彪炳有文章　嘉言與善行　流傳口生香

固知靈秀地　孕毓皆芬芳　至今猶未沬　餘澤流淋浪

世道雖交喪　勵志節愈彰　耕讀安素分　名利嗤高翔

二子聞風起　志節不可當　昔訪衡門[107]下　一語契峨洋[108]

胸中百千語　以病不能長　別後多懷思　居然換星霜[109]

尺書從何枉　喜甚起彷徨

107 衡門 : 나무 막대기로 가로 막은 문으로 오두막집의 초라한 사립문을 뜻한다. 은자(隱者)가 사는 곳을 뜻하는 말로 주로 쓰이는데 여기서는 저자 자신의 집을 가리킨다. 『詩經』「陳風 衡門」에 "형문의 아래여! 쉬고 놀 수 있도다.〔衡門之下 可以棲遲〕"한 데서 온 말이다.

108 峨洋 : 춘추시대 伯牙가 타고 鍾子期가 들었다는 거문고 곡조로, 峨洋曲 또는 高山流水曲이라 한다. 백아가 거문고를 잘 연주하였는데 종자기는 이것을 잘 알아들었다. 그래서 백아가 마음속에 높은 산〔高山〕을 생각하면서 거문고를 연주하면 종자기가 알아듣고 "아, 훌륭하다! 높고 높기가 태산과 같다.〔善哉! 峨峨兮若泰山.〕"하였으며, 백아가 마음속에 흐르는 물〔流水〕을 생각하면서 거문고를 연주하면 종자기가 알아듣고 "아, 훌륭하다! 드넓게 흐름이 강하와 같다.〔善哉! 洋洋兮若江河.〕"하였다. 그래서 종자기를 知音이라 하였는데 서로 마음이 통하는 벗을 뜻하는 말로 쓰인다. 『列子 湯問』

109 換星霜 : 한 해가 바뀜을 뜻한다. 唐나라 白居易의 「歲晚旅望」에 "아침이 오자 저녁이 가서 성상이 바뀐다.〔朝來暮去星霜換〕"한 데서 온 말이다.

37. 성호선생(星湖先生)의 시
附原韻

오늘 아침에 일양이 생기고
해는 동남쪽에서 솟아올랐네
일찍 일어나 멀리 그대 생각하니
마음은 구름 따라서 날아나누나
저 낙동강 가를 보니
세상을 피해 살 만한 곳이라
변함없이 내 마음 흐뭇하노니
가는 곳마다 그윽한 은자의 집일세
사수를 거슬러 도산에 들었더니
초목들에도 모두 문장이 찬연한 듯
예전에 내가 도산서원에 들러서
선생의 덕향(德香)을 마음속에 간직했네
지금도 그 당시가 꿈속에도 생각나서
꿈 깨면 잠자리에 향기가 감도는 듯
청춘의 젊은 사람들이
뜻밖에도 이 물 가로 나를 찾아와
영남에서 왔다 말하면서
예의가 지성스럽고 뜻이 더욱 분명했지
우리 학문의 길은 각기 분수를 보아서
부지런히 정진하여 큰 성취 기약해야지

아! 내가 사랑하지만 돕지 못하니
감히 무슨 말을 해줄 수 있으리오
집의 책 상자에 들어 있는 경전 속에
성현의 말씀이 가득히 들어 있으니
돌아가 찾아보면 한 마디로도 넉넉하고
나물을 씹으면 그 맛이 더욱 깊으리
우리가 이별한 지 얼마나 되었는가
한 해가 저물 즈음 찬서리도 많아라
남은 인생 아침 이슬처럼 덧없는 것
이 시를 부치고 그리움에 서성인다네

今朝一陽生¹¹⁰ 日出東南方 夙興緬有思 意與雲飛揚

睠彼洛東水 云是避地鄕 依然慰情素 步步幽遯庄

沂泗¹¹¹入陶山 草木皆文章¹¹² 昔余經谷口¹¹³ 採掇蘭藏香¹¹⁴

110 今朝一陽生 : 동짓날임을 뜻한다. 『周易』의 64卦를 1년의 열두 달에 배속하면 一陽, 즉 陽爻 하나가 처음 생긴 復卦가 음력 11월 冬至에 해당한다.

111 泗 : 강 이름으로 洙水와 병칭된다. 수수는 山東省 曲阜 북쪽에 있고 泗水는 남쪽에 있는데 공자가 이 지역에서 제자들을 가르쳤다. 여기서는 낙동강을 비유하였다.

112 草木皆文章 : 宋나라 楊萬里의 「跋眉山程仁萬言書草」에서 蘇洵, 蘇軾, 蘇轍 三父子에 대해 "아미산 아래 삼소향에는 지금까지 초목에도 문장의 향기 있네.〔峩眉山下三蘇鄕 至今草木文章香〕"하였다.

113 昔余經谷口 : 谷口는 지명으로 西漢 말엽에 高士인 鄭子眞이 지조를 굽히지 않고 농사를 지으며 은거했던 곳이다.『法言 問神』여기서는 퇴계가 은거했

至今魂夢勞 枕席餘芬芳 青春少年子 邂逅來滄浪

謂言從嶺外 禮勤意彌彰 吾道視分內 邁往期鶱翔

於戲愛莫助[115] 贈辭安敢當 經箱有遺卷 聖謨流洋洋

歸求[116]一言足 咬菜味益長[117] 別離幾何時 歲暮多嚴霜

殘齡朝露睎 寄語重彷徨

던 도산서원을 가리킨다. 작자 성호 이익은 25세 때 增廣試를 보았으나 이름
을 쓴 것이 서식에 맞지 않다는 이유로 會試에 올라가지 못하고 그 다음해
존경하던 둘째 형 潛이 張禧嬪을 두둔하는 상소를 올렸다가 杖殺되자 벼슬에
뜻을 버리고 학문에 전념할 결심을 하고는 陶山書院을 찾아가서 퇴계를 모신
사당에 참배했다.

114 採掇蘭藏香 : 퇴계의 덕을 사모하여 사모하는 마음을 간직했다는 뜻이다.
屈原의「離騷經」에 "가을 난초를 엮어서 허리춤에 차노라.〔紉秋蘭以爲佩〕"
하였다.

115 愛莫助 : 성호 이익이 安樂重을 사랑하지만 그의 학식이 매우 부족해 도와줄
래야 도와줄 길이 없어 그것이 안타깝다는 뜻의 겸사이다. 『詩經』「大雅
烝民」에 仲山甫의 덕을 기리면서 "사랑하지만 도울래야 도울 수 없다.〔愛莫
助之〕"라 한 구절을 인용한 것이다.

116 歸求 : 曹交가 館舍를 빌려 드릴 테니 머물러서 가르쳐 달라고 청하자 孟子가
"도는 대로와 같으니, 어찌 알기 어려우리오. 사람들이 찾지 않는 게 문제이
니, 그대가 돌아가 찾으면 孝悌와 같은 일상의 도리 중에 스승이 넉넉히
있을 것이다.〔夫道若大路然, 豈難知哉! 人病不求耳. 子歸而求之, 有餘師.〕"
한 데서 인용하였다. 『孟子 告子 下』

117 咬菜味益長 : 청빈한 생활을 뜻한다. 본래 北宋 呂本中의 『東萊呂紫微師友
雜志』에 나오는 얘기이다. "汪信民이 '사람이 늘 나물 뿌리를 씹으면 모든
일을 이룰 수 있다.〔人常咬菜根, 則百事可做.〕'하니, 胡康侯가 무릎을 치며
감탄했다." 하였다. 『小學 善行』

38. 벗들과 원정에 모여 얘기하기로 약속하다

期友會話園亭 젊은이들을 대신해서 장난삼아 「심원춘(沁園春)」을 짓다. 代少輩 戲, 作「沁園春」.[118]

지난 세월 몹시 길고

남은 세월 몹시 짧거늘

즐겁게 놀지 않고 무엇하리오

그래서 고상하고 뜻있는 선비들은 촌음을 아꼈으면서도

촛불 밝히고 밤늦도록 노는 것은 늘 좋은 때 놓칠까 염려했지

꾀꼬리는 꾀꼴꾀꼴 울어대고

푸른 매실은 열매가 달렸는데

하늘대는 버들가지 부드러운 부들은 푸른 못 가를 둘렀거늘

지금 어이하여 좋은 때 헛되이 보내고 아름다운 풍경을 앉아서 지나

가게 하리요

비 내린 뒤에 시냇물이 새로 불어

---

118 沁園春 : 詞牌 이름이다. 東漢 때 竇憲이 권세를 빙자하여 沁水公主의 園林
인 沁園을 빼앗은 뒤 후세 사람들이 시를 지어 그 일을 읊은 데서 붙여진
이름이다. 沁園春은 念離群·東仙·洞庭春色·壽星明 등의 別稱이 있고,
1백 12자, 1백 13자, 1백 14자, 1백 15자, 1백 16자 등 다섯 가지 體가 있는데
그 중 1백 14자 체가 正格이다. 『詞譜 36 沁園春』沁園은 河南省 沁陽縣에
있었던 莊園으로, 金나라 때 조정의 百官들이 모여 잔치하는 곳이었다.

은으로 만든 발 옥으로 된 용이 뒤집혀 나는 듯하니

흐르는 물에 갓끈 씻고 풀을 깔아 자리 삼고

운자 내고 좋은 곳 찾아가 풍경 보며 시를 읊어보세

난정과 금곡의 모임이 천추에 전해지지만

편안하게 모인 진솔한 이 모임만은 못하리

우산에 지는 해를 옛 사람이 슬퍼하던 일을 그대는 생각해 보라

去日苦長 來日苦短 不樂何爲 故高人志士寸陰雖惜 秉燭淸遊常恐後時

黃鸝囀歌 靑梅結子 弱柳軟蒲繞綠池 今奈何使良辰虛度美景坐馳

雨餘溪水新肥 且銀簾玉龍倒飛 當臨流濯纓藉草代席 抽韻選勝對景吟詩

蘭亭¹¹⁹金谷¹²⁰流芳千載 不如眞率會隨宜 君相念牛山夕暉昔人所悲¹²¹

---

119 蘭亭 : 會稽 山陰에 있는 정자이다. 晉나라 穆帝 永和 9년 늦은 봄에 王羲之,
謝安 등 42인의 名士들이 이 정자에 모여 禊事를 하고 曲水에 술잔을 띄우고
詩를 읊으면서 풍류를 즐겼던 고사가 유명하다. 이때 광경을 읊은 「蘭亭記」
를 왕희지가 직접 짓고 썼다. 『古文眞寶後集 蘭亭記』

120 金谷 : 晉나라 때 부호로 유명했던 石崇의 별장인 金谷園을 가킨다. 석숭이
이곳에 빈객들을 모아 연회를 베풀었을 때, 각각 시를 지어서 회포를 서술하
게 하고 혹 시를 짓지 못하면 술 서 말을 벌주로 마시게 했다는 고사가 있다.
李白의 「春夜宴桃李園序」에, "시를 짓지 못하면, 금곡원의 술잔 수에 따라
벌주를 마시게 하리라.〔如詩不成 罰依金谷酒數〕"고 하였다.

121 牛山……所感 : 춘추시대 齊나라 景公이 牛山에서 노닐다가 북쪽으로 제나
라의 도성을 내려다보고 눈물을 흘리며 말하기를 "그 얼마나 많은 사람들이
이곳을 떠나 죽어갔는가." 하자, 곁에 있던 艾孔과 梁丘據는 따라 우는데,
晏嬰만은 홀로 웃고 있었다. 이에 경공이 까닭을 묻자, 안영이 말하기를
"어진 이가 죽지 않고 이곳을 지켜 왔다면 太公과 桓公이 늘 이곳을 지킬

것이고, 용감한 이가 죽지 않고 이곳을 지켜왔다면 莊公과 靈公이 늘 이곳을 지킬 것입니다. 이러한 임금들이 줄곧 이곳을 지킨다면 우리 임금께서 여기 이 자리에 오를 수 있었겠습니까?”하였다. 『晏子春秋 內篇 諫上』

39. 우연히 읊다
偶吟

아득한 옛날부터 지금까지
이름 남긴 이 몇 사람이던가
장수와 단명이야 묻지 말라
안연(顔淵)의 거리는 만고에 봄인 것을

往古來今宙 留名有幾人 壽夭君莫問 顔巷萬古春[122]

---

[122] 顔巷萬古春 : 孔子의 제자인 顔淵은 누추한 거리에서 가난하게 살면서 학문
과 덕이 높았으나 32세의 나이로 요절하였다. 그러나 후세에 亞聖이라 일컬
어지며 길이 추앙받으므로 이렇게 말한 것이다.

40. 봄시름
春愁

울적한 봄시름에 마음이 절로 편치 않으니
새 울고 꽃 지는 것에도 도무지 마음 쓰이네
왕손이 안 와 해마다 방초에 맺힌 한을
속절없이 공산에서 우는 두견새에게 부쳐 볼거나

黯黯春愁自不平 鳥啼花落揚關情 王孫芳草年年恨[123] 謾託空山蜀魄聲

---

123 王孫芳草年年恨 : 古詩에 "봄풀은 해마다 푸른데 왕손은 한 번 가서 돌아오지
않는다.〔春草年年綠 王孫歸不歸〕"한 구절을 차용하였다. 떠나간 사람에 대
한 그리움을 노래한 것이다.

41. 일을 줄여야겠다는 뜻에서 읊은 시
省事吟

젊은 시절엔 고향 떠나 멀리 다니길 좋아해
남쪽 북쪽 가릴 것 없이 발길 멈추지 않았는데
지금에야 비로소 편안히 머물 곳을 찾았으니
일을 줄이면 본래 매사가 다 한가로운 법이지

少小離鄕喜遠遊 燕南越[124]北不停輈 如今始得安棲地 省事由來事事幽

42. 밤에 앉아 읊다

夜坐卽事

산골에 추운 겨울 해도 쉬 지는데
어린 여종은 땔감 주어 눈 속에 돌아오네
관솔불 피운 뒤에 기장밥을 먹고 나서
뉘 배가 더 부른지 손자 녀석과 맞대본다

峽裏天寒易夕暉 小婢拾木雪中歸 松明擧後黃粱熟 笑與兒孫較飽饑

43. 내 병에 대해 얘기하다

述病 9수

오랜 기간 원인 모를 병에 걸려

집안에 칩거한 지 십 년이 넘었네

타고난 몸도 비록 약하지만

섭생의 이치에도 어두웠던 탓이지

기혈이 한번 조화를 잃자

삿된 적들이 속에서 마구 일어나

화기가 치성하니 원기는 쇠약해지고

피가 막혀서 제 길로 흐르지 못하네

뿌리와 줄기가 쓰러지려 하니

쇠털처럼 많은 괴질들이 다 생기네

몸의 기운을 혹 잘못 조절하면

손도 쓰지 못하고 금방 죽을 수 있지

久抱无妄疾[125] 杜門過十禩　稟質雖云薄　攝生昧其理

榮衛[126]一失和　賊邪從中起　火熾元氣微　血壅不由軌

---

125 无妄疾 : 『周易』「无妄卦」九五에 "九五는 잘못이 없는 병이니 약을 쓰지
　　않아도 나을 것이다.〔九五, 无妄之疾, 勿藥有喜.〕"한 데서 온 말인데 여기서
　　는 원인 모를 병이란 뜻으로 쓰였다.

126 榮衛 : 榮은 피의 순환을 가리키고 衛는 氣의 흐름을 가리키는데 건강을 뜻하

本根將顚蹶 怪症牛毛似 節宣¹²⁷或失宜 難緩須臾死

생각은 마음에서 나오고

말은 마음에서 나오며

동작은 기운으로 하는 것이고

보고 들음도 기운으로 하는 것

화(火)와 기운이 제멋대로 날뛰어

원기가 부질없이 타버리게 되자

이 네 가지를 다 하지 못하고서

가만히 있으며 병 낫기를 바랐으니

바로 저 남곽자가

안석에 기대어 멍하니 앉아 있는 꼴이었네

思慮由心出 言語由心宣 動作由氣行 視聽由氣專

는 말로 쓰인다. 『素問』「熱論」에 "오장이 상하고 육부가 통하지 않고 영위가 운행되지 못하면, 이와 같은 뒤에는 사흘 만에 죽는다.〔五藏已傷, 六府不通, 榮衛不行. 如是之後, 三日乃死.〕" 하였다.

127 節宣 : 인체의 기운을 적절히 조절하여 흩어지지도 않고 막히지도 않게 하는 것으로 기운을 조절해 건강을 지키는 것이다. 『左傳』昭公 元年에 "君子는 네 가지 때가 있으니, 아침에는 정사를 듣고 낮에는 남을 방문하고 저녁에는 政令을 작성하고 밤에는 몸을 편안히 쉬니, 이에 그 기운을 조절하여 기운이 막혀 통하지 못하여 몸이 쇠약해지는 일이 없게 한다.〔朝以聽政, 晝以訪問, 夕以修令, 夜以安身. 於是乎節宣其氣, 勿使有所壅閉湫底, 以露其體.〕" 한 데서 온 말이다.

火與氣橫騖 元陽徒自煎 四者俱不能 潛默求安痊
正如南郭子 隱几坐嗒然¹²⁸

병 고칠 방법이 어찌 없으랴만
원기를 보양하는 게 참된 방법일세
인삼이나 기타 좋은 음식은
가난한 선비에겐 거리가 머니
그저 탄식할 뿐 어찌할 수 없어
홀로 앉았으니 눈썹만 절로 찌푸려진다
화(火)를 억제하려 찬물만 마시고
기운 조절하려 생강과 죽순이나 씹을 뿐
물은 늘 많이 마셔서는 안 되는 것이고
생강도 많이 먹으면 정신 손상시키거늘
수준이 낮은 방법을 마지못해 쓰면서
이와 같이 세월만 보내고 있었어라

治病豈無法 補養乃爲眞 三椏¹²⁹與滋味 不與貧士親

....

128 南郭……嗒然 : 『莊子』「齊物論」 첫머리에 "남곽자기가 안석에 기대앉아서
    하늘을 우러러 길게 숨을 내쉬는데, 그 멍한 모습이 마치 상대적인 세계를
    잊은 것 같았다.〔南郭子綦隱几而坐, 仰天而噓, 嗒焉似喪其耦.〕"라 한 것을
    차용하였다.
129 三椏 : 인삼의 이칭이다. 세 가지로 나뉘고 한 가지에 잎이 다섯 개〔三椏五
    葉〕이므로 이렇게 부르는 것이다.

歎息無奈何 獨坐眉自嚬 制火飮冷水 調氣嚼薑笋
水非恒飮者 薑亦損精神 用方出下策 如是度秋春

병을 고치는 데 참된 방법 있으니
약물은 진실로 믿을 게 못 된다네
마음이 일단 편안해졌다 하면
모든 맥박이 절로 고르게 안정되지
고요함은 중화의 기운을 기르고
한가함은 분노와 욕심 없앤다는
오직 이 두 구절의 말이
천금의 귀중한 값어치가 있으니
오랫동안 공을 쌓아 이루면
나쁜 재해 침범을 막을 수 있으리

治病眞有法 藥物固難諶 天君一泰然 百脉自愔愔
靜養中和氣 閑消忿慾心 惟此二句語 可以敵千金
積累功不虧 庶免灾害侵

평생에 책 읽기를 좋아하여
천 권이나 되는 책 다 읽었다네
잠깐 봐도 대의를 알 수 있고
깊이 생각하면 진면목이 드러나지
늙은 나이에 질병까지 겹쳐서
책들을 시렁 위에 뒹굴게 놔뒀지만

책 읽는 즐거움은 끝내 잊을 수 없어
책을 어루만지며 마음으로 사랑할 뿐

平生好讀書 讀書窮千卷 乍看領大義 深思露眞面
病與老交至 架上任推轉 至樂終不忘 撫玩增眷戀

평생에 친구 사귀길 좋아하여
당세의 어진 선비들과 사귀었지
친구들과 모여선 세상일 얘기하고
스승에게선 경전을 배웠었지
이런 시절을 다시 얻기 어려우니
한갓 꿈속에만 그리워할 뿐이지
비록 서신을 주고받긴 하지만
깊은 속마음은 전하기 어려운 법

平生好結交 結交當世賢 盍簪談世務 函丈授經篇
此事難再得 徒然魂夢牽 縱有書牘在 妙處固難傳

평생에 유람 다니기 좋아하여
유람하느라 좋은 곳 맘껏 찾아다녔지
늘 사영운의 나막신을 들었고
자주 왕중선의 누대에 올랐건만
한 번 병석에 누운 지 십 년 동안
유람할 엄두조차 낼 수가 없었네

그래도 그 흥은 아직도 남아 있어

훌쩍 멀리 유람하고픈 생각이 난다네

平生好遊賞 遊賞恣冥搜 常携靈運屐[130] 頻倚仲宣樓[131]

一臥經十年 良圖不自謀 逸興猶未已 超然思遠遊

젊은 날엔 자신을 헤아리지 못하고

뜻을 세운 게 어쩌면 그리 어리석었던가

군자의 도 듣기를 좋아하고

소인 선비가 됨을 부끄러워 했었지

곤궁하면 기산(箕山) 영수(潁水)에 가 은거하고

현달하면 요순시대처럼 태평성대 만들려 했지

실제 일에는 비록 자신이 없었지만

높은 기개만은 또한 많았었건만

그 뜻을 다 이루지 못하고

---

130 常携靈運屐 : 산에 자주 올라갔음을 뜻한다. 靈運屐은 사영운의 나막신이란
말이다. 南朝 宋나라 때 시인인 謝靈運은 경치가 좋은 곳을 찾아다니기를
좋아했다. 그는 등산할 때 나막신을 신었는데 산에 오를 때 앞굽을 뽑고
산을 내려올 때는 뒷굽을 뽑았다고 한다. 『宋書 67권 謝靈運傳』

131 頻倚仲宣樓 : 타향에서 자주 고향을 그리워했음을 뜻한다. 仲宣은 삼국시대
魏나라 사람으로 建安七子의 한 사람으로 꼽히는 王粲의 자이다. 漢나라
獻帝 때 왕찬은 난리를 피하여 荊州의 劉表에게 몸을 의탁해 있으면서 江陵
의 성루에 올라 고향을 그리며 登樓賦를 읊었다. 『六臣註文選 登樓賦 注』
후일에 왕찬이 올라갔던 누각을 仲宣樓라 하였다.

어느덧 병든 사람이 되고 말았으니
자신을 돌아보며 스스로 안타까워할 뿐
만사는 이제 모두 그만이라네

少日不自量 立心何太愚 樂聞君子道 恥學小人儒[132]
窮將臥箕穎[133] 達則期唐虞 實事雖未信 奇氣亦多乎
未能充其操[134] 居然成病夫 撫躬徒自惜 萬事一嗚呼

좋은 시절 나쁜 시절 반복해 오가니
세상사는 뒤죽박죽 변덕이 심하여라
주제넘게 나라일로 큰 걱정 하지만
병든 몸으로 힘도 겨를도 없구나

---

132 小人儒 : 名利를 구하는 선비이다. 孔子가 제자 子夏에게 "너는 군자 선비가
될 것이요, 소인 선비가 되지 말라.〔女爲君子儒, 勿爲小人儒.〕"한 데서 온
말이다. 『論語 雍也』

133 箕穎 : 箕山과 潁水의 병칭으로 堯임금 때 隱士인 巢父〔보〕와 許由가 은거했
던 곳이다. 여기서는 은거하는 곳을 뜻하는 말로 쓰였다. 堯임금이 허유에게
천하를 넘겨주려 하자 이를 거절하고 箕山에 들어가 은거하였다. 뒤에 또
요 임금이 하유를 九州의 長으로 삼겠다고 하자 그가 그런 말을 들어 귀가
더러워졌다고 하여 潁水에 가서 귀를 씻었다. 마침 소보는 송아지에게 물을
먹이려고 나왔다가 허유가 귀를 씻는 것을 보고는 그 물조차 더럽다고 여겨
송아지를 끌고 上流로 올라가서 물을 먹였다고 한다. 『高士傳』

134 充其操 : 孟子가 "중자의 지조를 다 채우려면 지렁이가 된 뒤라야 가능할
것이다.〔充仲子之操, 則蚓而後可者也.〕"한 구절을 차용하였다. 『孟子 滕文
公 下』

화복의 이치는 북방 늙은이가 알고

다리병신이 집안에서 편안히 지내는 법

이로써 애오라지 나 자신을 위안하며

집안에 칩거한 채 장수하길 축원하노라

否泰相往來　世事劇蒼黃　漆室憂[135]方大　身病有不遑

北叟知倚伏[136]　兀者安堵墻[137]　以此聊自慰　跧伏祝無疆

135　漆室憂 : 춘추시대 魯나라 칠실이란 邑에 과년한 처녀가 자신이 시집가지
　　못하는 것은 걱정하지 않고 임금은 늙고 태자가 어린 것을 걱정하여 기둥에
　　기대어 울자, 이웃집 부인이 비웃으며 "이는 魯나라 大夫가 할 근심이니 그대
　　가 무슨 상관인가?" 하였다. 『列女傳 3권 漆室女』 분수에 지나친 근심을
　　뜻하는데 일반적으로 나라를 걱정하는 마음을 나타내는 겸사로 쓰인다.

136　北叟知倚伏 : 北叟는 塞翁과 같은 말로 변방의 늙은이다. 이 구절은 塞翁之馬
　　의 고사를 인용하였다. 북쪽 변방 근처에 사는 노인의 말이 도망쳐서 오랑캐
　　땅으로 들어가자 사람들이 모두 위로하였는데, 그 노인은 태연하게 "이것이
　　도리어 복이 될지 어떻게 알겠는가." 하였다. 몇 달 뒤에 그 말이 오랑캐의
　　준마 여러 마리를 데리고 돌아오자 사람들이 모두 축하하였는데, 노인은
　　"이것이 화가 되는지 누가 알겠는가." 하였다. 그의 아들이 말 타기를 좋아하
　　여 그 말들을 타다가 다리가 부러지니, 사람들이 와서 위로하였다. 그러자
　　노인은 "이것이 복이 될지 누가 알겠는가." 하였다. 1년 뒤에 오랑캐들이
　　대거 침입하자 장정들이 모두 나가 싸워 변방 근처에 사는 사람들 가운데
　　열에 아홉은 죽었다. 그런데 그의 아들만은 다리가 부러진 관계로 부자가
　　모두 온전하게 살 수 있었다. 『淮南子 人間訓』 倚伏은 『老子』 58장에 "화는
　　복이 기대는 바이고, 복은 화가 엎드려 있는 바이다.〔禍兮, 福之所倚; 福兮,
　　禍之所伏.〕" 한 데서 온 말로 화와 복이 서로 원인이 됨을 뜻한다.

137　兀者安堵墻 : 兀者는 다리 한쪽이 잘린 외짝 다리이다. 다리 병신이 된 사람

이 부역에 나가지 않아 집안에 편안히 지낸다는 말이다. 杜甫의 「入衡州」에 "崔瓘이 고을을 다스리고부터 과부들이 다리병신이 집안에서 편안히 지내는 것과 같게 되었다.〔寡妻從爲郡 兀者安堵墻〕"하였다.

44. 우리나라 역사를 보다가 느낌이 있어 악부체(樂府體)를 본떠서 읊다

觀東史有感, 效樂府體. 5장

우리 동방에는 악부(樂府) 옛 노래가 몇 종류 있었지만 그 중에 휴옹(休翁) 심광세(沈光世)가 지은 것을 으뜸으로 치고 있다. 그러다가 우리 성호선생(星湖先生)의 악부가 나오면서 비로소 집대성하여 숨겨진 사적들을 많이 밝힘으로써 사가(史家)들이 누락한 것들을 많이 보충할 수 있었다. 그러나 성기(成己) 이하 몇 가지가 누락되었기에 감히 선생의 작품을 흉내 내어 지으니, 가사는 비록 거칠고 졸렬하나 실은 사적은 빠뜨릴 수 없는 것이다. 이 작품들을 선생께 보여드렸더니 잘못 지었다고 물리치지는 않으셨다. 그래서 이 작품들을 기록하여 후일의 참고에 대비한다.〔吾東方樂府古歌有數種, 而休翁沈光世[138]所著, 稱爲巨擘. 我星湖先生樂府出而後, 集大成而發揮幽隱, 多可以補史家之闕. 然而成己以下數條見漏, 故茲敢效嚬先生之作, 詞雖蕪拙, 其事則不可闕矣. 嘗以此擧似先生, 而不被揮斥, 故錄此以備後考.〕

---

138 休翁沈光世 : 심광세(沈光世 1577~1624)는 자는 德顯이고 호는 休翁이며, 본관은 靑松이다. 저서로는 문집인 『休翁集』과 『海東樂府』가 있다.

45. 성기가(成己歌)

원주 『한서(漢書)』에 의하면, "무제(武帝)가 조선을 멸망시켜 조선이 이미 항복을 하였으나 왕검성(王儉城)은 아직 함락되지 않았다. 우거(右渠)[139]의 신하 성기(成己)[140]가 다시 반기를 들고서 관리를 공격했다. 이에 순체(荀彘)가 백성들을 타일러서 성기를 죽였다. 이런 까닭에 마침내 조선을 평정할 수 있었다."했는데, 『동국통감(東國通鑑)』에도 이 내용대로 기록해 놓았다.〔『漢書』"武帝滅朝鮮, 朝鮮已降, 王儉城未下. 右渠之大臣成己又反, 復攻吏. 荀彘諭其民誅成己. 以故, 遂定朝鮮.[141]" 『東國通鑑』[142]因以書之.〕

한무제가 전쟁 좋아해 먼 나라를 치려 하니
우리 동방에는 살기로 하늘 가득 캄캄하였네
누선은 돛을 달고 요동 바다를 내려오고

---

139 右渠 : 고조선의 마지막 왕으로서 衛滿의 손자이다.

140 成己 : 右渠王의 측근으로 고조선의 마지막 대신이다. 漢나라 武帝가 침입하여 왔을 때 끝까지 성안의 사람들을 독려하여 항전했다.

141 漢書……朝鮮 : 『前漢書』 95권에 실려 있는데 여기에 실린 내용은 조금 축약한 것이다.

142 『東國通鑑』 : 신라 초기부터 고려 말기까지의 역사를 기록한 것으로 조선전기에 徐居正, 鄭孝恒 등이 왕명을 받아 편찬하였다.

좌장군은 말을 몰아 갈석산을 지났는데

고을들이 다 찢기고 도성이 무너지니

보이느니 나라 팔아먹는 역적들뿐이거늘

도리어 국가의 안위 짊어진 대신이 있어

피눈물을 흘리면서 외로운 성 지켰지

외로운 성 형세가 끊어질 듯 위태했으니

이 지경에 이르러 한 목숨 가볍게 버렸네

대동강 물은 질펀히 흐르고

왕검성은 우뚝 높이 서 있으니

성기의 큰 명성 지금까지 남았거늘

모반했다 주벌되었다 이 무슨 당찮은 말인고

붓을 잡은 사신이 역사 필법을 몰랐구나

漢皇黷武思遠畧 箕東殺氣彌天黑 樓船掛帆下遼海 左將躍馬由碣石[143]
諸縣幅裂王都傾 但見紛紛賣國賊 安危却有大臣在 沫血飮泣守孤城
孤城勢急危如髮 到此一死鴻毛輕 浿水流洋洋 王儉高嶔嶔

成己大名留至今 書反書誅是何義 史臣秉筆迷書法

143　碣石 : 河北城 昌黎縣 북쪽에 위치한 산으로, 바닷물 속에 잠겨서 일부만
　　　모습을 드러내고 있다고 한다. 역대 제왕이 巡行할 때 동쪽 끝 지점이다.
　　　『書經』 「禹貢」에 "오른쪽으로 갈석산을 끼고 황하로 들어간다.〔夾于碣石,
　　　入于河.〕"하였다.

46. 옹산성장가(甕山城將歌)

원주 신라 태종왕(太宗王) 8년에 백제(百濟)의 남은 적들이 옹산성(甕山城)을 점거하고 있거늘 왕이 사신을 보내 타일렀으나 항복하지 않았다. 김유신(金庾信)이 군사를 거느리고 가서 성을 포위를 하고 백제 사람들에게 말하기를, "일찌감치 항복만 하면 부귀를 누리게 해주겠다고 약속한다." 하니, 성을 지키는 장수가 대답하기를, "성은 비록 작지만 병력과 식량이 모두 넉넉하고 군사들도 의롭고 용감하니, 차라리 싸우다 죽을지언정 맹세코 살아서 항복은 않겠다." 하였다. 김유신이 그 성을 함락시키고 그 장수를 잡아 죽였다.〔新羅太宗王八年, 百濟餘賊據甕山城, 王遣使諭之不服. 金庾信進圍, 語濟人曰:"若早降, 富貴可期." 城將曰:"城雖小, 兵食俱足, 士卒義勇. 寧戰死, 誓不生降." 庾信陷城, 獲其將殺之.〕

옹산성은 동이만큼이나 작지만
장군의 기개는 어쩌면 그리 드높았나
노한 눈은 빛나고 수염은 빳빳하여
나당의 연합군도 이미 안중에 없었어라
남아의 의기는 무겁고 부귀는 가벼우니
바른 길 선택할 때가 바로 지금이라
종묘사직 망하고 임금은 항복했으니
천지간에 머리 들어 보니 무엇을 할꼬
망할 나라 부흥시킬 기회 반드시 있나니

제나라를 수복한 건 바로 즉묵 덕분이었지

진열에서 한 번 외치는 수리 범처럼 용맹해

백천 명 의용군들이 목숨을 걸고 싸웠건만

슬프다! 밝은 해도 장군의 충정을 비추어주지 않아

원통하게 죽은 피가 흘러 지금도 푸르다네

영령은 하늘에서 응당 외롭지 않으리

계백 주근 두 장군과 서로 벗할 터이니

옹산성은 겨우 동이만큼 작지만

장군의 큰 명성은 천고에 빛나리라

甕山城小如甕 將軍之氣何崢嶸 怒目煌煌鬚如磔[144] 眼底已無唐羅兵

男兒義重富貴輕 熊魚取舍[145]此其時 宗社亡矣國君降 舉頭天地將何爲

興衰撥亂會有期 恢復全齊惟卽墨[146] 臨陣一呼猛如虎 百千義勇爭死敵

---

144 磔 : 수염이 고슴도치처럼 빳빳한 것으로 용맹한 용모를 형용한 것이다. 晉
나라 桓溫의 용모에 대해 "환온은 눈은 모난 자수정 같고 수염은 고슴도치처
럼 빳빳하였다.〔溫眼如紫石棱, 鬚作蝟毛磔.〕"하였다. 『晉書 98권 桓溫傳』

145 熊魚取舍 : 주 71)'熊魚義'참조.

146 恢復全齊惟卽墨 : 卽墨은 전국시대 齊나라의 邑이다. 전국시대 때 燕나라의
명장 樂毅가 제나라를 침공하여 제나라 영토 대부분을 점령하였고 즉묵만이
함락되지 않고 있었다. 즉묵을 지키고 있던 장수 田單은 제나라 湣王 때의
왕족인데 智謀가 깊었다. 그는 우선 反間計를 써서 악의를 파면시켰다. 그리
고 성 안의 사람들에게 끼니 때마다 반드시 뜰에 음식을 차려놓고 조상에게
제사를 지내도록 명하였다. 그러자 날아다니던 새들이 모두 성 안으로 내려
와 차려놓은 음식을 먹었다. 연나라 사람들이 이 일을 이상하게 여기자 전단

嗚呼白日不照將軍之衷誠　至今寃血流爲碧　英魂在天應不孤　階伯周
勤[147]相爲伍

甕山城小如甕　將軍大名垂千古

은 "신께서 내려오셔서 나를 가르쳐 주시는 것이다." 하였다. 또한 성 안의
사람들에게 "응당 神人이 있어 나의 스승이 되실 것이다." 하고는 무능한
병졸 한 사람을 스승으로 모시고는 군령을 내릴 때마다 언제나 신이 내리는
지시라고 하였다. 그리고 성 안의 소 1000여 마리를 모아서 용의 무늬를
그린 붉은 비단옷을 입히고 뿔에는 예리한 칼을 묶고 꼬리에는 기름을 적신
갈대를 매단 다음 성의 수십 곳에 구멍을 뚫고 밤중에 그 구멍으로 꼬리에
불을 붙인 소를 적진으로 내몰고 장사 5000명으로 하여금 소의 뒤를 따라
공격하게 하는 작전을 써서 연나라 군사를 물리치고 나아가 연나라에 빼앗겼
던 70여 성을 수복하였다. 『史記 82권 田單列傳』

147　階伯周勤 : 階伯은 백제 의자왕 때의 장수로 황산벌 전투에서 전사했고, 周勤
　　은 馬韓의 장수로 망한 마한을 부흥하려다 백제의 군사에 패하자 자결하였다.

47. 천성행(泉城行[148])

원주 신라 문무왕(文武王) 15년에 당(唐)나라 설인귀(薛仁貴)가 천성(泉城)을 공격해 왔는데, 이때 장군 김문훈(金文訓)이 맞아 싸워 적군 1400명의 수급을 베고, 병선(兵船) 40척을 탈취했으며 설인귀가 패배해 도망가자 전마(戰馬)도 1천 필을 노획했다. 그리고 이근행(李謹行)을 매초성(買肖城)에서 공격해 쳐부수고 전마 3만 3백 80필을 노획했으며, 병장기(兵仗器)도 그만큼 노획했다.〔新羅文武王十五年, 唐薛仁貴攻泉城[149]. 將軍文訓逆戰, 斬千四百級, 取兵船四十艘; 仁貴退走, 得戰馬千匹, 擊李謹行於買肖城破之, 得戰馬三萬三百八十匹, 兵仗稱是.〕

---

148 行 : 古詩의 일종의 체제이다. 宋나라 姜夔의 『白石詩話』에 "체제가 글씨가 가는 것 같은 것을 행이라 하고 감정을 마음껏 풀어놓는 것을 歌라 하고 이 두 가지를 겸하는 것을 歌行이라 한다.〔體如行書曰行, 放情曰歌, 兼之曰歌行.〕" 하였다.

149 泉城 : 7년에 걸친 신라와 당나라의 전쟁을 신라의 승리로 이끌게 된 중요한 전투가 벌어진 곳이다. 지금 경기도 坡州 交河의 통일전망대가 있는 烏頭山城이다. 서기 675년 9월, 당나라 장수 설인귀가 이끄는 수군은 宿衛학생인 風訓을 향도로 삼아 임진강 하구로 침입했다. 이때 金文訓이 지휘하는 신라 수군이 임진강 하구 泉城 앞바다에서 설인귀의 수군을 공격하여 적을 대파하였다. 적선 40여 척을 노획하고, 적병 1400명을 살상하는 승전을 거두었다. 설인귀는 戰馬 1000필을 내버려둔 채 포위망을 빠져나가 도주했다.

설인귀는 당나라 명장이라

한 번 싸워 요동을 빼앗았고

두 번 싸워 평양을 깨뜨렸으니

연전연승의 기세 당할 자가 없었지

요하 동쪽에는 견고한 성루도 없었거늘

어이하여 천성 일전에서 쥐새끼처럼 도망쳤던가

문훈의 재주는 비길 데 없었기 때문일세

문훈의 재주가 비길 데 없었을 뿐만 아니라

이 무렵 신라는 흥성하는 운세라

임금과 신하는 밝고 어질어 이길 수 없었던 게지

당나라 황제는 무슨 일로 군대를 일으켰던가

예로부터 나라 망할 땐 틈이 있는 법

그런 뒤에야 적이 능력을 발휘할 수 있나니

호해가 실덕하자 항우가 용맹을 떨쳤고

부차가 음탕하여 범려의 지혜가 통했지

내 말이 늙은이 노망 아니라 진실로 이와 같으니

아아! 후세 임금들은 응당 기억해야 하리

薛仁貴 唐名將 一戰取遼東 再戰擊平壤

戰勝攻取勢莫當 遼河以東無堅壘 如何泉城一戰走如鼠 文訓之才無與比

不特文訓之才無與比 此時新羅應運起 主賢臣良無可乘 唐皇忿兵胡乃興

自古亡國必有釁 然後敵人奮才能 胡亥失德項籍勇[150] 夫差怠荒范蠡智[151]

我言非耄信如此 嗚呼後辟當念記

150 胡亥失德項籍勇 : 胡亥는 진시황의 둘째 아들이다. 진시황이 죽자 환관 趙高
가 진시황의 큰아들 扶蘇를 죽이고 호해를 천자로 세웠는데, 호해가 조고의
농간에 놀아나다가 마침내 진나라를 망하게 하고 말았다. 『史記 卷6 秦始皇
本紀』그래서 項羽가 군사를 이끌고 咸陽으로 쳐들어가 이미 호해의 뒤를
이은 秦王 子嬰을 죽이고 阿房宮을 불태웠다.

151 夫差怠荒范蠡智 : 춘추시대 越王 句踐의 謀臣인 范蠡가 美人 西施를 吳王
夫差에게 바쳐 오왕의 마음을 현혹되게 하여 마침내 오나라를 멸망시켰다
한다. 『史記 42권 越王句踐世家』

48. 노사행(弩士行)

원주 고구려 영양왕(嬰陽王) 25년에 수(隋)나라 왕이 와 정벌하자 왕이 겁이 나서 사신을 보내 항복하겠다고 빌었는데, 『삼국유사(三國遺事)』에 "당시 한 사람이 몰래 작은 쇠뇌를 품속에 감추고 표문(表文)을 가지고 가는 사신을 따라 수나라 왕이 있는 곳에 가서 수나라 왕이 표문을 읽고 있을 때 쇠뇌를 당겨 수나라 왕의 가슴을 명중시켰다. 수나라 왕은 군대를 장차 회군할 즈음에 좌우 신하들에게 이르기를, '내가 천하의 왕이 되어서 이 소국(小國)을 작은 나라를 친정(親征)하다가 이렇게 불리하게 되었으니, 만세에 비웃음을 받을 일이다. 지금 저 사람을 보니, 바로 형가(荊軻)·섭정(聶政)과 같은 사람이다.'"하였다 한다.〔高句麗嬰陽王二十五年, 隋主來伐, 王懼遣使乞降. 三國遺事云: "時有一人密持小弩於懷中, 隨表使到帝所. 帝讀表, 弩發中帝胸. 帝將旋師, 謂左右曰: '朕爲天下主, 親征小國而不利, 萬代之所嗤也. 今見此人, 是荊聶[152]之流也.'"〕

---

152 荊聶 : 전국시대 刺客인 荊軻와 聶政의 병칭이다. 형가는 燕나라 태자 丹의 부탁을 받고 진시황을 죽이려고 하다가 실패하고 여러 사람의 칼에 맞아서 죽고 말았다. 섭정은 자기에게 은덕을 베푼 嚴仲子를 위해 그의 원수인 韓나라 재상 俠累를 죽인 뒤에 스스로 자신의 낯가죽을 벗기고 배를 갈라 죽으니, 한나라에서는 그 범인이 누구인지 알 수 없어 현상금을 걸고 아는 사람을 찾았다. 섭정의 누이 聶榮이 이 소식을 듣고 가서 "이는 바로 나의 동생 섭정이다. 나를 위해 얼굴을 훼손해 알아볼 수 없게 하고 죽었는데, 내가 어찌 죽음을 겁내어 훌륭한 동생의 이름을 묻히게 할 수 있겠는가." 하고는 슬피 울며 섭정의 시체 곁에서 자살하였다 한다. 『史記 86권 刺客列傳』

양광의 죄악이 천지에 가득 찼나니

두 번이나 병력 일으켜 요동을 쳐들어왔네

본래 큰 나라 작은 나라 상대가 안 되는 형세라

고구려 임금과 신하들은 모두 놀라 혀를 내둘렀지

압록강은 믿을 만한 험준한 요새가 못 되니

을지문덕도 뾰족한 계책을 낼 수 없었기에

사정이 급박해 표문(表文) 들고 신하로 항복하려

사신의 행차가 밤낮으로 서북으로 달릴 즈음

그 중에서 대단한 한 남자가 뛰쳐 나왔으니

소매 속에 숨겨둔 쇠뇌 무척이나 강했지

진시황이 독항도를 막 펴들고 있을 때요

조말이 단상에서 비수를 뽑아든 때 같았네

토끼나 쥐처럼 빠져나간 것만도 다행이니

독부가 갑옷 싸들고 허둥지둥 도망갔었지

우리 역사는 온전한 기록 없고 중국에선 숨겨

이 사실을 천년 동안 까마득히 몰랐었네

보지 못했는가 박랑사에서 진시황을 철퇴로 친 사람을

예로부터 의협은 대개 동방에서 나왔었다네

楊廣[153]罪惡盈天地 再興驕兵來遼碣[154] 由來大小勢不敵 句麗君臣皆吐舌

---

153 楊廣 : 隋煬帝의 성명이다.

154 遼碣 : 遼東과 碣石의 합칭인데 요동을 가리킨다. 碣石山이 요동에 있기 때

鴨江不能恃其險 乙支無所出其奇 奉表稱臣事已急 使盖日夜西北馳

箇中閃出大男子 袖裏神弩千石强 秦皇方啓督亢圖[155] 曺沫壇上匕首張[156]

兔脫鼠竄亦幸耳 獨夫[157]捲甲走蒼黃 東史斷爛中史諱 此事千秋視渺茫

君不見博浪椎秦客[158] 自古義俠出東方

문에 이렇게 부른 것이다. 주 143) '碣石' 참조.

155 秦皇方啓督亢圖 : 督亢圖는 燕나라 督亢 땅의 지도이다. 荊軻가 진시황을
     암살하러 가면서 秦나라에서 죄를 짓고 망명한 樊於期〔번오기〕의 목과 독항
     도를 가지고 勇士 秦舞陽을 대동하고 갔다. 형가 일행이 진나라 수도인 咸陽
     의 궁전에 당도하자 진시황은 조복을 걸치고 성대한 儀典을 갖추어 형가를
     맞이하였다. 그런데 독항도를 들고 계단을 올라가던 진무양의 얼굴빛이 바
     뀜으로 해서 의심을 받았고, 진시황이 독항도를 펼 때 형가가 독항도 속에
     들어 있던 비수를 잡고 진시황을 찌르려 했으나 실패하고 사람들의 칼에
     맞아서 죽고 말았다. 『史記 86권 刺客列傳』

156 曺沫壇上匕首張 : 춘추시대 齊나라 桓公 5년에 제나라가 魯나라를 침공했을
     때 노나라 장수 曺沫이 제나라 군대와 세 차례 접전하였으나 모두 패배하자,
     노나라 莊公이 遂邑을 바치는 조건으로 화해를 청하였다. 환공이 그 뜻을
     받아들여 지금의 山東 陽谷 동쪽 지역인 架, 즉 葵丘에서 노나라와 제나라
     두 임금이 회합하여 맹약을 막 체결하려 할 때 조말이 단상에서 환공에게
     비수를 들이대며 빼앗아 간 노나라 땅을 돌려 달라고 협박하여 땅을 도로
     찾았다. 『史記 86권 刺客列傳』

157 獨夫 : 하늘도 버리고 백성도 버려 외롭게 된 통치자를 지칭하는 말인데 여기
     서는 수양제를 가리킨다. 『書經』 「泰誓 下」에 商나라 폭군 紂王을 두고 "독부
     인 受가 크게 위세를 부리니 바로 너희들 대대로의 원수이다.〔獨夫受 洪惟作
     威, 乃汝世讐.〕"하였다. 受는 紂王의 이름이다.

158 博浪椎秦客 : 博浪은 博浪沙의 준말로 지명이다. 韓나라가 秦나라에 의해
     멸망하자 한나라에서 대대로 벼슬하던 명문의 후손인 張良이 원수를 갚으려
     고 동방으로 滄海君에게 가서 力士를 고용, 박랑사에서 120근 무게의 철퇴로

서 진시황을 철퇴로 저격했는데 철퇴가 副車에 맞아 실패하였다. 『史記 55권
留侯世家』

49. 백마총행(白馬塚行)

원주 동명(東溟) 김세렴(金世濂)의 『사상록(槎上錄)』에 "일본의 연대기(年代記)를 보면, '왜황(倭皇) 응신(應神) 22년에 신라 군대가 명석포(明石浦)에 들어오니 대판(大阪)과의 거리가 겨우 1백 리 정도였다.'라 하였다. 적간관(赤間關) 동쪽에 무덤이 하나 있는데 왜인들이 그곳을 가리키며 말하기를 '저기가 바로 백마(白馬)의 무덤인데, 신라 군대가 쳐들어왔을 때 일본 사람들이 화의를 청하여 군대를 해산하고 백마를 잡아 맹약한 후 그 말을 저곳에 묻었다.'고 한다." 하였고, 보한재(保閑齋) 신숙주(申叔舟)의 『해동제국기(海東諸國記)』에 의하면, 응신 22년은 신라 유리왕(儒理王) 8년에 해당하고 중국으로는 진(晉)나라 혜제(惠帝) 원강(元康) 원년이 되는 해이다. 그런데 그 사실이 우리 동방의 사서(史書)에는 보이지 않는다. 『해동제국기』에 "달민천황(達敏天皇) 계묘년에 신라가 와서 서쪽 변방을 침공하였다." 했는데 그 해는 신라 진평왕 5년에 해당하고, 또 "원정천황(元正天皇) 경신년에 신라가 와서 서쪽 변방을 침공하였다." 했는데 그때는 신라 성덕왕 19년이다. 그런데 이러한 사실들은 우리 동방의 사서에는 모두 전하지 않는다. 지금 동래(東萊) 앞바다 절영도(絶影島)에 보루(堡壘)가 있는데, 세상에 전해 오는 말로 신라 태종(太宗)이 왜국을 정벌할 때 쌓은 것이라 이로 말미암아 태종대(太宗臺)라 부른다고 한다.〔金東溟世濂[159]槎上錄云："觀其年代記, 倭皇應

---

159 金東溟世濂：金世濂(1593~1646)은 자는 道源이고 호는 東溟이며 본관은

神[160]之二十二年, 新羅兵入明石浦, 距大阪纔百里. 赤間關東, 有一邱壟; 倭
人指之曰: 此卽白馬墳, 新羅兵深入, 日本人請和解兵, 刑白馬以盟, 埋馬於
此云." 據申保閑海東諸國記, 應神之二十二年, 當新羅儒理王之八年, 卽晉惠
帝元康元年也. 此事東史不見. 海東記"達敏天皇癸卯, 新羅來伐西鄙." 當羅
眞平王之五年; 又"元正天皇庚申, 新羅來伐西鄙." 當聖德王之十九年. 東史
皆逸. 今東萊海中絶影島有古壘, 世傳'新羅太宗伐倭時所築, 因稱太宗臺.'〕

일본 지역에 백마총이 있으니

왜인들이 대대로 정성스레 그 무덤을 보살피며

이르기를 옛날에 신라왕이 분노해 침공할 때

정예병 수만 명이 배를 타고 바다에 떠서 오니

강의 신은 정신을 잃고 바다의 신은 달아나

바다 동쪽에 거칠 것이 없으니 진격하였지

용 깃발을 휘날리고 북을 둥둥 치면서

선발대가 곧바로 명석포를 공격하자

왜왕이 겁에 질려 화친을 청하고는

희생을 잡아 맹약하고 천지신명께 고하니

이때부터 오랜 세월 바다가 잠잠하였고

천고의 유적으로 저 무덤이 남았구나

절영도에도 또 옛날의 보루가 있는데

후세 사람들은 이것을 태종대라 말하네

조그만 신라 땅은 외진 곳에 있으면서

장하여라 병력이 어찌 그리 강했던가

그런데 후세에 와서는 옛날과 상반되어

우리 동방 전역이 적의 침략을 당하였고

지금도 바닷가엔 왜놈들 많은 공갈 쳐서

해마다 곡식과 명주로 저들 욕심 채우네

그 까닭을 생각해 보면 어찌 원인이 없으랴

서생이 부질없이 국경을 안정할 계책 생각한다

白馬塚在日域 倭人世世勤封築 謂昔羅王憤侵軼 精兵數萬浮海伐

馮夷[161]辟易海若[162]奔 大海以東無涯藩 揚龍旆擊鼉鼓[163] 前茅[164]直擣明

---

161 馮夷 : 『莊子』「秋水」에 보이는 黃河의 신인 河伯의 이칭으로 馮脩 또는 馮遲
　　　라고도 한다. 강의 신을 뜻하는 말로 쓰인다.

162 海若 : 『莊子』「秋水」에 보이는 北海의 신인데 바다의 신을 뜻하는 말로 쓰
　　　인다. 『楚辭』「遠遊」에 "상령으로 하여금 비파를 타게 함이여, 해약을 시켜
　　　서 풍이를 춤추게 하도다.〔使湘靈鼓瑟兮 令海若舞馮夷〕"하였다.

163 鼉鼓 : 악어가죽으로 만든 북인데 소리가 크고 군대에서 사용한다. 『詩經』
　　　「大雅 靈臺」에 "타고를 둥둥 울린다.〔鼉鼓逢逢〕"하였다.

164 前茅 : 군대의 앞에서 적의 동태를 살피는 척후병을 일컫는 말이다. 『春秋左
　　　傳』「宣公」12년 조에, "前茅는 적이 있고 없음을 살피며, 中軍은 權謀를
　　　쓰고 勁卒은 뒤에 선다.〔前茅慮無, 中權後勁.〕"한 데서 왔다. 여기서는 선

石浦

倭王失色事和親 刑牲載書[165]告明神 從此鯨波[166]久不涌 千古勝蹟留遺塚

絶影又有古壘寨 後人說是太宗臺 彈丸羅地在一隅 猗歟兵力何壯哉

歸來後世事反古 大東全地受侵侮 至今海上多虛喝 穀帛年年充其欲

靜思其故豈無因 書生謾有安邊策

봉, 선발대의 뜻으로 쓰였다.

165 載書 : 옛날에 제후들이 맹약의 글을 적은 盟書이다. 『春秋左傳』 襄公 9년에
"진나라 사장자가 재서를 지었다.〔晉士莊子爲載書.〕"하였다.

166 鯨波 : 큰 파도로 바다를 통한 외적의 침략을 뜻한다. 杜甫의 「舟中出江陵南
浦奉寄鄭少尹審」에 "바다에는 경파가 움직이고 형양에는 기러기 그림자 간
다.〔溟漲鯨波動 衡陽雁影徂〕"한 데서 온 말이다.

50. 내가 제갈량(諸葛亮)과 도연명(陶淵明) 두 분의 전(傳)을 지
    어서 그 글을 보았더니, 지암(止菴)이 이에 대해 시를 짓고
    화답을 요청하기에 그 운에 따라 읊었다
    嘗編諸葛亮陶淵明二傳以觀之, 止菴[167]有詩要和, 逐步其韻.

제갈량과 도연명은

맑은 유풍이 백대에 길이 전해지지

밭갈이 그만두고 한소열(漢昭烈)을 맞았으며

태곳적 사람인 양 한가로이 누웠었지

그들의 풍모를 어떻게 볼 수 있으랴

아름다운 행적이야 잊어서는 안 되리

팽택에는 버드나무만 처량하고

성도에는 뽕나무만 적막하여라

쟁기 놓고 파촉(巴蜀)에 나라 세웠으며

술 마시며 진(晉)나라 신하라 자칭했지

드높은 그 유풍 길이 없어지지 않아

천년 뒤에도 우리를 일깨워 주누나

諸葛與陶老 淸風百代長 輟耕迎漢主[168] 高枕傲羲皇[169]

---

167 止菴 : 南維老의 호이다.

168 輟耕迎漢主 : 後漢 말엽에 諸葛亮이 南陽에 농사짓고 살다가 蜀漢 昭烈帝가

眞像何由見 芳徽不可忘 凄凉彭澤柳[170] 寂寞成都桑[171]

釋耒開巴國 含杯稱晉臣[172] 高風吹不死 千載起吾人

될 劉備가 三顧草廬한 정성에 감동하여 유비를 도왔다.

169 高枕傲羲皇 : 陶淵明이 여름에 북창 아래 누워 맑은 바람을 쐬면서 스스로 자신을 태곳적인 伏羲氏 시대의 사람이라 하였다. 주 90)'千古……淸風' 참조.

170 彭澤柳 : 陶淵明이 집 앞에 버드나무 다섯 그루를 심어 놓고 자칭'五柳先生' 이라 하면서「五柳先生傳」을 지었다.『古文眞寶後集 2권 五柳先生傳』彭澤 은 도연명이 縣令으로 있었던 곳이다.

171 成都桑 : 諸葛亮이 後主 劉禪에게 말하기를 "신은 성도에 뽕나무 팔백 그루와 척박한 전토 십오 경이 있으니, 자손들의 의식은 절로 넉넉합니다. 신은 집 밖에 있어 따로 용도가 없어 따로 治産하여 조금도 재물을 불리지 않습니다. 신이 죽은 뒤에라도 곡식 창고에 남은 곡식이 있거나, 재물 창고에 남은 재물이 있어 폐하를 저버리게 하지는 않을 것입니다.〔成都有桑八百株, 薄田 十五頃. 子孫衣食自有餘饒. 臣身在外, 別無調度. 不別治生, 以長尺寸. 若死 之日, 不使廩有餘粟, 庫有餘財, 以負陛下. 及卒, 果如其言.〕"했는데 세상을 떠난 뒤에 보니 과연 그의 말대로였다 한다.『小學 嘉言』

172 含杯稱晉臣 : 陶淵明은 특히 술 마시기를 좋아했고, 저술한 글마다 반드시 年月을 기재하였는데 東晉 安帝의 연호인 義熙까지는 晉나라의 연호를 분명히 쓰고, 宋 武帝의 연호인 永初 이후는 연호를 쓰지 않고 干支만 씀으로써 자신이 진나라 신하임을 나타내었다. 그것은 그가 증조부 陶侃이 晉나라 때 재상을 지냈다는 이유로 후대에 몸을 굽히는 것을 수치로 여겼기 때문이다. 그래서 도연명을 세칭 靖節先生이라 불렀다.『南史 75권 隱逸列傳』

51. 지암에게 드리다

奉呈止菴

삼 년 동안 병에 걸려 오래 고생하며
바보처럼 말없이 산골에 앉아 있었는데
다행히 한가히 쉬시는 날 곁에서 모시니
바로 봄빛이 만물을 소생시키는 때입니다
고요한 곳에서 공부하고 마음 수양도 하고
한가한 중에 흥이 일면 시도 짓노니
평생의 소원이 이 정도면 족할 뿐
분수 밖 욕심내는 것 스스로 슬퍼한다오

三載沉痾一病遲 山窓無語坐如癡 幸陪杖屨居休日 正是陽春布德時
靜處新工兼養性 閑中謾興或題詩 平生志願於斯足 分外經營秪自悲

52. 지암의 시에 차운하다

次止菴韻

선생은 참으로 고요한 분이라

만사를 흐르는 대로 맡겨 두시네

마음속에 생각의 기미 징험하고

만물의 순환하는 이치 관찰하시누나

뜰 앞에 우거진 푸르른 풀을 보시고

물 위에 부는 산들바람을 보시네

학문이 무언의 경지에 이름에

초연하여 세상 근심 다 사라졌어라

先生眞靜者 萬事任窮通 心驗危微[173]際 象觀剝復[174]中

庭前看翠卉[175] 水面弄輕風[176] 學到無言地[177] 脩然[178]世慮空

----

173 危微 : 마음속에 道心과 人心, 天理와 人慾이 일어나는 것을 말한다. 주 15)
'危微法' 참조.

174 剝復 : 復卦는 陽炎 하나가 생겨나니 만물이 막 소행하는 형상이고, 剝卦는
陰炎가 자라나 다섯 개가 되고 양효는 맨 위에 하나 밖에 남지 않았으니
만물이 다 소멸하는 형상이다.

175 庭前看翠卉 : 상대방 止菴을 北宋의 학자 周敦頤에 비겼다. 주돈이가 살던
집의 창 앞에 풀이 무성히 자라도 베지 않기에 어떤 사람이 그 까닭을 물었더
니, "나의 意思와 같기 때문이다." 하였는데, 이 말은 풀의 살려는 뜻[生意]
이 자신의 살려는 뜻과 같기 때문에 베지 않는다는 뜻을 담고 있다. 주돈이는

풀을 통해서 천지가 生生하는 뜻을 보았던 것이다. 『近思錄 卷14』

176 水面弄輕風 : 상대방 止菴을 北宋의 학자 邵雍에 비겼다. 邵雍의 「淸夜吟」에 "달은 하늘 가운데 떠 있고, 바람은 수면 위에 불어오네. 이 가운데 모종의 맑은 의미를, 생각건대 아는 이 적으리.〔月到天心處 風來水面時 一般淸意味 料得少人知〕"하였다.

177 無言地 : 말 없는 중에 천지의 이치에 계합하는 경지를 말한다. 孔子가 "나는 말이 없고자 하노라.〔予欲無言.〕"하니, 子貢이 "선생님께서 말씀하지 않으시면 저희들이 어떻게 도를 전해 받겠습니까.〔子如不言. 則小子何述焉?〕"하였다. 이에 공자가 "하늘이 무슨 말을 하던가. 사시가 운행하고 만물이 생장하나니, 하늘이 무슨 말을 하던가.〔天何言哉! 四時行焉, 百物生焉; 天何言哉!〕"하였다. 『論語 陽貨』

178 儵然 : 아무런 얽매임이 없는 모습으로, 『莊子』「大宗師」에 "儵然而往, 儵然而來而已矣." 한 데서 온 말이다.

53. 분의당(分宜堂)을 읊은 시 여덟 수
分宜堂八詠

내가 선영(先塋) 아래에 높은 기둥 셋을 세우고 앞뒤로 여덟 칸의 집을 지었으니, 동북쪽 산골 사람들의 집 형태이다. 비록 소박하고 누추한 것 같으나 쓰임새는 매우 많아 나의 분수에 맞다. 이 때문에 편액을 분의당(分宜堂)이라고 하고, 그 뜻을 여덟 가지 일로 넓혔으니, 책 읽기·밭갈이·땔나무하기·낚시하기·약초 재배·채마밭 가꾸기·거친 밥·베옷이다. 이 모두가 내 분수에 맞는 일이고 또 내가 좋아하는 것들이다. 지암장(止菴丈)이 그 제목 중에서 한 글자씩을 따서 운(韻)으로 삼아 절구 한 수씩을 읊었기에 그 운대로 읊어 보았다. 〔余營室于楸下, 立高柱三而前後開八間屋, 盖東北峽民之制也. 雖似樸陋, 其用甚廣, 於分爲宜. 故扁以分宜. 而廣其義爲八事曰: "讀書耕田 採山釣水 種藥蒔圃 飯蔬衣布"莫非分宜之事, 而余所樂爲者也. 止丈遂取其題目中一字爲韻, 各有絶句一首, 因步其韻.〕

이 고요한 초가집을 짓고
그 속에 만권 서책 쌓아 두었지
책 보며 연구하는 날 언제인가
손님 떠나고 비바람 불 때라네
　　-이상은 책 읽기를 읊은 것이다.-

築此茅堂靜 中藏萬卷書 硏窮何日是 客散風雨餘

　　-右讀書-

횡뎅그렁한 골짜기 안에

들쭉날쭉한 작은 밭뙈기들

내 힘으로 부지런히 농사지어

가을이 오면 풍년을 즐긴다네

　　-이상은 밭갈이를 읊은 것이다.-

谽然一谷內 高下數弓[179]田 稼穡勤吾力 秋來樂有年

　　-右耕田-

아침 해가 동쪽 산봉우리에 솟으면

허리춤에 낫을 차고 뒷산에 오른다

유유히 소나무 아래 앉았노라면

천지도 나와 함께 한가로워라

　　-이상은 땔나무하기를 읊은 것이다.-

朝日出東嶺 腰鎌上後山 悠然松下坐 天地與俱閑

　　-右採山-

179　弓 : 옛날의 길이 단위로 6척 또는 8척으로 그 제도가 시대에 따라 다르다.
　　대개 360弓이 1里이고, 사방 240弓이 1畝이다.

땅이 외지기는 춘산과 같고

시냇물 맑기는 위수와 같아라

그리운 벗은 천리 밖에 있는데

낚시하여 한 쌍의 잉어 건져올린다

　　-이상은 낚시하기를 읊은 것이다.-

地僻如春山[180] 溪淸似渭水[181] 美人隔千里 鉤下得雙鯉[182]

　　-右釣水-

전대에 돈은 한 푼 없어도

상자 속에 여러 가지 약은 있어라

약의 성미는 치우침을 꺼리나니

중화(中和)에는 담박한 게 좋은 법

---

180 春山 : 富春山의 준말이다. 이 산은 浙江省 桐廬縣에 있는데, 後漢 光武帝가
　　　등극한 뒤로 그의 소년 시절 친구였던 嚴光을 벼슬길에 나오라고 불렀으나
　　　엄광은 이곳에 은거하여 몸소 농사를 짓고 낚시질을 하면서 생애를 마쳤다.
　　　『後漢書 83권 嚴光列傳』

181 渭水 : 중국 陝西省〔섬서성〕에 있는 강물 이름인데 물이 맑기로 이름났다.
　　　이 지역의 涇水는 물이 탁하고 渭水는 맑기 때문에 涇濁渭淸이란 말이 생겼
　　　다.

182 鉤下得雙鯉 : 작자 미상의 「樂府上」에 "길손이 먼 곳에서 와서, 내게 한 쌍의
　　　잉어를 주었지. 아이 불러 잉어를 삶게 했더니, 뱃속에 편지가 들어 있었네.
　　　〔客從遠方來 遺我雙鯉魚 呼童烹鯉魚 中有尺素書〕"한 것을 인용하였다. 『古
　　　文眞寶前集 3권』

－이상은 약초 재배를 읊은 것이다.－

囊無子母錢[183] 篋有君臣藥[184] 性味忌偏勝 中和貴澹泊

－右種藥－

작은 정원에 봄은 벌써 가니

채소가 채마밭 가득 우거졌어라

묵은 생강은 정신을 맑게 하고

새 파는 뱃속을 덥혀 준다네

－이상은 채마밭 가꾸기를 읊은 것이다.－

小園春已歸 嘉菜爛盈圃 薑老通神明 蔥新煖胃肚

－右蒔圃－

솥 속에는 쌀 다섯 홉이 있고

시렁 위엔 밥 담은 대소쿠리 하나

---

183 子母錢 : 원래는 원금과 이자를 뜻하는 말인데 여기서는 큰돈과 잔돈을 말한다.

184 君臣藥 : 漢醫가 병을 치료하는 약에 主藥과 補助藥이 있는데 이를 이르는
말이다. 『夢溪筆談』「藥議」에 "옛말에 약을 쓰는 데 있어 첫째는 君, 둘째는
臣, 셋째는 佐, 넷째는 使가 있다 하였으니, 그 뜻은 곧 약이 아무리 많아도
병을 주로 다스리는 것은 오로지 한 가지 약물에 있고, 그 나머지는 등급을
조절하여 서로 쓰여 대략 서로 통제하도록 하는 것이다.〔舊說用藥有一君二
臣三佐四使說. 其意以爲'藥雖衆, 主病者專在一物, 其他則節級相爲用, 大略
相統制.〕" 하였다.

먹고 나면 더 바랄 게 없어
달을 대하고 한가로이 존다네
　-이상은 거친 밥을 읊은 것이다.-

鐺中五合米 架上一簞疏 喫罷無餘願 閒眠對素舒[185]

　-右飯疏-

남쪽 밭이랑 곁에 삼을 심고
그것을 베어 짜서 베를 만드니
옷 만들어 입으면 몸이 가볍고
들창에서 시원한 바람 생기는 듯
　-이상은 베옷을 읊은 것이다.-

種麻南畝邊 刈穫織成布 裁着身便輕 涼風生牖戶

　-右衣布-

185　素舒 : 月의 이칭이다. 素는 흰 달빛을 가리키고, 舒는 달을 실은 수레를
　　모는 神人인 望舒를 가리킨다. 南朝 宋나라의 시인 謝朓의 「齊敬皇后哀策文」
　　에 "素舒佇德"이라 하였고 이에 대한 李周翰의 注에 "素舒는 달을 말한다."
　　하였다.

54. 임오년 6월 18일

壬午六月十八日 선친의 기일이다.[先考忌日] 임오년(1762, 51세)

아버님 여읜 지도 어언 9년이 지났으나
제사를 지낼 때면 슬픔이 곱절이나 더하네
꿈속에서 모습을 아 어이 따라갈 수 있으랴
꿈은 생시가 아니라 한이 더욱 맺히누나
불휴하여 조석의 봉양도 못 마쳤으니
부모님 은혜 생각하며 속절없이 육아편 외운다
어미 은혜 갚는 까마귀 보고 느꺼움이 많아
속절없이 슬픈 눈물을 옷깃에 떨군다

孤露如今已九年 喪餘祭罷倍凄然 音容漸遠嗟何及 夢寐非眞恨益牽

不孝未終晨夕養 報恩空念蓼莪篇¹⁸⁶ 反哺林烏¹⁸⁷多感慕 謾令哀淚落襟邊

---

186 蓼莪篇 : 『詩經』「小雅」의 편명으로 어버이의 은혜를 생각하는 슬픈 시이다.
그 내용에 "아버지 나를 낳으시고 어머니 나를 기르셨으니, 슬프고 슬프다
부모여! 나를 낳으시느라 고생하셨네.[父兮生我 母兮鞠我 哀哀父母 生我劬
勞]" 하였다.

187 反哺林烏 : 까마귀는 자라면 어미에게 먹이를 물어다 준다고 하여 反哺鳥라
하고, 효성스러운 새라 하여 孝鳥라 한다.

55. 정군현(鄭君顯)-혁동(赫東)-에게 주다

贈鄭君顯-赫東-

맹자께선 일찍이 대장부를 말하였고

공자께선 소인 선비 되지 말라 경계했지

생각은 마음에 성인과 광인 나뉘고

일은 할 때에 거짓과 진실이 가려지네

세상이 놀라게 하는 문장도 자질구레할 뿐

하늘에 닿을 부귀 누려도 눈길은 불안하지

책을 읽음에는 의리가 중함을 알아야 하고

뜻을 세움에는 학문 방향을 잘 잡아야 하네

鄒孟曾稱大丈夫[188] 孔門亦戒小人儒[189] 念從心上分狂聖[190] 事向行時辨

---

188 鄒孟曾稱大丈夫 : 鄒孟은 孟子를 가리키는 말이다. 맹자가 鄒 땅 사람이므로 이렇게 부르는 것이다. 맹자가 "천하의 넓은 집에 거처하며 천하의 바른 자리에 서며 천하의 큰 도를 행하여, 뜻을 얻으면 백성과 함께 도를 행하고 뜻을 얻지 못하면 홀로 그 도를 행하여, 부귀가 마음을 방탕하게 하지 못하고 빈천이 절개를 옮겨놓지 못하며 위무가 지조를 바꾸게 할 수 없으니, 이런 이를 대장부라고 이른다.〔居天下之廣居, 立天下之正位, 行天下之大道; 得志, 與民由之, 不得志, 獨行其道; 富貴不能淫, 貧賤不能移, 威武不能屈. 此之謂大丈夫.〕"하였다.『孟子 滕文公 下』

189 孔門亦戒小人儒 : 주 132) '小人儒' 참조.

190 念從心上分狂聖 : 주 105) '聖狂皆由己' 참조.

偶孚

驚世文章徒齦齦 薰天富貴[191]正瞿瞿 讀書須取熊魚義[192] 立志亶宜愼所趣

191 薰天富貴 : 하늘에 닿을 정도로 위세가 대단한 부귀이다. 杜甫의 「遣興」5首
중 첫째 수에 "북리에는 부귀가 하늘에 닿아서 높은 누각에는 밤에도 젓대를
부네.〔北里富薰天 高樓夜吹笛〕"한 데서 온 말이다.

192 熊魚義 : 주 71) '熊魚義' 참조.

56. 『맹자(孟子)』를 읽고 있는 정군현(鄭君顯)에게 절구 두 수를
지어서 보여주다

鄭君顯讀孟子示以二絶

사람을 접할 때는 지언의 가르침 늘 되새기고
혼자 있을 때 의당 양기장(養氣章)을 생각해야 하네
동정에 공부가 어긋남이 없어야 소득이 있느니
이 마음이 어떤 것인지 잘 생각해 봐야 한다

接人常驗知言[193]訓 處獨宜思養氣章[194] 動靜不違[195]方有得 此心都在好
商量

---

193 知言 : 남의 말을 듣고 어떠한 말인지 아는 것이다. 孟子가 자신의 不動心을
말하면서 "나는 말을 알며 나는 나의 호연지기를 잘 기른다.〔我知言, 我善養
吾浩然之氣.〕"하였고, 知言에 대해 "편벽된 말에 그 가리운 바를 알며 방탕
한 말에 그 빠진 바를 알며 사벽한 말에 그 괴리된 바를 알며, 도피하는
말에 그 논리가 궁한 바를 안다.〔詖辭, 知其所蔽; 淫辭, 知其所陷; 邪辭,
知其所離; 遁辭, 知其所窮.〕"하였다. 『孟子 公孫丑 上』

194 養氣章 : 『孟子』「公孫丑 上」2장에서 浩然之氣를 기르는 것에 대해 맹자가
말한 곳을 가리킨다. 浩然章이라고도 한다.

195 動靜不違 : 마음공부를 할 때 움직일 때나 고요할 때나 한결같이 專一해야
함을 말한다. 朱子의 「敬齋箴」에서 持敬공부를 말하면서 "동과 정에 어긋남
이 없으면 안과 밖에 서로 바르게 된다.〔動靜弗違 表裏交正〕"하였다.

공자의 가르침은 실천하는 쪽을 말하였고
맹자에서는 곧바로 가리켜 사람 마음을 드러냈지
학자들의 풀이가 쇠털처럼 무수히 많지만
모름지기 본문을 가지고 자세히 뜻을 찾아야 하네

洙泗[196]教從行處說 鄒書直指見人心[197] 諸儒訓釋牛毛似 須把本文仔細尋

---

196 洙泗 : 중국 山東省 曲阜를 지나는 두 강물로 孔子의 고향에 가깝고 또 이 지역
에서 공자가 제자들을 가르쳤기 때문에 공자의 학문을 뜻하는 말로 쓰인다.

197 鄒書直指見人心 : 鄒書는 『孟子』의 이칭이다. 맹자가 鄒 땅 사람이기 때문에
붙여진 이름이다. 『맹자』에는 주로 사람 마음을 주제로 삼아 논의를 전개하
였다. 이에 대해 北宋의 학자로 程伊川의 제자인 楊時가 "『孟子』 한 책은
단지 사람의 마음을 바로잡고자 하였으니, 사람으로 하여금 마음을 보존하
고 본성을 길러 달아난 마음을 수습하게 하였다. 仁・義・禮・智를 논함에
이르러서는 惻隱・羞惡・辭讓・是非의 마음으로써 단서를 삼았고, 삿된 학
설의 폐해를 논함에 이르러서는 '그 마음에 생겨나서 그 政事에 해를 끼친다.'
하였고, 임금을 섬김을 논함에 이르러서는 '임금의 마음의 그릇됨을 바로잡
아야 하니, 한 번 임금의 마음을 바로잡으면 나라가 안정된다.' 하여, 천만
가지 변화를 다만 마음으로부터 말씀하였다.〔孟子一書, 只是要正人心; 教人
存心養性, 收其放心. 至論仁義禮智, 則以惻隱羞惡辭讓是非之心爲之端, 論
邪說之害, 則曰: '生於其心, 害於其政.' 論事君, 則曰: '格君心之非, 一正君
而國定.' 千變萬化, 只說從心上來; 人能正心, 則事無足爲者矣.〕" 하였다. 『孟
子集註 序說』

57. 어린 손자에게 써 주다

書贈小孫 계미년(1763, 52세)

성인이 밝은 가르침 남기셨고
어린 나이엔 제때 교육이 중요하니
나이 여덟아홉 살에 이르면
바로 독서해야 할 때란다
아침에 일찍 일어나 동창 아래서
책을 펴서 소리 내어 글을 읽되
마음은 가라앉히고 눈은 바로 보고
단정한 모습으로 무릎 꿇고 앉거라
다 외운 다음에 다시 글을 배워서
날마다 부지런히 읽어야 한다
책 속에는 무엇이 있는가
성인 말씀이 나를 속이지 않으니
삼가 받아들여 잊지 말고
하나하나 다 스승으로 삼으라
멀리 가려면 가까운 데서 시작하고
높이 오르려면 낮은 데서 시작하느니라

聖人垂明訓 蒙養貴及期 年至八九歲 正好讀書時
早起東窓下 展卷聲吾伊[198] 潛心目不逃 端拱坐必危
誦罷復受業 讀之日孜孜 書中何所有 聖言不我欺

愼受勿復忘 一一以爲師 陟遐必自邇 升高必自卑¹⁹⁹

198　吾伊 : 伊吾 또는 咿唔와 같은 말로 글 읽는 소리를 표현한 형용사이다.

199　陟遐……自卑 : 『中庸章句』 15장에 "군자의 도는 비유하자면 마치 먼 데를
　　가려면 반드시 가까운 데로부터 시작하며, 높은 데를 오르려면 반드시 낮은
　　데로부터 시작하는 것과 같다.〔君子之道, 辟如行遠必自邇, 辟如登高必自
　　卑.〕" 한 것을 인용하였다.

58. 고인(古人)들이 지은 궁사(宮辭)도 국풍(國風)이나 이소(離
騷)와 같은 성격이 있다. 한가로이 지내면서 무료하기에 별
뜻 없이 궁사의 체제를 본받아 절구 두 수를 읊어 보았다
古人宮辭之作, 亦國風離騷之義也. 閑居無聊, 偶效其體爲二絶.

수양버들 드리우고 살구꽃은 그늘진데
깊은 궁문은 자물쇠 잠긴 채 적적하여라
꾀꼬리 울음에 놀라 잠 깨어 일어나 앉으니
꿈속에서 임금님 행차 왕림했는가 하여라

垂楊樹下杏花陰 寂寂宮門鎖鑰深 黃鳥一聲驚起坐 夢中疑是翠華臨

잠에서 깬 미인이 귀찮아 화장도 안 한 채
미간에는 봄 시름이 가득해 표정이 어둡구나
게으른 걸음으로 꽃 앞을 거닐제 꽃잎이 지니
오로지 가는 세월 잡을 길 없는 게 한스러워라

美人睡起擺慵粧 眉帶春愁暗恨長 懶步花前看落蘂 一心無計駐年光

59. 서당에 와서 뜰에 우거진 잡초를 보고 감회가 일어 읊다

到書堂, 見庭草蕪沒, 感懷而作. 갑신년(1764, 53세)

학생들이 산골짝 어귀의 밭 빌려 주어

열심히 일하여 손수 초가집을 지었더니

숲 그림자 산 빛이 발 안으로 다 들어와

고요히 앉았노라면 절로 잡념이 사라졌지

근래에는 버려둔 채 관리하는 사람 없어

무성한 잡초들이 뜰 안에 가득하네

내가 와서 보고는 길게 탄식하고

아이를 불러 집안을 소제하게 한 뒤

책 한 권을 잡고서 내키는 대로 읽으니

책 속에 담겨진 뜻이 환하게 보이네

사람 마음은 본래 환경에 따라 달라지니

공부는 오로지 홀로 있을 그때가 좋지

온종일 이 즐거움 함께할 사람 없고

늦가을 매미만이 맑은 소리 보내 오네

이르노니 아이야 이 집을 잘 수리하거라

이 늙은이 흥이 일면 때때로 찾아올 테니

諸生借我谷口田 手自結茅用心專 林影山色入簾席 靜坐自無俗慮牽

邇來廢棄無人管 蓬蒿蕪穢滿庭宇 我來見之長歎息 呼兒快掃淸堂戶

手携一書隨意讀　書中理趣看如燭　人心本隨靜躁異　用工端宜在幽獨

終日無人共眞賞　惟有寒蟬送淸響　回語小兒勤修葺　老夫興到時一往

60. 『고려사』를 읽고 감회가 있어

讀麗史有感

나라가 망하려는데 나는 어디로 갈거나

주위 사람 비난 따위는 아랑곳하지 않았네

두 번이나 중국에 사신 가 무슨 일을 했던가

창왕 독촉하여 천자 뵙게 하려던 계책 어긋났네

    -이상은 목은(牧隱)을 읊은 것이다.-

宗祏將覆我何歸 不避傍人屑屑譏[200] 再使天朝成底事 督昌覲帝計終違[201]

    -右牧隱-

명나라 황제 위명을 대적할 수 있으리오

----

200 宗祏……屑譏 : 李成桂의 위화도 회군으로 고려 왕실이 망할 지경인데도 李穡이 이성계에 의하여 門下侍中이 된 사실을 가리킨다.

201 再使……終違 : 고려 昌王이 明나라 太祖를 직접 찾아가 사실을 밝혀야 한다고 이색이 주장한 것이다. 당시 고려는 明나라와 관계가 좋지 못하여 명나라가 鐵嶺 이북의 땅을 자기들이 차지하겠다고 하였다. 이에 崔瑩은 八道都統使가 되어 遼東征伐에 나섰는데, 李成桂의 위화도 회군으로 그 계획이 좌절되고 최영이 처형되었다. 이에 門下侍中이 된 李穡이 주장하기를, "지금 명나라와 틈이 생겨서 왕과 재상이 직접 명나라에 가서 천자를 뵙지 않고는 해결할 수가 없다. 왕은 어려서 갈 수가 없으니 늙은 내가 가겠다." 하고는 지청하여 北京에 갔다.

요동 정벌은 닭이 살쾡이와 싸우는 격이었지
최공은 본래 충성스러운 선비였으니
일편단심 혈성이 죽어도 변치 않누나

　-이상은 최영(崔瑩)을 읊은 것이다.-

明帝威名孰可擠 攻遼無異搏狸鷄[202] 崔公自是忠謀士 一掬血腔死不迷[203]

　-右崔瑩-

선생의 굳은 절개 참으로 우뚝하니
고려 왕씨 강상을 한 손으로 떠받쳤어라
매우 안타깝게도 세상 따라 말이 달랐으니
신조라는 두 글자는 짚고 넘어가야지 않겠는가

　-이상은 야은(冶隱)을 읊은 것이다.-

先生苦節儘崢嶸 王氏綱常隻手擎 最恨言辭隨世異 辛朝二字[204]可無評

---

202 『淮南子』「說林訓」에 "새끼를 키우는 개는 범을 물고 알을 품은 닭은 살쾡이
　　와 싸우니, 새끼를 사랑하는 마음에 자기 힘을 헤아리지 않는다.〔乳狗之噬虎
　　也, 伏雞之搏狸也；恩之所加, 不量其力.〕"하였다.

203 一掬血腔死不迷 : 최영이 죽을 때 "내게 죄가 있다면 나라에 충성한 것뿐이
　　다. 나에게 사심이 있다면 내 무덤에 풀이 날 것이고 내가 사심이 없었다면
　　내 무덤에 풀 한 포기 나지 않을 것이다."라고 한 말을 두고 말한 것이다.

204 辛朝二字 : 고려 말의 禑王과 昌王 두 임금을 중 辛旽의 아들이라 하여 조선
　　조에 와서 그 당시의 고려조를 辛朝라고 혹평하였다. 秋江 南孝溫이 冶隱
　　吉再가 은거하였던 金烏山을 지나면서 읊은 시에 "신조의 주서였던 길야은

-右治隱-

당당한 절의의 선비라 자임하더니
양촌은 당시에 시세를 깊이 헤아렸구나
가련쿠나 한 편의 진정표를 올렸지만
공명을 탐내는 것이 어찌 본심이었으랴
　　-이상은 양촌(陽村)을 읊은 것이다.-

節義堂堂士自任 陽村當日揣摩深 可憐一首陳情表[205] 染指[206]勳名豈素心
　　-右陽村-

　　〔辛朝注書吉治隱〕"이라는 구절이 있다. 『治隱集 言行拾遺 下卷』

205 陳情表 : 권근이 새 왕조의 原從功臣 대열에서 빠지자 자기도 문장으로서
　　李氏朝鮮의 개국을 도운 공로가 있음을 밝힌 陳情 箋을 올렸고 83세인 자기
　　아버지에게 封爵을 줄 것을 간청한 陳情 箚子를 올렸다. 『陽村集』

206 染指 : 터무니없는 욕심을 내는 것을 뜻하는 말이다. 춘추시대 楚나라 사람
　　이 鄭나라 靈公에게 자라를 드리자, 子公이란 사람의 食指가 움직였다. 이에
　　자공이 말하기를 "평소에 내가 손가락이 이렇게 움직이면 반드시 진귀한
　　음식을 먹게 되었다." 하였다. 이윽고 영공이 大夫들에게 삶은 자라를 나누
　　어 주면서 자공에게는 주지 않으니, 자공이 화가 나서 자라를 끓이는 솥에다
　　자기 손가락을 적셔서〔染指〕 먼저 맛을 보고 나갔다. 『春秋左傳 宣公4年』

61. 밤에 앉아 우연히 읊다

夜坐偶吟

우수수 오동잎이 가을을 알리는 소리라
궂은비가 막 개니 밤공기가 한결 맑구나
이불이 썰렁하여 밤 깊도록 잠은 안 오고
즐겁게 뛰놀던 어린 시절만 몹시 생각나네

庭梧摵摵報秋聲 宿雨初收夜氣淸 衾冷更深眠不着 少時遊戲揚關情

명예와 이익 쫓는 것 이미 가련한 신세
초야에 자취 감추고 산 지 십 년이 지났네
어떤 사람이 괜스레 글 물으러 오리오
온종일 문 닫고 방안에서 책장만 뒤적인다

奔趨名利已堪憐 屛迹林間過十年 好事何人來問字 閉門終日檢殘篇

62. 어린 손자에게 보이다
示小孫

어릴 때 놀기만 좋아해 책을 읽지 않았더니
늘그막에 와선 겉만 그럴듯할 뿐 내실이 없구나
궁한 신세 후회한들 아무 소용 있겠느냐
손자에게 이르노니 날 닮지 말거라

少日優遊不讀書 晩塗成就似黔驢 窮廬²⁰⁷悔切將無補 分付兒孫莫我如

---

207 窮廬 : 궁색한 집이다. 後漢 諸葛亮이 아들에게 보낸 서찰에서 "나이는 때와
함께 달려가고 뜻은 세월과 더불어 가버려 마침내 노쇠하면 窮廬에 슬피
한탄한들 무슨 소용이 있겠느냐.〔年如時馳, 意與歲去; 遂成枯落, 悲歎窮廬,
將復何及也?〕"라 한 데서 온 말이다. 젊어서 공부하지 않고 노년에 한탄하는
것이다. 『小學 嘉言』

63. 산에 살며
山居

타고난 바탕이 시속과는 안 어울려
이 좋은 세상에 우이처럼 숨어 살지
깊고 깊은 골짝 속에 쓸쓸한 오막살이
어둑어둑한 숲 한쪽에 짧은 울타리라
낚시꾼 뒤따라서 야외에도 혹 나가고
책상머리에서 글을 묻는 아이들도 접한다
세상 사람들은 산에 사는 게 좋다지만
산에 사는 이 각별한 즐거움은 모르리라

疎　缺　本無適俗姿　淸朝遯迹效虞夷　深深洞裏蕭蕭屋　翳翳林邊短短籬
野外或隨垂釣客　床頭時接問書兒　世人但道山居樂　不識山居樂事奇

64. 아들의 「한거음」에 차운하다

次兒閑居吟

책을 읽지 않고 무슨 일을 하리오
날마다 서책을 가까이할 뿐이로세
세상 경영할 큰 계책이 없으니
기꺼이 한가한 백성이나 될밖에
타고난 본성대로 소박하게 살고
이름을 감추고 은둔하는 법 배우노라
어쩌다가 마음속에 흥이 일면
지팡이를 짚고서 시냇가를 거닌다

不讀將何事 簡編日與親 旣無經濟策 甘作等閑民
養拙[208]存吾道 藏名學隱淪 有時幽興發 扶杖行澗濱

---

208 養拙 : 자신의 재능을 감추고 타고난 본성대로 한가로이 사는 것으로, 대개
　　　은거하여 벼슬길에 나아가지 않음을 뜻한다. 晉나라 潘岳의 「閑居賦」에 "오
　　　묘한 이치들을 억누르고 생각을 끊어, 마침내 한가로이 노닐며 양졸하노라.
　　　〔抑衆妙而絶思 終優游以養拙〕" 하였다.

65. 정용경(鄭龍卿)-현동(顯東)-이 자기 어버이 회갑에 잔치를 열었
    는데, 심상(心喪) 중이라 잔치에는 가지 못하고 짧은 율시 한
    수를 지어 올렸다

    鄭龍卿-顯東-爲親回甲, 設壽席, 心服[209]未除, 不能赴會, 謾呈短律
    一首.

친구가 수연 잔치를 열었으니
화갑이라 다시 봄기운 돌아왔어라
어버이 뜻을 받들려고 힘을 다하고
기쁘게 모시려 집안 형편 아랑곳 않네
온 마을 사람들 다 초대해서
친척 손님들 모두 담소를 나누네
어려서 부모 여읜 나는 감회가 많아
밤새도록 슬픈 추억으로 괴로워하노라

故人開壽席 花甲復回春 養志[210]思殫力 爲歡不計貧

209 心服 : 心喪과 같은 말로 스승의 喪에 제자가 행하는 喪禮이다. 상복은 입지
     않고 마음으로 슬퍼하고 근신한다. 이때 스승인 성호 이익의 喪期였기 때문
     에 순암이 心服을 입었던 것이다.

210 養志 : 어버이의 뜻을 봉양하는 것으로 진정한 효도를 뜻한다. 曾子가 그
     아버지 曾晳을 봉양할 때 반드시 술과 고기를 밥상에 올렸으며, 상을 치울
     때 증석에게 "누구에게 주시겠습니까?"라고 여쭈고, 증석이 "남은 것이 있느

招邀傾里巷 談笑盡親賓 孤露還多感 終宵憶苦辛

냐?"라고 물으면 반드시 "있습니다."라고 대답하였는데, 이에 대해 맹자가
뜻을 봉양한 것이라 하였다. 『孟子 離婁上』

66. 나 자신 경계하는 절구 두 수

自警 -二絶- 을유년(1765, 54세)

몸은 부모님께 본성은 하늘에서 받았으니
백행에 하나라도 잘못하면 완전하지 못하지
어두운 곳에 내 마음 속여도 이미 스스로 아느니
귀신의 눈이 곁에서 지켜보는 것만 꺼리지 말라

身從父母性從天 百行一虧卽不全 暗裏欺心先自覺 休嫌神目列旁邊

종전에 잘못 생각했다고 집착하지 말라
내 마음에 뉘우치는 곳이 바로 살 길인 것을
깨달은 뒤론 예전 전철을 다시 밟지 말지니
그래야만 비로소 대장부라 할 수 있으리

莫 缺 從前用意迂 是心悔處卽生途 覺來不踏磨驢²¹¹迹 然後方稱大丈夫

---

211 磨驢 : 맷돌을 끄는 당나귀라는 말인데, 진척이 없이 그 자리만 맴돎을 뜻한
다. 宋나라 蘇軾의 「伯父送先人下第歸蜀詩云云」에 "응당 웃으리 생계 영위
졸렬하여, 돌고 도는 게 마려와 같은 것을.〔應笑謀生拙 團團如磨驢〕"한 데
서 온 말이다.

67. 여름날의 일

夏日書事 병술년(1766, 55세)

책 읽기도 싫증이 나 침상에 누웠더니
꾀꼬리 매미 소리가 깊은 잠으로 인도하네
이끼는 뜰에 가득하고 산 그림자 저물제
잠에서 깨 묵묵히 앉아 관솔불을 지피노라

倦抛殘卷臥藜床　鶯語蟬聲引睡長　苔蘚滿庭山影夕　覺來嘿坐炷松香

68. 아들에게 보이다
示家兒

군자는 과장해 말하지 않느니
과장하는 말은 알맹이가 없단다
성인이 큰 길을 보여 주셨으니
마음이 거짓이 없고 전일한 것이지
평소에 늘 조심하는 마음을 가져야
타고난 본성을 보전할 수 있느니라
이 몸 밖에 백천 가지 모든 일들을
이를 비춰 보아 기준을 삼아야 한다

君子不夸言 夸言無其實 聖人示周行[212] 無妄與主一[213]
平生臨履[214]意 可以保性質 身外百千事 視此以爲律

---

212 周行 : 『詩經』「小雅 鹿鳴」에 "나를 좋아하는 사람은 나에게 大道를 보여
　　줄지어다.〔人之好我 示我周行〕"한 데서 온 말이다.

213 無妄與主一 : 無妄은 거짓이 없는 진실한 마음이다. 朱子가 『中庸章句』에서
　　"誠은 진실하여 거짓이 없음을 말하니, 천리의 본연이다.〔誠者, 眞實無妄之
　　謂; 天理之本然也.〕"하였다. 主一은 主一無適의 준말로 마음이 專一하여
　　다른 데로 가지 않는 것이다. 伊川 程頤가 학문의 요체인 敬을 설명하면서
　　"하나를 주장함을 '경'이라 하고, 마음이 다른 곳으로 감이 없는 것을 '하나'라
　　한다.〔主一之謂敬, 無適之謂一〕"한 데서 온 말이다.

214 臨履 : 항상 두려워하는 자세로 삼가는 것을 뜻한다. 『詩經』「小雅 小旻」에

집 안에서는 승려같이 거처하고
집 밖에서는 아낙처럼 처신하라
아낙은 늘 남을 두려워하고
승려는 가난을 싫어하지 않는다
그렇게 담박하고 근신하면
집 안팎에서 근심 걱정 면하느니
너를 경계하고 또 나도 경계하여
애오라지 이로써 잠계(箴戒)를 삼자꾸나

居家如釋子 處鄕如閨婦 閨婦恒畏人 釋子不嫌窶
淡泊而謹愼 出入免憂懼 戒爾又自警 聊欲代矇瞽²¹⁵

"매우 두려워하고 조심하여 깊은 못에 임한 듯, 얇은 얼음을 밟는 듯이 한다.
〔戰戰兢兢 如臨深淵 如履薄冰〕"한 데서 온 말이다.

215 代矇瞽 : 箴戒하는 말을 대신한다는 뜻이다. 고대에는 눈이 먼 소경들이 樂師
가 되어 經書나 좋은 말을 외워서 들려주었다. 『小學』「立敎」에서 『列女傳』
을 인용, 임신한 부인의 몸가짐을 말하면서 "밤이면 소경 악사로 하여금 『시
경』을 외고 바른 일을 얘기하게 하였다.〔夜則令瞽誦詩, 道正事.〕"하였다.

69. 삼가 퇴계선생의 「병든 게으름뱅이」란 제목의 시에 차운하다

敬次退溪先生病慵韻 병서(幷序)

내가 병들어 집안에 칩거한 지 13년이 되었는데, 나이가 벌써 55세라 야윌 대로 몹시 쇠약하여 책을 보는 일을 그만둔 지 오래이다. 마침 퇴계선생의 「병든 게으름뱅이」란 제목의 시 한 수를 보니, 그 시에 "눈 온 뒤에 해 뜨니 창이 먼저 훤하게 밝고, 숲에 부는 바람 소리는 귓가에 오래 윙윙거리네. 요즈음 와선 책 보는 일을 죄다 끊었으니, 쯧쯧 참으로 병든 게으름뱅이 되었군." 하였으니, 을묘년에 지은 것이다. 이때 선생의 나이 역시 55세였다. 이 시를 한참 동안 읊조리다가 나도 모르게 서글픈 감회가 일어 삼가 차운한다.〔余病廢閉戶十三年, 而犬馬之齒, 已五十五; 衰削無餘, 書卷之業, 廢閣久矣. 適觀退溪先生「病慵」216一詩云: "雪日近窓先晃朗 林風過耳久于喁217 爾來儘斷看書事 咄咄眞成一病慵"卽乙卯作也. 時, 先生年亦五十五歲矣. 吟諷久之, 不覺感傷, 謹次其韻.〕

눈도 어둡고 귀도 먹고 심장도 두근거려

---

216 「病慵」: 『退溪集』 1권에 실려 있다.

217 于喁 : 바람소리를 형용한 말이다. 『莊子』 「齊物論」에서 울부짖는 바람소리를 형용하여 "앞에 외치면 뒤 따라 화답한다.〔前者唱于而隨者唱喁〕" 한 데서 온 말이다.

병중에 기맥은 입만 뻐끔거리는 물고기 같아라

대현도 오히려 탄식하신 말씀이 있는데

원래 게으른 이 노둔한 자야 말해 무엇하랴

眼暗耳聾又怔忡²¹⁸ 病中氣脉似魚喁²¹⁹ 大賢猶有嗟傷語 況復駑才本懶慵

---

218 怔忡 : 한의학에서 말하는 일종의 병증으로 심장이 불안하게 뛰는 증세이다. 朱子의 「乞宮觀札子」에서 "내가 예전부터 心氣의 질환이 있었는데 근자에 기우제를 지내고 가뭄을 대비하느라 근심 걱정하다가 다시 이 증세가 발동하여 심장이 뛰고 燥熱이 일어나는 것이 평소보다 심해졌다.〔熹舊有心氣之疾, 近因禱雨備災, 憂懼忡迫, 復爾發動, 怔忡炎燥, 甚於常時.〕"하였다.

219 喁 : 물고기가 수면 위로 입을 내밀어 뻐끔거리는 것이다. 『說文解字』「口部」에 "喁는 물고기 입이 수면 위로 나타난 것이다."하였다.

70. 아들의 시에 차운하다

次家兒韻

오직 백발을 가까운 친구로 삼노니
더구나 깊은 병으로 원기를 다 잃었구나
눈에 드는 시내와 산 모두가 내 집이요
정이 가는 새와 물고기 절로 내 손님일세
누각은 서늘해져도 바람은 자취 없고
앞 시내에 비 지나니 물엔 흔적 있어라
오십 년을 살아오며 무슨 일 이루었는가
천 권 책을 갖고 있으니 가난도 싫지 않네

唯將白髮作交親 況復沉痾喪我眞 入眼溪山皆可宅 關情魚鳥自爲賓
凉生小閣風無迹 雨過前溪水有痕 五十年來成底事 擁書千卷不嫌貧

71. 이성지(李性之)-명로(命老)-가 인백(鱗伯)에게 준 시에 차운하다
次李性之-命老-贈鱗伯韻 병서

일전에 아들 녀석이 자네가 인백에게 준 시를 가져왔기에 보니, 내용에 면려하고 경계하는 뜻이 많더구나. 붕우 사이의 진정한 도리가 없어진 지 오래인데 자네가 옛 도리를 행하고 있으니, 되풀이해 읽으면서 감탄한 나머지 그대 성품이 차분함을 생각했네. "성품이 고요한 사람이 학문을 할 수 있다."는 것이 정자(程子)의 말씀이지. 이에 근원을 궁구한 말들을 발명(發明)하여 면려하니, 이 또한 자네가 인백에게 면려한 그 뜻일세. 시는 비록 거칠고 졸렬하지만 실로 이 병든 자의 진정에서 나왔으니, 바라건대 자네를 아끼는 정을 받아주게.〔日昨, 家兒袖君贈鱗伯詩以來, 篇中多勉戒之意. 朋友道亡, 久矣, 君能行古義; 三復[220]感歎之餘, 因念君性靜. "性靜者可以爲學." 程子之言也. 玆發窮源之言, 用以相勉; 此亦君勉鱗伯之意也. 辭雖蕪拙, 亶出於病夫誠願; 領其相愛之情也.〕

나에게 망년의 벗이 있으니

---

220 三復:『논어』「先進」에 "南容이 白圭 시를 하루에 세 번씩 반복해 외우니, 孔子가 자기 형님의 딸을 그에게 시집보내셨다.〔南容三復白圭, 孔子以其兄之子妻之.〕" 한 데서 온 말로 그 글을 좋아하여 반복해 읽음을 뜻한다.

왕족이요 왕손의 후예라네
일찍부터 문단에서 활약하여
조류(曹劉)의 담을 넘나들었지
다행히도 같은 마을에 살았기에
자주자주 상종할 수가 있었나니
만나면 반가워서 한바탕 웃고는
손을 잡고 정원도 거닐었지
사조처럼 청산을 읊기도 하고
도연명같이 국화주도 마셨네
장부는 지절(志節)에 힘써야 하느니
눈동자 보면 그 사람을 알 수 있지
궁핍 따위야 그대에게 무슨 상관이랴
옛 현인들도 역시 곤궁하게 산 것을
막힘과 통함은 서로 번갈아 바뀌고
음과 양은 서로 뿌리가 되는 법
복잡한 세상사는 짐작하기 어렵고
알아야 할 것은 도의 근원뿐이지
도의 근원은 실로 나에게 있으니
내가 구하는 건 부귀가 아닐세
맹자께서 남기신 밝은 가르침은
바로 호연지기와 지언이었어라
본체는 이 말씀에 다 드러났으니
긴요한 말로 번다하지 않아라
후세 사람들 근본을 모르고

지엽들은 어쩌면 그리 많은가

인심(人心) 도심(道心) 구별을 궁구하느라

거의 침식을 잊을 정도로구나

도의의 벗이 서로 어울리는 것

실로 다정한 형제 사이와 같느니

이 시의 말은 고인에서 받은 것

잘 지켜서 길이 우의를 돈독히 하세

우리 벗은 성품이 본래 고요하고

좋은 바탕은 마치 옥과도 같거늘

어찌 갈림길에서 헤맬 리가 있으랴

이렇게 깊은 지혜를 갖추고 있는 것을

외물은 다 부질없는 것일 뿐이니

분분히 따질 필요가 있으리오

녹녹한 사람이 될까 그게 걱정이니

백성들 걱정할 겨를이 어디 있으랴

我有忘年友　天派舊王孫　早遊翰墨場　蹴踏曹劉[221]垣

幸此同鄕里　履屐常源源　相逢一笑餘　携手共小園

靑山謝朓句[222]　黃菊淵明樽[223]　丈夫勵志節　眸子驗所存[224]

---

221 曹劉 : 문장으로 이름을 날린 삼국시대 문학으로 이름을 떨친 建安七子 중
魏나라 曹植과 劉楨의 병칭이다. 唐나라 杜牧의 「酬張祜處士見寄長句四韻」
에 "建安七子 중 시를 논하면 공만한 이 누구랴. 유조 정도는 틀림없이 공의
지휘 아래 있으리.〔七子論詩誰似公 曹劉須在指揮中〕"하였다.

窮餓子何傷 古賢亦艱屯 否泰相乘除 陰陽互爲根[225]

紛錯固難斟 不昧惟道原 道原實在我 我求非朱軒[226]

鄒聖垂明訓 浩氣與知言[227] 本體乃呈露 要言儘不煩[228]

222　靑山謝朓句 : 南朝 齊나라 때 시인 謝朓가 鍾山 아래에다 별장을 지어 놓고는
　　자연을 즐기며 지은 「遊東田」에서 "향기로운 봄술은 마주하지 않고, 머리
　　돌려 청산의 성곽을 바라본다.〔不對芳春酒 還望靑山郭〕" 한 데서 온 말이다.
　　唐나라 李白의 「題東溪公幽居」에 "집이 푸른 산에 가까우니 사조와 같고
　　문 앞에 버들 드리우니 도잠과 비슷해라.〔宅近靑山同謝朓 門垂碧柳似陶潛〕"
　　하였다.

223　黃菊淵明樽 : 晉나라 陶淵明은 유달리 국화와 술을 좋아했다. 그래서 그의
　　「飮酒」에 "동쪽 울 밑에서 국화를 따면서, 유연히 남산을 바라보노라.〔採菊
　　東籬下 悠然見南山〕" 하였다. 그리고 어느 해 9월 9일 重陽節에 술이 없어
　　마시지 못하고 집 주변의 동쪽 울밑에 있는 국화만 따고 있는데 江州刺史
　　王弘이 보낸 흰옷차림의 심부름꾼이 술병을 가져와 그 자리에서 따라 마시고
　　는 취하였다 한다. 『宋書 93권 陶潛傳』

224　眸子驗所存 : 孟子가 "사람에게 있는 것 중에서 눈동자보다 좋은 것이 없다.
　　눈동자는 그 사람의 악을 숨길 수 없으니, 가슴속이 바르면 눈동자가 맑고
　　가슴 속이 바르지 못하면 눈동자가 흐리다. 그 말을 듣고 그 눈동자를 보면
　　사람들이 누가 숨길 수 있으리오.〔存乎人者, 莫良於眸子. 眸子不能掩其惡;
　　胸中正則眸子瞭焉, 胸中不正則眸子眊焉. 聽其言也, 觀其眸子, 人焉廋哉!〕"
　　하였다. 『孟子 離婁上』

225　否泰……爲根 : 否·泰는 『周易』의 두 卦인데 비는 막힘을 태는 형통함을
　　상징한다. 陰·陽이 서로 서로 뿌리가 된다는 것은 陰이 지극해지면 陽이
　　되고 양이 지극해지면 음이 되는 것을 말한다. 宋나라 周濂溪의 「太極圖說」
　　에 "한 번 움직이고 한 번 고요함이 서로 뿌리가 되어 음으로 나뉘고 양으로
　　나뉨에 兩儀가 선다.〔一動一靜, 互爲其根, 分陰分陽 兩儀立焉.〕" 하였다.
　　양은 善, 군자 등을 상징하고 음은 악, 소인 등을 상징한다.

226　朱軒 : 붉은 칠을 한 수레로 옛날에 신분이 높은 사람이 타던 것이다.

後世迷所本 枝葉何其繁 理究危微際[229] 殆欲忘吾飧

道義自相和 寔如箎與塤[230] 此語有所受 相守期永敦

吾友性本靜 美質如璵璠 豈以多歧亡[231] 有此衆玅門[232]

外物徒爲爾 紛紛何足論 所憂爲鄕人 不暇憂黎元[233]

浩氣與知言 : 주 193) ‘知言’참조.

228 要言儘不煩 : 말이 요긴하고 간명함을 뜻하는 말이다. 삼국시대 魏나라 管輅
는 『周易』에 밝았는데 그가 “『易』을 잘 아는 사람은 『易』을 말하지 않는다.”
하니, 何晏이 “요긴한 말로 번다하지 않다〔要言不煩〕할 만하다.”한 데서
온 말이다. 『三國志 29권 魏書 管輅傳』

229 理究危微際 : 人心과 道心, 四端과 七情의 이치를 궁구하느라 지나치게 골몰
한다는 뜻이 들어 있다. 危微는 주 15)‘危微法’참조.

230 箎與塤 : 塤〔훈〕은 흙을 구워서 만든 질나팔이고 箎〔지〕는 대나무로 만든
젓대이다. 『詩經』「小雅 何人斯」에 “백씨가 질나팔을 불면, 중씨는 젓대를
분다.〔伯氏吹塤 仲氏吹箎〕”한 데서 온 말로 형제가 우애로워 잘 화합하는
모습을 형용한 것이다.

231 多歧亡 : 多歧亡羊이란 고사를 차용하였다. 楊子의 이웃 사람이 양을 잃고
그 무리를 다 동원하고 다시 양자의 종까지 동원하여 찾으려 하였다. 이에
양자가 묻기를, “한 마리 양을 잃고 찾으러 가는 사람이 어찌 이렇게 많은가?”
하자, 그가 말하기를, “갈림길이 많기 때문입니다.”하였다. 찾으러 갔다가
돌아오는 것을 보고, 양자가 “양을 찾았는가?”하고 묻자, “잃었습니다.”하였
다. 양자가 다시 “어째서 잃었는가?”하자, 그가 말하기를, “갈림길 속에
다시 갈림길이 있어 나는 어디로 양이 갔는지 알 수 없기에 돌아오고 말았습
니다.”하였다. 이에 心都子가 말하기를, “大道는 갈림길이 많아 양을 잃고,
학자는 方道가 많아 생명을 잃는다.”하였다. 『列子 說符』

232 衆玅門 : 깊은 지혜를 뜻한다. 『道德經』에 “깊고 또 깊은 것이 뭇 묘한 이치의
문이다.〔玄之又玄 衆妙之門〕”하였고, 唐나라 고승 荷澤 神會는 “앎이란 한
글자가 뭇 묘한 이치의 문이다.〔知之一字 衆妙之門〕”하였다.

233 所憂……黎元 : 먼저 나 자신이 녹녹한 사람이 됨을 면하려고 노력해야 할
터인데 주제넘게 나라와 백성 걱정할 능력이 못 된다는 뜻으로 말한 겸사이
다. 孟子가 "순 임금은 천하에 법이 되어 후세에 전할 만하거늘, 나는 아직도
향인을 면치 못하니, 이것이 곧 걱정스러운 것이다. 근심스러우면 어떻게
해야 할까? 순 임금과 같이 할 뿐이다.〔君舜爲法於天下, 可傳於後世, 我由未
免爲鄕人也 ; 是則可憂也. 憂之如何, 如舜而已矣.〕" 하였다. 『孟子 離婁下』

72. 시내 북쪽의 새 집

溪北新舍 幷序

병오년에 조부를 따라 울산(蔚山) 임소에서 호남의 주계(朱溪)로
돌아와 살고 있었다. 그 후 을묘년에 조부께서 세상을 떠나시어 이
듬해인 병진년 봄에 광주(廣州) 경안(慶安)의 덕곡(德谷) 선산에
반장하였다. 그 해 겨울에 내가 먼저 이곳으로 옮겨 오고 정사년 봄
에 온 식구가 다 옮겨 왔으며, 갑자년에 조부 묘소 바른편 손좌(巽
坐)의 땅에 처음으로 집을 지었다. 그 후 갑술년 여름에 선고(先考)
의 상(喪)을 당하고 여러 해 우환을 겪느라 경향(京鄕) 각지를 돌며
우거(寓居)하다 보니 옛 집은 살 수 없을 정도로 헐고 무너져 있었
다. 그리하여 그 해 가을 사간공(思簡公) 묘소 왼쪽 인좌(寅坐)의
땅에 집을 옮겨서 지었지만 터가 좁고 땅이 낮았다. 시내 북쪽에 터
가 하나 있었는데 지대도 높고 햇살이 잘 들며 바깥 경관도 훤하여
한 골짜기의 승경(勝景)을 독차지하고 있기에 이곳으로 옮겨와 살
고 싶은 생각은 늘 있었으나 가난과 병 때문에 결행하지 못하고 있
었다. 을유년 봄에 아들이 처음으로 목재를 마련하여 마을에 사는
나이 젊고 잔일을 잘하는 사람들과 함께 역사(役使)를 한 끝에 그
해 가을 들어가 살게 되었다. 내가 기쁜 마음에 시를 읊어 보고 싶
었으나 병 때문에 지금껏 미루어 왔다. 이제 홀로 텅 빈 집에 누워
있다가 생각나는 대로 대략 읊어서 아들에게 보인다.〔歲丙午, 余隨
王父, 自蔚山任所返, 寓于湖南之朱溪. 乙卯, 王考捐世, 丙辰春, 返葬

于廣州慶安之德谷先塋. 其年冬, 余先移于此, 丁巳春擧家皆移, 甲子始
營室于王考墓右巽坐地, 甲戌夏遭先考喪. 積歲憂患之餘, 避寓京鄕舊
宅, 毀壞不堪居. 是秋, 移占于思簡公墓左寅坐地, 地窄居下. 溪北有一
基, 居高向陽, 外朝明朗, 專據一壑之勝; 每欲移居, 貧病不果. 乙酉春,
兒子始伐木爲材, 與洞少年之能鄙事者, 躬自執役, 秋而入居. 余喜而欲
有所賦, 疾病遷就, 至于今日, 獨臥空齋, 意到漫吟以示之.〕

시내 북쪽에 한 골짝 풍광을 다 차지하니
삼십 년 동안 집 지을 생각 꿈결에도 안 잊혔지
내가 이런 일에 서툴러 생각만 오락가락했는데
네가 계획을 잘 짜서 집을 세웠으니 기쁘구나
선영을 둘러친 나무들을 보호하기도 쉽고
선영이 가까워서 성묘하기도 편하구나
남들은 엉뚱하게 평천장에다 비기지만
내 소원은 후손이 자손 백대로 이어지는 것뿐

溪北風烟一壑專 經營卅載夢魂牽 緣吾計拙空籌度 喜汝謀深奠棟椽
丘木²³⁴森羅看護易 先塋密邇展省便 傍人錯比平泉²³⁵宅 秖願雲仍百代傳

---

234 丘木 : 조상의 무덤 주위에 심은 나무이다. 『禮記』「曲禮」에 "군자는 아무리
　　　가난해도 집을 짓기 위해 丘木을 베지 않는다." 하였다.

235 平泉 : 唐나라 武宗 때의 명재상인 李德裕 별장인 平泉莊을 가리킨다. 이덕

유가 河南 洛陽縣 남쪽에 平泉莊을 지었는데, 대지 둘레가 40리이고 누대와
정자가 100여 곳이나 되었으며, 천하의 奇花異草와 진귀한 소나무, 怪石들이
다 모여 마치 仙境을 방불케 했다고 한다. 『新唐書 180권 李德裕傳』

73. 인백(鱗伯)에게 준 아우의 시에 차운하다
次舍弟贈鱗伯韻

한번 공산에 와 은거하니
만사가 허깨비처럼 덧없구나
격양가처럼 밭 갈고 우물 파노니
은거해도 진나라 피한 것과는 다르네
상자 속엔 석자 베가 들어 있고
솥 안엔 오홉의 묵은 쌀 남았으니
못난 대로 사니 두려울 것 없고
분수를 지키니 언제나 떳떳해라
아무리 부유한 삶이라 할지라도
나의 이 가난한 삶과 어찌 바꾸랴
나의 앞길은 참으로 평탄하여
험난할까 걱정할 필요 없으니
지극한 즐거움이 늘 여기에 있어
고량진미 생각날 겨를도 없어라
산골은 절로 한가롭기만 한데
세상사는 몹시도 어지럽구나
세상의 영욕도 다 잊어버리니
물고기와 새가 날로 가까이하네
산에 오르면 기산(箕山)인가 싶고
물에 가면 영수(潁水) 아닌가 하노니

어질고 어리석음은 비록 다르지만
세상을 떠나 은거한 건 다 같아라
우스워라 내가 광기를 크게 부려
고인만 못지않다고 감히 말하다니
오미가 갖추어져야 맛이 나는 법
쓰고 매운 맛 싫어할 것 있으랴
덕이 이루어져 군자가 되어도
가슴속 봄기운을 저버리지 않았거늘
슬프게도 나의 마음 바탕에는
무성한 초목처럼 잡념만 자라는가
조정에 있으면 현신이 되었고
초야에 있으면 일민이 되었으니
귀천은 본래 서로 길이 다르고
출처도 각기 때가 있는 법이지
장자는 망령되이 제물론을 썼지만
사물의 이치란 본디 균일할 수 없지
생각하노니 옛날 공상의 늙은이는
유신(有莘) 들에서 평생을 마칠 듯하더니
하루아침에 탕의 초빙을 받고는
길 잃은 사람들을 깨우쳐 주었지
길을 찾으면 길은 여기 있으니
오직 내가 따라 가는 데 달렸을 뿐
의지가 굳지 못할까 걱정이지
빈천 따위에 어찌 눈살을 찌푸리랴

그래서 옛날의 성현들께서

수신을 하라고 면려하였던 게지

一臥空山裏 萬事等前塵²³⁶ 耕鑿學歌堯²³⁷ 隱淪異避秦²³⁸

篋有三尺布 鎗留五合陳 守拙²³⁹居無懼 安分志常伸

肯使晉楚富²⁴⁰ 易我藜藿²⁴¹貧 前路儘平坦 不用憂嶙峋

---

236 前塵 : 佛教 용어로 눈앞에 보이는 色·香·聲·味·觸·法의 六塵으로 구
성된 허깨비 같은 세계를 말한다. 『楞嚴經』2권에 "부처님이 아난에게 고하
기를 '일체 세간의 대소와 내외의 모든 일들이 다 전진에 속한다.' 했다.〔佛告
阿難, 一切世間大小內外·諸所事業各屬前塵.〕"한 데서 온 말이다.

237 耕鑿學歌堯 : 堯임금 때에 한 노인이 배불리 먹고 배를 두드리며 擊壤 놀이를
하면서 노래하기를, "해가 뜨면 나가서 일하고 해가 지면 들어가서 쉬도다.
우물 파서 물을 마시고 밭 갈아서 밥을 먹거니, 임금의 힘이 나에게 무슨
상관이 있으랴.〔日出而作, 日入而息; 鑿井而飮, 耕田而食. 帝力何有於我
哉!〕"고 했다는 고사를 인용하였다. 『高士傳』

238 隱淪異避秦 : 秦나라의 虐政을 피해 武陵桃源에 숨어 살았던 경우와는 다르
다는 것이다. 晉나라 陶淵明의 「桃花源記」에 나오는 고사이다. 晉나라 孝武
帝 太原 연간에 武陵의 한 漁父가 시내를 따라서 한없이 올라가다가 복사꽃
이 핀 별천지를 만났는데 그곳에 사는 사람들이 "우리의 先代에 秦나라의
난리를 피해 처자식을 데리고 이곳이 들어왔다."하였다.

239 守拙 : 名利를 탐내지 않고 拙劣한 자기 모습대로 사는 것이다. 晉나라 陶淵
明의 「歸田園居」에 "남쪽 들판 언저리 황량한 밭을 일구고서, 졸렬한 모습대
로 전원에 돌아와 사노라.〔開荒南野際 守拙歸田園〕"하였다.

240 晉楚富 : 曾子가 "진나라와 초나라의 부유함은 미칠 수 없으나 저들이 부유함
으로써 하면 나는 나의 仁으로써 하고 저들이 작위로써 하면 나는 나의 義로
써 한다. 내가 무슨 부족할 것이 있겠는가.〔晉楚之富不可及也. 彼以其富,
我以吾仁; 彼以其爵, 我以吾義, 吾何慊乎哉?〕"한 데서 온 말이다. 『孟子

至樂常在玆 無暇念食珍 山中自閑暇 世事劇紛繽

榮辱幾相忘 魚鳥日以親²⁴² 陟崗訝箕麓 臨水疑穎濱²⁴³

賢愚雖不同 冥邈迹則純 自笑太顚狂 敢曰不讓仁²⁴⁴

五味具成和 何必厭苦辛²⁴⁵ 成德爲君子 不負胸中春²⁴⁶

公孫丑下』

241 藜藿 : 명아주 잎과 콩잎으로, 매우 변변치 못한 음식을 비유한다. 『韓非子』
「五蠹」의 "좁쌀과 기장으로 지은 밥과 명아주잎과 콩잎으로 끓인 국〔糲粢之
食‧藜藿之羹〕"에서 온 말이다.

242 榮辱……以親 : 영욕을 다 잊으니 機心이 사라져 물고기나 새와 같은 동물들
도 허물없이 나를 가까이한다는 뜻이다. 옛날 바닷가에 살던 한 사람이 갈매
기를 아주 좋아하여 매일 바닷가로 나가서 갈매기와 허물없이 놀았는데 한번
은 그의 아버지가 갈매기를 잡아오라고 하여, 이튿날 갈매기를 잡을 마음을
가지고 바닷가로 나가니, 갈매기들이 공중에서 빙빙 돌기만 하고 내려오지
않았다는 고사를 응용하였다. 『列子 黃帝』

243 陟崗……穎濱 : 자기가 사는 곳이 許由‧巢父〔보〕와 같은 고상한 隱者가 사
는 곳인 것처럼 느껴진다는 뜻이다. 주 133) '箕穎' 참조.

244 不讓仁 : 孔子가 "仁을 당해서는 스승에게도 사양하지 않는다.〔當仁, 不讓於
師.〕"한 것을 인용하였다. 『論語 衛靈公』 여기서는 순암이 자신을 許由와
巢父와 같다고 한 것을 두고 말하였다.

245 五味……苦辛 : 오미가 다 갖춰져야 좋은 음식이 되는데 인생에서 굳이 가난
하게 사는 辛苦를 싫어할 필요 없다는 뜻이다.

246 成德……胸中春 : 덕을 이룬 사람을 군자라 한다. 胸中春은 가슴속의 봄기운
으로, 여기서는 인간의 본성에서 나오는 감정을 표현하였다. 주자의 제자인
北溪 陳淳의 「鈆山遇霜」에서 "바람을 무릅쓰고 눈을 무릅쓰고 찬 서리 무릅
쓰고 가니, 손발이 다 갈라지고 온갖 고초 다 겪는다. 단지 가슴속에 봄기운
한 점 때문에 세상을 잊고 초야에 묻혀 살 수 없어라.〔冒風冒雪冒霜寒 手足胼
胝百狀艱 只爲胸中春一點 未能忘世臥溪山〕"하였다.

哀此方寸地 汩汩自生榛 在朝爲賢臣 在野爲逸民

貴賤本殊道 出處亦有辰 莊生妄齊物[247] 物理固不均

緬懷空桑翁 若將老於莘 一朝應湯騁 覺彼迷道人[248]

求道道在斯[249] 惟在我所遵 志節患不固 貧賤安足嚬

所以古聖賢 勉之以修身

247 莊生妄齊物:『莊子』「齊物論」에서 이 세상의 모든 상대적인 개념들, 이를테
면 生死, 壽夭, 是非, 得失, 物我, 有無 등을 다 차별 없이 같은 것으로 보았다.

248 空桑翁……迷道人:空桑翁은 殷나라 재상 伊尹을 가리키는 말이다.『列子』
「天瑞」 "이윤이 속이 텅 빈 뽕나무 속에서 태어났다.〔伊尹生乎空桑〕"한 데서
생겨난 말이다. 이윤이 有莘國의 들에서 농사지으며 살면서 殷나라 湯의
초빙을 거절하다가 세 차례 정중하게 초빙하자 생각을 바꾸어서 스스로 先覺
者를 자임하여 깨닫지 못한 사람을 구제하러 세상에 나왔다.『孟子 萬章上』

249 求道道在斯:孔子가 "仁이 멀리 있겠는가! 내가 인하고자 하면 이에 인이
이른다.〔仁遠乎哉! 我欲仁, 斯仁至矣.〕"한 것을 응용하였다. 朱子는『集註』
에서 仁은 내 마음의 德이고 밖에 있는 것이 아니므로 내가 하고자 하면
바로 된다고 하였다.

74. 홀로 앉아 감회를 적다

獨坐書懷

물고기 뛰고 솔개 나니 별천지라
한 굽이 영장산 골짝이 전생의 인연일세
청산 그림자 속에 지팡이 짚고 서 있고
꾀꼬리 노래 속에 책을 끼고 조노라
세상사는 구름 같아 모두 허깨비 같지만
사람 마음은 거울 같으니 닦고 또 닦아야지
읊조리며 돌아오는 높은 흥은 지금도 있으니
동고에 기대서서 흘러가는 시냇물을 보노라

魚躍鳶飛²⁵⁰別有天 靈長²⁵¹一曲是前緣 靑山影裏扶筇立 黃鳥聲中擁卷眠
世事如雲都幻妄 人心似鏡要磨硏 詠歸高興今猶在 徙倚東皐玩逝川²⁵²

---

250 魚躍鳶飛 :『中庸章句』12장에 "『詩經』에 '솔개는 날아서 하늘에 이르고, 물
고기는 연못에서 뛰논다.' 하였으니, 상하에 이치가 밝게 드러남을 말한 것이
다.〔『詩』云: '鳶飛戾天 魚躍于淵'言其上下察也.〕" 한 것을 인용하였다.

251 靈長 : 순암이 살던 곳에 있는 산이름이다. 2권 「성호선생께 올린 별지〔上星
湖先生別紙〕-병자년(1756, 45세)' 참조.

252 詠歸……逝川 : 詠歸는 孔子의 제자 曾點이 자신의 뜻을 말하라는 공자의
말에, "늦은 봄에 봄옷이 이루어지면 어른 대여섯 사람, 동자 예닐곱 사람과
함께 기수에 목욕하고 무우에서 바람을 쐬고 시를 읊으면서 돌아오겠다.〔莫
春者, 春服旣成; 冠者五六人, 童子六七人, 浴乎沂, 風乎舞雩, 詠而歸.〕"고

하니, 공자가 감탄하며 인정했다는 고사에서 온 것이다. 『論語 先進』逝川은 "공자께서 시냇가에 계시면서 말씀하시기를, '가는 것이 이 물과 같구나. 밤낮을 쉬지 않고 흐르누나.〔逝者如斯夫! 不舍晝夜.〕'라고 하셨다."라는 구절에서 온 것이다. 『論語 子罕』 흐르는 시냇물에서 道體가 우주에 끝없이 流行하는 것을 본다는 뜻이 들어 있다.

75. 주변 사물을 읊은 절구 10수

詠物十絶 并序

내가 한가한 생활 중 무료하여 여름에서 가을로 바뀌는 계절을 만나면 벌레들을 관찰하곤 하였다. 이러한 벌레들은 비록 지각 없는 미물이지만 보고서 감계(鑑戒)로 삼을 만한 점이 있기에 드디어 절구 10수를 읊어 좌우명을 대신한다.〔余閒居無聊, 每當夏秋之際, 觀蟲多之屬, 雖蠢蠢無知, 而亦有可以取爲鑑戒者; 遂成十絶, 以代座右之銘.〕

붉은 해가 불덩이 같건만
매미는 계속 울고만 있네
뉘 알랴 저 푸른 잎 사이에
이 시원한 곳 있는 줄을
　　-이상은 매미를 읊은 것이다.-

赫日方如火　蟬鳴猶不已　誰知綠葉間　有此淸凉地
　　-右蟬-

거처할 때 빗물을 피할 줄 알고
밖에 나와선 임금 위해 죽기도 하지
이름을 지은 것이 틀리지 않으니-개미 의(蟻)는 의(義)의 뜻을 취한 것이니, 군신(君臣)의 의리를 안다고 하여 붙여진 이름이다.-

이름 지은 이의 지혜가 훌륭하구나
    -이상은 개미를 읊은 것이다.-

居能避雨潦 出而死長上 命名固不爽-蟻字從義, 以其能知君臣之義.- 其智
亦可尙
    -右蟻-

어두운 방에선 제 마음 속이기 쉽고
어두운 길에선 더듬거리며 가게 마련인데
너는 타고난 천성이 어둡지 않아
밤에는 반드시 등불 밝히고 다니누나
    -이상은 반딧불을 읊은 것이다.-

暗室易欺心 冥途又墒埴 爾性能不昧 夜行必以燭
    -右螢-

파리 색이 흑백으로 변하는데
먹는 음식 때문에 그렇게 되지-파리 자체가 흰 놈이 검은 놈이 되고 검은
놈이 흰 놈이 되는 것이 아니라, 그 놈이 흰 것을 먹으면 똥이 희고 검은 것을
먹으면 똥도 검게 나온다.-
소인들은 참소하기를 좋아하니
같은 마음이지만 원래 비뚤어졌지
    -이상은 파리를 읊은 것이다.-

靑蠅變白黑 由食使之然-蠅非能變白爲黑變黑爲白, 以其所食者色白則矢亦
白色黑則矢亦黑耳.- 小人好讒慝 一心元自偏

　　-右蠅-

동쪽 동산에 봄기운이 오면

복사꽃 오얏꽃이 활짝 피는데

펄펄 꽃 위를 나는 저 나비들은

꽃이 지고 나면 어디로 가려나

　　-이상은 나비를 읊은 것이다.-

東園春氣至 桃李正芳菲 紛紛花上蝶 花落更何歸

　　-右蝶-

그물 묶은 게 촘촘하고 촘촘하니

마음 씀이 어쩌면 그리도 깊은가

경륜이 비록 뱃속에 가득하지만

모두가 다 교활한 마음일 뿐

　　-이상은 거미를 읊은 것이다.-

結網密復密 用意一何深 經綸雖滿腹[253] 都是機巧心

---

253 經綸雖滿腹 : 거미가 뱃속에서 끝없이 실을 토해 내기 때문에 이렇게 말한
　　것이다. 經은 씨줄이고 綸은 실을 꼬아서 만든 가는 줄이다.

-右蜘蛛-

가을바람이 하룻밤에 불면
귀뚜라미가 창문과 벽에서 울지
미물도 저렇게 때를 아는데
흐르는 광음을 스스로 아껴야지
　　-이상은 귀뚜라미를 읊은 것이다.-

秋風一夕吹 蟋蟀鳴窓壁 微物亦知時 流光當自惜
　　-右蟀蟋-

천지 사이를 맘껏 날아다니니
우환은 의당 미칠 수 없으련만
어디서 오척의 어린애가 와서는
끈끈이로 덮쳐서 잡고 마는구나
　　-이상은 잠자리를 읊은 것이다.-

飛翔天地間 患害宜無及 何來五尺童 膠絲奄相襲
　　-右蜻蛉-

오랫동안 두엄 속에 있을 땐
몰골이 더러워 차마 못 보겠더니
어느덧 때가 되어 매미로 변하자
도리어 사람들의 사랑을 받는구나

-이상은 굼벵이를 읊은 것이다.-

久在腐草裏 醜穢不可見 時至化爲蝸 翻爲人所羨

　-右蠐螬-

온종일 똥 덩어리 속에서
배 채우느라 부지런히 일하더니
굴리고 굴리기를 그칠 줄 모르다
마소에 발 짓밟혀 죽고 마누나

-이상은 말똥구리를 읊은 것이다.-

終日糞壤中 營營爲口腹 轉轉不知止 殞身牛馬迹

　-右蛣蜣-

76. 시냇가를 거닐며

溪行

골짝 어귀에 흐르는 작은 시내
바위 따라 절로 감돌아 흐르는데
흥이 일면 언제나 나 혼자 가서
무심히 앉아서 졸기도 한다네
고목에는 이끼가 잔뜩 덮였고
바람은 불어 매미 울음 부추기지
사물의 이치는 원래 이와 같건만
뉘라서 자연에 순응할 수 있으랴

小溪當谷口 隨石自洄沿 乘興每孤往 無心或坐眠
苔紋欺老樹 風力助鳴蟬 物理原如此 誰能付自然

77. 그윽한 일들
幽事

그윽히 살면서 하는 일 없으니
그윽한 일들이 날마다 찾아드네
낚시 손질하여 앞 시내에도 가고
광주리 들고서 뒷산에도 오르며
꽃 곁에선 춤추는 나비도 보고
나무 아래선 우는 새소리도 듣는다
풀싸움 하던 동심이 아직도 있어
아이들 데리고 풀숲에도 간다네

幽居無所事 幽事日相侵 理釣臨前澗 提筐上後岑
花邊看舞蝶 樹下聽鳴禽 鬪草童心在 携兒百卉林

78. 그윽한 일에 오히려 일이 많아져
幽事還多事

그윽한 일에 오히려 일이 많아지고
한가히 노닐자니 또한 바보만 같구나
만약 그윽한 일의 진면목을 찾으려면
세상에서 하는 일들을 모쪼록 끊어야지
본성 밖에 원래 아무것도 없고
마음속에 절로 지각이 있나니
바람 맑고 초승달 떠오를 때
호젓이 홀로 고요 속에 앉았노라

幽事還多事 優遊亦一癡 欲求眞面目 須斷妄營爲
性外原無物 心中自有知 風淸新月上 宴坐寂寥時

79. 빈궁한 삶의 노래

貧窮吟

고인은 빈궁에 대해 해석하면서
편안하게 여기고 굳게 지키라 했으니
보물을 지키듯이 굳게 지키고
평탄한 길 가듯 편안해야 하지
그래야 뜻에 방향이 잡히고
명분 절의에도 잘못됨이 없나니
구차히 곤궁함을 면하려 하면
치질도 핥고 종기도 빨게 되지
남에게 있는 부귀는 어쩔 수 없으니
나에게 있는 마음을 항상 조심해야지

古人解貧窮 必說安與固²⁵⁴ 固如守寶物 安若視坦路
然後志有定 名節無謬誤 如有苟免意 舐吮亦不顧²⁵⁵

---

254 古人……與固 : 孔子의 제자 顔回의 安貧樂道와 固窮을 말한다. 固窮은 곤궁
한 처지에서도 분수를 지키며 편안한 마음을 갖는 것으로, 孔子가 "군자는
곤궁해도 자신의 절조를 굳게 지키는데 소인은 곤궁해지면 못하는 짓이 없
다.〔君子固窮, 小人窮斯濫矣.〕"한 데서 온 말이다. 『論語 衛靈公』

255 舐吮亦不顧 : 秦나라 왕이 병에 걸려 의원을 불러 모았는데, 종기를 째고
고름을 빼는 자는 수레 한 대를 얻었고, 치질을 핥은 자는 수레 다섯 대를

在人無奈何 在我當瞿瞿

80. 부채에 쓰다
題便面

더위 쫓는 공로는 누가 많은가
시원한 바람은 너만 일으키는구나
가을이 와도 차마 버릴 수 없어
간직해 두고 내년 여름을 기다린다

鏖暑功誰多 淸風爾獨灑 秋來不忍捐 藏弆待明夏

81. 집에 어린 종이 있는데 뻣뻣하고 방일(放逸)하여 부리기 어렵다. 하루는 그 놈을 꾸짖느라 심기가 자못 흔들렸기에 후회하고 이 시를 지었다
家有小僕, 驕逸難使. 一日誚責, 頗動心氣, 悔而有作.

어린 종이 방자하여 부리기 어렵기에
꾸짖다 보니 조금 지나치고 말았구나
네가 모질어 비록 밉기는 하지만
내 본성에 어찌 손상이 없었겠는가
잠시라도 경중을 파악하지 못하면
그만 성인과 광인이 나뉘고 말지
백사가 남긴 경계의 말을 읽고
놀라고 두려워 일어나 서성인다-진백사(陳白沙)가 "칠정(七情) 중에서 가장 제어하기 어려운 것이 노(怒)이다. 밤에 어린 종이 물건을 잃었기에 꾸짖다 보니 나도 모르게 심기가 흔들리고 말았다. 이에 흠칫 놀라고 두려운 마음이 들어 「인자잠(忍字箴)」을 짓기를, '칠정이 일어남에 노여움이 가장 급작스러우니, 온갖 노여움 일어날 때는 오직 참는 게 제일이지. 노여움의 불길이 타오르면 참음의 물로 꺼야 하네. 참고 또 참으면 참을수록 노여움이 거세어지지만 백 번을 더 참아서 장공예(張公藝)처럼 되어야 큰 계책을 그르치지 않아 일을 이룰 수 있으리. 만약 참지 못한다면 당장에 일을 망치고 말게 되리."라고 하였다.-

小僕驕難使 誚訶稍過當 爾頑雖可惡 我性豈無傷 造次失輕重 俄然判

聖狂[256]

白沙垂警切 兢惕起彷徨 -陳白沙云:"七情, 惟怒最難涵養. 夜來, 因家僮失
一物, 因而詈之, 不覺動氣; 惕然作「忍字箴」曰: '七情之發, 惟怒爲遽. 衆怒之
加, 惟忍爲最. 當怒火炎, 以忍水制. 忍之又忍, 愈忍愈厲. 過一百忍, 爲張公
藝[257]. 不亂大謀, 其乃有濟. 如其不忍, 做敗立至.'" -

---

256 造次……聖狂 : 내 마음의 본성과 바깥 사물 중 어느 것이 더 중요한지를
생각하지 못하면 잠깐 사이에 狂人처럼 자기 마음을 잃을 수 있다는 뜻이다.
주 105) '聖狂皆由己' 참조.

257 張公藝 : 주 20) '張公忍字' 참조.

82. 저물녘에 시냇가를 거닐며
晩步溪上

저물녘 비 개었기에 유유자적하면서
잠시 작은 시내 서쪽에 서 있노라니
비를 띤 구름은 산골짝에 숨고
푸르른 실버들은 언덕을 스치누나
늙은 학은 고요히 물가에 서 있고
숲에 새는 사람을 향해 우네
산중의 일을 기록으로 남기려고
나무를 깎아서 거친 시를 적노라

晩晴聊自適 乍立小溪西 帶雨雲藏壑 籠烟柳拂堤
老鶴臨水靜 林鳥向人啼 山事須留記 荒詞斫樹題

83. 여름날 서재에서 즉흥으로 읊다
夏日書齋卽事

들창 아래 홀로 앉아 먼 허공 바라보니
병든 심정 그윽한 생각이 둘 다 하염없어라
짙은 구름 흩어져 천 봉우리에 비 뿌리고
습한 기운 피어올라 만 길의 구름 만드네
비 갠 뒤에 산뜻한 물색을 보고 싶고
바람 불기 전엔 숲에서 조짐 알아야지
장마가 개는 것 어찌 심상한 일이랴만
만물을 주재하는 건 결국 조물주의 공일 뿐

獨坐軒窓望遠空 病情幽思兩難窮 濃雲散作千峯雨 濕氣蒸成萬丈虹
霽後欲觀新色態 風前須驗舊林叢 霖晴豈是尋常事 物物[258]徒歸造化功

----

258 物物 : 『莊子』「在宥」에 "물이면서 물이 아니기 때문에 능히 물을 물로 다스
릴 수 있다.〔物而不物, 故能物物〕"한 데서 온 말로 만물을 만물로 부린다는
뜻이다.

84. 정천여(鄭天與)-석몽(錫夢)-의 시에 차운하다
次鄭天與-錫夢-

서리가 솔가지 눌러도 푸른빛이 짙으니

아침이 와서 그 세한의 마음을 마주하노라

가을을 슬퍼한 송옥 시구는 읊지 말고

국화꽃 딴다는 도잠의 시나 따라 지어 보세

흉금이 물처럼 맑다고 자부하노니

수풀처럼 뒤엉킨 세상사는 귀찮아라

중양절에 국화주 마시는 흥취 놓칠까 걱정했더니

그대 시 덕분에 함께 만나자고 약속하게 됐네

霜壓松枝翠色深 朝來相對歲寒心[259] 休煩宋玉悲秋句[260] 且擬陶潛採菊吟[261]

自許胸襟淸似水 不要人事亂如林 令辰恐負東籬興 賴有淸篇約共尋

---

259 歲寒心 : 孔子가 "날씨가 추워진 뒤에야 송백이 시들지 않음을 알 수 있다. 〔歲寒然後 知松柏之後凋也〕"한 데서 온 말로 군자가 곤궁한 처지나 亂世에도 지조를 잃지 않음을 비유하는 말로 쓰인다. 『論語 子罕』

260 宋玉悲秋句 : 전국시대 楚나라 사람으로 屈原의 제자인 宋玉이 지은 「九辯」에서 "슬프다! 가을의 기운이여. 쓸쓸하여라. 초목은 낙엽이 져서 쇠하였도다. 처량하여라. 흡사 타향에 있는 듯하도다. 산에 올라 물을 굽어봄이여, 돌아가는 이를 보내도다.〔悲哉! 秋之爲氣也. 蕭瑟兮草木搖落而變衰, 憭慄兮若在遠行, 登山臨水兮送將歸〕"하였는데, 이것을 「悲秋賦」라 부른다.

261 陶潛採菊吟 : 주 223) '黃菊淵明樽' 참조.

85. 『퇴계집』에 있는 시에 차운하여 조생(趙生)영여(英如)-학준(學俊)-에게 보이다

次退溪集韻, 示趙生英如-學俊-. 경인년(1770, 59세)

도는 대로와 같은데 그대 무엇을 의심하나
일상생활에서 잠시도 도를 떠날 수 없다네
이 밖의 많고 많은 것들은 다 허망할 뿐
쓸데없는 생각으로 양지를 그르치지 말게
임천에 숨어 살며 시끄러운 세상사 끊고
오랜 병으로 십 년 동안 쓸쓸한 시골에 누웠노라
한가한 중 다행히 벗이 찾아오는 즐거움이 있으니
많고 깊은 서로의 정은 말하지 않아도 통한다네

道如大路[262]子何疑 日用須臾不可離[263] 此外萬端都幻妄 莫敎浮念誤良知[264]
晦迹林泉絶世喧 沉疴十載臥荒村 閑中幸有朋來樂[265] 多少深情在不言

---

262 道如大路 : 주 116) '歸求' 참조.

263 日用須臾不可離 : 『中庸章句』1장에 "도라는 것은 잠시도 떠날 수 없는 것이
니, 떠날 수 있으면 도가 아니다.〔道也者, 不可須臾離也; 可離, 非道也.〕"
하였다.

264 良知 : 본연의 지혜를 말한다. 맹자가 "사람이 배우지 않고도 할 수 있는 것은
양능이고, 생각하지 않고도 아는 것은 양지이다.〔人之所不學而能者 其良能
也. 所不慮而知者 其良知也.〕" 한 데서 온 말이다. 『孟子 盡心上』

265 朋來樂 : 상대방 趙英如가 순암에게 배우러 왔기 때문에 이렇게 말한 것이다. 孔子가 "벗이 먼 곳에서 찾아오면 또한 즐겁지 아니한가![有朋自遠方來, 不亦樂乎!]"한 말을 차용하였다. 『論語 學而』

86. 계사년 춘축

癸巳春祝 2수 계사년(1773, 62세)

오늘이 절기로 입춘이니
삼양이 땅을 뚫고 올라오지
하늘의 마음이 마침내 드러나
형통하는 봄기운이 시작되었네
묵은 습관은 죄다 없어지고
새 공부는 차례로 이루어져야
행여 큰 잘못은 없게 되어
비로소 나의 마음에 맞으리라

今日立春節 三陽闢地生²⁶⁶ 天心終發露²⁶⁷ 泰運始元亨²⁶⁸

---

266 三陽闢地生 : 三陽은 陽爻가 셋인 『周易』의 泰卦를 가리킨다. 동짓달인 11월
부터 양효가 아래에서 하나 생겨 올라와서 정월에 이르면 양효가 셋이 된다.
下卦의 세 爻가 모두 陽爻로 찼으므로 三陽이 땅을 뚫고 나온다고 하는 것이다.

267 天心終發露 : 天心은 天地가 만물을 낳는 마음을 말한다. 『周易』 64卦를 1년
의 열두 달에 배속시키면 陽爻 하나가 下卦 맨 아래에서 처음 생긴 復卦가
동짓달에 해당된다. 復卦의 象辭에 "복에서 천지의 마음을 볼 수 있다.〔復其
見天地之心乎!〕" 하였는데 여기서는 천지의 마음이 일어나는 조짐을 볼 수
있을 뿐이다. 泰卦에 오면 下卦에 陽爻가 가득 차서 천지의 마음이 온전히
드러나 봄이 오게 되는 것이다.

268 泰運始元亨 : 泰卦의 卦辭에 "태는 陰이 가고 陽이 오니 길하여 형통하다.

舊習消磨盡 新工次第成 庶幾無大過 方可協吾情

육십갑자 돌아서 또 일 년이 지나니
늙어 못쓰게 된 몸 흰머리만 어지럽네
내 마음을 봄이 알고 편안하게 해주려고
긴긴날 산재에서 마음놓고 자게 만드네

花甲重回又一年 坐成枯落白紛然 東君爲錫安心法 永日山齋得意眠

〔泰, 小往, 大來; 吉亨.〕"한 것을 인용하였다.

87. 김여세(金勵世)-백련(百鍊)-이 준 시에 차운하다

次金勵世-百鍊-見贈韻

속세를 피해서 숨어 사는 것이 아니라

단지 병이 많아 편안히 쉬고 싶을 뿐일세

인간세상 다투고 빼앗는 데 어찌 관심을 두랴

세상 밖에서 초연히 연하와 이웃해서 사노라

그대는 고준한 말로 세상을 일깨우는데

나는 한적한 곳에서 구차히 여생을 즐긴다

사람 따라서 호오(好惡)를 다르게 말하지 말게

사심 없는 경지에 이르러야 인을 말할 수 있네

不是隱淪避世塵 祇緣多病欲安身 人間爭奪何關意 物外烟霞共作鄰[269]

君以高談驚末俗 我儂閑界樂餘春 休言好惡隨朋異 學到無私可說仁[270]

----

269 物外烟霞共作鄰 : 山水를 벗하여 이웃으로 삼고 사는 것이다. 唐나라 白居易
의 「祇役駱口因與王質夫同游秋山偶題」에 "평생에 연하의 벗이라 이곳에서
거듭 서성이노라.〔平生煙霞侶, 此地重徘徊〕" 하였다.

270 休言……說仁 : 孔子가 "오직 인한 사람이라야 능히 사람을 좋아할 수 있으
며 능히 사람을 미워할 수 있다.〔惟仁者, 能好人, 能惡人.〕" 한 데 대해 朱子
가 "사심이 없은 뒤에야 호오가 이치에 맞다.〔蓋無私心, 然後好惡當於理.〕"
하였다. 앞에서 '그대는 고준한 말로 세상을 일깨우는데'라고 한 것을 보면
상대방 金百鍊이 당시 사람을 심하게 비판했던 듯하다.

88. 물에 비친 달
水月吟

물에 비친 달 일정한 형상 없어
빈 그림자가 사람을 속이기 쉬우니
알지 못하지 저 빛나는 본체는
푸른 하늘에서 흰 달을 굴린다는 것을

水月無定象 虛影易欺人 不識光明體 靑天轉素輪

89. 구름 낀 산

雲山吟

흰 구름은 일어났다 사라지지만
푸른 산은 늘 변할 때가 없구나
변하는 것이 좋은 게 아니니
우뚝이 선 것이야말로 훌륭하네

白雲有起滅　靑山無改時　變遷非所貴　特立斯爲奇

90. 남생에게 주다
贈南甥

네가 내게 와서 지내며
다섯 달을 함께 보냈건만
인정은 만족할 줄 모르는지
작별을 하려니 서글프구나
더구나 나는 노쇠한 몸이라
다시 만날 날 기약하기 어려우니
무엇을 줄까 망설이다가
이 말을 주어 그리움 달래노라
얼음과 눈으로 길을 뒤덮었으니
먼 길을 부디 조심해서 가거라
다리 만나면 꼭 말에서 내리고
험한 길 지날 때도 잘 방비해라
너를 보살피는 건 종들의 힘이니
웬만하면 성내고 매질하지 말고
객점에서 부질없는 사람 만나거든
삼가 입 다물고 말을 조심하거라
나의 심지가 너무 가볍고
너의 몸이 원래 약하니
몸이 욕심에 휘둘리지 말고
마음이 외물에 흔들리지 말라

고요히 참된 본성을 기르되
충신으로 근본 바탕을 세워라
사람 마음은 신령한 지각 있으니
너의 병통은 네가 응당 알리라
학문이 비록 길은 많지만
그 본원은 윤리에 있단다
여기에 자기 도리만 다하면
천지간에 부끄러울 게 없단다
이 마음이 늘 진실해야 하니
터럭 차이에 성인과 광인 나뉘지
밤낮으로 부지런히 반성하여
조금도 부족함이 없도록 하라
네가 나를 깊이 믿지 않는다면
이 말을 듣고 혹 비웃으리라
너와 서로 이별하고 나면
내 마음이 몹시 허전하겠지
산 위에 뜬 달은 뉘와 함께 보며
산등성이 구름을 혼자서 즐겨야 하리
내 가슴속에 담긴 무한한 뜻을
모두 이 오언시에 담았단다

爾來從我遊 五朔相追隨 人情不知足 臨別還悽其
矧我衰老質 後會難再期 踟躕欲何贈 贈言慰相思
氷雪塞關梁 長途愼驅馳 遇橋須下馬 過險亦防危

扶護賴僕隸　不必煩嗔笞　旅店遇閑客　愼嘿勿費辭

爾志多輕浮　爾質本淸羸　勿爲形所役　勿爲物所移

沉靜養眞源　忠信立本基　人心有靈覺　爾病爾應知

學問雖多歧　本源在倫彝　於此盡其道　俯仰無愧怩

此心常慥慥　聖狂差毫釐[271]　朝晝勤內省　勿令有少虧

非爾信我厚　此語或見嗤　與爾相別後　我心如有遺

山月誰同賞　嶺雲徒自怡　胸中無限意　都付五言詩

271　聖狂差毫釐 : 주 105) '聖狂皆由己' 참조.

91. 국국새 울음소리를 들으며
聞局局鳥

새 이름 무엇인가 이름이 국국이라네
봄 산에서 진종일 꾀꼬리와 함께 우네
이 세상에 지금은 알아줄 이 없으니
네 마음 불평해서 우는 줄을 누가 알랴

有鳥何名名局局 春山終日伴鶯聲 世間不見知音者 誰識爾心鳴不平

92. 고청거사(孤靑居士) 남희안(南希顔)-필복(必復)-의 시에 차운하다

次孤靑居士南希顔-必復-韻 갑오년(1774, 63세)

한가한 날 아이 불러 낚싯줄 손질하여
시냇가를 오가면서 맑은 물결 희롱한다
세상에 나가 일하는 데는 관심이 없고
속세 밖 자연 속에서 수양이나 하노라
만물을 가만히 보면 모두 운명이 있으니
이내 생애 가난 걱정하지 않으리라 다짐했네
알겠구나 그대도 물가의 운치를 일찍 알아
강호를 떠돌면서 한가한 사람 되었음을

暇日呼僮理釣綸 堨來溪上弄淸淪 世間經濟非關意 塵外烟霞可養身
物理靜觀皆有命 生涯自許不憂貧 知君早識滄洲[272]趣 湖海優遊作散人

---

272 滄洲 : 물가의 한적한 곳인데 대개 隱士가 사는 곳을 뜻하는 말로 쓰인다.

93. 동궁께서 궁료들에게 생강을 나누어 주시기에 감사하는 마음에 절구 두 수를 읊다

東宮頒薑于宮僚, 感成二絶.

사람들은 단맛 좋아해 매운맛은 싫어하니
매운맛이 더 깊은 맛인 줄은 알지 못해서지
신명을 통해주고 더러운 냄새 씻어주니
공자께서 평소에 늘 생강을 드셨었지

世好甘香厭辛辣 不知辛辢味更長 通神滌穢眞功在 夫子當年不撤薑[273]

생강 맛은 맵지만 모든 병을 다스리고
신명 통하고 나쁜 기운 없애고 심성을 바르게 하네
오늘 생강을 나누어 주신 뜻을 고요히 생각해 보니
궁료들에게 바른 말을 올리게 하시려는 뜻이리라

薑味雖辛理百病 通神去惡正心源 靜思此日頒下意 要使群僚進苦言

---

273 夫子當年不撤薑 : 『論語』 「鄕黨」에 "생강 먹는 것을 그만두지 않으셨다.〔不
撤薑食〕"하였다.

94. 계방에서 숙직하던 중에
桂坊[274]直中 2수

게으른 나는 산골 집에 누웠어야 제격이니
사월 들어 서울이 싫어져 돌아가고 싶어라
떠날까 머물까 마음 결정하기 어려워
동룡문에 무성한 나무들을 바라보노라

疎慵端合臥巖扉 四月長安客欲歸 這裏去留難定意 銅龍[275]樹色望依依

왕세자께선 천부적인 재능을 타고나
날마다 궁료들과 학문을 강론하시네
박문약례(博文約禮) 참된 공부는 실제 하기 어려우니
미천한 신은 한갓 하찮은 정성만 올릴 뿐일세

儲君才學若天成 日與宮僚講道明 博約[276]眞功難下手 微臣徒切獻芹[277]誠

----

274 桂坊 : 조선시대 世子侍講院 또는 世子翊衛司의 별칭이다.
275 銅龍 : 世子侍講院을 뜻한다. 漢나라 때 太子宮의 대문을 銅龍門이라 하였으
      므로 이렇게 부르는 것이다.
276 博約 : 顔淵이 孔子를 두고 말하기를, "선생님께서 나를 文으로 넓혀주고 禮
      로서 요약하여 주셨다.〔博我以文 約我以禮〕"한 데서 온 말이다. 『論語 子罕』
277 獻芹 : 임금에게 미나리를 바친다는 말로 자신의 정성을 겸사로 말하는 것이

다. 옛날 춘추시대 宋나라의 한 농부가 항상 누더기만을 입고 겨울을 지내다
가 봄이 되자 따뜻한 햇볕을 쬐면서 자기 아내에게 말하기를, "이 등 쬐는
따뜻함을 아무도 알 사람이 없을 터이니, 이것을 우리 임금님께 바치면 큰
상을 받게 될 것이다." 하자, 그 마을의 부자가 말하기를, "옛날에 미나리를
좋아한 사람이 있어 그 마을의 부자에게 미나리가 맛이 좋다고 말하자, 그
부자가 미나리를 먹고 맛이 독하여 배가 아팠다." 했다는 고사에서 온 말이
다. 『列子 楊朱』

95. 직장(直長) 강성표(姜聖表)-세동(世東)-가 보내온 시에 차운하다
次姜直長聖表-世東-見贈韻

노쇠하기론 그대도 나와 같으니
풍진 속에 바쁜 부서에서 고생했구려
경세제민의 계책이 어찌 없으랴만
속된 사람들 알지 못하게 했으리
궁달은 모두 운명에 달린 것이고
행장은 모쪼록 때에 맞춰야지
은근히 그대 좋아하는 마음을
모두 이 오언시에다 실었다오

衰老君如我　風塵困劇司　豈無經濟策　不許俗人知
窮達皆由命　行藏貴適時　慇懃相好意　都付五言詩

96. 소강절(邵康節)의 「경세음(經世吟)」을 본떠서 짓다

效邵康節經世吟[278] 을미년(1775, 64세)

「경세음(經世吟)」에 "복희씨·헌원씨와 요 임금·순 임금, 탕왕·무왕과 제환공·진문공, 황왕(皇王)·제패(帝覇), 부자(父子)·군신(君臣), 네 가지 도리가 진(秦)나라 시대에 끝났어라. 그 후 양한(兩漢)에 이르고 다시 삼국시대를 거쳤고, 서진(西秦)·동진(東晉) 시대에 와서 오랑캐가 천하를 어지럽혔고, 남조(南朝)·북조(北朝) 시대에 천하가 크게 혼란하였네. 오호(五胡) 시대에는 10성(十姓)이 번갈아 왕위를 차지하여 하늘의 기강이 거의 흐트러졌지. 당(唐)나라가 아니었으면 중국을 구제하지 못했고 송(宋)나라가 아니었으면 중국을 보존하지 못했으리. 천세만세에 중국에는 인물이 있어 왔어라.〔義軒[279] 堯舜 湯武 桓文 皇王 帝覇[280] 父子君臣 四者之道 理限于秦 降及兩漢 又歷三分 東西倣攘 南北紛紜 五胡十姓 天紀幾

---

278 邵康節「經世吟」: 康節은 宋나라의 학자 邵雍의 시호이다. 「經世吟」은 『擊壤集』 17권에 실려 있다.

279 義軒: 고대 전설상의 제왕인 伏羲氏와 黃帝 軒轅氏의 병칭이다.

280 皇王·帝覇: 皇은 三皇의 한 사람인 伏羲氏를 가리키고, 王은 五帝 중에서 王道를 구현한 堯임금과 舜임금을 가리키며, 帝는 폭군을 몰아내고 易姓革命한 殷나라 湯王과 周나라 武王을 가리키고, 覇는 춘추시대 때 覇道를 행하여 오랑캐를 물리치고 周나라 왕실을 지킨 齊나라 桓公과 晉나라 文公을 가리킨다.

梦²⁸¹ 非唐不濟 非宋不存 千世萬世 中原有人]"하였다.

하늘이 우리 동방을 내니

각 나라가 구역은 사뭇 달랐지만

하늘로부터 받은 한 핏줄임은

원래부터 다를 것이 없어라

단군은 오랜 옛날이거니와

기자(箕子)도 훌륭한 치적 남겨

여덟 가지 정령(政令) 팔정을 높이 내걸었으며

삼조목을 후세에 남겼었지

삼한과 예맥 때 혼란했고

삼국에 와서는 이내 번성했지만

도리가 다시 밝아진 것은

고려 말기에 와서 일이었네

우리 성조가 불끈 일어나자

문교가 사방에 두루 미쳤으니

소중화(小中華)라는 칭호를 받게 되어

우리의 도가 땅에 떨어지지 않았네

---

281 東西……幾梦:西晉이 五胡十六國에 쫓겨 江東 지역의 建康에 천도한 것을
東晉이라 이른다. 이후 南朝와 北朝로 나뉘었다.

天生我東　區域殊異　本稟之同　原無所貳
檀君尙矣　箕聖致治　八政昭揭　三條垂示
韓濊交亂　三國旋熾　道理重明　爰自麗季
聖朝勃興　文敎四曁　小華有稱　吾道無墜

97. 연초에 내린 동궁의 영지를 보고 기쁜 생각이 들어 읊다

歲初見東宮令旨 感喜而作 병신년(1776, 65세)

하늘의 운행 돌아와 석목진이 빛나니
밝은 해가 높이 떠올라 새해 봄이어라
선포하신 새 정책에 백성들 다 고무되니
백발의 이 늙은 신하 마음 흐뭇합니다

天運昭回析木津²⁸² 日輪扶擁御王春²⁸³ 新政渙發民皆聳 白首歡心有老臣

---

282 析木津 : 析木은 별자리[星次]의 이름이고 析木津은 은하수의 나루이다. 箕
星과 斗星 두 별자리 사이에 위치하며 十二支의 寅에 속해서 東方을 상징하
며, 東宮을 가리키는 말로 쓰인다. 唐나라 楊炯의 「渾天賦」에 "동궁은 석목
의 나루요 壽星의 들판이다.〔東宮則析木之津, 壽星之野.〕" 하였다.

283 王春 : 陰曆 정월인 新春을 이른다. 『春秋公羊傳』 隱公 元年 조에 "元年春,
王正月"에 대해 "봄이란 무엇인가? 한 해의 시작이다. 왕이란 누구를 말하는
가? 문왕을 이른다.〔春者何? 歲之始也; 王者孰謂? 謂文王也.〕"한 데서 유
래하였다.

98. 8월 14일 금영(錦營)에 부임하는 길에 모로원(毛老院)에서 비에 갇혀 있으면서 절구 3수를 읊다

八月十四日赴錦營[284], 滯雨毛老院[285], 成三絶. 정유년(1777, 66세)

백성 위하는 마음이 간절하여
병든 몸으로 애써 길에 올랐네
세상사는 참으로 한탄스러워라
구구한 이내 인생이 우습구나

爲民心慮切 扶疾强登程 世事誠堪歎 區區笑此生

삼일 공산을 지나가는 길에
진창을 밟으며 쉬지 않고 가네
평소의 고상하게 살려던 뜻이
지금 와서는 죄다 사라지고 말았네

三日公山路 衝泥走不停 平生高簡志 到此盡凋零

---

284 錦營 : 조선시대 忠淸監營의 이칭이다.

285 毛老院 : 지금의 충청남도 충주 신니면 모남리에 있던 조선시대 관원들의 숙소인 院이다.

장한은 농어회 생각이 났고
도연명은 귀거래사를 읊었지
예로부터 달사라는 이들은
공명에 뜻을 두지 않았네

張翰鱸魚興[286] 淵明歸去情[287] 古來稱達士 意不在功名

---

286 張翰鱸魚興 : 後漢 때 吳郡 사람인 張翰이 洛陽에서 벼슬하는데 당시 세상이
　　혼란하였다. 가을바람이 불자 그는 고향의 별미인 순채국과 농어회가 생각
　　나서 벼슬을 그만두고 고향으로 돌아갔다. 『晉書 92권 文苑列傳 張翰』

287 淵明歸去情 : 陶淵明이 일찍이 彭澤縣令으로 있을 때, 郡의 督郵가 순시하러
　　오니, 縣吏가 도연명에게 衣冠을 갖추고 독우를 뵈어야 한다고 하였다. 도연
　　명이 탄식하며 말하기를 "나는 겨우 五斗米의 녹봉을 얻으려 허리를 굽혀서
　　鄕里의 小人을 섬길 수 없다." 하고는, 당장 「歸去來辭」를 읊고 집으로 돌아
　　갔다. 현령이 된 지 80일 만의 일이었다. 『宋書 93권 陶潛傳』

99. 『읍지(邑誌)』를 편찬하고 서면에 쓰다
草邑乘[288]. 題書面. 무술년(1778, 67세)

목주가 나쁜 고을이라고 말하지 말라
목주의 명승은 어느 고을보다 못하지 않네
세 산이 북쪽을 막으니 국방의 요충이요
네 물이 남으로 흘러 관개가 편리하지

休說木州[289]是互鄉[290] 木州名勝最難當 三山北擁關防壯 四水南流灌漑長

도학으론 황공이 순정하다 추앙받고
문장으론 백로가 전인의 빛을 계승했지만
그 누가 읍지를 만들 줄 알았던가

---

288 邑乘 : 邑誌와 같은 말인데, 순암이 正祖 3년(1779)에 木川縣監으로 있으면
서 처음 편찬한『大麓誌』를 가리킨다. 그 후 1817년 현감 趙國仁이 주도하여
증보하고 속찬하였다. 2권 1책의 목활자본인데 책 앞부분에 앞에는 조국인
과 안정복의 서문, 그리고 목천현의 지도인「木川縣山川疆域之總圖」가 수록
되어 있다.

289 木川 : 지금의 충남 천안시에 있던 고을로 고려 때는 木州라 하다가 조선
태종 13년(1413) 때 木川으로 이름을 고치고 현감을 두었다. 순암이 木川縣
監으로 있으며『東史綱目』과 목천의 읍지인『大麓志』를 편찬하였다.

290 互鄉 : 춘추시대에 풍속이 나쁜 고을 이름이다.『論語』「述而」에, "호향 사람
과는 더불어 말하기 어렵다.〔互鄉難與言〕"하였다.

용회당 안에서 쓰던 붓을 정리하노라

道學黃公推正脉 文章柏老繼前光 誰人解撰輿圖誌 用晦堂[291]中理筆床

100. 장난삼아 농와(聾窩) 박자중(朴子中)-사정(思正)-에게 주다

戱贈聾窩朴子中-思正- 기해년(1779, 68세)

귀머거린 못 듣고 벙어리는 말 못하니
벙어리 귀머거리 만나면 인사가 전혀 없네
시비가 무슨 상관이랴 귀만 달려 있고
훼방해도 말하지 못하고 혀만 움직일 뿐

聾者無聞啞不言 啞聾相對絶寒暄 是非何關耳徒在 謗毀難分舌自捫

청산에 나란히 걸으니 발자욱 소리만 나고
백발을 함께 비벼 꼬면서 술이나 마신다네
그렇지만 반가운 눈빛에 마음이 통하니
서산에 해 질 때까지 함께 앉아 있다네-내가 병이 들어 목소리를 내기
몹시 어려워 말이 어눌해 벙어리와 다름 없었기 때문에 이렇게 말하였다.-

作伴靑山惟響屧 共撚白髮且開樽 一雙靑眼能通意 坐到西峯日欲昏-余
病最難作聲, 言訥無異啞者故云.-

101. 4월 20일에 향리의 젊은이들이 향사례(鄕射禮)를 거행하자고
하기에 그 절목을 만들었다. 권유성(權幼星)이 모임에 참석하
여 시 한 수를 읊고 화답해 달라고 하기에 차운하였다
四月二十日, 鄕里少輩請行鄕射禮: 爲草節目. 權幼星來會, 賦一
律求和, 次之. 경자년(1780, 69세)

사월이라 날씨는 화창하고 해는 뉘엿한데
많은 선비들이 줄을 이어서 모여드누나
요즈음 습속이 너무 경박한 것을 염려하여
고을 풍속을 바로잡으려 향사례 거행하네
응당 실공에 힘써 스스로 분발해야지
헛된 명성만 추구하다간 뒤늦게 후회하리
제군들 성대한 모임에 잠자코 있을 수 없어
가르침을 대신하여 마지못해 시에 화답하노라

四月淸和淑景遲 靑衿濟濟步相隨 爲嫌習俗多儋薄 欲正鄕風擧射儀
當懋實功須自勵 徒騰虛譽悔何追 諸君盛會難容嘿 聊代乞言²⁹²强和詩

----

292 乞言 : 『禮記』 「內則」에 "무릇 養老 제도는, 五帝는 노인을 본받았고, 三王은
乞言을 두었다.〔凡養老, 五帝憲, 三王有乞言.〕"한 데서 온 말로 본래는 임금
이 노인을 모시고 가르침이 될 좋은 말을 해달라고 청하는 것이다. 이때
순암의 나이 69세였으므로 이렇게 말한 것이다.

102. 11월 23일 새벽, 막 잠에서 깨어 권맹용(權孟容)-암(巖)-을 애
　　도하는 마음에 누운 채로 짧은 율시를 읊었다
　　十一月二十三日曉, 睡新覺, 悼權孟容-巖-[293], 枕上成短律.

그대가 세상을 떠난 뒤로
우리 친구들 중 누가 또 있는가
악을 미워하는 강한 마음 있었고
시국을 걱정하여 눈물도 자주 흘렸지
문장은 후배들에게 남겨 주었으나
언론은 이미 덧없이 사라졌어라
달빛만 들보에 가득하단 싯귀를
길게 읊조리며 홀로 슬퍼하노라

自從之子去 吾黨復誰人 嫉惡剛腸在 憂時感淚頻
文章垂後輩 言議已前塵[294] 落月空樑句[295] 長吟獨愴神

----

293 權孟容-巖- : 權巖은 순암의 친구로 호는 尸菴이며, 權哲身과 權日身의 아버
　　지이다.
294 前塵 : 주 236) '前塵' 참조.
295 落月空樑句 : 唐나라 杜甫가 李白을 그리워하며 지은 시에 "지는 달빛이 들보
　　에 가득 비치니, 외려 그대 얼굴을 보는 듯하여라.〔落月滿屋梁 猶疑見顔色〕"
　　한 구절을 가리킨다. 『古文眞寶前集 3권 夢李白』

103. 3월에 어린 종을 시켜서 해송과 옻나무 각각 1백여 그루를 심고, 이어 10운(韻)의 고시를 읊어 아들과 손주들에게 보였다

三月, 課僮奴種海松及漆木各百餘株, 因吟十韻古詩, 示兒孫. 신축 년(1781, 70세)

옛날 내 나이 서른 이전에
나무 심기를 몹시 좋아하여
봄이 와서 언 땅이 녹으면
삽을 들고 산기슭을 누볐지
밭두둑에는 뽕나무를 심고
구릉에는 송백을 심었으니-우리나라 사람들은 해송(海松)을 잣나무라고
하는데, 이것이 바로 오엽송(五葉松)이다.-
뽕나무는 사람에게 도움이 되고
송백은 곧은 성질이 좋아서였지
그렇게 한 지 십 년도 못 되어
뽕나무 덕분에 집에 비단이 풍족했고
그리고 또 삼십여 년이 지나자
잣나무가 아름드리 굵게 자랐어라
여름이면 그늘 시원해 참 좋고
가을이면 잣열매도 먹을 수 있었지
학문을 하는 것도 이와 같으니
짧은 광음도 참으로 아껴야 한다
고금에 이름을 남긴 이들은

모두 근면하고 독실했기 때문이지
이제 내 나이 이미 일흔이라
세상사 두루 다 겪어 보았단다

昔我未三十 性癖好栽植 春開土脉解 持鍤遍山麓
田隴栽桑柘 邱陵植松栢-東人以海松樹爲栢, 卽五葉松也.-
桑柘資人用 松栢愛其直 曾未過十祀 桑菀家饒帛
又到卅載餘 栢長十圍足 夏陰良可愛 秋實亦可食
爲學亦如此 分陰誠可惜 古今成名者 其功在勤篤
今我已七十 百事曾經歷

104. 4월에 남화(南華)에 사는 족제(族弟) 명보(命甫)-정명(鼎銘)-
가 와서 고을 사람들이 복귀정(伏龜亭) 객점 곁에 거사비를
세웠다고 말하기에 듣고 장난삼아 읊어 보았다
四月. 南華族弟命甫-鼎銘-來言"邑人立去思碑于伏龜亭店邊", 聞而
戲吟. 남화는 목천읍(木川邑) 서쪽의 마을 이름이다.[木川邑西村名.]

삼 년 동안 목주 밥을 배불리 먹지 않은 것은
무능한 몸으로 녹봉만 축내는 게 부끄러워서였지
우스워라 복귀정에 세워진 한 조각 돌에
내 이름 남겨 후세 사람에게 보이다니-내가 원래 소식(少食)하는 편인데
관직에 있을 때 찾아온 사람들이 보고는 너무 적게 먹는다고 말하는 이들이
많았다. 나는 그때마다 우스개 소리로 대답하기를, "잘 다스리지도 못하면서
음식만 먹는 것이 마음이 편하겠는가. 그래서 적게 먹는다네." 하였다. 그래서
첫째 구(句)에 그 말을 쓴 것이다.-

三年不飽木州飯[296] 自分無才愧素餐 可笑龜亭一片石 陋名留與後人看
-余性本少食, 在官時來客多言食少; 余輒戲答曰: "不治而徒哺啜, 於心安乎?
是以少食."云, 故首句用其語.-

---

296 三年不飽木州飯 : 宋나라 黃庭堅의 「跋東坡和陶詩」에서 "혜주 밥을 배불리
먹고 도연명의 시에 찬찬히 화운하였네[飽喫惠州飯 細和淵明詩]"한 구절을
응용하였다.

105. 파산체(坡山體)를 흉내 내어 감회를 읊어 잠옹(潛翁) 남장(南丈)-하행(夏行)-에게 주다

效坡山體[297]詠懷, 贈潛翁南丈-夏行-.

한산 남쪽에

휑하게 넓은 골짜기 하나

봄에 밭 갈고 가을에 수확하니

분수에 편안해 욕될 일 없어라

옛 선왕의 시대를 노래하고

옛날의 어진 이들을 벗하노니

한가롭게 노닐면서

나 홀로 즐겁게 산다네

漢山之南 呀然一谷 春耕秋穫 安分無辱 歌詠先王 尙友千古[298] 優哉遊

---

297 坡山體 : 조선전기 聽松 成守琛(1493~1564)의 「坡山」을 가리킨다. 그 시에 "파산의 아래는 은거해 쉴 만하네. 시냇물 맑으니 나의 갓끈을 씻고, 물 마시고 밥 먹음에 기쁠 일도 근심할 일도 없어라. 그윽하여라, 이 산이여. 누가 나와 종요하리오.〔坡山之下 可以休沐 古澗淸泠 我纓斯濯 飮之食之 無喜無憂 奧乎玆山 孰從我遊〕"하였다. 이 시에 申潛, 尙震, 林億齡, 李滉, 成運, 金麟厚 등 당대의 명사들이 차운하였고, 그 작품들이 이 시 아래에 함께 수록되어 있다. 『聽松集 1권』

298 尙友千古 : 책을 읽으면서 옛날의 어진 이를 만나는 것이다. "천하의 선비들과 사귀는 것으로도 만족하지 못하여 다시 위로 올라가 고인(古人)을 논하는

哉 樂此踽踽[299]

것이니, 이는 위로 고인을 사귀는 것이다.〔以友天下之善士爲未足, 又尙論古
之人; 頌其詩讀其書, 不知其人, 可乎? 是以, 論其世也; 是尙友也.〕"한 데서
온 말이다. 『孟子 萬章下』

299 踽踽 :『詩經』「唐風 杕杜」에서 "홀로 외로이 간다.〔獨行踽踽〕"한 데서 온
말이다. 『詩經集傳』에서 "踽踽는 친한 사람이 없는 것이다." 하였다.

106. 생각나는 대로 읊음
漫吟

옛날의 도를 좋아하는 뜻은 없지 않고
오늘날을 따르자니 재주가 부족해 부끄럽네
선현들 세상을 떠난 지 이미 오래이니
후학을 누가 있어 깨우쳐 인도하리오

묵은 습관을 혹 제거하고 나면
새로운 지식 날마다 점차 생기지
잊지도 말고 조장하지도 말지니
이 학문 참으로 어려운 일이라네

好古非無志 循今愧乏才 先賢沒已遠 後學誰復開
舊習倘銷去 新知日漸來 勿忘而勿助³⁰⁰ 此事儘難哉

---

300 勿忘而勿助 : 孟子가 浩然之氣를 기르는 방법에 대해 말하면서 "반드시 하는
일이 있어야 하되, 결과를 미리 기약하지 말아서, 마음에 잊지도 말고 빨리
자라도록 돕지도 말라.〔必有事焉而勿正, 心勿忘勿助長也.〕"한 데서 온 말로
학문하는 뜻을 항상 마음속에 간직하여 잊지도 말며 빨리 이룩하려고 서둘지
도 말라는 뜻이다. 『孟子 公孫丑上』

107. 김우윤(金右尹)-조윤(朝潤)-에 대한 만사

挽金右尹-朝潤- 임인년(1782, 71세)

소과 대과 과거에서 일찍 두각을 드러냈고
옥수처럼 맑은 자태에 명망이 또한 높았어라
혼탁한 세상에 유유자적하며 명리를 다투지 않았고
벼슬길에도 침체했으니 번잡한 풍진 피했던 게지
팔십 장수 누리신 것은 덕을 쌓았기 때문이요
이품의 반열에 추증된 건 성상의 은혜로세
지하에서 서로 만날 날이 멀지 않으리니
부질없는 모든 일들은 일일이 말하지 않는다오

雙蓮[301]重桂[302]早騰騫 玉樹[303]淸標譽望尊 濁世優遊羞競進 宦塗沉屈
避塵喧
八旬壽考由天爵[304] 二品官班亦聖恩 泉下相逢應不遠 悠悠萬事付無言

---

301 雙蓮 : 조선시대에 生員試와 進士試, 會試에 합격한 사람의 이름을 게시한
방을 蓮榜이라 한다. 여기서는 진사시와 회시를 가리킨다.

302 重桂 : 조선시대에 文科에 급제한 사람의 이름을 게시한 방을 桂榜이라 한다.

303 玉樹 : 晉나라 庾亮이 죽었을 때 何充이 탄식하며 말하기를, "옥수를 땅속에
묻으니, 사람의 슬픈 정을 어찌 억제할 수 있으리오.〔埋玉樹箸土中 使人情何
能已已〕"한 데서 온 말이다. 『晉書 73권 庾亮傳』

304 天爵 : 천연적인 작위란 뜻으로, 孟子가 이르기를 "천작이 있고 인작이 있으

니, 인의를 행하고 충신하며 선을 좋아하여 게을리 하지 않음은 천작이고,
공경대부와 같은 爵位는 인작이다.〔有天爵者, 有人爵者. 仁義忠信, 樂善不
倦, 此天爵也; 公卿大夫, 此人爵也.〕"하였다. 『孟子 告子上』

108. 감회가 있어서
有感

흙을 뭉쳐 떡 만들어 놀이하는 아이들
서로 빼앗으려 다투느라 머리채를 잡네
벼슬길에서 다툼도 이와 무에 다르랴
제 목숨을 버리면서 스스로 알지 못하네
주역의 이치는 박괘(剝卦)의 효를 봐야 하고
마음을 다스릴 때는 뱃속의 도적을 없애야지
이 몸 가고 나면 남는 것이 없으니
인간세상 부질없는 일들 허깨비요 물거품일세

團土作糕戲小兒　爭來爭去髮相持　宦塗傾奪曾何異　捨命捐身不自知
玩易須從剝上爻 [305]　治心宜祛腹中蟊　此身度後無餘事　人世悠悠等幻泡

---

305 剝上爻：『주역』의 剝卦는 陰이 아래로부터 자라서 陽을 없애어서 맨 위에
陽爻 하나만 남아 있는 형상이다. 이는 소인이 세력을 얻어서 군자를 해치는
형상이 된다. 여기서는 벼슬을 탐내면 소인들로부터 해침을 당하게 된다는
뜻으로 말하였다.

109. 매미에게 묻고 매미가 대답하다

問蟬蟬答 四絶 절구 4수

묻노니 너는 무엇 때문에 우느냐
날마다 뜰 나무에 오니 다정한 듯하구나
대답하길 나도 역시 무심한 자인데
고상한 분을 벗하여 평생을 보내려 하오

問爾緣何喋喋鳴 日來庭樹似多情 答云余亦無心者 欲伴高人送此生

내가 무슨 고상한 사람이냐 네 말이 터무니없다
재주도 없고 덕도 없이 이 산골에 묻혀 사는 것을
사마귀가 네 울음소리 듣고 와 너를 노리는데
어이하여 소리 죽이고 나뭇잎 속에 숨지 않느냐

余豈高人爾語妄 無才無德臥邱樊 螳螂窺爾尋聲至 何不藏音翳葉存

미망을 깨우치는 지극한 가르침 삼가 들었으니
소리 죽이고 나뭇잎에 숨어 내 몸을 보전합니다
듣자하니 세상에는 무서운 함정 숨었다 하니
위험을 피해야 하는 건 사람도 마찬가지지요

至訣恭承可發蒙 藏音翳葉保吾躬 亦聞世上危機伏 趨避元來物我同

네 비록 미물이지만 성품이 고상하니

천기에 따라 움직이는 이치 절로 분명하네

진중한 네 말을 내 잊지 않으리니

서로 훈계함에 우리의 교분이 깊구나

爾雖微物本高淸　動以天機理自明　珍重爾言當不忘　胥敎胥訓託深盟

110. 감회(感懷)

한산의 남쪽 기슭에 초가지붕 정자나
백발이 되어 어느덧 내 나이 일흔일세
생각하지 않으려도 안 되는 게 국가의 일
손에서 놓으려도 안 되는 건 성현의 경전
대궐에서 가서 진언하려는 뜻 못 이루고
벽 너머 소리 듣는 듯 대도는 끝내 아득해라
우스워라 볼품없는 빠진 늙은이가 되어
때늦게 밥 먹고 밤늦게 잠자서 몸이나 보전하니

漢山南麓一茅亭 霜髮居然七十齡 欲罷不能家國事 將休難捨聖賢經
良謨未遂排雲計³⁰⁶ 大道終如隔壁聽 自笑龍鍾成澒落 晚飱宵寢鍊吾形

---

306 排雲計 : 대궐에 가서 임금에게 進言하는 것을 말한다. 唐나라 韓愈의 「齪齪」
에 "구름을 헤치고 대궐문에서 부르짖고 뱃속을 열어서 옥돌 같은 문장 드러
내리.〔排雲叫閶闔 披腹呈琅玕〕"한 데서 온 말이다.

111. 적적하게 지내는 중에 용경(龍卿)-인백(麟伯)-이 찾아왔기에 반 가워서 율시 한 수를 읊었다

龍卿-麟伯-來訪于寂之中 喜成一律

세 사람이 둘러앉아 속마음을 토로하니
차가운 창 쓸쓸하고 때는 한 해가 저무는 때
산에는 어젯밤에 떴던 달이 다시 뜨고
지난 해 가지에서 매화는 또 피었네
끝없이 정담 나누는데 등잔불 무리지고
어지러운 세상사는 한바탕 바둑판일세
병 많은 이 늙은이 세상 욕심이 없어
이 작은 초가집에서 내 마음대로 사노라

三人鼎坐露心期 寥落寒窓歲暮時 山月又生前夜魄 梅花猶發去年枝
清談滾滾燈成暈 世事紛紛局變棊 多病橡翁[307]無外慕 蓽門圭竇[308]任棲遲

---

307 橡翁 : 도토리를 주워서 양식을 삼는 늙은이란 말로 隱者를 뜻한다. 여기서 는 순암 자신을 가리킨다. 後漢 때 李恂이 新安에 있는데 흉년에 남들이 주는 양식을 일절 받지 않고 函谷關 아래에 가서 살면서 도토리를 주워 양식 을 삼고 살다가 나이 96세에 세상을 떠난 데서 온 말이다. 『後漢書 81권 李恂傳』

308 蓽門圭竇 : 필문은 대나무를 엮어서 만든 사립문을 말하고, 규두는 담장을 뚫어 만든 창문이라는 뜻으로, 가난한 사람이 사는 집을 말한다. 『春秋左傳』 「襄公」 10년 條의 "蓽門圭竇之人"에서 온 말이다.

112. 설능(薛能)의 시를 읽고 느끼는 바가 있어서

讀薛能詩[309]有感 幷序

설능의 시에 "제갈량이 그 당시에 무슨 일을 해냈던가. 종신토록 와
룡이나 되었어야 했던 것을〔當時諸葛成何事 只合終身作臥龍[310]〕"하
였으니, 제갈량이 성공하지 못하고 죽었다고 비판한 것이다. 왕안
석(王安石)이 만년에 늘 이 시구를 외웠으니, 그 이유는 왕안석이
신법(新法)을 시행하면서 군자는 배척하고 소인들만 끌어 기용했다
가 마침내 소인의 모함을 받고 조정에서 물러나 금릉(金陵)에 쉬고
있었기 때문에 이 시를 끌어다 자기 자신에 비겨서 즐겨 외웠던 것
이다. 그러나 이 시구가 사실은 틀린 말이다. 중원(中原)을 회복하
지 못하리라는 사실을 제갈량 자신도 분명히 알고 있었을 것이다.
그러나 국가의 역적을 토벌하지 않을 수는 없었으니, 한 가닥 목숨
이 끊어지지 않는 한 그 마음도 그만둘 수가 없었던 것이다. 제갈량
이 "심신을 다 바쳐 공경히 일하여, 죽은 뒤에야 그만두리라."고 하

---

309 薛能詩: 설능은 唐나라 汾州 사람으로, 자가 大拙인데 벼슬이 工部尙書에
이르렀고 시를 잘 지었다. 저서로『江山集』,『許昌集』이 있다. 이 시의 제목
은 '游嘉州後溪」이다.

310 臥龍: 누워 있는 용이란 말로 삼국시대 蜀漢의 諸葛亮이 출사하기 전의 별호
이다. 徐庶가 劉備에게 친구인 제갈량을 천거하면서 "제갈공명은 와룡인데
장군께서 어찌 만나보려 하지 않으십니까?"했던 데서 온 말이다.『三國志
蜀書 5권 諸葛亮傳』

였으니, 그의 군신(君臣)에 관한 대의(大義)는 만세를 두고 신하 된 자의 모범이 될 만하다. 설능은 일개 시인이니, 이러한 대의를 어찌 알았겠는가. 이에 느낌이 있어 절구 한 수를 읊어 세상 사람들의 이러한 주장을 논박한다.〔薛能詩曰: "當時諸葛成何事 只合終身作臥龍", 譏諸葛不能成功而死也. 王安石晚來常誦此句; 盖安石行新法時, 斥排君子, 引用小人, 卒爲小人所陷, 退居金陵, 故引此詩, 以自況而喜誦之也. 然其言實非也. 諸葛之不能恢復, 亦必自知, 明矣. 然國賊不可以不討; 一縷未絶, 此心不已. 其言曰: "鞠躬盡瘁, 死而後已[311]", 君臣大義, 固可爲萬世人臣之柯則[312]也. 能也一詩人, 烏知此義哉? 感而爲一絶, 以破世人之主此議者.〕

성패로 인물 논하는 건 공정하지 못하니
모쪼록 큰 절의를 보고서 포폄을 해야지
제갈량이 무슨 일 이루었냐고 말하지 말라
떳떳한 대의를 높이 내걸어 만고에 밝혔네

成敗論人失正平 要看大節施譏評 莫言諸葛成何事 直揭彝倫萬古明

---

311 鞠躬……後已: 諸葛亮의 「後出師表」에 나오는 유명한 구절이다.

312 柯則: 『詩經』 「豳風 伐柯」에 "도끼 자루를 벰이여 도끼 자루를 벰이여, 그 법칙이 멀지 않네.〔伐柯伐柯 其則不遠〕" 한 데서 온 말로 일의 기준이나 모범을 뜻한다. 즉 도끼자루를 베는 사람이 자기가 잡고 있는 도끼 자루를 보면 도끼 자루의 길이나 굵기를 알 수 있다는 것이다.

113. 황신수(黃莘叟)-덕일(德壹)-에게 보여 증별(贈別)하다

示黃莘叟-德壹-贈別 계묘년(1783, 72세)

사랑스럽게도 자네가 적막한 이곳에 와서
많고 많은 예설들을 나와 함께 수정하였지-몇 해 전 내가 편찬한 예서(禮
書)가 초고 상태로 정리되지 않은 채 있었는데 신수(莘叟)가 보고는 아까워하
여 찾아와서 수정(修定)하자고 했기 때문에 이렇게 말한 것이다.-
알지 못하겠다 많은 풍진 속에서
이 천성을 지키는 사람이 몇이나 있는지

愛爾相從寂寞濱 三千三百講磨新-昔年, 有鄙編禮書, 在暗草斷爛; 莘也見
而惜之. 來言修定故云.- 不知多少風塵裏 保此天衷有幾人

나는 내 몸을 검속할 겨를도 부족하여
남의 옳고 그름은 등한히 보아 넘긴다네
들창 아래 차분한 마음으로 책을 펴면
모든 이치가 환하게 내 눈으로 들어오네-그때 서울 선비들의 주장이 서로
어긋나 상대편을 헐뜯으며 풍기(風氣)가 좋지 못하였기 때문에 함련(頷聯)에
서 언급하였다.-

吾檢吾身日不給 人非人是等閑看 收心展卷書窓下 萬理昭昭入靜觀-
時, 京中士論携貳, 自相排毀, 氣習不佳, 故頷聯及之.-

114. 국화 분재
盆菊

천지에 바람과 서리 매서울 때
차가운 향기 품고서 홀로 한가하구나
외로운 그 정절을 누가 닮을 수 있으랴
너를 보고 반가워 웃음을 짓노라

天地風霜暮 寒香獨自閑 孤貞誰得似 向爾一開顔

115. 갑진년(1784, 73세) 초가을, 내가 익찬(翊贊)으로 부름을 받고 도성에 가서 초동(草洞)의 한 태천(韓泰川)-선(潃)-성부(性夫)의 집에 우거하고 있었다. 그 집 뜰에 울긋불긋한 당국(唐菊)이 흐드러지게 피어 있기에 물어보았더니, 서리 내리기 전에 다 시들고 만다고 하였다. 그래서 느낌이 일어 시를 지었다

甲辰初秋, 余以翊贊赴命, 寓草洞韓泰川-潃-性夫[313]家. 階上有唐菊紅紫爛開；問之, 霜前皆萎云. 感而有作. 갑진년(1784, 73세)

국화는 서리 이겨서 만절을 보전하고
사람은 시속을 벗어나야 청명을 지키지
나는 지금 벼슬 구하고 너는 빨리 시드니
온종일 바라봄에 마음이 울적하구나

菊以傲霜全晚節　人能拔俗保清名　我今干祿爾先瘁　盡日相看意不平

116. 팔월 초하룻날, 세 차례에 걸쳐 습의(習儀)를 하고 본사(本司)의 요속(僚屬)들이 차례로 자기 관직과 성명을 대며 진알(進謁)하였다. 이 천신(賤臣)이 진알하자 상(당시 세자인 정조(正祖)를 가리킨다.)이 온화한 말씀으로 "어떠한가?" 하셨으니, 즉 근력은 어떻고 병은 어떠냐를 물으신 것이다. 그리고 또 이르시기를 "쇠하지 않았구려." 하셨다. 다른 동료들에겐 아무 말씀도 없으셨는데 유독 이 천신에게만 이러한 말씀을 하셨으니, 동료들이 모두 부러워하면서 치하하였다. 이 하찮은 소신(小臣)이 어이하여 이러한 영광을 얻었단 말인가! 이에 불쇠헌(不衰軒)이란 당호(堂號)를 걸어서 작은 정성을 나타내고, 이어 절구 한 수를 읊었다

八月一日, 三度習儀[314], 本司諸僚, 以次職姓名進謁. 賤臣之進, 上溫諭曰 : "何如?" 蓋下問筋力疾病之如何也. 又曰 : "不衰矣." 諸僚無所諭, 而獨於賤臣有此敎 ; 諸僚聳觀皆致賀. 塵芒小臣, 何以得此! 遂以不衰名軒, 以志微忱, 仍成一絶.

근력이 해가 갈수록 줄어 탄식하는데
주상께서 쇠하지 않았다고 말씀하셨네
신의 몸이 쇠하지 않은 것은 아니니
지기가 늙어도 쇠하지 않게 하시려는 게지

自歎筋力逐年衰 天語丁寧諭不衰 不是臣身能不衰 要令志氣不隨衰

---

314 習儀 : 국가에 행사가 있을 때 儀式을 미리 연습하는 것이다.

117. 감회가 있어

有感

하늘 이고 땅을 딛고 이 몸이 있으니
밤낮으로 조심하여 희노의 감정 삼가한다
고개 돌려 평소에 했던 일을 생각해 보니
일생토록 지나친 일을 많이도 하였구나

頂天立地有斯身 夙夜兢兢愼笑嚬 回首更求平日事 一生多是過中人

118. 정생(鄭生) 원심(元心)-시복(時復)-에게 보이다

示鄭生元心-時復-

마음속에 선과 악 두 갈래가 있으니
때때로 일어나는 생각을 잘 살펴야지
이렇게 오랫동안 공부를 쌓아가면
도리를 훤히 알아서 마음이 안정되리

善惡心中有兩般 時時審察辨其端 後來積累工夫到 左右逢原³¹⁵得所安

---

315 左右逢原 : 孟子가 "군자가 학문의 방도에 따라 깊이 나아가는 것은 자득하고
자 해서이니, 자득하면 거기에 처함이 편안하고, 처함이 편안하면 자뢰함이
깊고, 자뢰함이 깊으면 좌우에서 취함에 그 근원을 만나게 된다.〔君子深造之
以道, 欲其自得之也. 自得之, 則居之安; 居之安, 則資之深, 資之深, 則取之
左右逢其原.〕"한 데서 온 말로, 학문이 깊어져 일상생활 중에서 도의 근원을
알게 된다는 뜻이다. 『孟子 離婁下』

119. 천주학(天主學)이 크게 번져 우리 쪽 사람들 중에 재기(才氣)
를 자부하는 사람들도 모두 빠져들었다는 말을 듣고 절구 한
수를 읊어 원심에게 보이다
聞天學大熾, 吾儕中以才氣自許者, 皆入其中, 遂口號一絶, 示元心.

천당이니 지옥이니 황당한 말이니
바꿀 수 없는 도리가 우리 유가(儒家)에 있네
그 주장이 참으로 거짓 아닐지라도
악하면 지옥 가고 선하면 천당 가는 것을

天堂地獄說荒唐　自有吾家不易方　若使此言眞不妄　惡歸地獄善天堂

120. 한유(韓愈)와 구양수(歐陽脩)의 「박탁행(剝啄行)」을 흉내 내어 짓다

效韓歐剝啄行 을사년(1785, 74세)

똑똑 문 두드리는 소리
틀림없이 손님이 찾아왔거늘
한유는 어이하여 맞이하지 않고
구양수는 무슨 까닭에 기뻐했던가
나는 이 두 사람처럼 하지 않고
경우에 따라 달리 하리라
이 마음이 만약 한결같다면
기쁨과 성냄이 어찌 생겨나랴
성내는 건 당연히 옳지 못하지만
기뻐하는 것도 문제는 있네
기뻐하지도 성내지도 말고서
가리지 말고 두루 사랑해야지
군자가 벗을 사귐은
담담하기 물과 같나니
나의 정성과 공경 다할 뿐
남과 나를 따지지 말아야지
마음에 한 쪽에 치우치지 않으면
눈에도 반갑고 싫은 빛이 없으리니
누가 찾아오면 그대로 응접하고

왜곡된 마음을 없애야 하네

剝剝啄啄 必有客至 韓胡不應[316] 歐何以喜[317]

我無二者 隨遇而行 此心如一 喜慍奚生

慍固不可 喜亦有妨 不喜不慍 泛愛無方

君子之交 淡淡若水[318] 盡我誠敬 莫問人己

心無適莫[319] 眼無青白[320] 物至斯應 祛其偏曲

---

316 韓胡不應 : 唐나라 韓愈의 「剝啄行」에, "똑똑 똑똑, 손님이 와 문 두드리네. 내가 나가서 응대하지 않으니, 손이 돌아가며 성을 내누나.〔剝剝啄啄 有客至門 我不出應 客去而嗔〕"하였다.

317 歐何以喜 : 宋나라 歐陽脩가 한유의 「剝啄行」을 본떠서 지은 「擬剝啄行寄趙少師」에 "똑똑 똑똑 문 두드리는 소리에 사립문에 까치가 놀라 짖는구나. 친구가 천리 멀리서 찾아왔으니 신의 있는 선비는 약속을 중히 여기는구나. 선비들은 달려나와 반색을 하고 거리에선 환호하며 모두 탄복하네.〔剝剝復啄啄 柴門驚鳥雀 故人千里駕 信士百金諾 搢紳相趨動顏色 閭巷歡呼共嗟愕〕"하였다.

318 君子……若水 : 『莊子』「山木」에 "군자의 벗을 사귐은 물처럼 담박하고 소인의 벗을 사귐은 단술처럼 달콤하다.〔君子之交淡若水 小人之交甘若醴〕"하였다.

319 無適莫 : 어느 한 쪽만 긍정하고 어느 한 쪽만 부정하는 치우친 마음 자세를 말한다. 孔子가 "군자는 천하의 일에 있어서 어느 한 쪽을 옳다고 주장함도 없고 어느 한 쪽을 옳지 않다고 부정함도 없이 오로지 義를 따를 뿐이다.〔君子之於天下也 無適也 無莫也 義之與比〕"한 데서 온 말이다. 『論語 里仁』

320 眼無青白 : 반가운 표정인 青眼과 싫은 표정인 白眼을 말한다. 晉나라 竹林七賢의 한 사람인 阮籍은 禮教에 얽매인 속된 선비가 찾아오면 흰자위가 많은 눈〔白眼〕을 뜨고, 고상한 맑은 선비가 찾아오면 반가운 눈빛인 青眼을 뜨고 대했다고 하는 고사에서 온 말이다. 『晉書 49권 阮籍傳』

121. 유거(幽居)

내 사는 곳 궁벽하기 산속 암자와 같아

종일토록 서산의 푸른 산기운이나 보지

개구리 연주 지당에 울려도 참람스런 게 아니고

이끼 동전이 땅에 가득 널렸으니 가난하지 않네

야채는 팔진미와 같아 모두가 새로운 맛이요

책상 위의 만 권은 모두 오래된 서책일세

소보와 허유, 기와 용은 모두 천고 옛일

작은 초당에 한가로이 누워 낮잠을 즐기노라

幽居僻絶似僧菴 終日西山對翠嵐 蛙鼓喧池非管僭³²¹ 苔錢³²²滿地不爲貪

---

321 蛙鼓……管僭 : 南齊 때 孔稚珪가 자기 집 뜰의 잡초를 제거하지 않아 개구리들이 많이 살아서 시끄럽게 울어대기에 어떤 사람이 그 까닭을 물으니, 공치규가 웃으면서 말하기를, "나는 이 개구리의 울음소리를 양부의 음악 연주로 삼거니, 어찌 반드시 중거를 본받으려 하겠는가.〔我以此當兩部鼓吹, 何必期效仲擧.〕"한 데서 온 말이다. 兩部는 왕실의 연회 때에 연주하는 樂隊인데 앉아서 연주하는 坐部樂과 서서 연주하는 立部樂, 두 조가 있기 때문에 이렇게 말한 것이다. 여기서는 곧 개구리의 울음소리를 양부의 음악 연주에 비유한 것이다. 그래서 양부의 음악을 듣지만 분수에 넘치는 건 아니라 한 것이다. 『南齊書 48권 孔稚珪傳』

322 苔錢 : 모양이 둥근 이끼를 동전에 비긴 것이다. 南朝 梁나라 劉孝威의 「怨詩」에 "붉은 뜰에는 풀밭 길이 나 있고, 흰 벽에는 태전이 점점이 있어라.〔丹庭斜草徑 素壁點苔錢〕"한 데서 온 말이다.

八珍野菜皆新味 萬卷床書是舊函 巢許夔龍323千古事 小堂高枕午眠䤅

122. 자신을 일깨우다

自警

가난을 편안히 여기고 약도 먹지 않으며
옛 도를 좋아하고 산을 사랑하노라
뜰에 우거진 풀에서 생명의 의미를 찾고
시냇가 소나무는 곧은 마음 인정한다
나이 늙으면 방만해지기 쉬우니
뜻을 세워서 늘 자신을 일깨우고
주경(主敬)의 공부가 있으니
상제가 굽어보는 듯 날로 반성하라

安貧抛藥餌[324] 好古愛山林 庭草看生意[325] 澗松[326]許直心

年衰易放曠 志立常規箴 主敬工夫在 日監上帝臨[327]

----

324 抛藥餌 : 집이 가난하여 몸에 병이 있어도 약을 먹지 않는다는 뜻이다.

325 庭草看生意 : 주 175) '庭前看翠卉' 참조.

326 宋나라 范質이 조카에게 준 시에서 "더디게 자라는 시냇가 소나무는 울창하여 늦도록 푸른 빛 머금는다.〔遲遲澗畔松 鬱鬱含晚翠〕"한 데서 온 말이다. 『小學 嘉言』

327 上帝臨 : 『詩經』 「大雅 大明」에 "상제가 너를 굽어보시니, 네 마음을 둘로 나누지 말라.〔上帝臨女 無貳爾心〕"한 데서 온 말이다. 이 말은 원래 武王이 殷나라 폭군 紂를 정벌할 때 결전을 앞두고 군사들에게 한 말인데 성리학에서는 主敬 공부에서 마음을 전일하게 가지는, 主一無適을 뜻하는 말로 쓴다. 『心經附註』 1권 「人心道心圖」 注 참조.

123. 감회가 있어서
有感

학문의 갈래 나뉘어 저마다 따로 가는데
서양에서 온 한 학파가 또 기세를 떨치누나
바람이 불면 떨어지는 잎 어지러이 흩어지고
달 비치면 외로운 나무는 더 높이 보이는 법
그릇된 학술 고칠 수 있는 비방이 없으니
백발이 힘이 다해 큰 소리로 통곡할 뿐
차라리 다 포기하고 술잔이나 들면서
성인 되건 광인 되건 내맡겨 두는 게 낫겠네

道術派分各自逃 西來一學又橫豪 風吹亂葉紛紛去 月照孤株子子高
丹竈烟消無可奈 白鬢力盡但嚎咷 不如且進杯中物 爲聖爲狂任爾曹

124. 입을 다물자

閉口吟

사람마다 입 하나씩 있으니
단지 말하고 먹을 때만 쓰지
말이 없으면 일이 이뤄지기 어렵고
먹지 않으면 몸을 지탱하기 어렵지
이 두 가지 다 없어선 안 되지만
득실에 따라 화복이 달라지네
주역에서 밝은 가르침 남겼으니
언어를 삼가고 음식을 절제하라 했네
근래에 음식을 조절하지 못하여
더부룩한 기운이 가슴에 꽉 차고
배가 팽팽히 부르고 설사도 하며
답답한 기운이 치밀어 오르기도 해
때로 수저를 물리고 밥을 안 먹으니
아내가 보고는 측은히 여기는구나
음식을 잘 절제할 수 있다면
이렇게 심한 탈이 날 수 있으랴
평소 피가 머리로 오르는 증세가 있어
말을 하다가 번번이 쓰러지곤 하기에
손님이 와도 안부만 묻고는
재갈을 문 듯 입을 꼭 다물며

벙어리란 편액 내걸어 내 호를 삼고
평상시에는 늘 말을 더듬거린다
그렇지만 강개한 마음이 있어
말을 했다 하면 숨기는 게 없네
소소한 일이야 아랑곳하지 않지만
큰 일에는 침묵하고 말 수는 없지
선비라면 학문의 방향이 중요하니
한번 잘못하면 곧 어긋나고 말지
중화 성현들이 남긴 말씀을
늘 외면서 자신을 경계하는데
문득 듣자하니 참된 도가
서방의 나라에서 왔다고 하자
뛰어난 선비들이 앞 다투어 믿으니
이런 작태 보노라면 마음이 아파라
익숙한 길은 끝내 잊기 어려운 법
길을 바꾸는 건 참으로 사특하네
신구는 본디 서로 맞지 않는 법이니
흑백을 가리지 않을 수가 없네
붕우 사이엔 토론이 중요한 법
이 마음에 어찌 사특함이 있으랴
한 마디 말이 서로 맞지 않으면
이내 사람을 도적으로 모함한다니
전해오는 말이 혹 지나칠 수 있으니
남들이 어찌 다 정직하게 말하리오

내 어찌 변명이나 늘어놓는 사람이랴

오래 두고 보면 절로 알게 되리라

다만 한스러운 건 팔십 늙은이가

이런 낯뜨거운 일을 당했다는 사실

평소에 늘 나의 마음가짐은

솔직하여 꾸밈이 없는 터라

언행을 가식 없이 하다가

도리어 남의 비방을 받고 말았네

세상에 나를 알아 주는 이 없으니

홀로 앉아서 길게 한숨을 내쉰다

입은 하나의 작은 구멍일 뿐인데

이로써 생기는 일은 예측할 수 없네

음식 때문에 생긴 병은 어쩔 수 없지만

말 때문에 생긴 허물은 스스로 고쳐야지

저 옛날의 마도견을 보고 반성해

남들을 만나도 입을 꽉 다물어야겠다

저 농와에게 말하노니

이 아옹의 마음 서글프구나

한 사람은 귀머거리 한 사람은 벙어리라

남들의 비난을 벗어날 수 있겠구나

귀를 만지고 입을 가리키며

서로 마주 보고 껄껄 웃노라

人皆有一口 只管言與食 無言事難成 無食身難得

二者不可無　失得隨禍福　大易垂明訓　愼節以爲則³²⁸

邇來失飢飽　痞氣塡胸臆　膨脹或下注　鬱滯或上逼

有時却匙箸　家人見之惻　如能節其食　爲患豈斯棘

素有血升症　遇語輒顚蹻　客來纔寒暄　緘嘿如銜勒

扁啞以自號　平居常誾誾　然有慷慨心　必吐無掩匿

小事固不恤　大者難容嘿　爲士貴學術　一失便差忒

中華聖賢訓　誦習恒戒勅　忽聞有眞道　來自西方國

髦士競信趨　視之心內畫　熟路終難忘　改步³²⁹誠自愜

新舊固不合　未免辨白黑　朋友貴講討　此心寧有愿

一言不能會　便作陷人賊　傳說或過中　人言豈皆直

余豈分疏者　久觀當自識　但恨八十叟　遭此顔有赧

平生一片心　白直無巧餙　言行任坦率　反爲人所劾

世無知我者　獨坐長太息　口是一小竅　所係誠難測

食病固無奈　言過當自克　視彼磨兜堅³³⁰　逢人兗可塞³³¹

---

328 大易……爲則 : 『周易』「頤卦」象傳에 "산 아래 우레가 있는 것이 頤이니,
군자가 이를 보고서 언어를 삼가고 음식을 절제한다.〔山下有雷頤, 君子以,
愼言語, 節飮食.〕"하였다.

329 改步 : 걸음걸이를 바꾼다는 말로, 여기서는 평소에 해오던 학문을 바꾸다는
뜻이다. 燕나라 壽陵에 사는 소년이 趙나라의 수도인 邯鄲에 가서 평소의
자기 걸음을 바꾸고 3년 동안 맵시 있는 걸음걸이를 배웠으나 제대로 배우지
도 못하고, 본래의 걸음걸이마저도 잊어버려 결국에는 엉금엉금 기어서 돌
아갔다고 하는 고사에서 온 말이다. 『莊子 秋水』

330 磨兜堅 : 말을 하지 않는 사람이다. 『輟耕錄』에 "襄州 穀城縣 성문 밖 길가에
石人이 있는데, 그 배를 깎고 글자를 새기기를 '마도견이여, 삼가하여 말을

寄語聾窩子[332] 啞翁心可憐 一聾而一啞 庶可免人嗔

捫耳且指口 相對笑啞啞

하지 말라〔磨兜堅, 愼勿言.〕'했다."하였다.

331 兌可塞 : 『老子』 52장에 "입을 꽉 다물고 욕심의 문을 닫으면 종신토록 수고
     롭지 않다.〔塞其兌 閉其門 終身不勤〕"한 데서 온 말이다.

332 聾窩子 : 朴思正이란 사람의 호가 聾窩이다. 1권 「戲贈聾窩朴子中-思正-」
     참조.

125. 시국을 탄식하다

歎時 二絶 절구 2수

봄이 온 숲에 온갖 화초가 무성하여
울긋불긋 꽃 피우고 저마다 곱다 자랑하지만
오직 바위 아래에 있는 늙은 소나무만이
추운 겨울에도 푸른 빛으로 세한의 자태 지키지

春林百卉正芬菲 吐紫含紅各衒奇 惟有老松巖下在 靑靑能保歲寒姿[333]

서양에서 온 학술이 퍽 신령하다고
많은 학자들이 참된 도라고 말하누나
고루한 나는 아직도 그 가르침 못 받았으니
하늘에서 심판받을 때 후회해도 소용없지 않을까

西來一術頗靈神 濟濟群賢說道眞 固陋未蒙提撕力 天臺審判悔無因-
천주학을 하는 사람들이 말하기를 "사람의 영혼은 죽지 않고 천주(天主)의
대(臺) 아래에 가서 생전의 한 일을 심판받아서 선한 자는 천당에 올라가서
영원토록 쾌락을 누리고 악한 자는 지옥으로 떨어져 영원토록 혹독한 형벌을
받게 된다."라고 한다. 제군들이 이 말로 나를 유혹하였으나 내가 끝내 깨닫지

---

333 歲寒姿 : 주 259) '歲寒心' 참조.

못하고 있으니, 죽은 뒤에는 후회하는 일이 있지나 않을까. 그래서 마지막
구절에서 이렇게 말한 것이다.〔其言以爲人之靈魂不死, 詣天主臺下, 審判功
罪, 善者陞天堂, 享萬世快樂, 惡者墮地獄, 受萬世毒刑. 諸君以此誘導, 而終未
覺悟; 死後其不有悔乎? 是以, 末句云〕-

126. 세 가지 끊은 것

三絶吟

말은 많이 기휘를 저촉하니 말을 끊어야 하고
편지는 혹 남의 비위를 거스르니 끊어야 하지
게다가 몸이 병들어 남들과 왕래를 끊었으니
문 밖에 찾아오는 사람 발걸음마저 끊겼네

言多觸諱言當絶 書或忤人書亦絶 且抱沉痾斷往還 交遊門外跫音絶

127. 감회가 있어
有懷

부모의 자애로움 깊고도 깊어서
시시각각 자식 걱정 마음에 잊지 못하지
그 마음을 본받아서 늘 자기를 반성하면
세상에 어느 누군들 증삼이 못 되리오

父母慈情深復深 時時刻刻不忘心 若能體此恒反顧 世上何人不曾參[334]

---

334 曾參 : 孔子의 제자로 자는 子輿인데 효성이 지극하기로 이름났다.

128. 정사중(丁思仲)-지영(志永)-이 와서 준 시에 차운하다

次丁思仲-志永-來贈韻 병오년(1786, 75세)

친구가 뜻밖에도 나를 찾아와
성큼 일어나 문 밖에 나갔더니
술 한 병을 가져와서 주기에
석 잔 마시고 그만 취해 누웠네

故人忽來枉 投袂出門左 饋我一壺酒 三杯卽醉臥

반가운 눈빛으로 마주 앉으니
배가 고픈 줄도 전혀 모르겠고
올바른 말에 깨우침이 많아
가슴속 더러운 마음 씻어 주누나

靑眸兩相對 頓忘腹空餓 法語多警切 洗我胸中涴

똑똑한 자들은 도의 근원에 어두워
하늘과 땅이 큰 줄을 모르거늘
그대는 능히 옛 전적을 탐독하여
그들을 이끌고 나란히 앉지 않네

小智眛道原 不識乾坤大 君能耽墳籍 提携不離坐[335]

이단의 학문이 사람들을 그르쳐

단단히 뭉친 무리 깨뜨릴 수 없구나

남이야 진실로 어쩔 수 없거니와

우선 내 허물부터 내가 고쳐야 하지

異學方誤人 群聚牢不破 在他固無奈 且當求吾過

군자는 평소 뜻을 지켜서

용감히 나아가 꺾이지 않아야지

한 권 서산의 가르침을 가지고

읽으면서 나의 혼침과 나태 깨우친다

君子秉素志 勇往終不挫 一部西山訣[336] 對討警昏惰

---

335 離坐 : 『禮記』「曲禮上」에서 "두 사람이 나란히 앉거나 나란히 서 있을 경우
그 사이에 끼어들어서는 안 된다.〔離坐離立, 毋往參焉.〕"한 데서 온 말이다.

336 一部西山訣 : 宋나라 때 학자 西山 眞德秀가 지은 『心經』을 가리킨다. 이
책에는 敬을 통한 마음공부를 하는 데 도움이 되는 聖賢들의 말을 채록해
놓았다.

129. 우거하는 집에서 감회가 있어

寓舍有感 무신년(1788, 77세)

농부가 쉬지 않고 쟁기질 하느라 힘써

새벽에 일어나고 밤에 돌아와 잠시도 쉬지 않네

나는 이미 기력이 쇠해 어쩔 수가 없으니

마음 공부나 날마다 부지런히 해야겠네

農夫汲汲力耕犁　晨起夜歸不暫遲　我已氣衰無可奈　欲於心上日孳孳

130. 활쏘기를 구경하고 제군들에게 보여주어 화답을 청하다

觀的, 示諸君求和. 기유년(1789, 78세)

녹음이 우거진 속에 해가 뉘엿뉘엿
사람들이 와서 활쏘기 의식을 거행하네
유가엔 본래 마음 보존하는 가르침 있으니
공경을 지켜 사특함을 막는 게 내 스승일세

綠樹陰中麗景遲 群賢來效矍相[337]儀 儒家本有存心訣 主敬閑邪卽我師

---

337 矍相 : 중국 山東省 曲阜縣 闕里 서쪽에 있는 지명으로 矍相圃라고도 한다.
孔子가 이곳에서 활쏘기인 大射禮를 거행했다고 한다. 『禮記 射義』

131. 사중(思仲)에게 주다
贈思仲

늘그막 생애가 담담하기 중과 같아
사립문 늘 닫혔고 찾아오던 벗도 없구나
한 달 한 번씩 찾아오는 자네가 고맙고
아무것도 잘하는 게 없는 내가 부끄럽네

晚歲生涯淡若僧 柴門長掩斷來朋 多君一月一相訪 愧我百爲百不能

경의 공부는 제대로 실천하지 못하고
성명의 일도 아득하여 진척이 없어라
눈앞에 사물의 이치가 도 아님이 없으니
언제 어디서고 조심해 마음을 지켜야지

敬義³³⁸工夫行未到 誠明³³⁹事業杳難弘 眼前物理無非道 着處存心在戰兢

---

338 敬義 : 『周易』 「坤卦 文言」에 "敬으로써 안을 곧게 하고 의로써 밖을 반듯하
게 한다.〔敬以直內 義以方外〕"한 데서 온 말로, 성리학에서 공부의 요결로
삼는다.

339 誠明 : 『中庸章句』 21장에 "성으로 말미암아 밝아지는 것을 성이라 하고 명
으로 말미암아 성해지는 것을 교라 이르니, 성하면 밝아지고 밝아지면 성해
진다.〔自誠明, 謂之性; 自明誠, 謂之敎. 誠則明矣, 明則誠矣.〕"라 한 데서

온 말이다. 마음에 거짓이 없고 지극히 진실한 상태를 誠이라 하고, 사리를
분명히 아는 것을 明이라 한다.

132. 사물을 관찰하며
觀物

일없이 한가해 고요히 앉아서
눈을 들어 사물의 모습을 보노니
새 소리는 절로 즐겁게 들리는데
사람 말은 자질구레 시끄럽구나
새들은 자연의 섭리에 따라 움직이고
사람들은 사욕이 마음을 가렸기 때문이지
여기에서 신중히 취사선택하여
털끝만큼도 사욕을 용납하지 말아야지

無事此靜坐　舉目觀物態　鳥聲自和悅　人語多細碎
彼由天機動　此以人慾晦　於斯愼所取　毫釐莫相貸

133. 감회(感懷)

2수

공부는 허황하여 제대로 이루지 못했고
팔십 년 광음이 병중에 바삐 흘러갔구나
촌음을 아끼려는 평소 마음은 아직도 있어
창 앞에 해 그림자 보며 앉아서 생각하노라

工夫散誕不成章 八十光陰病裏忙 惜寸素心猶未已 窓前日影坐商量

백발에도 공부한다는 말은 있지만
노년에 와선 병약하여 힘쓰기가 어렵네
차라리 신변의 일들을 다 버려두고
수시로 마음 일깨워 공부 잊지나 말아야지

白首窮經雖有語 老來衰病力難強 不如捨置身邊事 隨處提惺戒勿忘[340]

---

340 勿忘 : 주 301) '勿忘而勿助' 참조.

134. 섣달 그믐날 병석에서 입으로 불러 읊다
除日病中口呼.

병석에 누웠노라니 심사가 더없이 괴로운데
더군다나 한 해가 가고 섣달그믐이 왔음에랴
돌이켜 생각하면 평생에 후회되는 일도 많아
이불 끼고 앉아서 『소학』을 외워 보노라

病中心緖苦無餘 況値窮陰逼歲除 追念平生多咎悔 擁衾嘿誦六篇書[341]

선이 밖에 있다면야 구하기 어렵겠지만
본래 나 자신에 갖춰져 있고 남에게 있지 않네
사물의 근원에는 모두 이치가 있으니
정신을 차려서 「성기도」를 보노라

善如在外求難得 本備吾身不待人 事物原頭皆有理 誠幾圖[342]上着精神

----

341 六篇書 : 『小學』을 가리킨다. 『소학』이 「立教」, 「明倫」, 「敬身」, 「稽古」,
「嘉言」, 「善行」 여섯 편으로 구성되어 있기 때문에 이렇게 부른 것이다.

342 「誠幾圖」 : 『심경』 2권에 실려 있는 圖로, 주자의 제자인 趙師夏가 그린 것이
다. 그의 字는 致道이고 호는 遠菴이다. 誠幾는 宋나라 周敦頤가 지은 『通書』
3권에 "생각이 일어나지 않은 誠의 상태에는 작위가 없고 생각이 막 일어나는
幾의 상태에서 선과 악이 나뉜다.〔誠無爲 幾善惡〕" 한 데서 온 말이다.

135. 손자 녀석이 만오당(晚悟堂)-용경(龍卿)-의 회갑에 지은 시에 차운하다

次迷孫慶晚悟堂龍卿回甲韻 경술년(1790, 79세)

만사를 본래 하늘의 뜻대로 하면

언제나 어디서나 이 마음이 편안하지

나의 동지인 몇 사람 중에서

외진 산골에서 육십 년 보낸 자네가 안쓰럽네

거친 밥 먹고 고기 맛 좋음을 잊었으니

남루한 솜옷 입은들 비단옷 부러워했으랴

가문을 이을 좋은 아들을 두었으니

해마다 이날에는 수연을 차릴 테지

萬事由來一聽天 此心隨處卽怡然 惟吾同志二三子[343] 憐爾窮山六十年
疏食却忘芻豢[344]悅 縕袍何羨錦衣翩[345] 承家且有佳兒在 歲歲今朝設壽筵

---

343 二三子 : 제자를 부를 때 쓰는 말이다. 孔子가 "자네들은 내가 무엇을 숨기고 있다고 생각하는가? 나는 자네들에게 숨기는 것이 없네.〔二三子以我爲隱乎? 吾無隱乎爾.〕"하였다. 『論語 述而』

344 芻豢 : 본래는 풀이나 곡류를 먹는 소, 양, 돼지와 같은 가축의 고기를 가리키는 말이다. 옛날에는 이러한 가축의 고기를 가장 맛있다고 여겼다. 『孟子 告子上』

345 縕袍何羨錦衣翩 : 孔子가 子路를 칭찬하여 "해진 솜옷을 입고서 여우나 담비

가죽으로 만든 갖옷을 입은 자와 같이 서 있으면서도 부끄러워하지 않는 자는 아마 자로일 것이다.〔衣敝縕袍, 與衣狐貉者立而不恥者, 其由也與!〕” 한 말을 차용하였다.『論語 子罕』

136. 사중(思仲)의 「심경(心經)을 읽고」란 시에 차운하다
次思仲讀心經韻

가슴속에 한 편의 「서명」이 들어 있으니
필경에 공부가 어찌 작은 성취에 그치고 말랴
본성을 따르면 자연히 도를 따르는 것이고
인을 체득하면 모든 감정을 다 다스릴 수 있지

胸中一部有西銘 到底工夫豈小成[346] 循性自然遵此道[347] 體仁足以總群情[348]

수신에는 항상 위미의 즈음에 살펴야 하고
공부를 할 때 이치는 격물치지를 통해 밝혀야지
편안한 집을 장만했으니 마음에 부끄러움 없고

---

346 胸中……小成 : 『西銘』은 宋나라 橫渠 張載가 지은 글이다. 그 글에서 "하늘을 아버지라 일컫고 땅을 어머니라 일컬으니……백성들은 나의 동포이고 만물은 나의 벗이다.〔乾稱父, 坤稱母……民吾同胞, 物吾與也.〕" 하여 사사로운 자기를 극복하고 성인이 되는 길을 제시하였다.

347 循性自然遵此道 : 『中庸章句』 1장에 "하늘이 명한 것을 성이라 하고 성을 따르는 것을 도라 한다.〔天命之謂性, 率性之謂道.〕" 하였다.

348 體仁足以總群情 : 仁은 '心之德', 즉 마음 본연의 속성이다. 따라서 사람의 모든 감정은 인으로부터 나온다고 할 수 있으므로 인만 체득하면 여타의 감정들은 따로 단속하지 않아도 절로 다스려지는 것이다.

숫돌처럼 평탄한 대로를 내 마음대로 간다네

脩身當審危微³⁴⁹際 着力須從格致明 安宅整治心無怍 如砥大路任吾
行³⁵⁰

---

349 危微 : 마음속에 道心과 人心, 天理와 人慾이 일어나는 것을 말한다. 주 15)
'危微法' 참조.

350 安宅……吾行 : 安宅은 仁을 비유한 말이고 大路는 義를 비유한 말이다. 맹
자가 "인은 사람의 편안한 집이고 의는 사람의 바른 길이다. 편안한 집을
비워두고 거처하지 않으며 바른 길을 버려두고 가지 않으니, 슬프다!〔仁人之
安宅也 義人之正路也 曠安宅而弗居 舍正路而不由 哀哉〕"한 말을 차용하였
다. 『孟子 離婁上』

137. 생각나는 대로 읊다

漫吟

음덕도 없는 내가 수명은 어찌하여 긴가
버젓이 장수를 누리니 스스로 부끄럽구나
백사에 마음이 쓰이는 건 세상의 빚 때문
일신에 병이 많은 건 모두 세상 인연일세

旣無陰德壽何延 自愧公然享大年 百事關心由世債 一身多病揚塵緣

성명의 공부에 두었으나 힘에 부쳤고
경의의 공부도 제대로 하지 못하였네
부귀궁달은 모두 운명에 달렸으니
내 생각으로 함부로 하늘의 뜻 짐작하지 말라

誠明³⁵¹志業難容力 敬義³⁵²工夫亦未全 富貴窮通皆有命 莫將私意妄探天

....

351 誠明 : 주 340) '誠明' 참조.
352 敬義 : 주 339) '敬義' 참조.

138. 오성도(吳聖道)-석리(錫履)-에게 주다

贈吳聖道-錫履- 2수

서로 멀리 떨어져 소식이 오래 없었으니
자나 깨나 그리워하여 꿈결에 자주 보았네
입이 있은들 감히 요즘 세상일을 말하랴
회포를 풀 그리운 사람이 보고 싶었다네
몸에는 병이 많아 마음이 늘 울적하더니
중양절이 다가오니 흥 새로 일어난다
어찌하면 그대와 함께 좋은 경치 찾아
산에 올라 국화주를 함께 기울일거나

飛潛³⁵³久阻若參辰³⁵⁴ 癘瘵相思入夢頻 有口敢言天下事 開懷欲見意中人³⁵⁵

---

353 飛潛 : 편지를 뜻한다. 飛는 나는 새로 기러기를 가리키고, 潛은 물속의 고기로 잉어를 가리킨다. 기러기는 漢나라 때 蘇武가 흉노에 사신 가서 19년 동안 억류되어 있다가 기러기의 발에 편지를 묶어서 보냈다는 고사에서 온 말이다. 『漢書 54권 蘇武傳』 잉어는 주 182) '鉤下得雙鯉' 참조.

354 參辰 : 상고의 제왕인 高辛氏의 두 아들인 閼伯과 實沈이 자주 싸우니, 고신씨가 형 알백을 商丘로 옮겨 辰星을 맡아보게 하고, 실침을 大夏로 옮겨 參星을 주관하게 하였다. 『春秋左傳 昭公1年』 삼성은 서쪽에 있고 진성은 동쪽에 있으며, 한 별이 나오면 한 별이 져서 한꺼번에 볼 수 없다. 진성은 商星이라고도 한다. 漢나라 揚雄의 『法言』「學行」에 "나는 삼성과 진성이 나란히 있는 것을 보지 못했다." 하였다.

身多疾病心常懺 節近重陽興更新 安得與君尋討去 登高共倒菊花春³⁵⁶

문 밖이 쓸쓸해 찾아오는 사람 드문데

턱을 괴고 저물녘까지 작은 초당에 앉았노라

골짝에 연하가 자욱하니 가난해도 여한 없고

밭둑에는 기장이 가득하니 배고픈 줄 모른다

세상사 분분해도 나와는 상관없지만

작위가 와서 나를 속박하니 누구를 탓하리오

이러한 때 거취를 결정하기 끝내 어려워

그대를 만나서 한 번 물어보고 싶었네

門巷蕭條客到稀 小堂竟晷坐支頤 烟霞滿壑貧無憾 黍稷盈疇腹不饑

世事雖紛非管我 名繮來縶更尤誰 此時去就終難定 欲見吾人一問之

---

355 意中人 : 마음속으로 그리워하는 사람이다. 陶淵明의 「示周續之祖企謝景夷
三郎」에 "나의 의중인을 생각한다.〔念我意中人〕" 하였다.

356 登高共倒菊花春 : 옛날에 9월 9일 중양절에는 붉은 주머니에 茱萸를 담아서
팔뚝에 걸고 산 위에 올라가 국화 꽃잎을 띄운 술을 마심으로써 재액을 물리
치는 풍속이 있었다. 여기에는 다음과 같은 고사가 있다. 後漢 때 桓景이
멀리 仙人 費長房을 찾아가 공부했는데, 하루는 비장방이 환경에게 말하기
를, "9월 9일 너의 집에 재앙이 있을 것이니, 급히 가서 집안사람들로 하여금
각각 붉은 주머니에 수유를 담아서 팔뚝에 걸고 높은 산에 올라가서 국화주
를 마시게 하면 이 재앙을 면할 것이다." 하였다. 환경이 그의 말에 따라
9월 9일에 과연 온 가족을 거느리고 산에 올라갔다가 해가 저문 뒤에 내려와
보니, 닭, 개, 소, 양 등 집안의 가축은 다 죽어 있고 사람은 무사했다고
한다. 『續齊諧記 重陽登高』

139. 10월 3일에 좌중에서 읊어 모여 있는 제군들에게 보이다
十月三日 席上口呼 示會中諸君

원주 이때 제군들이 성찬(盛饌)을 차리고 풍악까지 가지고 와서 나의 자급이 승진되고 관작에 봉해진 것을 축하해 주었으니, 내 어찌 감당할 수 있겠는가. 국가에 경사가 있은 이후로 서울과 지방의 사민(士民)들이 경사에 같이 참여한다는 뜻에서 풍악을 울리는 곳이 많이 있었으나 우리 마을에서는 미처 그렇게 못했었기 때문에 지금 이 기회에 제군들과 함께 북쪽을 향해 사배(四拜)를 올리고 이어 잔치를 베풀어 즐기면서 작은 정성을 표하였다.〔時, 諸君持盛饌及絃歌, 來賀余陞資封爵; 吾豈敢哉! 自邦慶[357]以來, 京外士民, 多張樂同慶, 而吾洞未及行. 故今因此, 與諸君北向四拜後行宴樂, 少伸微忱.〕

팔십이 된 이 늙은 신하는 아직 쇠하지 않아
쇠하지 않았다 하신 주상 말씀 편액으로 걸었다오
풍악은 궁한 선비에게 가당키나 한 일이랴
애오라지 제군들과 성상의 복 빌고자 하노라

---

357 邦慶 : 순조(1790~1834)가 될 李蚳이 태어난 것을 가리킨다. 文孝世子 (1782~1786)가 일찍 죽어 후사가 태어나길 고대하다가 정조가 39세 때 아들을 얻었으므로 온 나라의 경사였던 것이다.

八十老臣尙不衰 不衰天語揭門楣³⁵⁸ 笙歌豈是窮儒事 聊與諸君祝聖釐³⁵⁹

상서로운 해가 동방에 둥실 떠오르니
온 나라 백성이 다투어 월중륜을 부르네
성은을 입은 기로(耆老)들 환호성이 넘치고
축복하는 신민들은 기쁜 기운 가득해라
요란한 노래 풍악 소리에 귀 자주 기울이고
낭자한 술잔 안주에 입이 쉬지 않는구나
얼큰히 취하니 성은이 무거움을 더욱 깨달아
거친 시를 지어서 와주신 손님들께 보인다오

瑞日曈曈析木津³⁶⁰ 域中爭唱月重輪³⁶¹ 蒙恩耆舊歡聲溢 祝福臣民喜氣新
歌管喓轟頻側耳 杯盤錯落不停唇 微醺益覺君恩重 聊搆荒詞示友賓

---

358 不衰天語揭門楣 : 1772년 世子翊衛司 翊贊에 제수되어 謝恩하고 習儀를 마
쳤을 때 당시 세자였던 英祖가 다른 사람에게는 묻지 않고 유독 순암에게
"쇠하지 않았군요." 하며 안부를 물었고, 이 말에 감격하여 순암이 자기 집에
不衰軒이란 당호를 걸었다. 1권 「八月一日……仍成一絶」 참조.

359 聖釐 : 임금이 훌륭한 후사를 두는 복록을 뜻한다. 『詩經』「大雅 旣醉」에
"너에게 훌륭한 女士를 주고 훌륭한 자손으로써 뒤이어 주리로다.〔釐爾女士
從以孫子〕" 하였다.

360 瑞日曈曈析木津 : 東宮의 탄생을 뜻한다. 주 99)'析木津' 참조.

361 月中輪 : 樂府 瑟調曲 중의 한 곡조이다. 漢나라 明帝가 태자 때 신하들이
태자를 위해 지은 노래이다. 日重光, 月重輪, 星重輝, 海重潤 4章이 있었다
고 한다.

140. 간옹(艮翁) 이판윤(李判尹)-헌경(獻慶)-에 대한 만사

挽艮翁李判尹-獻慶- 신해년(1791, 80세)

문장은 사마천 반고와 같다고 자부하여
젊을 때로부터 문단의 명망을 독차지했지
정경의 서열에 올랐으니 품계가 족하고
장수해 기로소(耆老所)에 올랐으니 성은도 넉넉하네
인간세상에서 금궤의 책을 뽑지도 못했는데
천상에서 옥루의 기문 쓰라고 재촉했구나
서글퍼라 석성산 아래 기슭에
명주가 묻힌 곳에 산기슭이 훤하리라

文章自許馬班³⁶²流 早歲騷壇擅鼓枒 位列正卿官品足 壽登耆杜聖恩優
人間不得抽金櫃³⁶³ 天上旋催記玉樓 惆悵石城崗下麓 明珠藏處賁山邱

하루아침에 홀연 하늘나라로 떠나가니
죽지 못한 외로운 몸 눈물이 절로 나네
이교가 떠들썩하게 점점 기세 떨치는데

---

362 馬班 : 『史記』를 지은 司馬遷과 『漢書』를 지은 班固의 병칭이다.

363 抽金櫃 : 후세에 길이 남을 큰 저술을 함을 뜻한다. 金櫃는 상자로 漢나라의
藏書閣을 가리킨다. 司馬遷의 『史記』「自序」에 "역사서인 石室·金櫃의 책
을 뽑아 서술하고 편집했다.〔紬史記石室金匱之書〕" 한 데서 온 말이다.

정론으로 물리칠 사람 또 누가 있는가-공이 이전에 서학(西學)을 물리치
는 글을 썼기 때문에 말이다.-

나는 홀로 쓸쓸히 벙어리처럼 침묵하고

똑똑한 많은 사람들은 참된 도라 말하네

생각이나 했으랴 삼한의 군자 나라가

어느 새 서양 사람이 되고 말 줄을

一朝倏忽仙驂遠 不死踽凉淚眼辛 異教喧虺今漸熾 正論闢廓更誰人-公
曾有斥西學文故云.-

寥寥獨我成瘖嘿 濟濟群賢說道眞 豈意三韓君子國 居然化作竺西民

141. 송궁일(送窮日)에 감회를 적다

送窮日[364]書懷

곤궁을 보내도 곤궁이 가지를 않고
가난 내쫓아도 가난이 나를 따르네
곤궁과 가난은 선비에게 늘 있는 것
이것을 면하여 무엇을 할 것인가
성을 보존하면 성이 이에 있고
경을 지키면 경이 절로 지켜져
성과 경은 원래 내게 달렸으니
이 둘을 잠시도 떠나서는 안 되지

送窮窮不去 逐貧貧相隨 窮貧士之常 欲免將何爲
存誠誠斯存 持敬敬自持 誠敬本由己 不可須臾離

---

364 送窮日 : 음력 정월 그믐을 이른다. 唐나라 韓愈가 그 사람을 곤궁하게 만드
　 는 다섯 가지 귀신인 智窮, 學窮, 文窮, 命窮, 交窮을 쫓아 낸다는 送窮文을
　 元和 6년 正月 그믐 乙丑日에 지었기 때문에 생겨난 말이다. 『古文眞寶後集
　 3권 送窮文』

142. 만흥

漫興 이 아래의 시들은 연월(年月)을 알 수 없어 우선 끝에 붙여 놓았다. 此下年月無

考, 姑附于末.

곡식이 한 독 있으니 가난은 걱정하지 않고

산중에 연하가 자욱하니 부귀도 대수롭지 않네

세상사를 희비 너머로 죄다 던져 버리니

상옹의 사는 맛이 그야말로 여유롭구나

一甖菽粟貧不憂 萬疊霞烟富亦羞 世事都抛嚬笑外 橡翁³⁶⁵風味正悠悠

하늘 저편에 구름은 무슨 일로 가는가

숲속에 모이는 새 너희들 역시 바쁘구나

어찌 이 늙은이가 아무 데도 걸림이 없어

방안에는 오직 서안 하나뿐인 것만하랴

雲歸天外緣何事 鳥集林間爾亦忙 爭似此翁無係累 興居惟有一書床

---

365 橡翁 : 도토리를 주워서 양식을 삼는 늙은이란 말로 순암 자신을 가리킨다.
　　주 308) 橡翁 참조.

143. 「낙지론(樂志論)」 뒤에 쓰다

題「樂志論」³⁶⁶後.

가난한 선비 생애는 본디 곤궁한 법
자연의 뜻에 맡기고 사는 게 즐거울 뿐
숲과 꽃을 힘들여서 재배할 것 없고
못과 폭포 쌓고 파고 할 필요도 없으며
물고기 새가 스스로 와 친구가 되어 주고
시내와 산이 둘러 창문이 되어 주었네
그 중에 진짜 즐거움은 천 권의 서책을
손 가는 대로 뽑아 보면 세념(世念)이 다 사라지는 것

貧士生涯本阨窮 卜居惟喜任天工 林花不費栽培力 潭瀑元無築鑿功
魚鳥自來爲伴侶 溪山環擁護窓櫳 箇中眞樂書千卷 隨手抽看萬慮空

---

366 「樂志論」: 後漢 때 仲長統이 지은 글이다. 그는 관직에 나아가지 않고 배산
임류(背山臨流)한 곳에 집을 짓고 유유자적하게 제 뜻대로 살면서 「樂志」
을 지어 자기 뜻을 담았다. 『古文眞寶後集 1권』

144. 자기 자랑

自矜

영장산 한 자락이 내가 사는 고을
오십 년 동안 홀로 호화를 다 누렸구나
골짜기에 쏟아지는 폭포는 북과 피리 소리
둘러친 숲의 새소리는 생황을 연주하는 듯
봄산은 기생인 양 패물로 단장하고
단풍잎은 초헌마냥 비단 장막 펼치는 것을
서생이 박복한 골상이라 말하지 마오
끝없는 청복 누림을 자랑스럽게 여긴다오

靈長一麓是吾鄕　獨擅豪華五十霜　噴壑瀑流藏鼓吹　繞林禽韻奏笙簧
春山妓女花鈿擁　秋葉綺軒錦幕張　莫道書生骨相薄　自矜淸福享無疆

145. 감회시(感懷詩) 한 수를 입으로 불러서 읊어 황신수(黃莘叟)와 이수(耳叟)-덕길(德吉)-에게 보이다

口呼自感一首, 示黃莘叟[367]耳叟-德吉-.

학문은 비록 박학해야 하지만
약례(約禮)로 지킴이 매우 중요하지
남의 돈 하루 종일 세어 보아야
한 푼도 내 것이 못 되고
집집마다 문전걸식하는 사람은
끝내 자기 배도 못 채우고 마느니
거칠게 섭렵하는 것 경계해야 하니
백발에 이르도록 아무것도 못 이루네
뒷사람들에게 정녕코 말하노니
절대 이 늙은이 본받지 말거라

學問雖在博 要以約爲守 終日數人錢 一文非己有
沿門持鉢客 竟未飽其口 游騎戒太遠[368] 無成至白首

---

367 黃莘叟 : 이름은 德壹이다. 1권 「示黃莘叟-德壹-贈別」 참조.

368 游騎戒太遠 : 朱子가 "치지의 요령은 응당 至善이 어디에 있는지, 이를테면 아버지는 마땅히 자애에 그치고 자식은 마땅히 효성에 그쳐야 한다는 것을 알아야 하니, 만약 여기에는 힘쓰지 않고 범범하게 만물의 이치만 관찰하고 자 하면 마치 대군의 선발대가 너무 멀리 가서 本陣으로 돌아오지 못하는

寄語後來者 愼勿效此叟

것처럼 될까 염려된다.〔致知之要, 當知至善之所在, 如父止於慈子止於孝之
類. 若不務此, 而徒欲汎然以觀萬物之理, 則吾恐其如大軍之游騎, 出太遠而
無所歸也.〕"하였다. 『大學或問』

서

書

1. 성호(星湖) 이선생(李先生)께 올린 편지

上星湖李先生書 선생의 휘는 익(瀷)이다. 정묘년(1747, 36세)

두 차례 찾아가 배알했던 것은 여러 해에 걸쳐 존경하고 사모해오던 정성에서 나온 것이었으니, 이 비루한 사람이 감히 가르침을 받을 자질이 된다고 여겼던 것은 아니었습니다. 달포 전에 소남(邵南) 편에 보내주신 편지를 받고 이어 초겨울에 근황이 좋으심을 알았으니, 매우 위안이 되었습니다. 게다가 질문 올렸던 의례(疑禮)에 대해 저를 비루하다 여기지 않으시고 일일이 가르쳐 주시고, 제가 감당 못할 만큼 근후(勤厚)한 말씀을 내려주셨으니, 너무도 황송하여 위축된 나머지 과거의 잘못은 탓하지 않고 현재 찾아온 사람을 받아주시는 훌륭한 마음을 알 수 있었고, 한 세상을 함께 사시는 군자께 버림을 받지 않은 것을 스스로 다행으로 여깁니다. 따라서 이 낮은 자품의 사람도 혹 선(善)을 따를 가망이 있게 되었으니, 감사하기 그지없습니다. 서신이 있은 후로 달이 바뀌어 겨울 기후가 고르지 않은데 정양(靜養)하시는 중에 기체후(氣體候) 줄곧 강녕하신지요? 덕을 사모하는 마음 하루도 간절하지 않은 적이 없습니다.

저는 선생님 곁을 떠나온 뒤로 어느새 몇 달이 지났는데 그 동안 어버이 병환과 저의 신병(身病)으로 편안할 날이 거의 없었고, 게다가 흉년까지 겹친 탓에 너무도 군속(窘束)해 책을 펴볼 겨를이 없었습니다. 그래서 하늘로부터 받은 본성이 날로 전도(顚倒)되어 가는 것을 보면서도 바로잡을 길이 없으니, 그저 스스로 탄식할 따름입니다.

저는 어려서는 배울 때를 놓쳤고 자라서는 학문의 방향을 몰라 눈앞의 탄탄대로가 명백하여 찾기 쉽다는 것을 알지 못한 채 백 갈래 천 갈래 길 속에서 부질없이 스스로 바쁘게 헤매며 다녔습니다. 그리하여 역대 사서(史書)와 세상을 경륜하는 글을 비롯하여 병법(兵法), 수학(數學), 음양(陰陽) 등 잡박(雜駁)한 서적들에 이르기까지 연구하고자 하지 않은 것이 없습니다. 그러나 근본이 튼튼하지 못하고 마음가짐이 너무 조급하여 결국 아무 소득도 없이 나이만 서른을 넘겼으니, 가만히 나 자신을 반성해 봄에 부끄러움과 후회가 함께 쌓였습니다. 그래서 지금 세상의 군자를 찾아가서 저 자신의 잘못을 질정(質正)하고자 한 것이니, 가련히 여겨 가르쳐 주시기 바랍니다. 그렇게 해 주시면 제가 몹시 어리석은 사람이지만 좋은 길로 돌아갈 수 있는 기회가 될 수도 있을까 합니다. 그러나 집은 가난하고 몸은 병들어서 스승을 찾아가 가르침을 받으려던 계획이 평소의 정성과 달리 끝내 어긋나고 말았으니, 바라는 바는 그저 서책이나 지키고 앉아서 일개 향리의 작은 선비가 되는 것일 뿐입니다.

앞의 경우로 말하면 입지(立地)가 헛되이 커서 마침내 아무것도 이루지 못한 것이고, 뒤의 경우로 말하면 지기(志氣)가 꺾여서 비하(卑下)한 사람이 되는 걸 달갑게 여기는 것입니다. 한 사람이 과(過)와 불급(不及), 두 병통을 함께 가지고 있으니, 이러고서도 결국 소인이 되지 않을 자가 거의 드물 것입니다.

저는 기질이 원래 경솔하고 어리석기 때문에 기질을 변화시키기가 이처럼 어려우니, 바라건대 이제부터 부디 버리지 말고 자주 따끔한 가르침을 내려 바른 길을 지시해 주시면, 이보다 더 큰 다행이 어디 있겠습니까. 고인(古人) 중에 '불원복(不遠復)'이라는 세 글자를 삼자부(三字符)로 삼은 이가 있었고, 또 성(誠)을 실천하기를 말을 함부로 하지 않는 것부터 시작한 이도 있었습니다. 이 분들은 모두 종신토록 이 말들을 실천하여 세상의 대유(大儒)가 되었습니다. 이러한 고인(古人)들의 경우를 지금의 저에 감히 비길 수는 없겠지만 가르침을 청하는 구구한 저의 뜻은 한 마디 가르침이라도 얻어서 종신토록 실행에 옮길 바탕으로 삼고자 합니다. 저의 병통이 있게 된 원인에 대해서는 위에서 이미 다 말씀드렸으니, 부디 그 증세에 맞는 약을 분명히 말씀해 주시기를 바라 마지않습니다.

겨울이 오기 전에 꼭 찾아뵙고자 했으나 누차 말을 구하지 못하였고, 이제 또 사람을 보내 답서를 올려야 하지만 역시 시킬 사람이 없었습니다. 이에 소남 편에 서신을 전달하니, 불민한 죄는 피할 길이 없습니다.

예서(禮書)는 너무도 분량이 많아서 갑작스레 연구하기가 어렵기에 늘 걱정을 해 왔습니다. 그런데 지난날 보내신 편지에서 저술하신 예설(禮說)을 보내 주시겠다는 말씀을 하셨기에 매우 감사하고 다행스러웠습니다.

『역(易)』의 이치는 심오하여 후생이 억지로 연구할 수 있는 게 아니고, 괘변(卦變)에 관한 것은 끝내 알기 어려운 곳이 있기에 의심나는 대목을 대략 적어서 별지(別紙)로 올리오니 가르침을 내려 주시면 매우 다행이겠습니다. 의리상 당연히 숨김이 없어야 하기에 외람된 말을 많이 하고 말았으니, 황공하고 황공하옵니다.

절서에 따라 더 많은 복을 받으시어 우러러 사모하는 저의 마음을 위로해 주시기를 빕니다. 이만 줄이옵니다.

兩度造謁, 出於積歲尊慕之誠, 非敢謂此陋質可以承敎矣. 月前邵南[369]便,忽伏承手書, 仰審初寒動止萬安, 馳慰遙深. 第蒙不鄙, 仰質疑禮, 逐件指教, 賜諭勤厚, 有不敢承當者, 悚惶退縮之餘, 得以見與進不保往³⁷⁰之盛心, 而自幸不見棄於並世之大人君子, 則顧此下品之質, 或有從善之望矣; 感頌無已. 信後月改, 冬候不適; 伏問靜養氣候一向康寧否? 仰德之懷, 靡日而弛. 鼎福拜違以後, 忽已數月, 親癠身恙, 殆無寧日, 加以荒年, 窘束殊甚, 無展卷之暇; 目看天賦之衷, 日就顚倒, 而莫之知救, 良自悼歎. 鼎福幼而失學, 長迷厥方, 不知目前大路, 明白坦蕩, 自易尋覓, 而浪自奔忙于百歧千逕之間, 若夫歷代諸史世務經綸之書, 至如兵謀數術陰陽駁雜之類, 靡不欲究, 而本原不厚, 立心太躁, 竟無所得, 而年踰三十; 默自循省, 愧咎交積, 思欲就正於當世之君子. 幸若憐而敎之, 則雖不移之質³⁷¹, 庶有善反之機矣. 然而家貧身病, 徒步從師之計, 終違素誠. 所願, 不過守定冊子, 爲鄕里

---

369 邵南: 조선시대 正祖 때의 학자인 尹東奎(1695~1773)의 호이다. 그의 자는 幼章이고, 星湖 李瀷의 문인이다. 그는 벼슬에 뜻을 버리고, 象緯 · 曆法 · 천문 · 지리 · 의약 등 실용적 학문의 수립을 주장하여 실학파의 대가로 손꼽힌다. 저서에 『四水辨』 등이 있다.

370 與進不保往: 互鄕이란 고을은 사람들이 나쁜 짓에 물들어 함께 얘기할 수 없었다. 그 고을의 동자가 찾아오자 孔子가 만나니, 제자들이 의아하게 여겼다. 이에 공자가 "사람이 몸을 가다듬어 깨끗이 하고서 찾아오거든 그 몸을 깨끗이 한 것을 허여할 뿐이요, 지난날의 잘잘못을 보장할 수는 없는 것이며, 그 찾아옴을 허여할 뿐이요, 물러간 뒤에 잘못하는 것을 허여하는 것은 아니다. 어찌 심하게 할 것이 있겠는가![人潔己以進, 與其潔也, 不保其往也; 與其進也, 不與其退也. 唯何甚!]"하였다. 『論語集註 述而』

371 不移之質: 孔子가 "오직 지극히 지혜로운 자와 지극히 어리석은 자는 변화시킬 수 없다.[唯上知與下愚, 不移.]"한 데서 온 말로 여기서는 자기에 대한 겸사이다. 『論語 陽貨』

之一小儒耳. 由前而言, 則立志虛遠, 終無所當; 由後而言, 則志氣摧落, 甘趣卑下. 一人之身而兼過不及之病, 如此而不爲小人之歸者, 幾希矣. 元來氣質輕踈愚妄, 故變化之難, 至於如此. 乞從此猥蒙不棄, 頻加箴砭, 指示正路, 則何幸如之! 古人有以不遠復三字爲三字符[372], 又論誠自不妄語始[373], 皆終身受用, 爲世大儒. 此雖不敢倫比於今日, 而區區請益之意, 願得一言之敎, 欲爲沒身體行之地. 受病之由, 已陳於上; 明示對症之藥, 千萬伏望. 冬前切欲造拜, 而屢圖款段不得, 又當專佡仰復, 而僅指無可使者. 玆因邵便轉達, 不敏之罪, 無所逃也. 禮書浩穰, 卒難硏究, 每以爲憂. 前日賜書中所着禮說下惠之諭, 伏感伏幸. 易理深奧, 有非後生所能强探者, 而卦變之說, 終有難通處, 畧記所疑, 別紙仰呈, 下示幸甚. 義當無隱[374], 故辭涉僭猥而不知止, 主臣主臣. 餘伏祝若序增福, 以慰瞻仰. 不宣.

---

372 三字符 : 세 글자로 된 符節이란 말이다. 朱子가 초년의 스승인 屛山 劉子翬에게 성인의 道로 들어가는 길을 물으니, 병산은 "나는 『周易』에서 德으로 들어가는 문을 찾았으니 이른바 '不遠復'이 바로 나의 삼자부이다." 하였다. 『心經附註 1권 不遠復章』 '不遠復'은 멀리 가지 않아서 善으로 되돌아오는 것이고, 부절은 金玉 또는 대나무에 문자를 새기고 그 중간을 두 쪽으로 쪼개어 각자가 한 쪽씩 보관하였다가 유사시에 두 쪽을 서로 맞춰 봄으로써 서로를 信憑하는 信標이다. 즉 불원복과 나의 행위가 부절처럼 서로 부합하는지 늘 점검한다는 뜻이다.

373 誠自不妄語始 : 北宋 때 劉安世가 스승인 司馬光을 찾아가 종신토록 실천할 만한 것을 물으니, 사마광이 誠이라고 대답하였고, '誠을 실천하려면 무엇부터 시작해야 하느냐'를 묻자 '함부로 말하지 않는 것[不妄語]부터 시작해야 한다.'고 답하였다. 『心經附註 2권 誠意章』

374 義當無隱 : 스승에게는 숨기는 바가 없어야 한다는 뜻이다. 『禮記』 「檀弓」에 "스승을 섬기되 범함도 없고 숨김도 없어야 한다.[事師, 無犯無隱.]"한 데서 온 말이다.

2. 성호선생께 올린 편지

上星湖先生書 무진년(1748, 37세)

전번에 한 통의 편지를 올린 것은 매우 주제넘은 짓이었으나 실은 제 충심에서 나온 것으로 자기의 단점을 숨기는 소인은 되고 싶지 않아 저의 고루함을 다 말씀드렸던 것입니다. 정월 초하루에 내려 주신 편지에서 넓은 도량으로 감싸 허물하지 않으시고 학문의 본원(本原)을 제시하여 더욱 돈독하게 면려해 주시어, 참으로 저를 가르칠 만한 사람으로 여기시는 듯했습니다. 그래서 목소리를 가다듬어 읽어보고는 너무 감격스러운 심정을 어떻게 형언할지 알지 못하였습니다.

염려하건대 저의 자질이 원래 얕고 낮으며 지기(志氣)가 가볍고 약하여 일시적으로 선(善)한 쪽으로 가려는 생각이 간절하지만 오래도록 지속하는 강인한 성품이 부족한데 게다가 자신을 속인 나머지 선생님마저 속이게 된다면 그 죄는 죽어도 용납되지 못할 것이었습니다. 그러나 황송한 나머지 돌이켜 생각해 보건대, 만약 이를 계기로 양심을 잃지 않고 몹시 심한 잘못이라도 차츰 고쳐서, 생전에 선(善)은 응당 해야 하고 악(惡)은 응당 버려야 함을 알아 결국 취생몽사(醉生夢死)하고 말지 않게 된다면 모두가 선생님의 은덕일 것입니다. 그 얼마나 다행이겠습니까.

소이천(邵二泉)의 말은 말씀하신 대로 흠이 있다고 생각됩니다. 그 자신의 병통을 가지고 말해 보면, 안으로는 근본이 굳건하지 못하기 때문에 처음에는 부지런했다가도 끝에는 게을러질 우려가 있어 되도록이면 자기에게 관용을 베푸는 태도를 취하였고, 밖으로는 남이 비웃을까 두려워 유속(流俗)에 섞여서 함께 행동하여 세상 사람들의 비판이나 면하고자 했던 것입니다. 그리하여 늘 반쯤 향상했다가는 도로 하락하곤 하다가 마침내 자기의 안팎을 모두 잃어버리고 말았으니, 이는 가짜 도학(道學)이란 말에 그르쳐서 그렇게 된 것입니다. 지금 내려주신 편지의 가르침을 받으니, 선생님을 앙모하는 마음이 더욱 간절해집니다.

주정(主靜)과 거경(居敬), 이 둘은 처음 학문하는 사람으로부터 완전히 덕(德)을 성취한 군자에 이르는 공부가 오직 이 두 가지에 지나지 않습니다. 그러나 돌이켜 보건대 용렬한 제가 이러한 학문의 공부 과정을 실로 감당 못할 듯합니다. 이 때문에 송구하오니, 지금 가르침을 내려 주신 은덕을 저버릴까 두렵습니다.

前上一書, 雖甚狂謬, 實出衷赤, 不欲爲掩惡之小人[375], 而自盡其固陋矣. 伏蒙元日賜書, 大度包容, 不以罪而敎之, 指示本原, 勉勵益篤, 眞若有可敎者然; 莊誦感佩, 不知所論. 竊恐資淺而質下, 氣輕而志弱, 一時從善之念雖切, 悠久剛制之德不足, 自欺之過, 又能欺于先生長者之前, 則罪固不容

---

375 掩惡之小人 : 『大學章句』「誠意章」에 "소인은 혼자 있을 때에 좋지 못한 일을 하면서 못하는 짓이 없다. 그러다가 군자를 본 뒤에는 슬그머니 자기의 좋지 못한 행위를 감추면서 좋은 면을 드러내려고 한다.〔小人閒居, 爲不善, 無所不至; 見君子而后, 厭然掩其不善, 而著其善.〕"한 데서 온 말이다. 여기서는 작자가 스승인 星湖 앞에서 자신의 과거를 숨김없이 말한 것은 이와 같은 사람이 되고 싶지 않았기 때문이라고 한 것이다.

誅矣. 惶悚之餘, 反而思之, 若或因此不失其良心而稍去太甚, 使此生之前, 知善之當爲與惡之當去, 不終爲醉生夢死之歸, 則是先生之賜也. 何幸何幸! 邵二泉語[376], 誠覺有病. 試以自己受病處言之, 內而本地不固, 故恐有始勤終怠之慮而務爲自恕之態; 外而畏人非笑, 故常思同流合汚之計而求免世俗之譏, 半上落下, 終至於內外俱亡. 盖由於假道學之言誤之也. 今承下諭, 益切敬仰. 主靜[377]居敬, 自初學至成德, 不過惟此二者而已. 顧念庸下, 實有不敢當於學問之工程. 以是悚懍, 恐負今日提敎之恩耳.

---

376 邵二泉語 : 邵二泉은 明나라 때의 학자 邵寶를 가리킨다. 그의 호가 二泉이고 자는 國賢이며 시호는 文莊이다. 그가 "나는 진짜 사대부가 되고 싶지 가짜 도학자가 되고 싶지 않다.〔吾願爲眞士大夫, 不願爲假道學.〕"하였다. 『明史 282권 邵寶傳』

377 主靜 : 北宋의 학자 周敦頤의 『太極圖說』에 "성인은 中正·仁義로 정하되 고요한 상태의 공부를 위주로 하여 사람의 표준을 세웠다.〔聖人定之以中正仁義而主靜, 立人極焉.〕"한 데서 온 말로 마음을 고요히 하여 마음의 본체를 涵養하는 것이다. 中은 도리에 알맞게 하는 것으로 禮와 같고, 正은 바르게 하는 것으로 智와 같다.

3. 성호선생께 답하여 올린 편지

答上星湖先生書 기사년(1749, 38세)

지난 섣달 찾아가 배알한 것은 한 해만의 일이었는데, 이틀 밤을 모시고는 곧바로 돌아와야 했으니, 사모하는 마음이 더욱 간절합니다.

전일에 보내신 두 통의 편지에서 말씀하신 주정(主靜)・거경(居敬)의 가르침과 군자소귀장(君子所貴章)은 감히 실천할 자신은 없지만 맹세코 종신토록 잊지 않겠습니다. 그리고 재능을 감추라고 하신 것은 삼가 가슴에 새겨 잊지 않겠습니다. 그러나 말씀하신 이름을 고치는 일은 아무래도 평정한 도리가 못 될 듯합니다. 이름을 아무리 고치더라도 이 몸은 여전히 그 사람 그대로일 것이니, 이 문제는 저 자신의 할 도리를 다하여 스스로 지켜가면 그만일 것입니다. 이에 감히 분부를 따르지 못하옵니다. 어떻게 생각하시는지요?

客臘拜謁, 出於一歲之後, 而陪寢二日, 遽爾歸來. 伏慕益復區區. 前日二書垂諭主靜居敬之訓・君子所貴之章[378], 非敢能之, 矢終身誦之; 韜晦一節,

---

[378] 君子所貴之章 : 曾子가 "군자가 도에서 중요하게 여기는 것이 세 가지 있으니, 용모를 움직일 때는 사납고 거만함을 멀리할 것이며, 낯빛을 바르게 하는 데는 신실함에 가깝도록 할 것이며, 말을 함에 있어서는 상스럽고 도리에 어긋난 것을 멀리할 것이다. 제기를 다루는 일의 경우는 맡아서 할 유사가 있다.〔君子所貴乎道者三 : 動容貌斯遠暴慢矣, 正顏色斯近信矣, 出辭氣斯遠鄙倍矣, 籩豆之事則有司存.〕"한 것을 가리킨다. 『論語 泰伯』

謹當服朞, 而改名事, 終欠平正道理, 名雖改而此身則猶夫人也. 此當盡其
在我者而自守之耳, 故未敢卽承命. 未審如何?

4. 성호선생께 올린 편지

上星湖先生書 기사년(1749, 38세)

장마에 무더위가 요즈음 혹심한데 도체(道體) 기거가 만안(萬安)하시며, 아드님 병세는 어떠한지요? 몹시 사모하여 마지않습니다.

저는 질병과 우환 속에서 공부를 전폐하고 있습니다. 종전에 큰 허물이나 없기를 바랄 수 있었던 것은 날마다 옛 전적을 봄으로써 악(惡)한 데로 빠지지 않게 막는 법문을 삼았기 때문이었습니다. 그런데 금년에는 한 해가 절반이 다 가도록 책이라곤 한 권도 읽지 못하고 있으니 이 마음을 머물러 둘 곳이 어디겠으며 실리(實理)를 무슨 방법으로 알 수 있겠습니까. 저 자신이 답답하고 가련할 뿐입니다.

『소학(小學)』은 말씀을 들은 뒤로 늘 책상 위에 두고는 있습니다만 과거의 잘못이 몹시 많아 글을 읽다 보면 부끄러움과 두려움이 함께 깊습니다.

제가 관직에 제수된 것은 참으로 뜻밖이라 제목(除目)이 처음 왔을 때 무슨 연유로 저를 물망(物望)의 대상에 올렸는지 몰랐습니다. 그 뒤에 들으니 전일에 동몽교관(童蒙敎官)에 제수된 것은 경학(經學)으로 물망에 올랐고 지금 참봉(參奉)에 제수된 것은 문음(門蔭)으로 물망에 올랐다고 합니다. 경학으로 말하자면 그럴 만한 실상이 없고, 문음으로 말한다면 순서가 어긋났으니, 전후 두 차례의 제수에 모두 무턱대고 나갈 수는 없었습니다. 혹자는 이조(吏曹)에 소지를 올려 순서가 어긋났기 때문에 출사(出仕)하지 않는다는 사유를 밝히라고 하지만 이는 도리어 혐의쩍을 수 있습니다. 그래서 기한이 차면 스스로 그만둘 도리밖에 없습니다. 그러나 까닭 없이 오는 복은 기쁜 일이 아니라 두려운 일이니, 차후에 다시 이런 일이 생기면 어떻게 대처해야 할지 모르겠습니다.

윤장(尹丈)의 편지에서 선생님께서 "경학으로 물망에 올랐고 보면, 출처(出處)에 신중해야 한다."고 하셨기에 감히 아울러 말씀드립니다. 이만 줄이옵니다.

潦暑比酷, 伏問道體起居萬安, 令胤病情若何? 伏慕不任區區. 鼎福疾憂叢裏, 工夫專廢. 從前冀無大過者, 惟其日對古典, 以爲禁惡之法文; 今歲將半, 而不一卷書, 此心將何所湊泊, 實理將何以見得? 惟自悶憐. 『小學』, 聞命以來, 常置案上, 而昨非379甚多, 愧懼交深; 一命之除, 誠出慮外. 除目初來, 不知以何懸注380. 後聞前日蒙師, 擬以經學, 今者寢郞, 注以門蔭; 經學則無其實, 門蔭則失其序, 二者皆不可冒出. 或言呈于天曹, 明其失次不仕之由, 而此却有嫌, 不過欲滿限自止之耳. 然而无妄之福, 非喜伊懼; 日後復爾, 則不知何以處之也. 尹丈381書中"先生謚以經學擬注則審愼其出處"云, 故敢幷告之. 餘不宣.

---

379 昨非 : 晉나라 陶淵明의 「歸去來辭」에 "길을 잘못 들긴 했어도 아직 멀리 벗어나지는 않았나니, 지금이 옳고 과거는 잘못되었음을 깨달았네.〔寔迷途其未遠 覺今是而昨非〕" 한 데서 온 말이다.

380 懸注 : 物望에 오를 사람의 이름 아래에 注를 다는 것이다.

381 尹丈 : 조선시대 正祖 때의 학자인 尹東奎를 가리킨다. 주 369) '邵南' 참조.

5. 성호선생께 답하여 올린 편지

答上星湖先生書 신미년(1751, 40세)

정복이 문하를 출입한 지 지금까지 6년이 되었습니다만 직접 모신 기간은 며칠에 불과합니다. 그래도 버리지 않으시어 비록 잠깐 모시고 말 한마디 나누는 사이에도 정성스러운 가르침과 도타운 사랑의 크신 은혜는 친자식을 대하는 것과 다를 바 없었습니다.

선생님께서는 춘추가 이미 높으시고 미천한 저도 나이 벌써 많은 것이 늘 염려스러워, 세월이 더 가기 전에 날마다 곁에서 모시고 지내면서 직접 가르침을 받고 싶었습니다. 그러나 뜻하지 않게 어버이 병환이 여러 해 동안 깊어가고 게다가 관직에 나오라는 다그침을 받아서 속무(俗務)에 골몰하느라 분주하였습니다. 또 선생님께서도 참척(慘慽)을 당하신 나머지 병환이 더하시니, 말하지 못하는 근심과 마음속에 감춰진 염려는 한 순간도 떠날 때가 없었습니다. 이제 동지 무렵이 되어 마음으로 빌고 빌며 더욱 구구한 심회를 금치 못하고 있던 차에 뜻밖에도 동짓날 보내 주신 서한을, 그나마도 여러 달을 두고 안부도 살피지 못했던 끝에 받고 보니 반갑고 다행스러운 심정 마치 더없는 보배 구슬을 안은 것 같았습니다.

다만 엎드려 살피건대 환후가 여전하시고, 서찰의 자획(字畫)도 떨려 어렵게 근근이 쓰신 것이 보여 병환이 얼마나 중한 상태인지 짐작이 갑니다. 공경히 여러 차례 읽어봄에 사모하는 마음과 염려스러운 생각이 더욱 끝없습니다. 정복은 원래 바탕이 혼미한 사람으로 어려서 이상한 병까지 걸렸기 때문에 부모 마음은 항상 죽지나 않을

까만 걱정하시고 공부는 시키지 않아 결국 배울 기회를 놓쳤고 게다가 집안이 몹시 가난하여 일정하게 정착해 살지도 못했습니다. 그래서 농사를 돌보느라고 학문에 전념하지 못했습니다.

그러나 한 조각 밝은 본연의 양심은 그래도 다소 어둡지 않아서 제 자신 생각하기에 만약 이렇게 이대로 일생을 마친다면 이는 마소가 옷을 입고 개돼지가 밥을 먹는 것이라 생각했습니다. 이에 드디어 옛 경사(經史)를 읽기 시작하며 입으로 외우고 손으로 베끼다 보니 옛 분들의 입도(入道)의 순서와 인기(人己)의 구분에 관하여 대략 알기는 했으나 날은 저물고 갈 길은 멀다는 생각이 앞서 많은 것을 얻으려고 욕심을 부릴 뿐 참된 학문에 실제로 힘을 쓰지는 못하였습니다. 이 때문에 일상생활 하는 중에 걸핏하면 잘못이 많고 칠정(七情)이 발할 때에도 이치로 제재를 못하는 경우가 많아, 더러는 향리의 학문이 무엇인지조차 모르는 사람도 하지 않을 일을 하기도 하니 가만히 생각해 보면 부끄럽고 두려움이 산처럼 쌓였습니다.

선생님을 뵙고 난 이후로는 비록 날마다 곁에서 뵙고 훌륭하신 교훈을 오랫동안 받지는 못하였지만 든든히 의지하여 어리석은 저 자신을 깨우칠 수 있으려니 했습니다. 그러나 선생님을 뵌 뒤로 지금까지 6년 동안 예전 행태를 조금도 고치지 않고 시종 그 모양이었으니 이는 학문에 참된 요령을 얻지 못해 그런 것일 터입니다. 제가 일찍이 고인(古人)의 말을 보고 마음에 깨달은 바가 있었으니, "오직 이 이치가 천지 사이에 가득하고, 고금을 관통하며, 물아(物我)를 다 포괄하고, 동정(動靜)을 아울러 어디고 없는 곳이 없고, 언제나 그렇지 않은 때가 없으니, 격물치지(格物致知)의 학문에 힘을 써서 사물(事物) 본연의 묘리를 환히 보면 인륜과 도리에 있어 차근차근 점차적으로 진보하게 될 것이다."라는 것이었습니다. 그러나 학문의 길이 여러 갈래여서 한 눈에 확실한 판단을 내리기가 어려웠으니, 이런 까닭에 정자(程子)께서 말씀하기를, "함양(涵養)에는 모름지기 경(敬)을 써야 하고, 학문을 향상시키는 것은 치지(致知)에 달려 있으니, 치지를 하되 경을 통하지 않는 경우는 있지 않다." 하셨으니, 이런 까닭에 경이 동정과 지행(知行)을 하나로 관통하는 것입니다.

저의 병통이 어디에 있는지를 미루어 생각해 보면 저는 마음이 약하고 기질이 여려서 마음껏 이치를 연구하지 못하고 게다가 소리를 높여 글을 읽지도 못합니다. 만약 억지로 애를 쓰면 정신이 도리어 흩어져 버리고 기운도 나른하여 일을 처리할 때에도 실수를 하고 맙니다. 그렇기 때문에 한적한 곳에 가서 본원(本原)을 함양하고 흩어진 마음을 수습하여 본바탕이 단단해지도록 하고자 하였습니다. 그런 뒤에 격물치지(格物致知)를 하고 이로써 사물을 접응하여, 늘 마음이 주재하여 사물에 끌려다니지 않게 한다면 마음이 혼란하여 안정되지 못할 우려가 있게 되지는 않으려니 생각했습니다. 그런데 또 벼슬길에 들어가서 속무(俗務)에 골몰하다 보니 평소에 가졌던 마음을 또 어기고 말았습니다. 그래서 비록 서슴없이 벼슬을 버리고 싶지만 무능한 저 자신의 실상도 알지 못한 채 녹사(祿仕)하려는 생각을 그만두지 못하니 슬프고 민망한 심정을 어찌 형언할 수 있겠습니까.

그리하여 지금부터는 일 없을 때는 입 다물고 가만히 앉아 있고, 무엇인가 할 때는 자신을 성찰하여 저 스스로 대군자(大君子)에게 버림받은 사람이 되지는 말아야 할 터이나, 그러나 기질이 원래 경솔하여 또다시 전철을 밟지나 않을까 그것이 두려울 뿐입니다.

선생님의 덕을 우러러 사모한 나머지 감히 저의 심정을 말씀드리니 주제넘다고 탓하지 마시고 다시 밝은 가르침을 내려주시면 매우 고맙겠습니다. 『도동록(道東錄)』은 윤장(尹丈)과 베껴 내자고 논의하였으니, 하교(下敎)를 기다려 착수할 것입니다. 이만 줄입니다.

鼎福往來門下, 六年于玆, 前後陪侍, 不過數日. 猥蒙不棄, 雖在半席片辭之間, 敎誨之勤, 撫愛之篤, 恩同所生. 常念先生春秋旣高, 賤子年又腕晚, 每欲及時日在函丈[382], 躬承警咳. 不意親瘵積歲沉困, 繼以俗宦又來相迫, 奔走汨沒, 而先生又遭大慽, 患候彌篤矣. 不言之憂, 藏心之慮, 無間時刻, 而當此陽復之際, 禱祝微忱, 尤不勝區區. 意外伏承至日賜書, 得奉于累月曠候之餘, 私心慰幸, 若抱拱璧[383]. 第伏審患候猶然, 伏觀字畫戰掉, 有艱澁難成之態, 亦可以仰揣病患之緊重矣. 敬玩累度, 慕慮之懷, 益復無涯矣. 鼎福素以昏昧之質, 早歲沉嬰奇疾, 父母之心, 常以死生爲慮, 不加以學問之事, 終致失學, 而兼以家事窘約, 無所止泊. 故課治田農, 又不能專意于學. 然而一段不昧之心, 稍見于心目之間, 自謂若此而終焉, 則馬牛裾而狗豕食矣. 遂取古經史而讀之, 口誦手抄, 畧知古人入道之序, 人己之分[384], 而未

---

382 函丈 : 『禮記』「曲禮」에 "만일 음식 대접이나 하려고 청한 손님이 아니면 자리를 펼 때에 자리와 자리의 사이가 한 길 정도가 되게 한다.〔若非飮食之客, 則布席, 席間函丈.〕"한 데서 온 말로 스승의 경칭으로 쓰인다.

383 拱璧 : 두 손으로 감싸 잡을 만큼 큰 璧玉으로, 더없이 진귀한 보배를 뜻한다. 『左傳』 襄公二十八年의 "與我其拱璧, 吾獻其柩."에서 온 말이다.

384 人己之分 : 名利와 같은 남에게 보이기 위한 것을 추구하는 爲人之學과 참된 자기 완성을 위한 爲己之學의 구분을 뜻한다. 孔子가 "옛날 학자들은 자기를 위한 학문을 하였는데, 지금의 학자들은 남에게 보이기 위한 학문을 한다.〔古之學者爲己, 今之學者爲人.〕"한 데서 유래하였다. 『論語 憲問』

免有日暮途遠之慮, 貪多務得, 不能實用其力. 故日用之間, 動多跲躓, 七情之發, 多不理裁, 或有爲鄕里之陳人不知此事之爲何如者之所不爲焉; 靜而思之, 愧懼山積. 自見先生以後, 雖不能日接耿光, 長承雅勅, 庶可倚以爲重, 警此昏憒. 六年之內, 無少改乎其故, 而終始一套; 此未得其要而然耳. 竊嘗觀於古人之言而有得焉, 曰: "惟此一理, 盈天地貫古今, 該物我兼動靜, 無處不有, 無時不然; 若用功於格物致知之學, 灼見事物本然之妙, 則其彛則之間, 自有循序而漸進者矣." 而頭緖多端, 難以一見劈破矣. 故程夫子之言曰: "涵養須用敬, 進學在致知; 未有致知而不在敬"者, 此敬之所以貫動靜知行而一之者也. 常以賤疾之所在而推之, 則心力短弱, 氣質脆薄, 旣不能盡意究覈, 又不能高聲誦讀. 若强焉則精神反復耗散而氣亦薾然, 處事之際, 亦復失當矣. 是以, 欲得一靜僻處, 涵養本原[385], 收拾放心, 使本地牢固, 然後以之格物而致知, 以之應事而接物, 常使心爲之主而不爲事物所勝, 則不至有紛擾難解之患. 而又入世路, 滾汨埃臼, 素心又違矣. 雖欲棄之不疑, 而祿仕[386]之計, 又不知其不才而不能止; 痛悼悶惻, 當復何喩? 繼自今當無事端嘿, 有爲省察, 毋敢自絶于大君子, 而輕忽之質, 惟以復蹈故轍, 是恐是懼耳. 不勝仰德, 敢貢愚衷, 不罪僭易[387], 復賜明敎, 幸甚. 『道東錄』, 與尹丈[388]有謄出之議, 欲俟下敎而爲之耳. 餘不宣.

---

385 本原: 사람의 본원인 本性을 뜻한다.

386 祿仕: 가난하여 녹봉을 얻어 생활하기 위해 낮은 벼슬을 하는 것이다.

387 僭易: 독음이 '참역'이다. 참람되고 도리에 위배된다는 뜻이다.

388 尹丈: 조선시대 正祖 때의 학자인 尹東奎를 가리킨다. 주 369) '邵南' 참조.

6. 성호선생께 올린 편지

上星湖先生書 계유년(1753, 42세)

『이자수어(李子粹語)』는 그 편차(篇次)에 있어 참으로 미심쩍은 곳이 있기 때문에 주제넘게 제 생각대로 고쳐서 우러러 말씀드립니다. 게다가 그 장(章)의 순서도 오로지 문집의 순서에 따라 정해 놓았기 때문에 더러는 전후와 완급의 순서가 혹 잘못된 곳이 있기에 윤장(尹丈)과 상의하여 그 순서를 고쳤습니다. 이는 감히 어른께서 이미 만들어 놓으신 책을 마음대로 나누어 쪼개어 자기가 책을 새로 만든 것처럼 하고자 하는 것이 아니라 실로 제 소견에 미심쩍은 곳을 말씀드리고자 한 뜻에서 나온 것이니 아울러 가르침을 주시기 바랍니다.

밀성(密城 경상도 밀양) 안경점(安景漸)이 자기 선인의 덕을 후세에 전하고 싶어서 자료를 가지고 찾아뵈러 갔으니, 그 성의가 가상합니다. 지금 이런 글을 지으실 만한 정신과 근력이 있으신지요?

일전에 보내온 경협(景協)의 편지에 "혹자의 말에 '정(鼎)의 형상은 정(鼎)의 반대가 혁괘〔革〕이고 혁에는 풍로(風爐)의 형상이 있다. 『서경(書經)』「홍범(洪範)」에도 금(金)은 따르고 변혁한다〔從革〕고 했으니, 역시 이를 가리킨 것이다.' 하였으니, 그 뜻을 모르겠다." 하였습니다. 이른바 혹자의 말이라는 것이 어느 책에 나오는지 모르겠으나 저의 어리석은 소견으로는 풍로의 형상에는 과연 변혁〔革〕이 있습니다. 그 괘상(卦象)이 아래는 불이고, 가운데는 손목(巽木)이고, 위에는 태금(兌金)이므로 쇠가 나무와 불 위에 있으면 바람과

불이 고동하여 그 쇠붙이를 녹이는 형상이 있으니 이것이 바로 풍로
(風爐)와 비슷하다 하겠습니다. 이렇게 보면 따라서 또 변혁한다는
뜻도 여기에서 나왔다고 볼 수도 있지 않겠습니까. 이렇게 답하려고
했으나 인편이 없어 아직 못하고 있던 차에 감히 먼저 말씀드리고
가르침을 청합니다.

『粹語』篇次, 儘有可疑. 故僭易改定仰稟. 且其章次, 專以文集之序編定. 故
前後緩急, 或失其序, 亦與尹丈商量改次, 非敢分裂長者已成之書, 欲爲己
功也, 實出於貢愚獻疑之意, 並乞指敎. 密城安景漸欲不朽其先德, 携卷進
謁, 其誠可尙也. 伏未知精力可以及此否. 頃日景協[389]書, "或言鼎象也, 反
鼎爲革, 革有風爐象. 洪範曰, 金曰從革[390], 亦指此, 未知其義." 所謂或言,
未知出於何書, 而愚見風爐之象, 革果有焉. 下體火, 中巽木, 上兌金, 金在
木火之上, 有風火鼓鑄之象, 正似風爐然矣. 從革之義, 未必不由於此. 欲以
此相答, 而便使無憑, 敢以先告請敎耳.

---

389 景協 : 李秉休(1711~1777)의 자이다. 그는 호는 貞山이고 관향은 驪州이
   며, 성호 이익의 조카이다.

390 金曰從革 : 『書經』「洪範」5章에서 五行을 말한 곳에 나온다. 이에 대해 蔡忱
   의 傳에는 "從革이란 그대로 따르고 또 변하는 것이다.〔從革者, 從而又革
   也.〕" 하였다. 금속은 굽히거나 녹여서 모양을 마음대로 바꿀 수 있기 때문에
   이렇게 말하였다.

7. 성호선생께 올린 편지

上星湖先生書 계유년(1753, 42세)

『이자수어(李子粹語)』는 병중에 교감했기 때문에 소략한 곳이 많습니다. 그래도 저 자신은 팔구분(八九分)은 완성된 책이라 여겨 삼가 선생님께 말씀드리고 윤장께 질정하여서 산정(刪定)을 거의 흠 없이 다 마쳤는데, 마지막에 가서 윤장께서 보낸 서한에, "기왕 '수어(粹語)'라고 이름을 붙였고 보면 언행(言行)을 다 채록해서는 안 되니, 책 속에 행실에 관한 부분은 모두 산삭해야 옳다."고 하였습니다. 이 문제에 대해서는 시생(侍生) 역시 생각했었으나, 저로서는 이 책은 문집(文集)과 여러 사람들이 쓴 퇴계선생의 『언행록(言行錄)』 중에서 좋은 말씀들을 고른 것이니 정문(程門)의 『수언(粹言)』과는 다소 다른 점이 있고 또 범례(凡例)에도 이미 그렇게 밝힌 바 있다고 생각했습니다. 그런 까닭에 의심하지 않아서 미처 질정하지 못했던 것입니다. 그 후 누차 그 문제를 두고 윤장과 논란하였지만 윤장께서 아직 수긍하지 않으셨습니다. 그러나 저로서는 아무래도 옳지 않다고 생각되지 않습니다. 어떻게 생각하시는지요? 다시 가르침을 내려 주시기 바랍니다.

서문(序文)은 읽고 또 읽었습니다. 그런데 그 중 두서너 구절이 아무래도 미심쩍은 곳이 있기에 감히 이렇게 우러러 여쭙습니다. "빈빈호대재(彬彬乎大哉)" 아래 10자는 문장이 이어지는 곳이 자연스럽지 못한 듯하니 산삭하는 것이 어떻겠습니까? 그리고 사문야재(斯文也哉) 아래 14자도 말뜻이 너무 노골적인 것 같아 달리 고쳐야 할 듯합니다. 제 생각에는 혹 "내가 늦게 태어나서 선생의 문하에 직접 가 배우지 못하고 다만 남겨 놓으신 글만을 읽고서……."로 고쳤으면 합니다. 어떻게 생각하시는지요? 그리고 마지막 단락의 오호(嗚呼) 이하도 혼연(渾然)함이 부족한 듯하니, 제 생각에는 이곳도 혹 "자사자(子思子)·자정자(子程子) 등은 모두 후인들이 그를 존경하는 뜻에서 쓰는 말이다. 우리나라 사람이 존모하는 대상은 퇴계(退溪)보다 더 한 이가 없으니 퇴계를 이자(李子)라고 일컫더라도 우리나라 사람들은 아무도 이의를 제기하지 않을 것이다. 이 책을 보는 이들이 그 점을 알아주었으면 좋겠다."라고 하는 것이 좋을 듯한데 어떻게 생각하시는지요? 의리상 서로 숨김이 없어야 하는 처지이기에 감히 이 어리석은 소견을 털어놓은 것이니 너무나 황공합니다.

이번에 보내온 편지에 윤장에게 보내신 답서를 동봉하셨는데, 그 서신 펴보는 것을 선생님께서도 그리 혐의쩍게 여기시지는 않을 것이라 생각하였습니다. 그래서 남의 사사로운 편지를 몰래 보는 것과는 경우가 다르다고 여겨 감히 펼쳐 보았더니 서신 말미에 부(傅)·서(徐)의 무리들에 대해 당연히 주(誅)라고 쓰고, 살(殺)이라고 써야 한다고 논하셨습니다. 시생이 평소 『강목(綱目)』은 다른 책들에 비하여 좀 더 익숙히 읽었었는데 필법(筆法)이 의심스러운 곳이 매우 많았고 게다가 범례(凡例)와도 매우 맞지 않은 것들이 있으니, 『행장(行狀)』에서 주자께서 '미처 수정하지 못한 것이 한스럽다.'라고 하셨던 것이 과연 사실인 듯합니다.

절의(節義)는 의당 사가(史家)가 포양(襃揚)하는 것인데 전국(戰國) 시대에는 군신간의 의리가 다 없어졌으니, 만약 한 사람이라도 국난을 위해 죽기만 했다면 진실로 반갑기 그지없는 사실이었을 것입니다. 왕촉(王蠋)의 죽음 같은 것은 탁월한 일이라고 할 만하므로 당연히 강(綱)으로 잡아야 했을 것인데, 도리어 없애 버리고 목(目) 아래에 소주[註]로만 처리했습니다. 그 후대에 와서는 비록 전쟁에서 죽은 자일지라도 번거로움을 마다 않고 반드시 '죽었다[死]'고 썼으니, 이 점이 참으로 모를 일입니다. 그리고 또 필법에 혹 토(討)니 살(殺)이니 쓴 예가 있는데 후세 유자들이 그에 대해 말하기를, "토라고 쓴 것은 신하의 죄를 벌한 것이고, 살이라고 쓴 것은 임금의 악을 드러낸 것이다."라고 했습니다. 필법에 과연 그러한 사례가 있는지요?

「홍범(洪範)」에 "13사(祀)에 왕이 기자(箕子)를 찾아갔다." 했는데, 해석하는 이가 "상(商)나라에서는 연(年)을 사(祀)로 썼으니, 여기에서 사라고 쓴 것은 기자가 상나라 신하임을 인정한 것이다."라고 한 것에 대해 의심스럽게 생각했습니다. 그렇다면 그 13이라는 수는 바로 무왕(武王)이 즉위한 햇수이고 사(祀)는 상(商)의 명칭이니, 이와 같이 섞어서 쓰는 것이 아무리 생각해도 온당치 않을 듯합니다. 가르침을 내려 주시기 바랍니다. 또 "영국공(郢國公) 우문사급(宇文士及)이 졸(卒)하다." 하고, "임회태수(臨淮太守) 치초(郗超)가 졸하다." 했는데, 이와 같이 쓰는 것은 진실로 악을 징계하는 뜻이 있는 것입니까? 이 책에서 미심쩍은 곳은 이루 다 말할 수 없고, 마침 한두 조목을 발견했기에 감히 이렇게 우러러 질정합니다.

보내주신 편지 중에 구양수가 비난당했던 일 및 이평숙(李平叔)이 사단칠정(四端七情)을 논하고 도중에 밀계(密啓)했던 일 같은 것들은 모두 말씀대로 납득하였습니다. 다만 기명언(奇明彦)에게 답한 퇴계선생의 서신에 이해하기 어려운 몇 구절이 있습니다. 예컨대 스승을 너무 존경하는 마음에서 잘못된 것까지 잘된 것으로 간주한다면 그것은 자신을 속이는 일이요 스승을 섬기는 도리가 아니라고 하였는데, 이 말은 무슨 일을 가리킨 것인지요? 이만 줄이겠습니다.

『粹語』, 病裏校檢, 固多疎漏, 而自謂是八九分得正之書, 奉稟于先生, 就質於尹丈, 刪定幾盡無欠. 末梢, 尹丈有書以爲"旣以粹語命名, 則言行不當兼採; 篇中論行處, 皆當刪去," 此事侍生亦嘗念及, 而第意下以爲此書就文集及諸家言行錄中取其粹美之語, 與程門『粹言』[391], 微有不同, 而凡例中亦已言之矣. 由是不以爲疑, 未及相質. 累次論難于尹丈, 而未見肯可. 然愚意則終未知爲不可也. 伏未知如何? 更賜指敎. 序文, 圭復[392]莊誦, 二三句節, 未免有可疑處, 敢此仰稟. 彬彬乎大哉下十字接續處似突然, 刪之如何? 斯文也哉下十四字, 語意似露, 恐當改定. 愚意則或以"某生晚, 不得摳衣於先生之門, 徒能讀其書云云." 未知如何? 末段"嗚呼"以下, 亦欠渾然; 愚意則亦或以爲"子思子·子程子, 皆後人尊慕之語也. 東人之尊慕, 無過於退溪, 則李子之稱, 宜東人之無異辭也. 觀此篇者, 幸有以知之云." 如此措語, 未知如何? 義在無隱[393], 敢此貢愚, 不任惶悚. 下答尹丈書, 混封于此來書中. 伏想先生之意, 亦不以披看爲嫌. 故與窺人私書[394]之意, 有所不同, 遂敢披

---

391 『粹言』: 宋나라 학자로 程伊川의 제자 楊時가 지은 『二程粹言』을 가리킨다.

392 圭復: 『論語』「先進」에 "남용이 백규편을 하루에 세 번씩 되풀이하여 읽거늘, 공자가 형의 딸을 그의 아내로 삼아주었다.〔南容三復白圭, 孔子以其兄之子妻之.〕" 한 데서 온 말로 글을 소중하게 여겨 여러 번 되풀이해 읽음을 뜻한다.

393 義在無隱: 스승에게는 숨기는 바가 없어야 한다는 뜻이다. 주 374) '義當無隱' 참조.

玩, 則書末論傅·徐[395]輩當書誅書殺之例. 侍生平日於『綱目』之書, 講之稍熟於他書, 而筆法之可疑處甚多, 又與凡例大不相關;『行狀』所謂‘以未及修正爲恨[396]’者, 果是實語也. 節義是史家之所褒, 而戰國之際, 君臣之義掃地, 如有一人僅死難, 則固爲空谷之跫音[397]. 王蠋之死[398], 可謂卓越事, 當立綱而反沒之, 但註于目下, 至若後代, 雖一時戰亡者, 必書死之, 不厭其煩, 此正未可知也. 筆法又或有討殺等例, 後儒以爲“書討以誅其臣之罪, 書殺以彰其君之惡,” 筆法果有如此格例耶? 嘗疑洪範“十有三祀, 王訪于箕子,”

---

394 窺人私書 :『小學』「嘉言」에 “두 사람이 나란히 앉아서 남의 사사로운 편지를 엿보아서는 안 된다.〔與人並坐, 不可窺人私書.〕” 하였다.

395 傅·徐 : 傅亮과 徐羨之의 병칭이다. 부량은 南朝 宋나라 사람이고 武帝 때 佐命功臣이었는데 뒤에 주살되었다. 徐羨之는 南朝 송나라 사람으로 자는 宗文이고, 벼슬이 吏部尙書에 이르렀는데 시역죄로 몰려 자결하였다. 이들은 劉義府(少帝)를 시해하고 文帝를 세웠는데 모두 문제에 의해 죽었다.

396 『行狀』……爲恨 : 朱子의 사위인 勉齋 黃榦이 지은 「朱子行狀」에 “『通鑑綱目』은 겨우 卷帙을 이루셨으나 미처 수정 보완하지 못한 것을 늘 한스럽게 생각하셨다.〔通鑑綱目, 僅能成編, 每以未及修補爲恨.〕” 하였다.

397 空谷之跫音 : 매우 반가운 소식을 뜻한다.『莊子』「徐无鬼」에 “세상을 피해 텅 빈 골짜기에 가서 사는 자는 사람의 발자국 소리만 들어도 기뻐한다.〔逃空虛者, 聞人足音跫然而喜.〕” 한 데서 온 말이다.

398 王蠋之死 : 王蠋은 전국시대 齊나라 畫邑 사람이다. 燕나라 장수 樂毅가 제나라를 공격하면서 왕촉의 명성을 듣고 화읍을 30리 밖에서 포위하고 사람을 보내 왕촉에게 연나라 장수로 삼고 萬戶의 식읍을 주겠다고 회유하였으나 왕촉이 사양하였다. 이에 악의가 三軍을 거느리고서 화읍을 도륙하겠다고 협박하자 왕촉이 “충신은 두 임금을 섬기지 않고 열녀는 두 지아비를 섬기지 않는다.〔忠臣不事二君 烈女不更二夫.〕” 하고 목을 매어 자결하였다.『史記 83권 田單列傳』

釋者以爲"商曰祀; 稱祀者, 與箕子之爲殷臣也," 然則十三, 是武王卽位年
數, 祀是殷稱, 如是混稱, 終覺不安, 伏乞下敎. 至若郫公宇文士及[399]卒, 臨
淮太守郗超[400]卒; 如此筆法, 固有懲惡之道耶? 此書所疑, 不可毛擧, 適因
一二條, 敢此仰質焉. 下書中歐公取謗事[401]及李平叔論四七道次密啓[402]之
類, 皆承敎. 第有書答奇明彦, 有數句難曉者, 若以尊師之重, 而并與未得爲
已得, 是自欺, 非事師之義耳, 伏未知此指何事耶? 餘不宣.

---

399 宇文士及 : 宇文士及은 자는 仁人이고 隋나라 宇文述의 셋째 아들이다. 수나
라 煬帝의 딸과 결혼하였으나 그의 형 宇文化及이 반란을 일으켜 양제를
시해하자 唐나라로 의탁하여 벼슬이 殿中監에까지 올랐다. 『舊唐書 63권
宇文士及傳』

400 郗超 : 晉나라 때 사람이다. 그의 조부 郗鑑은 名臣으로 진나라에 충성했는
데, 손자인 치초는 逆臣 桓溫을 도와 환온의 역모에 깊이 가담하였다. 결과적
으로 자기 조부를 배반한 셈이 되었다. 『晉書 67卷』

401 歐公取謗事 : 歐公은 宋나라 歐陽脩를 가리킨다. 景祐 2년(1035)에 구양수
의 妹夫 張龜正이 세상을 떠나자 구양수의 누이가 어린 딸을 데리고 구양수
에게 와서 의지하였다. 10년 뒤인 慶曆 5년(1045)에 어떤 사람이 장귀정의
재산으로 전답을 사서 구양수의 문서로 만들어놓고, 구양수를 지목하여 재
물을 탐내어 의리를 배신하였다고 誣告하였다. 이른바 '歐陽脩外甥女張氏案'
이라는 사건인데, 이로 말미암아 구양수는 知制誥·知滁州로 좌천되었다.
滁州에 있으면서 유명한 「醉翁亭記」를 지었다.

402 李平叔……密啓 : 平叔은 李咸亨의 자이다. 그의 본관은 全州이고 호는 山天
齋이다. 서울에 거주하여 관직생활을 하러 서울에 올라온 퇴계 이황과 고봉
기대승 모두에게 배웠다.

8. 성호선생께 올린 편지

上星湖先生書 갑술년(1754, 43세)

『강목(綱目)』은 기록이 범례와 다른 곳이 많은데, 당(唐)나라 이하가 더욱 심합니다. 사람의 훙(薨)과 졸(卒)을 쓰는 것이 저마다 범례가 있어 관작을 쓰고 졸을 쓰고 그리고 그 시호[諡] 아래에 이름을 주(註)로 달게 되어 있으니, 그것은 사후의 칭호를 졸하기 전에 붙여서는 안 되기 때문입니다. 주자(朱子)께서 "『좌전(左傳)』에서 진 환공(陳桓公) 한 곳에만 시호를 썼다."라고 말했으니, 여기서 알수 있습니다. 문정공(文貞公) 송경(宋璟), 무목왕(武穆王) 이광필(李光弼), 충무왕(忠武王) 곽자의(郭子儀)와 같이 시호를 앞에 쓴경우는 분명히 미처 수정하지 못한 것들인데 후세 유자들은 논하기를 "시호를 쓴 것은 포숭(襃崇)의 뜻이다."라고 하니 이는 경우에 따라 적당하게 뜻을 해석한 말들이지 주자의 본의와는 맞지 않습니다. 그러므로 시생은 늘 "『강목(綱目)』을 읽고자 하면 의당 범례를 따라서 보아야 하니, 범례와 서로 어긋난 것은 강(綱)을 따라 주석을 달아야 그 근본 취지를 잃지 않을 것이다." 하였고 윤장 역시 그렇게 말하는데 어떻게 생각하시는지요?

역대 간흉(奸凶)들 및 풍도(馮道)와 같은 무리들은 당연히 사(死)로 써야 할 것인데 도리어 졸(卒)이라고 썼으니, 참으로 의심스러운 일입니다. 구경산(丘瓊山)의 『세사정강(世史正綱)』은 필삭(筆削)의 기준이 현저히 다릅니다. 왕안석(王安石) 같이 변법(變法)으로 천하를 어지럽게 만들고 『삼경자설(三經字說)』로 성현의 경전을 괴란시킨 사람까지도 사(死)라고 썼으니 이러한 필법(筆法)은 과연 어떠한 것입니까? 소종(蕭琮)의 일은 일찍이 의아하게 생각했으나 미처 우러러 질정하지 못했는데 지금 다행히 가르침을 내려 주시니 얻은 바가 많았습니다. 위에는 반(叛)이라고 쓰고 아래는 사(死)라고 썼으니 주자는 소종을 죄책한 것이 분명합니다. 이러한 뜻을 미루어 말해 본다면 이는 나를 길러 준 덕이 나를 낳아준 은혜보다 도리어 중하여 망한 나라를 회복하려는 신자(臣子)들의 뜻을 꺾는 셈이 됩니다. 따라서 의리로 생각해보면 필시 이와 같지 않을 터인데, 이렇게 특필(特筆)했습니다. 유우익(劉友益)·윤기신(尹起莘)과 같은 사람들은 이에 따라서 조금도 가차 없이 소종을 죄책했으니 참으로 납득할 수 없습니다. 그렇다면 반(叛)을 분(奔)으로 고쳐 쓰면 분은 무슨 연고가 있어서라는 말이 되니 그런대로 괜찮을 듯합니다.

지난 날 강화(江華)에 있을 때 경력(經歷) 임상정(林象鼎)을 만났는데 사학(史學)에 꽤 조예가 있고 자기가 편집한 사서(史書)도 있기에 강(綱)을 세울 때 많은 자문을 구했었습니다. 무경(武庚)의 경우로 말하자면 관숙(管叔)·채숙(蔡叔)과 똑같이 주(誅)로 써야 옳다고 했는데, 시생은 "관숙·채숙은 당연히 주(誅)로 써야 하고, 무경의 경우는 살(殺)이라고 써야 옳다. 왜냐하면 무경에게도 천명(天命)을 모르고 어긴 죄는 물론 있으나, 그러나 그가 은(殷)의 유손(遺孫)으로서 자기의 망한 나라를 되찾으려고 한 점으로 말하자면 무경은 사실 죄가 없는 것이다. 선유(先儒)들도 주(周)에서 완민(頑民)이라고 하는 이들이 은(殷)에서 보면 충신(忠臣)이라고 했다. 따라서 여기는 주(誅)로 써서는 안 된다." 했더니, 임상정 역시 그렇다고 하여 드디어 "무경을 죽였다.〔殺武庚.〕"·"관숙(管叔)과 채숙(蔡叔)을 주벌했다.〔誅管蔡.〕"로 강(綱)을 세웠습니다. 이 문제에 대해서 마음속으로 미심쩍기에 이제 아울러 여쭙습니다.

시(弑)는 아랫사람이 윗사람을 죽인 경우에 쓰는 말입니다. "자식이 모후(母后)에 대해 신(臣)이라고 칭했고 보면 자식에 대하여 어머니를 아랫사람의 예(例)로 논할 수 없다."고 하신 하교는 참으로 옳습니다. 그러나 풍태후(馮太后)·호태후(胡太后)의 경우를 모두 시(弑)로 썼으니 이는 아랫사람이 윗사람을 죽인 예(例)에 구애받지 않은 듯합니다. 임금은 한 사람 뿐이고 부인(婦人)은 아들을 따르는 의리가 있으니, 비록 모후라 하더라도 곤도(坤道)로 미루어 본다면 아무래도 지도(地道)요, 처도(妻道)요, 신도(臣道)가 되는 것입니다. 위로 종묘(宗廟)를 이어받고 아래로 억조 백성을 다스리는 존엄한 임금은 둘이 없는 법인데 태후가 그를 독살하였고 보면 여기서는 죽였다〔殺〕고 쓸 수 없으니, 의리로 보아 의심할 바 없이 시(弑)라고 써야 합니다. 다시 가르침을 내려 주시기 바랍니다. 만약 시(弑)라고 써서 안 된다고 여기신다면 실로 이를 대신할 말이 없습니다. 일찍이 『진서(晉書)』를 보았더니 중국 사람으로서 오랑캐들에게 죽음을 당한 자에 대해 모두 "아무개가 아무개에게 해(害)를 당했다." 했으니, 그렇다면 시(弑) 대신에 해(害)를 쓰면 혹 괜찮겠습니까? 그렇지 않다면 "태후가 위주(魏主)에게 독약을 올려 위주가 죽었다."라고 쓰고 시(弑)나 해(害) 등의 글자는 쓰지 말아야 할런지요?

보내주신 편지 중에 말씀하신 양국충(楊國忠)은 이보국(李輔國)입니다. 『강목』에 "보국이 황후 장씨(張氏)를 죽였다."고 했는데 장씨가 물론 죄는 있었지만 그렇다고 이보국이 어떻게 감히 죽인단 말입니까. 여기서 살(殺) 자는 시(弑) 자로 써야 하는데 잘못 쓴 듯합니다.

『강목』에서 "도적이 이보국을 죽였다."라고 한 대목에 이르러서는 의심할 나위 없이 특필인 듯합니다. 보국이 죄가 있는데도 대종(代宗)이 그의 죄를 밝혀서 바로잡지 못하고 도적이 하는 짓을 하여 그를 죽였으니, 도살했다고 쓴 것은 대종의 잘못을 드러낸 것이지 보국과는 무관한 것일 듯합니다. 어떻게 생각하시는지요?

『綱目』與凡例相違者多, 而自唐以下尤甚, 書人薨卒, 自有其例, 書爵書卒而註其諡曰某. 盖不可以死後之稱, 加于未卒之前也. 朱子常言"『左傳』獨陳桓公一處稱諡", 此亦可見. 而文貞公宋璟·武穆王李光弼·忠武王郭子儀之類, 分明是未及修正者; 而後儒論之曰: "書諡爲襃崇之意." 此皆出於隨處解義, 非得朱子本意者也. 故侍生常以爲"欲讀『綱目』, 當依凡例; 與凡例相違者, 逐綱而註之, 似不失其本旨也." 尹丈亦言如此, 伏未知如何? 歷代奸凶及馮道[403]之類, 固當爲死例, 反以書卒, 誠爲可疑. 丘瓊山[404]『世史正綱』, 筆削頓異. 至若王安石, 以變法亂天下, 『字說』乖聖經, 遂書死; 此等筆法, 果如何耶? 蕭琮事, 竊嘗疑之, 未及仰質; 今幸下示, 受敎多矣. 上書叛, 下書死, 則朱子之罪琮, 明矣. 推此義而言之, 則是育我之德, 反重於生我之

---

403 馮道 : 五代 시대의 재상으로 일생 동안 唐·晉·契丹·漢·周 다섯 왕조의 재상을 거치면서 여섯 황제를 섬겼고, 長樂老라 自號하여 스스로 매우 영화롭게 여겼다. 宋나라 歐陽脩가 『新五代史』를 편찬하면서 풍도의 傳을 雜傳 속에 넣고 그를 염치없는 자라 평하였다. 『新五代史 54권 馮道傳』

404 丘瓊山 : 丘瓊山은 明나라 때 학자 丘濬을 가리킨다. 그의 자는 仲深이고 호가 瓊山이며, 벼슬은 文淵閣大學士에 이르렀다. 朱子學에 정통하였고 저술로 『大學衍義補』, 『家禮儀節』, 『五倫全備』, 『世史正綱』 등이 있다.

恩, 而沮臣子興復舊物之志矣. 求之義理, 必不如是, 而特筆若此. 劉友益·尹起莘[405]輩, 從以罪琮[406], 不遺餘力, 誠未可知也. 然則改叛書奔, 則奔爲有故之辭, 似或可矣. 前日在江華時, 見林經歷象鼎[407], 頗有史學, 有所編輯, 立綱之時, 多有所問. 至武庚事, 林云:"當書誅, 與管蔡同筆." 侍生以爲"在管蔡則當書誅, 在武庚則當書殺. 武庚不識天命之罪, 固有之矣. 至於以殷遺孫, 欲復舊物, 則武庚實無罪矣. 先儒云周之所謂頑民, 卽殷之忠臣, 此不當書誅," 林然之, 遂以殺武庚誅管蔡立綱. 此事心嘗疑之, 今幷奉禀. 弑是下殺上之辭也. 子於母后稱臣, 則母之於子, 不可以在下例論之也, 誠如下敎. 然而馮太后·胡太后皆書弑, 此似不拘於下殺上之義. 夫君一而已, 婦人有從子之義[408]; 雖爲母后, 以坤道推之, 終是地道也妻道也臣道也. 上承宗廟, 下臨兆庶, 尊無二上, 而太后酏之. 於此言殺不得, 書弑之義, 似無所疑. 伏乞更賜指敎. 若以弑爲不可, 則實無代此而爲說者. 嘗觀『晉書』, 凡

---

405 劉友益·尹起莘 : 유우익은 宋나라 吉州 사람으로 자가 樂三인데, 송나라가 망하자 萬山에 은거하여 『通鑑綱目書法』을 저술하였다. 이 책을 완성하는 데 30년이 걸렸다 한다. 윤기신은 송나라 處州 사람으로『資治通鑑綱目發明』을 저술하였다.

406 琮 : 後梁 明帝의 아들인 蕭琮을 가리킨다. 그는 明帝의 뒤를 이어 帝位에 올랐으나 후일에 隋나라 文帝의 부름을 받고 入朝하여 신하가 되어 莒國公에 봉해졌다. 이로써 後梁은 끝내 망하고 말았다.

407 林經歷象鼎 :『歷代史要』를 편찬하였다.

408 婦人有從子之義 :『儀禮』「喪服」에 "부인은 세 사람을 따라야 할 의리가 있고 자기 마음대로 하는 도리가 없다. 그러므로 시집가기 전에는 아버지를 따르고, 시집간 뒤에는 남편을 따르고, 남편이 죽은 뒤에는 자식을 따른다. 〔婦人有三從之義, 無專用之道. 故未嫁從父, 旣嫁從夫, 夫死從子.〕" 한 데서 온 말이다.

中國之人, 爲胡羯所殺者, 皆曰 : "某爲某所害." 然則以害代弑, 或可耶? 不
然則曰 : "太后進毒於魏主, 魏主殂云." 而弑害等字, 不當下耶? 下書中"楊國
忠[409]", 是李輔國[410]也. "輔國殺皇后張氏", 張氏固有罪矣, 而輔國豈敢殺
耶? 此殺字恐誤. 至若"盜殺李輔國"者, 似是特筆無可疑者. 輔國有罪, 代宗
不能明正其罪, 而行盜賊之事以殺之, 書盜殺, 所以病代宗也, 無關於輔國.
伏未知如何?

409 楊國忠 : 唐나라 玄宗 때 楊貴妃의 오라비로 권세를 장악하고 국사를 그르쳐
安祿山의 亂이 일어났다. 현종이 蜀中으로 播遷할 때 馬嵬驛에서 양국충은
처형되었다. 『新唐書 106권 楊國忠傳』

410 李輔國 : 본명은 靜忠이고 宦官이다. 唐나라 玄宗 때에 궁중 馬廐 간수로
있다가 楊國忠을 죽이는 모의에 가담, 출세의 발판을 굳혔다. 그 뒤 元帥府行
軍司馬로 발탁, 임금의 수족이 되었다. 代宗이 즉위하자 그를 높여 尙父라
칭하고, 司空에 올려 博陵郡王에 봉했다. 그는 사람됨이 겉으로는 謹厚한
듯하면서 마음속은 매우 사나웠다. 권력을 전횡하여 횡포를 자행했으므로
代宗이 자객을 시켜 암살하였다.

9. 성호선생께 올린 별지

上星湖先生別紙 갑술년(1754, 43세)

오솔길이 앞에 있으면 자세히 구분해야 하니
선비가 뜻 구한다는 것도 일찍이 들은 말이지
귀뚜라미 잎을 안고 가는 세월 슬퍼 말라
하늘 높이 나는 학은 본래 친구가 적은 법이지
이 한밤 창해의 달빛을 누가 남겨두었는가
바람이 구름 쓸어버리는 것 누워서 보노라
우뚝 솟은 청산 그대가 오직 내 벗이니
또한 마음에 간직한 생각을 그대에게 말하노라

이 시는 선생님께서 읊으신 것입니까? 누가 와서 이 시를 전하면서, 이는 세상을 조롱하는 작품이라고 했습니다. 이에 제가 "이 시는 풍경을 보며 감회를 읊은 것에 불과하니, 어느 구절이 세상을 비웃는 말인가." 했더니 그 사람이 수긍하고 갔습니다. 생각하면 세상 인심이 참으로 험한 것입니다. 흑백을 가려 보지 않고 경솔하게 말을 하여 거짓을 진짜로 만들어 마침내 한가한 얘깃거리를 만드는 것이 대체로 세태입니다.

지난날 서울에 있을 때 무지한 서너 사람들이 『질서(疾書)』를 보았다고 하면서 많은 곳을 잘못되었다고 지적했는데, 비록 그들과 말하지는 않았으나 마음이 몹시 언짢았습니다. 이는 이 책을 베껴 빌려보는 동안 좋아하는 사람끼리 두세 번 서로 돌려보았을 뿐인데도 혹 세상 사람의 눈에 걸렸는가 합니다. 그래서 감히 말씀드립니다. 그런데 이 시의 함련(頷聯)은 사물 밖에 우뚝 서서 높이 속세를 굽어보는 기상이 부족하고 다소 외물에 끌리는 뜻이 있는 듯합니다. 어떻게 생각하시는지요?

"蹊路當前可細分, 士生求志[411]亦曾聞. 秋蛩抱葉休悲歲, 昂鶴冲霄本寡群. 誰使夜留滄海月, 臥看風掃太空雲. 靑山儼立惟吾友, 也有心存說向君." 伏未知此先生所咏耶? 有人來傳此嘲世而作. 愚以爲"此不過咏懷對景之吟, 何句是嘲世語耶?" 其人然之而去. 竊思之, 世情良可險矣. 不辨黑白, 率爾立說, 弄假而成眞, 卒致悠悠之談, 大抵然也. 前日在京時, 不知者三四人謂觀『疾書』[412], 多所指斥, 雖不與語, 而心甚不安; 此不過謄借之際, 初是相好間二傳三傳, 或掛于時眼也, 敢此仰告耳. 此詩頷聯, 似欠亭亭物表矯矯霞外底氣象, 而少有牽累之意. 未審如何耶?

---

411 求志 : 孔子가 "은거하여 살면서 그 뜻을 구하고, 의리를 행하여 그 도를 실현한다.〔隱居以求其志, 行義以達其道.〕" 한 데서 온 말이다. 이에 대해 朱子는 『集註』에서 "그 뜻을 구하는 것은 실현할 도를 지키는 것이요 그 도를 실현하는 것은 구하는 도를 행하는 것이다.〔求其志, 守其所達之道也; 達其道, 行其所求之志也.〕" 하였다. 『論語集註 季氏』

412 『疾書』 : 星湖 李瀷의 저술로 經書에 대한 견해를 서술한 것이다.

10. 성호선생께 올린 편지

上星湖先生書 을해년(1755, 44세)

궁려(窮廬)에 병들어 누워 있노라니 모든 세념이 싸늘한 재처럼 식어 버렸는데, 그래도 언제나 선생님의 수찰(手札)을 받으면 마치 더없는 보배를 받은 것과 같아 마음이 문득 환히 열리는 듯했습니다. 비록 이 어두운 세상에 떨어져 있긴 해도 한 가닥 선(善)을 좋아하는 마음은 아직 남아 있어 그런 것이겠습니까?

정월 스무날 후 입춘일(立春日)에 보내주신 편지를 받았고, 이달 보름 후 또 정월 스무여드렛날에 보내 주신 편지를 받았으니, 이렇게 자주 서신을 보내 저의 안부를 염려해 주시고 아울러 약방(藥方)까지 알려 주시니 상중(喪中)의 슬픔 가운데 몹시 감격하였습니다. 그리고 이어 체후가 강녕하심을 알았으니 상중에 매우 위안이 되었습니다.

선인(先人)께서 집안에서 하신 언행(言行)은 실로 차마 민멸(泯滅)할 수 없는 것들이 있는데, 다만 평범하게 묻혀 지낼 뿐 현달하지 못했기 때문에 그 이름이 사책(史冊)에 오르지 못했습니다. 사실을 기록하여 후세에 보여주는 글이 없다면 이는 진실로 자손들로서 지극히 통탄할 일입니다. 돌이켜보면 제가 선생님께는 마음을 숨기지 않아 생각이 있으면 반드시 말씀드렸습니다. 이런 까닭에 감히 선생님을 멀리하지 않고 전에 그렇게 여쭙고 나서 송구한 마음으로 가르침을 기다리고 있었습니다. 그런데 보내신 답장에 가장(家狀)을 빨리 보내라고 말씀하셨으니, 병으로 거의 죽어가는 중에도 감격과 탄식이 더욱 절실했습니다. 이에 감히 두 번 절하고 가장을 봉해 올리오니,

이 일이 조용히 조섭하시는데 방해가 되겠지만 선인(先人)의 사적이 매우 적어서 지을 글이 필시 간략하겠기에 겉치레 형식이나 꾸민다는 소소한 혐의를 아랑곳하지 않고 저희 유명(幽明) 간에 선생님의 후광을 입고자 하는 지극한 바램에 부응해 주시고자 하셨다는 것을 진실로 잘 압니다.

그리고 다른 한 장은 저희 조부의 묘문(墓文)으로 장령(掌令) 박동호(朴桐湖)가 쓴 것입니다. 선고(先考)께서 세상에 계실 때 항상 선생님의 문하에 가서서 지문(誌文)을 부탁하고 싶어 하시다가 그럭저럭 세월만 보내고 뜻을 이루지 못하셨기에, 병석에 누워 계시면서도 늘 이것을 한으로 여기셨습니다. 이번에 함께 올려 가부간의 분부를 기다리오니, 만약 그 지극한 소원을 가엾이 여기시고 소중한 한 말씀을 내려주신다면 불초의 계술(繼述)하는 뜻에 있어 장차 유감이 없게 될 것입니다.

몸에 병이 있어 찾아가 뵙지 못하고 이렇게 인편을 통하여 서찰을 올리니, 스스로 자책함에 죄를 피할 길이 없습니다. 너그럽게 양해해 주시길 엎드려 빕니다.

지난 날 보내주신 편지에서 『질서(疾書)』에 대해 지적한 부분을 알고 싶다고 하신 말씀이 계셨는데, 지금 세상 사람들은 대저 시끄럽게 남을 헐뜯기나 좋아하지, 어찌 책 내용이나 제대로 알고 그런 말들을 하겠습니까. 『곡산필주(穀山筆麈)』는 몇 해 전에 경명(景命)의 처소에서 볼 수 있었는데, 중국 사람의 의사(意思)가 초초(草草)하지 않음이 이와 같습니다. 또 『강감사단(綱鑑史斷)』을 보면 우문정(于文定)이라는 이가 있는데 아마 그가 우신행(于愼行)인 듯합니다. 지금 그의 사론(史論)을 보았다고 편지에서 말씀하셨는데, 이처럼 병든 몸이라 찾아뵙지 못하니 감히 가르침을 받겠다고 청을 드리지도 못하겠습니다.

窮廬[413]病伏, 萬念都灰, 而每奉先生手札, 若抱拱璧, 心路乍開. 雖墜此䨓騰界中, 而一脉向善之心, 猶存而然耶? 正月念後, 伏奉立春日下書, 今月望後, 又奉正月念八日下書; 書問荐加, 軫念死生, 兼示藥方, 伏切哀感, 因伏審氣候康寧, 不任哀慰之至. 先人閨內言行, 實有不忍沒者, 但幽潛未顯, 名不登於史策. 若無記實文字垂示來裔, 此固後承之至痛. 竊念小子之於先生, 情無所隱, 有懷必達. 故不敢自外, 前有所陳禀者, 而悚仄以俟. 伏見下書, 有督還家狀之敎, 疾病垂死之中, 感歎愈切. 玆敢再拜封納; 固知此事有礙於靜攝中, 而事蹟甚少, 文字必簡, 不顧邊幅之小嫌, 欲以副幽明附驥[414]之至願也. 且一紙是王考墓文, 而桐湖朴掌令所著也. 先考在世, 常欲摳衣[415]門下, 仰煩誌文, 而荏苒歲月, 不得遂意; 疾病之際, 常以此爲恨, 並以仰呈, 以俟進退之命. 若憐其至願, 賜以一言之重, 則在不肖繼述[416]之意,

---

413 窮廬 : 궁려는 궁색한 집이다. 後漢 諸葛亮이 아들에게 보낸 서찰에서 "나이는 때와 함께 달려가고 뜻은 세월과 더불어 가버려 마침내 노쇠하면 窮廬에 슬피 한탄한들 무슨 소용이 있겠느냐." 한 데서 온 말이다. 『小學 5卷 嘉言』

414 附驥 : 파리가 천리마의 꼬리에 붙으면 천리를 갈 수 있다는 뜻이다. 『史記』 61권 「伯夷列傳」에 "顔淵이 비록 학문에 독실했으나 孔子라는 천리마의 꼬리에 붙어서 간 덕분에 그 행실이 더욱 드러났다.〔顔淵雖篤學, 附驥尾而行益顯.〕" 한 데서 온 말이다.

415 摳衣 :『禮記』「曲禮」에 "옷자락을 약간 걷어 올리고 구석을 향해 종종걸음으로 가서 앉고, 반드시 응대를 삼가서 해야 한다.〔摳衣趨隅, 必愼唯諾.〕"라고 한 데서 온 말로 제자의 예를 갖춘다는 뜻이다.

亦將有辭矣. 身抱屙疾, 不能躬詣, 遞人轉上, 自訟罪咎, 無所逃焉, 伏乞恕諒焉. 前日下書, 有欲知『疾書』中指摘之諭; 今世人大抵嘵嘵好譏謗, 豈能知書中意而如是耶?『穀山筆塵』[417], 昔年從景命所得見; 盖中國意思, 不草草如是. 又觀『綱鑑史斷』有曰于文定者, 意其爲于愼行. 今以得見其史論爲敎, 有疾如此, 不敢奉請而受敎也.

---

416 繼述:『中庸章句』19章의 "효란 부모의 뜻을 잘 계승하고 부모의 일을 잘 祖述하는 것이다.〔夫孝, 善繼人之志, 善述人之事者也.〕"에서 온 말로, 선대의 뜻이나 유업을 잘 계승함을 말한다.

417 『穀山筆塵』: 明나라 학자 于愼行의 저술이다. 그의 자는 可遠이고, 벼슬이 禮部商書·太子小保에 이르렀다. 저서로는 이 밖에『穀城山館詩文集』이 있다.

11. 성호선생께 답하여 올린 편지
答上星湖先生書 을해년(1755, 44세)

정복(鼎福)은 소상을 지나고 나니 슬픔이 더욱 간절합니다. 오월 이후로 예서(禮書)를 읽기 시작하여 『가례(家禮)』를 위주로 하면서 우선 상례(喪禮)부터 시작하고, 그리고 나머지 삼례(三禮)로 고찰하고 또 『통전(通典)』과 선유들의 학설을 참고하였으나 의심스럽고 모순되는 점이 많아 시원스럽게 알 수 없으니 탄식할 뿐입니다.

주자 이후로 가례에 관해 연구한 학자들이 매우 많았으나 구절마다 주해(註解)해 놓은 이도 없고 또 고례(古禮)를 끌어다가 증명한 이도 없습니다. 지금 『질서(疾書)』를 위주로 하여 구절마다 풀이하고, 뜻을 밝힌 선유의 학설을 또한 『논어(論語)』·『맹자(孟子)』집주(集註)의 장하주(章下註)의 경우처럼 첨가해 넣어서, 집에 보관해 두고 고찰할 자료로 삼고자 하지만 식견이 미치지 못하는 것이 두려울 뿐입니다.

鼎福練練已除, 慟隕愈切. 五月以後, 始讀禮書, 以家禮爲主, 而先自喪禮始, 考以三禮, 參以『通典』[418]及先儒諸說, 而疑奧矛盾, 不能通透, 伏歎. 朱

---

418 『通典』: 唐나라 德宗·順宗·憲宗 때 재상을 역임한 杜佑가 편찬한 책으로, 上古로부터 당나라 玄宗 때까지 역대의 제도를 食貨·選擧·職官·禮·樂·兵·刑·州郡·邊防의 각 부문으로 나누어 기술하였다. 모두 200권이다.

子後爲『家禮』學者儘多，而無逐句注解者，又無援古相證者．今以『疾書』爲
主而句解之，先儒說之發明者，亦於圈外增入，欲如論孟集註之例，爲家藏
考閱之地，而見識未到，用是爲懼耳．

12. 성호선생께 올린 별지

上星湖先生別紙 병자년(1756, 45세)

늘 질병과 거상(居喪)때문에 여러 해 동안 집을 떠나 있다 보니 옛 날에 살던 집이 퇴락하여 들어가 살 수 없기에 막내 아우와 자식놈 을 시켜 손수 연장을 들고 집을 짓게 하고 동네의 일 잘하는 젊은이 들을 불러서 일을 돕게 했더니, 열흘도 채 못 되어 집 한 채가 다 지어졌습니다. 집 모양은 암(菴) 자를 닮았는데 '菴'이란 글자는 '卄' 는 띠풀로 지붕을 덮은 것이고, 'ㅡ'은 가로지른 대들보이고, '人'은 둘러 친 서까래들이고, '电'는 기둥 하나를 가운데 세워 4칸을 만든 것인데, 기둥이 둘이면 6칸이 되고, 셋이면 8칸이 되어 용도가 더욱 넓어집니다. 동북 산골 백성들이 모두 이런 집을 짓습니다. 제 스스 로 상량문(上梁文)을 쓰기를, "세 기둥이 높이 세워지니, 앞뒤로 8 칸 집이 열려 있고, 대들보 하나가 위를 덮음에 좌우로 백여 개의 서까래가 둘러 있네." 하였으니, 그 제도를 상상하실 수 있을 것입 니다.

전면 두 칸은 방을 만들어 거처하면서 이름을 '순암(順庵)'이라고 했으니, 저의 자(字) '백순(百順)'에서 취하여 이름한 것입니다. 생각 컨대 천하의 모든 일은 오직 이치를 따르면〔順理〕그만일 뿐입니다. 가운데 한 칸은 마루를 만들어서 일을 보는 곳으로 삼았는데, 지붕은 띠풀로 이고, 본당은 흙으로 만들고 밭 갈고 땔나무하고 베옷을 입고 거친 밥을 먹고 시를 외우고 글을 읽는 것이 모두 저의 분수에 맞지 않은 것이 없기에 '분의당(分宜堂)'이라고 이름했습니다. 그리고 또

한 칸을 막아 방으로 꾸미고 '담숙실(湛肅室)'이라고 이름했는데, 제사 때 재계하는 곳입니다. 그리고 또 뒤로 세 칸을 틔워 기물을 보관하는 곳으로 삼고 동북쪽 한 칸에는 가묘(家廟)를 봉안하였습니다.

제가 살고 있는 곳은 깊은 산속으로서 한 마을이래야 둘레가 몇 궁(弓) 남짓 밖에 안 됩니다. 산 이름은 영장(靈長)으로 한산(漢山)에서 서남쪽으로 30리(里)는 좀 못되고, 삼전포(三田浦)에서 남쪽으로 40리 남짓 되는데, 이곳에 여러 대의 선영이 있습니다. 여기서 농사짓고 땔나무하고 가축이나 치면서 사람들과 만나지 않아 동구 밖을 나가지 않은 지가 어언 삼 년입니다. 상중(喪中)에 있고 또 질병 때문이기도 하지만 천성이 간졸(簡拙)한 탓도 있습니다.

정복이 외람되게 문하생이 된 지도 벌써 10년이 넘었습니다. 그동안 편지를 내려 가르침을 주셔서 학문의 모든 이치를 남김없이 드러내 보여주셨으니, 이것만으로도 평생을 두고 행하여도 남음이 있을 것인데, 조섭 중에 계시는 선생님께 무엇을 감히 번거롭게 청하겠습니까. 다만 분의당에 대한 기명(記銘)과 순암에 대한 명(銘)을 받아서 종신토록 외우고 생각할 자료로 삼고자 하오니, 굽어 생각해 주시기 바랍니다. 너무도 송구할 뿐입니다.

恒以疾憂奔避累年, 舊舍頹廢, 無以庇身, 令舍季家督, 手執斧斤, 躬自築室, 而邀洞中少年之能鄙事者助役, 不旬而成. 其制象菴字形, 菴之爲字, 艹以茅盖也, 一橫梁也, 人環椽也, 电中立一柱而成四間也, 二柱則六間, 三柱則八間, 其用尤廣. 東北峽民, 皆爲此屋. 自述梁文, 有曰 "三柱高標, 前後敞八間之屋; 一梁上覆, 左右環百餘之椽." 其制可以想知矣. 前面二間, 爲室以居, 名曰順菴, 盖取其字而名之. 竊謂天下之事, 惟順理而已. 中一間爲堂, 爲應事之所. 茅茨土堂, 耕樵布糲, 誦詩讀書, 莫非其分, 故名曰分宜.
又隔一間爲室, 名以湛肅, 祭祀時齋所也. 後面拓三間, 爲藏弃器物之所, 東
北一間, 奉安家廟焉. 門下所居, 深山之中環一洞, 方數弓餘. 山名靈長, 在
漢山西南三十里而近, 三田浦南四十里而贏, 累世丘墓在焉. 耕稼樵牧, 不
與人相干, 足不出洞外, 于今三載. 雖居憂疾病之使然, 而性亦簡拙而然矣.
鼎福忝在及門之列, 已踰十年矣. 前後賜書誘敎, 精粗巨細, 畢露無餘. 惟此
可以終身行之有餘, 更何敢煩溷於靜攝之中; 而竊願一得堂記菴銘, 爲沒齒
誦念之資; 伏乞俯念, 不任悚仄之至.

13. 성호선생께 올린 편지

上星湖先生書 정축년(1757, 46세)

상제(喪祭) 문제에 관해서는 전후로 자세한 가르침을 주셨으니, 삼가 그대로 봉행할 것입니다. 그러나 사세(四世)를 봉사(奉祀)하는 『가례(家禮)』의 규정이 온 천하에 통용되는 예입니다. 대부(大夫)는 삼대(三代)를 봉사한다는 것이 비록 고례(古禮)에 나와 있고, 국전(國典)에도 실려 있으나 우리 동방의 선비들이 이쪽을 따르지 않고 저쪽을 따르는 것은 가례를 더 중시하기 때문입니다. 따라서 지금 와서 갑자기 그 제도를 변통하기는 어려운 일이겠으나, 제물(祭物)에 관해서는 주자도 『가례』에서 "가난하면 집안 형편에 맞추어 하라."고 했고, 『어류(語類)』에도 "집안 형편 따라서 하면 되니, 밥 한 그릇 국 한 사발로도 정성을 다할 수 있다."고 했습니다. 따라서 이 뜻을 안다면 음식의 많고 적음은 반드시 『가례』의 규정과 똑같이 할 필요는 없으니 제물의 가지 수를 가감할 때 의리에 어긋나지 않으면 될 뿐입니다. 『역(易)』에서도 췌괘(萃卦)에서는 "대생(大牲)을 쓰는 것이 길(吉)하다."고 했고, 손괘[損]에서는 "제기 둘이면 된다."고 했으니, 주자의 뜻도 여기에 근본을 둔 것입니다.

요즘 사람들을 보면 부유하고 현달한 이들은 음식이 남아돌 정도로 풍족하면서도 선조를 받드는 제사에는 도리어 인색하고, 혹 의지할 데 없이 가난한 이들은 제물의 가지 수를 다 갖추지 못하면 아예 공공연히 제사를 지내지 않으니, 이 두 가지 경우는 모두 옳지 않습니다. 흉년에 제사에 하생(下牲)을 쓰는 것은 임금도 오히려 그렇게 하는데 하물며 사(士)나 서인(庶人)이야 말할 나위 있겠습니까?

후세에 와서 제사가 많아 기제(忌祭)가 있고, 묘제(墓祭)가 있고 또 명절에 음식을 올리는 예도 있습니다. 고인(古人)은 사시의 제향이 있을 뿐이었으니, 『국어(國語)』에 "사(士)와 서인(庶人)은 사시의 제향 말고는 한 해에 한 번 제사할 뿐이다."고 하였습니다. 그리고 사(士)는 변(籩) 하나, 두(豆) 하나이고, 대부(大夫)는 변이 둘, 두가 둘인 것이 후인들의 예에 비긴다면 너무 간소합니다. 이렇게 하지 않고서는 백묘(百畝)의 전지(田地)를 지켜 나갈 수 없었으니, 그 제사의 절목을 보면 그 나머지도 검약했음을 미루어 알 수 있습니다. 중국은 토지가 비옥하고 물산이 풍부한데도 이처럼 법도를 지켜 절제하였는데, 하물며 땅이 척박하고 물산이 빈약하여 가장 가난한 나라로 이름난 우리나라에서 그나마 살아가기도 어려운 터에 물산을 남용까지 해서야 되겠습니까! 그리하여 저는 이렇게 생각했습니다.

제사의 예(禮)는 응당 집이 가난한지 부유한지와 농사가 풍년인지 흉년인지와 한 해 경비의 많고 적음을 살펴서, 이에 따라 절제하여 다음과 같이 일단 세 등급으로 정해야 합니다. 집이 부자이고 농사도 풍년이면 『가례』대로 변과 두를 각기 여섯 개씩 놓되 지나쳐서는 안 되고 그렇지 못하면 변과 두를 네 개 또는 두 개를 놓되 정조(鼎俎)·병면(餠麵) 같은 것은 경우에 따라서 적당히 줄이며, 또 그 이하는 변과 두 각각 하나씩만 차려도 안 될 것이 없습니다. 또 이 형편도 못되어 제사의 예를 갖출 수 없으면 비록 거친 밥에 나물국이라도 놓아서 제사를 빠뜨리지 않기만 하면 될 것입니다.

정복이 비록 매우 가난하긴 해도 아주 영락(零落)한 데 이르진 않았으니 묘전(墓田)을 그대로 지키면서 오직 절약하며 살아가야 할

뿐입니다. 그러나 한 해 안에 제사를 아무리 검소하게 지낸다 하더라
도 연말에 계산해 보면 비용으로 든 돈이 매우 많습니다. 가난한 선비
가 돈을 마련할 길은 곡식과 바꾸는 길 밖에 없는데, 많찮은 곡식으로
계속 바꾸다 보면 얼마나 남겠습니까. 이것이 두려워 올해는 제사
의식을 다시 정해 묘제는 국제(國制)대로 한식(寒食)과 추석(秋夕)
에만 행하고, 정조(正朝)와 단오(端午)에는 음식을 올리는 예는 없앴
으며, 사당에서는 동지(冬至)와 하지(夏至) 두 때만 제사를 행하기로
하였습니다. 그리고 기제(忌祭)가 있는데, 제물은 위에 말한 삼품
중에서 중(中)과 하(下) 두 품만을 쓰고 절제하기로 했으니 요컨대
남에게 빚을 지고 싶지 않고, 또 물건을 전당잡히고 싶지 않아서 단지
1년 동안의 수입을 보아서 쓰고 싶은 것입니다. 그러나 토지는 늘
줄어들고 식구는 갈수록 더 많아지니 앞으로는 반드시 이렇게 할 수
있으리라는 보장도 없습니다. 이는 다 제 생각에서 나온 것들이라
아무래도 자신할 수 없어 다시 이렇게 여쭙습니다.

喪祭說, 前後賜敎諄悉, 謹當奉行, 而『家禮』奉四世之規, 爲擧天下大同之
禮. 故大夫祭三代, 雖見古禮, 雖載國典, 而東方之士不遵此而遵彼者, 盖以
『家禮』爲重也. 到此卒難變通, 而至若祭物一節, 則朱子於『家禮』曰: "貧則
稱家之有無." 於『語類』曰: "隨家豊約, 如一飯一羹, 可盡其誠." 知此意則品
味之多寡, 不必一如家禮之式, 而籩豆[419]加減之數, 要不失其義而已. 『易』

---

419 籩豆 : 祭器로 籩은 대나무를 엮어서 만든 것이고 豆는 나무를 깎아 만든
　　　것이다. 『禮記 禮器』

在萃則用大牲吉, 當損則二簋用享. 朱子之義, 亦本於此矣. 今人或富厚貴顯, 飮食若流, 而反薄於奉先, 或貧窶無賴, 不能備籩豆之數, 則亦公然不祭, 二者均爲不是矣. 凶年, 祀以下牲[420], 國君猶然, 況士庶乎? 後世祭祀繁重, 有忌祭, 有墓祭, 有節日之薦. 古人只有時享, 而『國語』“士庶人舍時, 則亦只歲一祭而已.” 士之一籩一豆, 大夫之二籩二豆, 其視後人, 無已太簡? 盖不如是, 不能保守百畝之田矣. 觀其祭祀之節, 而其他儉約, 亦可推知矣. 中國土地膏沃, 物産豐饒, 而制節謹度, 猶且如是, 況東土地瘠物薄, 最號貧國, 且拙於理生而其可濫用乎! 妄竊以爲祭祀之禮, 當視其家之貧富, 歲之豐歉, 一年經用之饒乏而爲之節度, 定以三品. 家苟富也, 歲苟豐也, 當如『家禮』六籩六豆之數而不得過焉, 否則籩豆或四或二, 而鼎俎[421]餠麪之屬, 隨而裁減, 又其下則一籩一豆, 亦無不可. 又不及此, 無以爲禮, 雖糲飯菜羹, 當祭之無闕耳. 鼎福雖甚貧窶, 猶不至於瑣尾, 則只得保守墓田, 一味節嗇, 而一歲之內, 祭祀許多, 雖以二簋之義而享之, 歲末計之, 費錢甚多. 貧士之錢, 惟在於以穀貿之, 穀無多而貿錢不已, 則其餘幾何? 爲是之懼, 今年定祭儀, 墓祭依國制, 用寒食秋夕而廢正朝端午, 廟中存二祭, 用冬夏二至, 又有忌祭, 而祭物則於上三品之中, 用其中下二品而裁制焉, 其要不

---

420 下牲 : 제사에 하등의 희생인 돼지와 염소를 쓰는 것으로 小牢와 같다. 孔子가 “흉년에는 노둔한 말을 타고 하생으로 제사한다.〔凶年則乘駑馬, 祀以下牲.〕”한 데서 온 말이다. 『禮記 雜記下』 이에 대한 漢나라 鄭玄의 注에 “下牲은 少牢이다.” 하였다.

421 鼎俎 : 鼎과 俎로 옛날의 제사 또는 燕饗에 쓰는 禮器이다. 『周禮』「天官內饔」에 “鼎과 俎를 진열하고 희생의 몸을 담는다.〔陳其鼎俎, 以牲體實之.〕”에 대한 鄭玄의 注에 “솥에서 취하여 鼎에 담고 정에서 취하여 俎에 담는다.〔取於鑊以實鼎, 取於鼎以實俎; 實鼎曰脀, 實俎曰載.〕” 하였다.

欲負債於人, 不欲典賣物件, 只欲於一歲之中, 觀其所入而爲之. 然而土地內縮, 人口外廣, 亦不能必其如是矣. 此出臆料, 不能自信, 復此仰告.

14. 성호선생께 올린 별지

上星湖先生別紙 정축년(1757, 46세)

고례(古禮)에 신하가 임금을 위해 최복을 입고 삼년상을 마쳤으니, 후세에 백의(白衣)를 입고 백립(白笠)을 쓴 것과는 같지 않습니다. 임금은 3년 동안 상주 노릇만 하고 총재(冢宰)가 임금 대신 모든 정무를 보았는데 역시 상복 차림으로 일을 보았습니까? 최질(衰絰) 차림으로는 일을 볼 수가 없으니 신하들은 별도로 복(服)이 있었을 것입니다. 증자문(曾子問)에 보면, 몸에 임금의 복을 입었으면 감히 다른 사적인 복을 입지 못한다는 말이 있는데, 우리나라의 경우로 말하면 수릉관(守陵官)만이 이러한 예에 해당할 수 있을 뿐, 나머지는 아무리 고관과 근신(近臣)이라 할지라도 아마 이처럼 해서는 안 될 듯합니다. 옛날과 지금이 비록 다르지만 옛 사람들이 어찌 범연(泛然)히 그렇게 했겠습니까. 관직을 맡고 있는 사람이 임금의 상중(喪中)에는 친상(親喪)을 행하지 못하는 것이 옳겠습니까?

근래에 서양의 책을 보았더니 그 내용은 비록 정밀했으나 아무래도 이단(異端)의 학문이었습니다. 우리 유자(儒者)들이 자신을 닦고 성품을 기르고 선을 행하고 악을 버리는 것은 당연히 해야 할 일을 하는 것에 불과할 뿐 털끝만큼도 죽은 뒤에 복을 바라는 뜻은 없는데, 서학(西學)은 자신을 닦는 목적이 오로지 죽은 뒤 하늘에서의 심판을 대비하는 것이니, 이 점이 우리 유학과는 크게 다릅니다. 『천주실의(天主實義)』에 의하면 "천주가 노제불아(輅齊拂兒)에게 노하여 그를 마귀로 변화시켜 지옥에 던져 넣으니 이때부터 천지 사이에 비로소 마귀가 있고 비로소 지옥이 있게 되었다."고 하였습니다. 이러한 말들을 보면 그들의 학문은 이단임이 분명합니다. 천주가 만약 노제불아 때문에 지옥을 만들었다면 그 지옥은 도리어 천주의 사사로운 감옥일 뿐입니다. 게다가 그 이전의 악한 짓을 한 사람은 지옥의 고통을 받지 않았으니, 그렇다면 천주의 상과 벌을 다시 어디에 베풀겠습니까?

또 「기인편(畸人篇)」에는 '액륵와략(額勒臥略)이 남을 대신해서 지옥의 고초를 받았다.'고 하였으니, 천주의 상벌이 그 사람의 선악에 따른 것이 아니라 혹 다른 사람의 부탁에 따라 경중을 두기도 하였고 보면 사람의 선악을 심판함에 있어 옳다고 할 수 있겠습니까? 만약 그렇다면 굳이 선한 일을 하지 말고 천주 일 개인에게 아첨만 잘하면 될 것입니다. 또 『변학유독(辨學遺牘)』이라는 책이 있는데, 바로 연지화상(蓮池和尙)이 이마두(利瑪竇)와 학문을 토론한 글로서 그 변론이 정밀하고 확실하여 왕왕 상대방 이론을 가지고 상대방을 공격하여 논파(論破)하였습니다. 그가 마명(馬鳴)·달마(達摩) 같은 사람들과 서로 맞서서 각기 기치를 세우고 서로 쟁변하지 않은 것이 아쉽습니다. 선생님께서는 이 책을 보셨는지요? 『천주실의(天主實義)』2편에는 또 "임금이 있으면 신하가 있고 임금이 없으면 신하도 없다. 물건이 있으면 그 물건의 이치가 있고 그 물건의 실상이 없으면 이 이치의 실상도 없다." 했으니, 이는 이른바 기(氣)가 이(理)보다 먼저라는 설과 같은 것입니다. 이는 과연 어떠한지요?

古禮人臣爲君制衰, 以終三年, 不如後世白衣笠之制也. 君諒陰[422]三年, 而家宰攝政, 則亦以衰服行事耶? 衰經旣不可以行事, 群臣盖別有其服矣. 曾子問有君喪服於身, 不敢私服之訓, 以我國事言之, 惟守陵官可以當之, 餘雖貴近居官者, 恐不可如此. 古今雖有不同, 古之人豈以泛然! 任官之人, 在君喪之中, 不行親喪, 可乎? 近觀西洋書, 其說雖精覈, 而終是異端之學也. 吾儒之所以修已養性, 行善去惡者, 是不過爲所當爲, 而無一毫徼福於身後之意; 西學則其所以修身者, 專爲天臺之審判, 此與吾儒大相不同矣. 其『天主實義』曰: "天主怒輅齊拂兒[423], 變爲魔鬼, 降置地獄. 自是天地間, 始有魔鬼, 始有地獄." 按此等言語, 決是異端. 天主若爲輅齊拂兒設地獄, 則地獄還是天主私獄, 且此前人之造惡者, 不受地獄之苦, 天主之賞罰, 更於何處施之耶? 又「畸人篇」[424]云: "額勒臥略代人受地獄之苦." 按天主之賞罰, 不以其人之善惡, 而或以私囑, 有所輕重, 則其於審判, 可謂得乎? 若然, 不必做善, 謟事天主一私人, 可矣. 又『辨學遺牘』者, 卽蓮池和尙[425]與利瑪竇[426]論學書也. 其辨論精覈, 往往操戈入室[427], 恨不與馬鳴達摩[428]諸

422 諒陰 : 임금이 喪中에 있음을 뜻하는 말이다. 亮陰 또는 諒闇이라고 하기도 한다. 殷나라 高宗이 3년 동안 諒陰에 있으면서 執喪의 효를 다하고 喪을 벗고도 말을 하지 않았다고 한다. 『書經 說命 上』

423 輅齊拂兒 : 천사 루시퍼의 漢譯이다. 원래 천사였으나 하느님을 시기하다가 타락해서 사탄이 된 존재로 천사일 적에 가지고 있던 이름이 루시퍼이다.

424 『畸人篇』 : 마테오 리치가 지은 『畸人十篇』의 준말이다.

425 蓮池和尙 : 明나라 때 杭州 雲棲寺의 승려로, 본래 성은 沈氏이고 이름은 袾宏이며 字는 佛慧이다. 雲棲大師라고도 한다. 처음에는 유교를 배우다가 佛門에 들어가 승려가 되었다. 우리나라에서는 주로 雲棲 袾宏이라 불린다.

426 利瑪竇 : 마테오 리치(Matteo Ricci)의 중국식 이름이다. 그는 이탈리아의 예수회 修士로서 明나라 말기에 중국에 들어와서 서양의 학술·종교 서적을 한문으로 번역 출판하였다. 저서에 『天主實義』, 『交友論』, 『辨學遺牘』, 『幾何原本』, 『萬國輿圖』 등 20여 책이 있다.

427 操戈入室 : 後漢 때 何休가 公羊學을 좋아하여 『公羊墨守』, 『左氏膏肓』, 『穀

人對壘樹幟, 以相辨爭也. 先生其已見之否?『實義』第二篇又曰, "有君則有臣, 無君則無臣; 有物則有物之理, 無此物之實, 卽無此理之實." 此所謂氣先於理之說, 此果如何?

『梁廢疾』을 저술하니, 鄭玄이 그에 반박하는 내용의『發墨守』,『鍼膏肓』,『起廢疾』을 썼는데, 하휴가 보고 탄식하기를 "康成은 내 방에 들어와 내 창을 가지고 나를 치는가?"라고 했다 한다. 이를 '入室操戈'라 하며, 상대의 이론을 이용하여 상대를 공격하는 경우를 비유하는 말로 쓰인다.『後漢書』권35「鄭玄列傳」에 나온다.

428 馬鳴達摩 : 馬鳴은 菩薩의 이름으로, 석가가 열반한 지 5, 6세기 뒤에 태어나 中印度에 살았다. 처음에는 婆羅門敎〔바라문교〕를 받들다가 불교로 귀의하였으며, 大乘佛敎를 일으켰다. 달마는 인도의 고승으로 梁나라 때 중국에 들어와 少林寺에서 면벽하여 禪宗을 개창했다고 한다.

15. 성호선생께 올린 편지

上星湖先生書 정축년(1757, 46세)

국모(國母)의 복(服)을 예문(禮文)에서 "소군(小君)을 위하여"라고 하지 않고 "임금의 어머니를 위하여"라고 했으니, 처는 기년복(期年服)이고 보면 원래 복이 없고 임금을 따라 강복을 한 것입니다. 서민의 경우는 비록 그 국토에서 살고 있다 하더라도 아무래도 임금을 따르는 의리가 없기 때문에 복이 없습니다.

『오례의(五禮儀)』에는 내상(內喪)인 경우 "서민은 13일 만에 복을 벗고 졸곡(卒哭) 전에는 홍색 자색 등의 옷을 입을 수 없다."라고 되어 있고 보면, 우리나라 제도에도 그러한 등급이 있는 것입니다. 그런데 지금은 귀천에 관계없이 모두 상을 마칠 때까지 소복을 입도록 되어 있으니, 이는 어느 예를 따른 것입니까? 혹시 중간에 변경이 있었는데도 알지 못한 것은 아닙니까?

선생님의 전 직함이 비록 위계(位階)가 없는 소관(小官)과 같지만 그래도 옛날 서인(庶人)으로서 관직에 있었던 자와는 차이가 있습니다. 그렇다면 서열로서는 명사(命士)와 같을 수밖에 없으니, 비록 숙사(肅謝)의 예(例)는 없다 하더라도 다시 병으로 공사(供仕)하지 않았다는 이유를 내세워 서인의 의리로 자처하려고 하신다면 혹 너무 지나칠 듯합니다. 우리나라 사족(士族)은 나름대로 하나의 풍속을 형성하고 있어 옛날의 사(士)와는 다릅니다. 그렇기 때문에 『의주(儀註)』에도 "생도(生徒)는 백의·백립 차림으로 상제(喪制)를 따른다."고 하여 서민과는 구별해 놓고 있으니 당연히 이 예(例)를 따를 뿐 그 밖의 다른 도리는 없을 것 같습니다.

그리고 기년(期年) 후에 신하들은 다 복을 벗지만 주상께서는 여전히 중복을 입고 계시니, 품계가 높은 관원과 측근의 신하들은 색채가 있는 길복(吉服)을 입고 알현해서는 안 될 듯합니다. 임금 상을 방상(方喪)이라고 한 것은 아버지 상과 서로 비교해서 제정했다는 뜻입니다. 그렇다면 보내온 편지에서 인용하신 "흰 갓에 검정 갓끈은 자성(子姓)의 복이다."라고 하신 대목이 명백한 증거가 되는 셈이니, 최복(衰服)의 베올이 다소 가늘고 굵은 차이가 조금 있다고 해서 의심해서는 안 될 듯합니다.

국조(國朝) 전례가 어떠했는지는 모르겠지만 근래에 『고려사(高麗史)』를 보았더니, 명종(明宗)이 태후(太后) 상을 당하여 졸곡(卒哭)이 지난 후 신하들에게 이르기를, "짐은 아직 검정 띠를 띠고 있는데 경들은 분홍 띠를 띠고 있는가?"라고 했고 보면, 분홍 띠를 띤 것은 상을 벗었음을 뜻하므로 온당치 못하다고 여겼던 것입니다. 그런데 더구나 지금같이 예교(禮敎)가 아주 밝은 시대야 말할 나위 있겠습니까. 제 생각에 품계가 높은 관원과 측근의 신하들은 천담복(淺淡服)·오모(烏帽)·각대(角帶) 차림으로 직무를 보는 것이 옳을 듯한데 어떻게 생각하시는지요?

고금을 통틀어 제왕(帝王)으로서 삼년상(三年喪)을 치렀다고 일컬어지는 임금이 넷이니 진(晉)나라 무제(武帝), 위(魏)나라 효문제(孝文帝), 후주(後周)의 고조(高祖) 우문각(宇文覺), 금(金)의 세종(世宗) 완안(完顏)인데 그 중에서도 자기 뜻대로 삼년상을 무난히 마친 자는 후주(後周)와 금(金) 두 나라 임금뿐이었습니다. 효문제는 처음에는 삼년상을 하려고 했다가 신하들이 막는 바람에 기년상(期年喪)

을 하고 말았습니다. 이 때문에 호치당(胡致堂)이 "효문제는 3년 상을
치르지 못하게 되자 이에 1년 만에 상제(祥祭)를 지내고 한 달 건너서
담제(禫祭)를 지냈으니, 이는 옛날에 아버지가 생존해 계신데 어머니
의 상을 당했을 경우의 복(服)이니 적절하지 않다."했습니다. 지금
『자치통감(資治通鑑)』및 『북사(北史)』에 나오는 대목들을 별지에
써서 올립니다.

國母服, 禮不曰爲小君, 而曰爲君之母, 妻期則是本無服, 從君而降也. 若庶
民則雖在率土之內, 而從君之義, 有推不得者, 故無服.『五禮儀』"內喪, 庶
人十三日而除, 卒哭前, 禁用紅紫."則國制亦有等級矣. 今無貴無賤, 悉從
終喪白素之制者, 遵何禮耶? 或中間有所變改而不能知耶? 先生前啣, 雖與
流外[429]一般, 而與古庶人在官者有異, 則其勢必同于命士之列矣. 雖無肅謝
之例, 又以疾不供仕之故, 而欲自處以庶人之義, 則或太過矣. 我東士族之
名, 自成一俗, 與古異. 是以,『儀註』亦云 : "生徒白衣笠, 以從喪制, 與庶民
區而別之."則只當從此例而已, 此外恐無可論. 期後諸臣除服, 而主上猶持
重服, 則貴近之臣, 似不可以吉彩進見矣. 君喪謂之方喪, 則與父相比而制
之也. 下敎所引 "縞冠玄武, 子姓之服."證諭明白, 恐不可以衰服升縷之少
異而致疑也. 未知國朝前例之如何, 而近觀『麗史』, 明宗當太后喪, 卒哭後
謂群臣曰 : "朕尚帶阜, 而卿等獨帶紅耶云."則以帶紅從吉爲未安也. 況今禮
敎休明之時乎! 愚意則貴近之臣, 以淺淡服烏帽角帶之制從事, 恐爲得宜,
未審如何? 古今稱帝王能行三年喪者四君, 晉武・魏孝文・宇文高祖, 完顔

---

429 流外 : 唐나라 때 九品 이하 官員의 通稱이다.

世宗, 而能遂其志, 終三年者, 惟周金兩主而已. 孝文初欲行三年, 爲群議所

尼, 爲期年之制. 故胡致堂[430]曰, "孝文不能三年, 於是期而祥, 改月而禫,

是用古者父在爲母之服, 不中節矣." 今以出於『資治通鑑』及『北史』者, 別紙

仰告.

430　胡致堂 : 宋나라 때 학자 胡寅을 가리킨다. 학자들이 그를 致堂先生이라 불

　　　렀다. 文定公 胡安國의 養子로 들어가서 호안국의 아들인 胡宏과 더불어

　　　학자로 명성을 떨쳤으며, 후손들 중에서도 걸출한 인물들이 잇따라 배출되

　　　었다.

16. 별지(別紙)

『통감(通鑑)』

후위(後魏) 효문(孝文) 태화(太和) 14년 9월 계축일에 풍태후(馮太后)가 승하하여 10월 계유일에 영고릉(永固陵)에 장례하고 갑술일에 능을 배알하였다. 왕공(王公)이 공제(公除)를 청했으나 따르지 않고 기묘일에 또 능을 배알한 후 경진일에 신하들을 인견(引見)하고 이르기를, "지금 짐(朕)이 유책(遺冊) 때문에 마음대로 하지 못하고 기년복이나 입기를 바랬는데, 비록 기년은 되지 않았지만 마음에 맺힌 것은 조금 풀었다." 하였다. 그리고 15년 4월 초하루 계해일에 비로소 소사(疏食)를 먹기 시작했고, 갑자일에 조석곡(朝夕哭)을 그만 두었다. -『북사(北史)』에는 이 조항이 없다.-

갑술에 위(魏)나라 이표(李彪)가 제(齊)나라에 빙문(聘問) 갔는데, 제나라 사람이 풍악을 베풀자 이표가 이르기를, "우리 주상의 효사(孝思)가 망극하여 종전의 잘못된 전례를 바로잡으셨습니다. 지난 3월 그믐에 조신(朝臣)들이 비로소 최질(衰絰)을 벗었으나 아직도 소복 차림으로 일을 보고 있으니 내리신 주악(奏樂)을 감히 받을 수가 없습니다." 하였다.

9월 정축에 제(帝)가 신하들을 거느리고 곡을 마쳤다. 그런 다음 제(帝)가 호관(縞冠)·혁대(革帶)·흑리(黑履) 차림으로 복장을 바꾸었다. -『북사(北史)』에는 이 기록이 없다.- 그믐날 무자에 제(帝)가 호관·소비(素紕)·백포심의(白布深衣)로 바꿔 입고 제사를 행했으며 -『북사』에는 이 기록이 없다.- 11월 1일 기미에는 위주(魏主)가 태화묘

(太和廟)에서 담제〔禫〕를 올렸는데 곤룡포에 면류관 차림으로 제사를 올렸다. 그런 다음 검정 개책(介幘)에 흰 깁으로 만든 차림으로 능을 참배하고 돌아왔다.-『북사』에는 이 기록이 없다.- 갑자일에 태화전(太華殿)에 나아가 통천관(通天冠)·강사포(絳紗袍) 차림으로 신하들에게 잔치를 베풀면서 악기는 진열하기만 하고 연주하지 않았다.-『북사』에는 이 기록이 없다.- 16년 정월 초하룻날 태화전에서 신하들과 잔치하면서 악기를 진열하기만 하고 연주하지 않았으며 9월 신미일에 태후의 재기(再期)를 맞아 능 왼편에서 곡하였다.

『通鑑』: 後魏孝文太和十四年九月癸丑, 馮太后殂. 冬十月癸酉, 葬永固陵, 甲戌, 謁陵. 王公請公除, 不從. 己卯, 又謁陵, 庚辰, 引見群臣曰: "今朕逼於遺冊, 唯望至期, 雖不至期, 蘊結差申." 十五年四月癸亥朔, 始進疏食, 甲子, 罷朝夕哭.-『北史』無此條.- 甲戌, 魏李彪聘齊, 齊人設樂. 彪曰: "主上孝思罔涯, 興隆正失. 去三月晦, 朝臣始除衰絰, 猶以素服從事, 不敢承奏樂之賜." 九月丁丑, 帝率群臣哭已. 帝易服縞冠·革帶·黑履.-『北史』無此.- 戊子晦, 帝易服縞冠·素紕·白布深衣以祭.-『北史』無此.- 十一月己未朔, 魏主禫於太和廟, 袞冕以祭. 既而服黑介幘素紗深衣, 拜陵而還.-『北史』無此.- 甲子, 臨太華殿, 服通天冠絳紗袍, 以饗群臣, 樂懸而不作.-『北史』無此.- 十六年正月朔, 饗群臣於太華殿, 懸而不樂. 九月辛未, 以太后再期, 哭於陵左.

17. 성호선생께 올린 편지

上星湖先生書 무인년(1758, 47세)

저의 「자서문(自敍文)」에 "평생에 두 사람을 흠모한다."고 한 것은 삼대(三代) 이후 송(宋)나라 이전까지 만약 이 두 사람이 없었더라면 천여 년 동안 거의 인물이 없어 쓸쓸했을 것이라는 뜻이지 그들이 제일등(第一等)의 사람으로서 학문이 필경 여기에서 그친다는 뜻은 아닙니다. 갑술년(1754) 겨울에 병으로 거의 목숨이 다하게 되어 죽기 전에 선친의 가장(家狀)이라도 수습하고 싶었고, 또 저 자신의 마음에도 남겨두고 싶은 뜻이 있기에 입으로 불러주고 사람을 시켜 받아적게 해서 그저 장난삼아 한 일일 뿐입니다. 그 내용에 유가(儒家)의 말은 일절 하지 않았던 것은 다음과 같은 이유에서입니다. 세상 사람들이 염락(濂洛)의 저서 10여 권만 읽으면 거만하게 스스로 높이 표방하여 정주(程朱)로 자처하지만 평소의 행실을 살펴보면 전혀 말과 부합하지 않습니다. 그래서 이 점이 혐의로워 그러한 구태에서 벗어나고자 했던 것일 뿐이지 우리 쪽 유가(儒家)의 큰 문정(門庭)에 전전긍긍하여, 깊은 못 가를 가는 듯, 얇은 얼음을 밟는 듯하는 진정한 도리가 있음을 몰랐던 것은 아닙니다. 뒤에 스스로 생각해 보니 이 역시 제 마음에 차지 않기에 『희안록(希顔錄)』을 이어서 편집하면서 염계(濂溪)・명도(明道) 두 선생을 첨부하고, 감히 다음과 같은 절구 한 수를 읊었습니다.

도연명(陶淵明)은 방광(放狂)했으니 아무래도 정도(正道)가 아

니요

제갈량(諸葛亮)은 공명(功名)을 이루느라 정신만 피곤했지

안연(顔淵)은 누항(陋巷)에서 칩거하며 아무런 일도 없었나니

정자(程子)의 꽃도 주렴계(周濂溪)의 풀도 다 같은 봄기운일세

그러나 이 시구들 중에 은연중에 다소의 순수하지 못한 마음이 글 귀 사이에 절로 드러나서 선생님의 의구심을 초래했으니, 더욱 부끄럽고 유감스럽습니다. 그리고 말씀하신 '격앙(激仰)' 두 글자는 삼가 가르침을 잘 받았습니다.

왜서(倭書)에 이름이 『화한명수(和漢名數)』인 책 두 권이 있는데, 바로 우리 숙종(肅宗) 경오년(1690)에 패원독신(貝原篤信)이 쓴 책입니다. 제가 사신 갔다가 온 이의 집에서 잠시 빌려 보았는데 곧바로 찾아갔기 때문에 보내드리지 못하니 한탄스럽습니다. 왜인들이 태화주(太和州)에 처음 도읍했기 때문에 '화(和)'자를 국호로 썼던 것이니, 마치 청인(淸人)들이 건주(建州)를 가리켜 만주[滿]라고 하는 것과 같습니다. 그 중 「역세편(歷世篇)」에 "오랜 옛날에 천신(天神) 7대(代)와 지신(地神) 5대가 있었다."고 했으니 이는 임금을 일러 신(神)이라고 한 것이고, "협야(狹野) 때에 와서 인황시조(人皇始祖)가 되었다." 했으니 그가 바로 이른바 신무천황(神武天皇)입니다. 그 책을 살펴보면 신무천황이 즉위한 해는 우리 숙종 경오년(1690)에서 1백 14세(世) 2340년 전의 일이니, 중국 역사와 맞추어 보면 주(周)나라 양왕(襄王) 2년 신미에 해당합니다. 이렇게 한 성씨가 지금까지 계속 전해 오고 있는 것은 중국의 성왕(聖王)들도 하지 못했던 것이니 참으로 기이한 일이고, 또 봉건(封建) 제도를 실시하고 있으며 그

밖의 기계의 정묘함이라든지 제도가 일정한 점 등은 그냥 오랑캐로 소홀히 대할 존재들이 아니었습니다. 여기에다 만약 예악(禮樂)만 더 가미한다면 참으로 바다 속의 낙도라 할 것입니다.

관백(關白) 제도는 원뢰조(源賴朝)때 시작된 것으로 송(宋)의 순희(淳熙 송(宋)나라 효종(孝宗)의 연호 1174~1188) 연간에 해당합니다. 그때 원뢰조는 겸창장군(鎌倉將軍)-겸창은 관동(關東)의 지명이다.-으로서 당시 집권하던 대신(大臣) 평청성(平淸盛)을 내쫓고 안덕천황(安德天皇)을 폐위시켜 죽이고서는 드디어 국정을 전횡했습니다. 겸창장군의 후손이 10세(世) 149년 동안 관백을 차지하였고, 뒤에는 또 족리존씨(足利尊氏)라는 자가 그를 대신했으니, 바로 원(元)의 문종(文宗) 지순(至順 원(元)나라 문종(文宗)의 연호 1330~1332) 연간이었습니다. 또 13세 231년이 지난 뒤에 직전신장(織田信長)이 그를 대신해 일어나고 풍신수길(豊臣秀吉)이 신장을 대신하고, 덕천가강(德川家康)이 풍신수길을 대신해 각각 관백이 되었습니다.

그 나라에도 충의(忠義)로운 선비가 있어, 동무(東武)-무장주(武藏州)이니 관백이 거주하는 곳이다.-는 강성하고 서경(西京)-산성주(山城州)이니 왜황(倭皇)이 거주하는 곳이다.-은 미약한 것을 늘 분하게 여겨 관백을 제거하고자 해도 66개 주(州)의 태수(太守) 권속들이 모두 아들을 관백에게 볼모로 보내 놓고 있었기 때문에 감히 거사를 일으키지 못하였습니다. 그 이전 산암재(山闇齋)와 그의 문인 천견재(淺見齋)라는 이가 있었는데, 허노재(許魯齋)가 원(元)나라에 벼슬한 것이 잘못이라고 하였습니다. 지금 천견재의 문인으로 성은 약(若)이고 이름은 신경(新鏡)이라고 하는 자가 있는데, 자는 중연(仲淵), 호는 수재(脩齋)로 학문을 좋아하고 담론을 잘하여 자기 자신을 악비

(岳飛)와 방효유(方孝孺)에다 비기면서 서경을 흥복시킬 뜻을 늘 가지고 있다고 하니, 그렇다면 과연 기사(奇士)라 하겠습니다.

관백을 정이대장군(征夷大將軍)이라고 한다는데, 그들이 말하는 이(夷)는 하이(蝦蛦)를 지칭한 것 같습니다. 그 나라가 매우 커서 강성해지면 제압하기 어려울 염려가 있기 때문에 이런 칭호를 둔 것이고, 관백이 늘 관동(關東)에 거주하는 것도 어쩌면 하이를 제압하기 위한 것이 아니겠습니까! 하이는 우리 북도(北道)와도 가까운 위치에 있는데, 『후한서(後漢書)』에 선비족〔鮮卑〕 단석괴(檀石槐)가 왜국을 쳐서 1천여 가구를 노획하고 그들을 시켜 물고기를 잡고 식량을 조달하게 했다고 하였으니 여진(女眞)과의 거리가 멀지 않을 것입니다. 왜국이 비록 바다에 위치하여 외적의 침범은 없다고 하지만 천하의 사변(事變)은 끝이 없는 것이고, 오랑캐들의 성쇠도 무상한 것이어서 여진족에서 다시 단석괴 같은 자가 나오고 하이가 다시 선동하면 그 나라를 보전하기가 어려울 것입니다.

「自叙文」"平生慕二人", 三代以後有宋以前, 若無此二人, 千餘年間, 幾乎寥寥矣, 非曰爲第一等人而學固止於此耳. 盖甲戌冬間, 病且垂盡, 欲於未死之前, 收拾先狀, 又於自己心事, 亦有遺意, 倩筆呼草, 聊以爲戲. 其中絶不道儒家語者, 盖俗人稍讀濂洛[431]書十餘卷, 則晏然高自標致, 以程朱自處, 然而夷考其行, 全不相掩, 故以是爲嫌, 欲脫其套耳; 非不知吾家大門庭, 有戰兢臨履[432]眞正好道理也. 後來自想, 亦不能滿意, 繼編『希顔錄』, 附以

431 濂洛 : 濂溪에 살았던 周敦頤와 洛陽에 살았던 程顥·程頤 형제를 가리킨다.

濂溪明道二先生, 敢爲一絶曰:"淵明放曠終非道, 諸葛功名謾瘁神. 陋巷閉
門無箇事[433], 程花[434]周草[435]一般春."然而夾雜之心, 自不掩于文字之間,
以致函丈之疑訝, 益增愧恨. 激仰二字, 謹聞命矣. 倭書有『和漢名數』爲名
者二卷, 卽我肅廟庚午年貝原篤信[436]之所著也. 轉借于奉使人家, 卽爲推
去, 故不得納上, 伏歎. 倭初都太和州, 故盖以和爲國號, 猶淸人之指建州爲

---

432 戰兢臨履 : 항상 두려워하는 자세로 삼가는 것을 뜻한다. 『詩經』「小雅 小旻」
에 "매우 두려워하고 조심하여 깊은 못에 임한 듯, 얇은 얼음을 밟는 듯이
한다.〔戰戰兢兢 如臨深淵 如履薄冰〕" 한 데서 온 말이다.

433 陋巷閉門無箇事 : 陋巷에서 安貧樂道하며 한가로이 살았던 顔回의 삶을 말
한 것이다. 呂大臨의 시에 "학문은 杜元凱와 같아야 비로소 癖을 이루고 문장
은 司馬相如와 같으면 거의 배우와 같다. 그러나 홀로 공자 문하에 서서
한 가지 일도 없이 한가했던 그 顔氏의 心齋만은 못하리.〔學如元凱方成癖
文似相如殆類俳 獨立孔門無一事 只輸顔氏得心齋〕" 하였다. 『心經 2권』心齋
는 『莊子』「人間世」에 나오는 말로 마음을 텅 비워 모든 잡념을 없애고 순일
하게 하는 것이다.

434 程花一般春 : 程花는 程子의 꽃이란 말로 明道 程顥의 「春日偶成」이란 시에
서 "구름 맑고 바람 가벼운 한낮 가까운 때에, 꽃 곁으로 버들을 따라 앞
냇가에 이르렀네. 세상 사람들은 즐거운 내 마음을 모르고, 한가한 틈에
소년처럼 논다고 하리.〔雲淡風輕近午天 傍花隨柳過前川 時人不識余心樂 將
謂傚閑學少年〕" 한 데서 왔다. 『伊洛淵源錄 3권』

435 周草 : 周濂溪의 풀이란 말이다. 濂溪 周敦頤가 살던 집의 창 앞에 풀이 무성
히 자라도 베지 않기에 어떤 사람이 그 까닭을 물었더니, "나의 意思와 같기
때문이다.〔與自家意思一般.〕" 하였는데, 이 말은 풀의 살려는 뜻〔生意〕이
자신의 살려는 뜻과 같기 때문에 베지 않는다는 뜻을 담고 있다. 주돈이는
풀을 통해서 천지가 生生하는 뜻을 보았던 것이다. 『近思錄 14권』

436 貝原篤信 : 일본 학자이다. 일본어로는 가이바라 아쓰노부이고 호는 에끼껜
〔益軒〕이다.

滿也. 其「歷世篇」云：“上世有天神七代, 地神五代.”盖謂君爲神也；“至狹野[437]爲人皇始祖.”卽所謂神武天皇也. 以其書考之, 則其立距我肅廟庚午, 爲一百十四世, 二千三百四十年, 證以中國史, 則當周襄王之二年辛未矣. 一姓相傳, 至今不已, 是中國聖王之所不能者, 誠爲異事；而封建之法能行焉, 且其器械之精妙・制度之一定, 則不可以蠻夷忽之也. 若文之以禮樂, 則誠海中之樂土也. 關白之興, 始於源賴朝[438], 當宋淳熙間, 以鎌倉將軍,-鎌倉, 關東地名.- 逐用事大臣平淸盛, 廢殺安德天皇, 遂擅國政；鎌倉將軍歷十世一百四十九年, 又有足利尊氏[439]者代之, 卽元文宗至順間也. 又歷十三世

----

437 狹野：姓은 王氏이고 이름이 狹野이다. 鸕鷀草葺不合尊의 넷째 아들이며 어머니는 玉依姬인데 세속에서는 海東小女라고 부른다. 중국 周나라 幽王 11년(B.C. 772)에 해당하는 경오년에 출생했고 周나라 惠王 17년(B.C. 660)에 해당하는 신유년에 天皇이라 稱號하였고 기미년에 大和州에 도읍하였다. 재위 76년이고 수명은 1백 27세였다고 한다. 『倭皇代序 人皇』

438 源賴朝：鎌倉幕府의 초대 장군으로 이른바 武家政治의 창시자이다. 1180년 安德天皇의 仲父인 以仁王의 명을 받들어 당시 권세가 절정에 있던 平氏 일파의 토벌에 나서, 富士川 전투에서 크게 이겼다. 그의 從弟인 義仲도 北國을 공략하고 이어 京都를 공격하자, 평씨는 안덕천황을 받들고 서쪽으로 달아났다. 그 뒤 원뇌조는 원씨 일문 중의 발호하는 자들을 숙청하며 한편 一谷 전투에서 평씨를 멸망시켰다. 그는 1180년 군사를 일으키기 직전에 겸창에 들어가 幕府를 열고 장군이 되었으며, 평씨가 멸망하고 전국의 실권을 장악하게 되어서는, 1191년에 征夷大將軍에 임명되었다. 이후 1868년 明治維新으로 王政을 회복하기 전까지 정권이 계속 武家에게 있었다.

439 足利尊氏：室町幕府의 창설자이다. 그의 선대는 上總・三河 두 나라의 守護職을 세습한 淸河源氏다. 아버지는 貞氏이고, 어머니는 上杉賴重의 딸 淸子이다. 그의 일족은 동해 관동 방면에 세력을 뻗친 큰 문벌이다. 족리존씨의 初名은 高氏인데, 六波羅를 비롯하여 關東・九州 등의 여러 나라를 차례로

二百三十一年, 而信長⁴⁴⁰代興, 秀吉代信長, 家康代秀吉; 其國亦有忠義之

士, 常憤東武-武藏州, 關白所居,- 之雄剛, 西京-山城州, 倭皇所居,- 之微弱,

欲有所爲, 而但六十六州太守家眷, 皆爲關白質子, 故不敢發. 前有山闇

齋⁴⁴¹及其門人淺見齋⁴⁴²者, 議論以許魯齋⁴⁴³仕元爲非, 今有淺見門人姓若

名新鏡者, 字仲淵號脩齋, 好學善談論, 自比於岳飛⁴⁴⁴・方孝孺⁴⁴⁵, 恒有興

정복한 뒤 이른바 建武中興을 이루었다. 건무중흥의 논공행상에서 고씨가
第一이었으므로, 천황의 휘 한 글자를 따서 존씨로 개명하였다. 그는 일생을
전란 속에서 보냈는데 의지가 굳세고 재물을 초개와 같이 보았고 幕府政治의
기초를 굳게 다졌다. 시호는 等持院仁山妙義이다.

440 信長: 織田信長을 가리킨다. 平信長이라고도 한다. 平清成의 庶派로 대대로
尾州에 살면서 織田으로 姓氏를 삼았다. 源義政 이래로 나라가 소란하자
正親町皇 永祿 11년에 군대를 출동하여 30여 개의 州縣을 정복하고 江州에
살면서 源氏를 대신하여 정권을 잡았는데 天正 11년에 그의 부하 明智에게
시해를 당하였다.

441 山闇齋: 山崎闇齋의 약칭이다. 그는 일본 京都 사람으로 이름은 嘉이고,
자는 敬義이며, 호가 闇齋이다. 程朱學을 신봉하여 倫理를 밝히는 데 힘썼
고, 君臣의 의리를 특히 중시하였다.

442 淺見齋: 淺見絅齋의 약칭이다. 그는 일본 近江 사람으로 이름은 安正이며,
산기암재를 師事하여 정주학을 연구하였다.

443 許魯齋: 宋末元初의 학자 許衡(1209~1281)을 가리킨다. 그는 자는 仲平,
호는 魯齋이고, 시호는 文正이다. 그는 經學, 子史, 禮樂, 名物, 星曆, 兵刑,
食貨 등 모든 학문 분야에 博通하였고, 특히 程朱學을 신봉하여 劉因과 더불
어 元나라의 二大學者로 일컬어진다. 원나라 조정에 벼슬하여 國子祭酒〔국
자좨주〕가 되었고 성리학을 선양하였다. 저서로는 『讀易私言』, 『魯齋心法』,
『許魯齋集』 등이 있다.

444 岳飛: 宋나라 때의 충신으로, 자는 鵬擧이고 湯陰 사람이다. 金나라의 침공
을 받았을 때 宗澤의 휘하에서 여러 차례 금나라 군사를 격파하니 高宗이

復西京之志；然則果奇士也．關白稱征夷大將軍，所謂夷，似指蝦蛦[446]也．
其國甚大，恐其強盛難制，故有此稱號；而關白之常居關東，亦豈非彈壓蝦
蛦而然歟！蝦蛦地近我北道，『後漢書』"鮮卑檀石槐擊倭國，獲千餘家，使之
捕魚助糧."則其去女眞，地不遠矣．倭國雖云在海中無外侮，然而天下之事
變無窮，蠻夷之盛衰無常，女眞中更有如檀石槐者出，而蝦蛦亦復煽動，則
其國亦難保矣．

손수 '精忠岳飛'라는 네 글자를 써서 만든 기를 하사하였으며, 관직이 太尉에
이르렀다. 朱仙鎭에서 금나라 병사를 크게 격파하고 곧바로 河水를 건너
北進하려 하였으나, 당시에 和議를 주장하던 秦檜가 十二金字牌를 내려 악
비를 소환하고는 옥에 가두어 죽였다. 시호는 武穆이다. 『宋史 365권 岳飛傳』

445 方孝孺：明나라 두 번째 임금인 建文帝의 侍講學士로 자는 希直, 호는 遜志
이며 正學先生으로 일컬어졌다. 燕王이었던 永樂帝 成祖가 조카 건문제를
쫓아내고 즉위하여 즉위 교서를 쓰게 하자 붓을 던지며 "죽으라면 죽겠으나
이 조서는 쓸 수 없다."고 하고, 임금을 죽이고 왕위를 빼앗았다고 쓰니,
성조가 그를 찢어 죽이고 일족을 모두 처형하였다. 『明史 141권 方孝孺傳』

446 蝦蛦：일본 關東지방 이북 北海道 일대에 걸쳐 살던 종족이다. 지금의 아이
누족이다.

18. 별지(別紙)

지금 부인들의 수식(首飾)이 하나의 큰 정령(政令)이 되고 있는데
어떻게 해야 좋겠습니까? 고례(古禮)를 상고해보면 부(副)와 편
(編)과 차(次)와 계사(笄纚)가 있을 뿐인데, 만약 체(髢)를 원(元)
나라 오랑캐의 비루한 풍속이라고 한다면 아마도 잘못일 듯합니다.
『시경(詩經)』에 "체(髢)를 할 것이 없도다."고 했고, 『춘추좌전(春
秋左傳)』에 "기씨(己氏)의 아내 머리털을 깎아 체(髢)를 만들었다."
고 했으며, 『장자(莊子)』에 "대머리여서 체(髢)를 썼다."고 했고 보
면 중국에서 고대에 체를 썼던 것은 예경(禮經) 외의 전기(傳記)에
기록된 사실이 분명합니다. 중국 역사의 「동이전(東夷傳)」에도 "백
제(百濟) 여인들은 머리를 땋아 뒤로 드리우고 다니다가 시집가면
그 머리를 둘로 갈라 머리 위에다 또아리를 튼다." 하였고, 「신라전
(新羅傳)」에는 "부인들이 머리카락을 땋아 머리 위를 두른다."고 하
였는데 이는 오늘날의 풍속과 같은 것이 아니겠습니까. 역사에도
"신라(新羅)에서는 흰 옷을 입었고, 고구려와 백제도 다 흰 옷을 입
었다."고 했으니, 그렇다면 흰 옷을 입은 것은 역시 우리나라 전래
의 풍속이었습니다. 그런데 말하는 이들은 "지금 사람들이 흰 옷을
숭상하는 것은 태사(太師)의 유풍이다."라 하는데 혹 그럴 수도 있
을 것입니다. 그렇다면 한족(韓族)이 고조선의 유민(遺民)이고 보
면 머리카락을 두 가닥으로 묶어서 머리를 둘러서 상투를 트는 제도
가 기자(箕子) 때의 옛 풍속이 아니라는 보장이 어디에 있겠습니까?
또 『가례(家禮)』의 계(笄) 조항에 보면 거기에 관(冠)이 있고, 또

『송사(宋史)』에도 왕방(王雱)이 부인의 관을 휴대했다고 한 것을 보면 중국 송나라 때 관이 있었던 것입니다. 그러나 예문에 남자는 관(冠), 부인은 계(笄), 이렇게 상대적으로 말한 뜻으로 보면 관은 역시 예에 맞지 않는 것입니다. 『문헌통고(文獻通考)』의 「고구려(高句麗)」에 "부인은 기계(髻笄)를 바른 편 어깨에 드리우고 나머지 머리털은 풀어 내린 다음 붉은 색 비단으로 묶고 비녀로 장식을 한다."고 한 것은 지금으로서는 어떤 제도인지 알 수 없습니다. 동월(董越)의 『조선부(朝鮮賦)』에는 "여인들은 귀밑머리로 귀를 덮고 머리에는 눈썹이 눌릴 정도로 백권(白圈)을 쓰며, 부귀한 집의 여인은 검정 비단으로 얼굴을 가리고 큰 모자처럼 생긴 광주리〔筐〕를 쓴다."고 했는데 지금은 없는 제도여서 알 길이 없습니다.

그리고 오늘날 여인들이 쓰는 족두리(簇頭里)는 옛날의 무슨 제도를 본뜬 것입니까? 고려 시대 원(元)나라 공주가 온 후로 호복(胡服)으로 바뀌었으니, 궁인(宮人)들 복색 역시 틀림없이 원나라 풍속일 것입니다. 지금도 궁인들은 족두리를 쓰고 있으니, 그 후 의관을 다시 옛 제도대로 복원했다고 해도 궁중에서는 바꾸지 않고 그대로 원나라 제도를 써서 성조(聖朝)에 이르기까지도 그렇게 했던 것입니다. 그렇다면 족두리 역시 원나라 제도입니다. 충선왕(忠宣王) 때 원 태후(元太后)가 숙비(淑妃)에게 고고(姑姑)를 하사했는데 고고는 부인들이 쓰는 관(冠) 이름입니다. 이것은 어떤 것입니까?

조중봉(趙重峯)의 중국에 사신 갔다가 돌아와 올린 소장에 부인들 머리 장식을 논하면서 계역자(髻鈠子)라고 쓴 대목이 있습니다. 그 제도가 정수리에다 머리를 묶고 비단으로 덮는 것이라고 하는데 지금으로서는 그 역시 어떤 것인지 알 수가 없습니다. 『가례(家禮)』의 계례(笄禮)에는 "부인도 머리를 두 가닥으로 묶은 것은 남자와 제도가 같다."고 했는데 이 역시 어떤 것인지 알 수 없습니다. 혹 우리나라 풍속에서 남녀가 머리를 묶는 것은 같으나 의복으로 남녀를 구별하는 것과 같아서 머리를 두 가닥으로 묶는 것은 남녀가 다르지 않았던 것입니까? 예문을 가지고 말하면 남녀의 사계(纚笄)가 같다는 것은 또 무엇입니까? 만약 머리를 통째로 묶는다면 요즘 세상에서 말하는 신문종문(顖門縱紋)-가리마-은 없어야 할 것입니다. 그런데 당(唐)나라 미인도(美人圖)를 보면 정수리에 상투가 있고, 정수리 위로 세로 줄이 곧바로 정수리 절반쯤까지 나 있는데, 그것은 틀림없이 머리를 두 가닥으로 묶었기 때문일 것입니다. 『예기(禮記)』「잡기(雜記)」의 곡권(曲鬠) 주석에 이른바 기계(髻鬠)같다고 한 것은 지금의 어떤 제도입니까? 옛날 장복(章服) 제도는 더없이 화려한데 부인들 사계(纚笄)는 지금으로써 생각해 보면 한갓 볼썽사납게 만들 뿐입니다. 사계의 원래 취지는 잃지 않으면서 모양만 화려하게 만들고자 한다면 어떻게 해야 되겠습니까?

今婦人首䬁, 爲一大政令, 未審若何而可乎? 考古禮, 不過副[447]也編[448]也次[449]也笄纚[450]也而已; 若以䯻[451]爲胡元之陋俗, 則恐有誤. 『詩』云: "不屑

---

447 副 : 옛날 부녀자들의 머리 위에 올려놓는 만들어진 상투, 즉 假䯻이다.

448 編 : 머리를 묶어 땋아 늘어뜨리는 것이다. 만주족의 辮髮과 비슷한 것이다.

449 次 : 옛날에 髡刑을 받은 사람 또는 賤民의 머리카락을 묶어서 신분이 높은 부녀자의 머리 장식을 삼는 것이다. 『周禮』「天官 追師」에 "황후의 머리 장식을 맡아서 부, 편, 차를 만든다.〔掌王后之首服, 爲副編次.〕"하였다.

髢也[452]", 『左傳』"髡己氏妻髮爲髢[453]", 『莊子』"禿而施髢"云, 則中國古時用
髢, 禮經外傳記所論, 亦難掩矣. 中國史「東夷傳」[454]謂"百濟女辮髮垂後, 嫁
則分爲兩道, 盤於頭上." 「新羅傳」[455]"婦人辮髮繞頭." 此盖今俗也. 史亦云
'新羅服素, 句麗百濟皆服白云', 則白亦我東舊俗, 而說者謂今人尙白是太師
遺風, 亦或然也. 然則韓爲朝鮮遺民, 則雙紒繞首之制, 安知非箕王舊俗耶?
『家禮』笄條有冠, 且『宋史』"王雱携婦人冠[456]"云, 則中國宋時盖有冠, 而以
禮男子冠婦人笄對說之語觀之, 則冠亦非禮矣. 『通考』「高麗傳」[457]"婦人鬌
髻垂右肩, 餘髮被下, 約以絳羅貫之簪"云者, 今未知何制. 董越「朝鮮賦」[458]

---

450 笄纚 : 笄(계)는 비녀이고, 纚(사)는 머리카락을 묶는 비단으로 된 띠이다.
사의 길이는 6척가량 된다. 『禮記』「問喪」에 "어버이가 돌아가신 처음에는
관을 벗고 비녀와 머리 싸개만 남기며, 신발을 벗는다.〔親始喪 笄纚徒跣.〕"
하였다.

451 髢 : 숱이 적은 머리에 덧대는 일종의 가발과 같은 것으로 다리라 한다.

452 不屑髢也 : 『詩經』「鄘風 君子偕老」에 "검은 머리카락이 구름 같으니 髢를
할 것이 없다.〔髮如雲 不屑髢〕" 하였다.

453 髡己氏妻髮爲髢 : 『春秋左傳』 哀公 4년에 "당초에 衛나라 莊公이 성 위에서
己氏의 아내의 머리카락이 아름다운 것을 보고 그 머리카락을 깎게 하여
자기 아내인 여강의 髢를 삼게 했다.〔初公自城上見己氏之妻髮美, 使髡之以
爲呂姜髢.〕" 하였다.

454 「東夷傳」 : 『通志』 194권 「東夷」 편을 가리킨다.

455 「新羅傳」 : 『隋書』 81권 「新羅」 편을 가리킨다.

456 王雱携婦人冠 : 『宋史』 327권 「王雱傳」에 보인다.

457 『通考』「高麗傳」 : 『文獻通考』 325권 「高句麗」이다. 『문헌통고』는 元나라
馬端臨이 편찬한 책으로, 唐나라 杜佑가 200권으로 편찬한 『通典』을 다시
증보(增補)하여 宋나라 寧宗에 이르기까지 制度, 文獻 등의 연혁을 기술한
책으로 모두 348권이다.

"女鬟掩耳, 首戴白圈壓眉, 富貴者面蔽黑繪, 戴一匡, 如大帽簷[459]", 今無其
制, 則亦不可知矣. 今俗簇頭里, 倣古何制耶? 麗時元公主來後變胡服, 宮
人服色, 亦必元俗; 簇頭里爲今宮人所着, 則後來雖復衣冠舊制, 而宮中則
因舊不變, 至聖朝猶然. 然則簇頭里亦元制也. 忠宣王時, 元太后賜淑妃姑
姑, 姑姑婦人冠名, 此亦何物耶? 趙重峯東還封事, 論婦人首餙, 有髻鈒子
之文; 其制束髮于頂, 覆以絹, 今亦不知爲何物也. 『家禮』笄禮婦人雙紒,
與男子同其制, 亦不可知. 或如我俗男女編髮雖同, 而以服別之, 束髮雙紒,
男女無異耶? 以禮言之, 男女纚笄皆同者, 抑何耶? 若以總束髮, 則無俗稱
顖門縱紋矣.-マ리마 嘗觀唐畫美人圖, 頂有髻, 而顖上縱紋直至半頂, 則亦
必雙紒故也. 雜記曲鬢注所謂如髻髻者, 爲今何制耶? 古者章服制度, 盡其
華美, 而婦人纚笄, 以今思之, 徒增醜惡. 未審不失纚笄之義, 而欲使制度華
美, 則如何而可乎?

458 董越「朝鮮賦」: 董越은 明나라 寧都 사람으로 자는 尙矩이고 호는 圭峯이며,
　　　시호는 文僖이다. 조선 成宗 19년(1488)에 우리나라에 사신으로 와서 우리
　　　나라의 풍토를 읊은 「朝鮮賦」라는 장편을 지었고 蕙秀山碑의 비문을 지었
　　　다. 그 밖에도 「征東日錄」, 「朝鮮雜誌」, 「奉使錄」 등을 지었다. 문집으로
　　　『圭峯文集』 42권이 있다

459 女鬟……帽簷: 「朝鮮賦」의 원문은 "女鬟掩耳, 不見佩瑍, 首戴白圈, 直壓眉
　　　眶, 富貴者面, 乃蔽以黑繪."까지이고, "富貴家女婦, 首戴一匡, 如大帽簷, 垂
　　　黑繪以蔽其面."은 그 注에 보인다.

19. 성호선생께 올린 편지

上星湖先生書 무인년(1758, 47세)

안부를 살피지 못한 지 한 달이 되어 봄이 또 다 갔습니다. 지금 체후는 어떠하신지요? 지난번 편지에서 편찮다고 하셨기에 밤낮으로 염려하여 마지않았습니다. 하늘이 선생님을 내셔 궁하게 하위에 있게 하여 선생님으로 하여금 경전의 뜻을 발휘하시고 후학들을 깨우쳐주게 하신 뜻이 우연한 것이 아니니, 당연히 길이 장수하고 강녕하셔서 우뚝이 후생들이 의지하고 존경하는 사표가 되는 것이 마땅합니다. 그렇지만 춘추가 이미 높으시니 구구한 이 마음에 염려를 조금도 놓을 수 없습니다. 이 달 16일 꿈에 선생님을 모시고 평상시와 같이 가르침을 받았으니 꿈을 깬 뒤 서글프고 사모하는 마음 어찌 이루 형언할 수 있겠습니까? 이미 병이 다 나으셔서 예전처럼 평안히 지내시는지요?

정복은 어머니를 모시고 그럭저럭 지내고 있으니, 이보다 더한 다행이 없습니다. 다만 나이가 점점 들어 머리털이 희끗하고 치아도 빠져 어느새 47세가 되었는데, 게다가 고질병이 몸에서 떠나지 않아 의지도 학업도 모두 황폐한 채 하늘에서 받은 성품이 날이 갈수록 전도(顚倒)되어 떨치고 일어설 수 없으니 생각하면 스스로 가련해하지만 어찌하겠습니까. 너무 오래 벗들과 떨어져 있다 보니 방만한 습성이 들고 오만한 마음만 날로 자라고 있는데 그 병의 근원을 따져보면 아마도 사서(史書)를 편찬하는 일 때문인 것 같습니다. 이것이 윤장(尹丈)께서 전후로 권계(勸戒)하셨던 까닭인데, 그 권계는 단지 역사서를 편찬하는 일이 마음을 수고롭게 하고 병에 해롭기 때문에 했던 것만은 아니었습니다. 사우(師友)의 권계를 어찌 소홀히 할 수 있겠습니까.

사서를 편찬하는 일은 요즘 중지하였는데, 몸이 다시 건강해지고 식견이 조금 나아지기를 기다려 이 일을 아주 잊어버리지도, 너무 의식적으로 서두르지도 않으면서 해 나갈 예정입니다. 선생님께서 전후로 내리신 서찰들에서 우리나라 일에 대해 말씀하신 것은 비록 말 한 마디 글자 한 자라도 반드시 책 하나에다 별도로 기록해 두어 후일 쓸 자료로 삼으려 하고 있습니다.

데지 후세에 와서 저술들이 매우 많아 개중에는 겉만 바꿔 놓거나 아예 군더더기에 불과한 것들이 실로 많습니다. 이런 까닭에 독실한 선비들이 매양 비판하니 이는 참으로 그렇습니다. 그러나 『질서(疾書)』와 같은 저술은 선생님의 밝은 지혜를 통하여 정밀한 이치가 절로 드러났으니 만약 그것을 침묵으로 일관하고 기록으로 남겨두지 않는다면 후인들이 무엇을 보고 배우겠습니까?

우리나라 역사와 같은 경우로 말하자면 실로 통일된 저술이 없고, 게다가 한 사람도 의심되는 부문들을 변별하는 이가 없어, 이 나라 몇천 리 내의 몇천 년 사적을 캄캄한 어둠 속에 던져버리고 돌아볼 줄 모릅니다. 따라서 참으로 우리 역사를 편찬할 만한 분이 있다면 저술한다는 것을 목적으로 삼는다는 비방을 꺼려서 그만두어서는 안 될 것입니다. 저는 역사를 기술할 재주가 부족하고 또 아무런 학식도 없으니 어찌 저술을 운운할 수 있겠습니까! 그러나 이 마음만은 언제나 그것을 한스러워 하여 마지않습니다. 윤장은 오로지 역사를 저술하는 것을 불가한 일이라고 하니, 이는 비록 자기 내면의 착실한 공부에 치중해야 한다는 뜻이겠지만 개물성무(開物成務)의 뜻은 부족한 듯합니다.

옛 분들의 저술은 부득이한 것이었습니다만 후인들의 저술은 그만 두어도 되는데 그만두지 않은 것들이 많으니, 이러한 뜻은 참으로 알지 못해서는 안 됩니다. 어떻게 생각하시는지요? 학문은 상달(上達)을 중시하는데 상달을 하자면 하학(下學)보다 중요한 것이 없습니다. 『논어(論語)』를 보면 모두 형상(形象)이 있는 곳에 나아가 가르침을 세웠는데, 안씨(顏氏)의 사물(四勿)과 증자(曾子)의 삼귀(三貴)가 그 중에서도 두드러진 것입니다. 사람의 용모와 말 그리고 일상생활의 동정 그 자체가 천리의 유행 아님이 없으니, 인륜과 질서가 여기에 들어 있습니다. 이는 비록 제가 평소에 배우고 싶던 것이지만 기질이 거칠고 질병이 깊어 그럭저럭 지나는 사이 게으름과 방종만 늘었습니다. 그리하여 사물을 응접하는 사이에 왕왕 객기(客氣)에 휘둘리기도 하니, 때때로 생각해 보면 후회스럽기 그지 없습니다. 비록 날마다 선생님을 찾아뵙고 직접 가르침을 받지는 못하지만 이러한 습성이 제가 지은 글에서 드러나는 경우가 필시 많아서 선생님의 밝으신 눈을 피하기 어려웠을 것입니다. 끝까지 저를 버리지 마시고 다시 통렬한 가르침을 내려서 끝까지 큰 은혜를 마저 내려주신다면 이보다 더 큰 다행이 어디 있겠습니까.

서로 왕래하면서 말을 전해 주는 사람도 없어 소식이 막혔으니, 제가 비록 절도에 넘고 분수를 범하고 예에 어긋나고 덕을 해치는 짓을 하더라도 선생님께서 어찌 알 수 있겠습니까. 매양 이 점이 두려워 사우(師友)에 누를 끼치지나 않을까 염려하고 있습니다. 접때 윤장이 조금의 규계와 권면을 해주셨으니 감사한 마음 이루 형언할 수

있겠습니까. 요즘 세상에서 선비들이 서로 주고받는 편지에서 상대를
추켜올리는 말만 많이 쓰지 상대의 나쁜 점을 지적하는 일은 실로
없으니, 세도(世道)가 점차 낮아져서 남의 잘못을 지적하다 보면 서
로 다투게 될까 염려하여 오직 상대방이 듣기 좋은 말만 하는 것입니
다. 근래『남헌집(南軒集)』을 읽어보니, 주자(朱子)에게 보낸 편지에
"여기 온 사람들이 많이들 '사람들이 모여 술자리를 벌일 때 술에 취하
면 기세를 떨치며 비분강개한 노래를 부른다.'고 하였으니, 이러한
모습은 아마도 평소 혈기를 부리는 습성을 다 없애지 못했기 때문이
다."라고 한 말이 있는데, 여기서 술에 취해 기세를 떨치며 비분강개
한 노래를 부른다는 것은, 주자가 어찌 이런 지경에까지 이르렀겠습
니까. 다만 조금은 절도를 넘는 행동이 없지 않았기 때문에 남헌이
언급했던 것입니다.-소노천(蘇老泉)의 시에 "젊은 마음은 언제나 술 속에서
오더라〔壯心還向酒中來〕" 한 구절을 주자가 비판해 놓고 정작 자신이 지은
남악시(南岳詩)에는 "탁주 석 잔에 호방한 흥이 발동하여 낭랑히 시 읊으며
축융봉을 날듯이 내려오네〔濁酒三盃豪興發 朗吟飛下祝融峯〕"라는 구절이 있
으니, 주자가 호기가 많아 그렇게 되었을 듯합니다.- 고인들은 거동과 마음
에 있어 이와 같이 신중했으니, 이 글을 읽고는 마음속에 놀라고 두려
워 망연자실하였습니다.

　향약(鄕約)에 관한 일은 저도 생각이 여기에 미쳤으나 단 한 번
시험해 보고 지금은 이미 다른 사람에게로 맡겼습니다. 그리고 귀신
(鬼神) 문제는 지난 날 윤장(尹丈)이 "응당 정주(程朱)의 설을 근거로
삼아야 한다."고 했으니, 말이 정주와 관계되면 누가 감히 이의를 제
기하겠습니까. 다만 의심만 품은 채 드러내 말하지는 못하고 한갓
선유들이 남긴 말에 따라 대강 설을 만들고, 파탄을 드러내 남에게

비방을 받지 않고자 할 뿐이니, 마음속에 품은 의심은 끝내 석연히 풀리지 못하였습니다. 이에 감히 별지로 여쭈오니, 제가 광증(狂症)이 발작하여 함부로 자기 주장을 세우는 것이 아니라 실제로 의심이 가기 때문에 이렇게 여쭙는 것이니 다시 가르쳐 주시기를 엎드려 바랍니다.

중국 사람들은 입론(立論)을 위주로 하기 때문에 역대의 사론(史論)이 무수히 많습니다. 그러나 우리나라 사람들은 사론에 뜻을 두지 않고, 혹 사론이 있다 하더라도 대다수 마음에 차지 않은 것들이라 정론을 찾아낼 수 없으니, 한탄스럽습니다. 우리나라 사람들은 언제나 우리 일에 소홀하여 제대로 알지 못하고 있으니, 그 사람이 수행한 바가 아무리 크더라도 필경 우리나라 사람이고 보면, 그 자신이 이 땅에 살면서 이 땅의 일을 알지 못하는 것은 참으로 불쌍하고 개탄스러운 일입니다. 지금 절사(節使)가 와서 전하는 말에 "대국의 황제가 명(明)나라 왕릉들을 발굴하자 법명(法明)이라는 승려가 글을 올려 반대했다가 죽임을 당했다."고 하니, 천하사를 앉아서도 알 만합니다. 어찌 죽음을 아끼지 않는 남자 하나가 없어서 일개 승려에게 미루고 말하지 않았겠습니까. 생각건대 그들의 악을 키워 주어 빨리 망하게 하고자 했을 것입니다. 승려가 세상사를 논한다는 것은 역시 천고에 듣기 어려운 것입니다. 승려라는 그 자신의 도리로 본다면 비록 옳지 못하지만 그러나 양연진가(楊璉眞伽)에 비하면 하늘과 땅 차이뿐이 아닙니다.

월초에 경안(慶安) 역로(驛路)에 일본 예단(禮段)이 올라갔다는 말을 들었으니, 이는 혹 외교상의 폐백일 듯합니다. 우리나라 사람들은 원려(遠慮)가 없어 언제나 왜국은 걱정할 것 없다고 말하지만 이는 그렇지 않습니다. 지난달 인삼(人蔘) 문제는 마침내 변방의 분쟁을 야기하는 촉매가 되고 말았습니다. 왜인과의 분쟁은 언제나 대마도 (對馬島) 왜인으로부터 야기되어 왔으니, 평의지(平義智)의 경우를 보면 알 수 있습니다. 대마도 왜인들이 우리나라와 일본의 중간에서 속임수를 부린 것이 매우 많습니다. 만약 일본 관백(關白)의 명령이 라고 하면서 따라주기 어려운 청을 해 올 경우에는 우리 쪽에서 사신 한 사람을 보내어, "관백을 직접 만나 물어본 다음에 결정하겠다."고 하면 혹 진위 여부를 알 수 있을 것입니다.

대저 두 나라가 서로 국교를 유지하고 있으면 필시 공공연히 사단 을 일으킬 리는 없을 것입니다. 예로부터 천하의 일은 언제나 작은 데에서 문제가 생깁니다. 또 듣건대 저 왜인들의 무예가 더욱 정밀해 지고 뛰어난 기량을 가진 자가 더욱 많으며, 섬나라에 사는 오랑캐들 중에 좋은 무기와 뛰어난 재주를 가진 자가 있으면 많은 재물을 주어 서 불러 모은다고 하니, 그 뜻은 비록 무예를 숭상하는데 있다고 하지 만 실로 이웃나라로서는 듣기 좋은 소식은 아닙니다. 게다가 무진년 (1748) 왜국의 사신이 왔을 때 그들의 국서(國書) 끝에 "오직 친목을 잃지 않아 서로의 복을 기약할 수 있기를 바란다." 했는데 그 말에 뜻이 있는 것 같았습니다. 당시에 어느 한 사람이 나서서 그 구절을 고치라고 하여 그들의 의중을 떠보지 못했던 것이 한스럽습니다. 이 러한 문제들은 사실은 기우(杞憂)에 지나지 않으니 남들이 들으면 틀림없이 비웃을 것입니다. 그러나 저로서는 다 말씀드리지 않을 수 가 없으니, 보신 뒤에 불태우시기 바랍니다.

曠候浹月, 春又盡矣, 伏問氣候若何? 向承未寧之敎, 日夕憂慮, 靡所知屆.

天生先生, 窮而在下, 使之發揮經傳, 牖開來學, 意非偶然, 宜其壽考康寧, 巋然爲後生之依仰; 而但春秋高深, 區區下懷, 不敢少弛. 今月旣望, 夢陪杖屨, 奉誨如常, 覺來悵慕, 曷勝形喩? 未審已有勿藥之喜[460]而靜玩有常否? 鼎福將母粗遣, 幸無過此, 犬馬之齒漸長, 鬢髮滄浪, 牙齒疎豁, 不覺時年四十七, 而兼以痼疾纏繞, 志業荒廢, 天賦之性, 日就顚倒而莫可振拔, 自憐奈何? 索居[461]之久, 任放成習, 矜傲日長, 究厥病源, 未必非太史公爲祟也. 此尹丈所以前後勸戒, 非但爲勞心害病而發也. 師友箴戒, 其可忽哉! 編史之工, 近日停止, 欲待身家之少健・識見之稍進, 置之於勿忘勿助[462]之間, 先生前後賜札, 諭及東事者, 雖片言隻字, 亦別抄一冊以置, 爲後日受用之資耳. 大抵後世著述太繁, 改面疊床, 其流寔多. 是以, 篤行之士, 每加詆訾, 此誠然矣. 然若『疾書』之屬, 明睿所照, 精義自發, 如使一向緘默, 不爲箚錄, 則後人何述? 至若東史, 實無一統文字, 又無一人辨別疑案, 使有東數千里內數千年事蹟, 投之長夜中而不知顧焉; 誠有其人, 不可以著書爲嫌而止焉者也. 小子才乏三長[463], 學無一得[464], 何論於著書? 而惟此一心則

---

460 勿藥之喜 : 『周易』「无妄卦」九五에 "구오는 잘못이 없이 생긴 병이니 약을 쓰지 않아도 나을 것이다.〔九五, 无妄之疾, 勿藥有喜.〕"한 데서 온 말이다.

461 索居 : 離群索居의 준말로, 함께 공부하던 벗들을 떠나서 홀로 외롭게 지내는 것을 말한다. 『禮記 檀弓上』

462 勿忘勿助 : 孟子가 浩然之氣를 기르는 방법에 대해 말하면서 "반드시 하는 일이 있어야 하되, 결과를 미리 기약하지 말아서, 마음에 잊지도 말고 빨리 자라도록 돕지도 말라.〔必有事焉而勿正, 心勿忘勿助長也.〕"한 데서 온 말로 항상 마음속에 간직하여 잊지도 말며 빨리 이룩하려고 서둘지도 말라는 뜻이다. 『孟子 公孫丑上』

463 三長 : 史家가 가져야 할 세 가지 장점이다. 『舊唐書』「劉子玄傳」에 "사가의

每恨恨不已也. 尹丈專以著書爲不可, 是雖切於向裏近實⁴⁶⁵之工, 而似欠開物成務⁴⁶⁶之意也. 盖古人著書, 不得已也, 後人著書, 可已而不已者多; 此意則誠不可不知也. 未審如何? 學貴上達, 莫要於下學⁴⁶⁷, 『論語』一部, 皆就有形象處立敎, 而顏氏之四勿⁴⁶⁸ · 曾子之三貴⁴⁶⁹, 其尤者也. 容貌辭氣

자격으로는 모름지기 세 가지 장점을 지녀야 하는데 세상에 그런 사람이 없기 때문에 사가의 자격을 갖춘 이가 드문 것이다. 세 가지 장점은 바로 재주와 학문과 식견이다.〔史才須有三長, 世無其人, 故史才少也. 三長, 謂才也, 學也, 識也.〕"라 하였다.

464 一得 : 『晏子春秋』에 "성인도 천 번 생각하다 보면 반드시 한 가지 실수는 있고, 어리석은 사람도 천 번 생각하다 보면 반드시 한 가지 얻음은 있다.〔聖人千慮, 必有一失; 愚人千慮, 必有一得.〕" 한 데서 온 말이다.

465 向裏近實 : 자기에게 긴요하지 않은 세상사에 관심을 두지 않고 자기 내면의 문제에 대해 절실하게 공부하는 것이다. 즉 心性 수양과 같은 공부를 말한다. 明道 程顥가 "학문이란 단지 안으로 채찍질하여 자기 내면에 붙여야 할 따름이다. 그러므로 절실히 묻고 가깝게 생각하면 仁이 그 중에 있는 것이다.〔學只要鞭辟近裏, 著己而已. 故切問而近思, 則仁在其中矣.〕" 하였다. 『近思錄 2권』

466 開物成務 : 『周易』 「繫辭上」에 "대저 易은 物을 깨우치고 일을 이루어 천하의 도리를 통괄하니, 이와 같은 것일 따름이다.〔夫易, 開物成務, 冒天下之道, 如斯而已者也.〕" 한 데서 온 말로, 사람이 아직 알지 못하는 도리를 卜筮를 통하여 알게 해서 이것을 실지로 일에 적용하여 성공하게 함을 뜻한다. 여기서는 역사를 저술하여 사람들을 깨우치는 것을 말한다.

467 學貴……下學 : 下學과 上達은 아래로 人事를 배워서 위로 天理를 안다는 뜻으로, 孔子가 "하늘을 원망하지 않고 남을 탓하지 않으며, 아래로 인사를 배워 위로 천리를 통달한다.〔不怨天, 不尤人, 下學而上達.〕" 한 데서 온 말이다. 『論語 憲問』

468 顏氏之四勿 : 顏淵의 四勿이다. 안연이 仁을 실천하는 조목을 묻자 孔子가

之間・日用動靜之際, 無非此理之流行, 天叙天秩[470]在焉. 此雖平日所願

學, 而氣質粗率, 疾痾沉綿, 因循汩溺, 偷惰放肆, 應接之際, 往往爲客氣所

乘; 有時自念, 悔恨無已. 雖不能日造凾丈, 躬承警誨, 而如此習氣, 必多發

露於文字之間, 而難逃明鑑中矣. 若蒙不棄, 更賜箴砭, 以卒大惠, 何幸如

之! 旣無往來傳說之人而聲聞相阻, 則小子雖有踰節犯分悖禮傷德之事, 先

生何由以知之? 每以是爲懼, 恐累師友. 向日尹丈畧施規勉, 感幸何喩! 近

來世間交際往復書, 每多奬與之言, 實無攻惡之事; 盖世道交喪, 恐致爭端,

惟以諛辭相悅也. 近讀『南軒集』[471], 其與朱子書有曰: "來者多云'會聚之間,

酒酣氣張, 悲歌忼慨', 如此等類, 恐是平時血氣之習未能消磨者.[472]" 所謂

"예가 아니면 보지 말며, 예가 아니면 듣지 말며, 예가 아니면 말하지 말며,
예가 아니면 움직이지 말라.〔非禮勿視, 非禮勿聽, 非禮勿言, 非禮勿動.〕"
한 데서 온 말이다. 『論語 顔淵』

469 曾子之三貴 : 曾子가 "군자가 도에 귀한 것 세 가지가 있으니, 용모를 움직임
에 포만함을 멀리하며 안색을 바르게 함에 믿음에 가깝게 하며 말을 냄에
비루하고 도리에 어긋남을 멀리하라.〔君子所貴乎道者三, 動容貌, 斯遠暴慢
矣, 正顔色, 斯近信矣, 出辭氣, 斯遠鄙倍矣.〕"한 데서 온 말이다. 『論語
泰伯』

470 天叙天秩:『書經』「皐陶謨」에 보인다. 蔡沈의 傳에 의하면, 天叙는 군신・
부자・형제・부부・붕우의 倫序이고, 天秩은 尊卑・貴賤의 높고 낮은 등급
의 질서이다.

471 『南軒集』: 張栻(1133~1180)의 문집이다. 장식은 자는 敬夫 또는 欽夫이고
호는 南軒 또는 樂齋이며, 시호는 宣公이다. 胡宏(1106~1161)의 門人이다.
그는 漢州 錦竹 사람으로, 朱熹나 呂祖謙 등과 같은 시대를 살면서 서로
친구였으므로 당시 사람들이 이 세 사람을 東南三賢이라 일컬었다. 저서에
『論語解』, 『孟子解』, 『南軒易說』 등이 있다. 『宋史 429권 張栻傳』

472 來者……磨者:『南軒集』 20권 「答朱元晦秘書」에 보인다.

‘酒酣氣張悲歌忼慨’八字, 朱子何嘗至是? 而不能無少踰節者, 故南軒及之
耳.-老泉壯心還向酒中來之句, 朱子亦嘗譏之[473]; 而其南岳詩有“濁酒三盃豪興發, 朗
吟飛下祝融峯”之句[474], 朱夫子盖多豪氣致然也.- 古人於威儀心術之間, 謹之如
此, 讀之惕然驚懼, 茫然自失也. 鄕約事, 念亦至此, 但一試之, 今已委他人
矣. 鬼神事, 向日尹丈言當以程朱爲據; 語涉程朱, 誰敢異議? 而第含疑不
發, 徒依先儒說話影響, 彌縫而爲之說, 不欲破綻, 被譏於人; 其中之所疑
者, 則終未晣然也, 敢於別紙仰稟, 此非猖狂妄自爲論也, 實有其疑, 故稟問
如是; 伏乞更教之也. 中國人以立論爲主, 故歷代史論, 其麗不億, 而東人
則不以爲意, 雖或有之, 多不滿意, 無以討出正議. 伏歎. 東人每忽東事不
知, 渠所樹立雖大, 畢竟終是東人. 身居此土, 不知其事, 誠可憫歎. 今節使

---

473 老泉……譏之：老泉은 唐宋八大家의 한 사람인 北宋 때 문장가 蘇洵의 호이
다. 蘇軾·蘇轍 형제의 아버지이므로 그를 老蘇라 부르기도 한다. 재상 韓琦
가 중양절에 자기 집에 酒宴을 베풀고 歐陽脩와 한두 명 執政만 초대했는데
蘇洵이 布衣로 그 자리에 참석하여 시를 읊기를 “좋은 節日은 누차 시름
속에 보내고, 젊은이 마음은 도리어 醉氣를 의지해 오더라.〔佳節屢從愁裏過
壯心還倚醉中來〕”하였다. 『古今事文類聚 前集 11권』이에 대해 朱子가 “老
蘇가 세상에 나오자 당시 사람들이 매우 존경하였으나 오직 王荊公만은 그렇
게 여기지 않았다. 그래서 蘇氏 三父子가 이를 갈며 왕형공을 미워하였다.
그러나 노소의 시에 ‘늙은이 태도는 모두 시름 속에 지나가고 젊은이 마음은
유독 醉中에 의지해 온다.’ 하였다. 이와 같이 操行이 없었으니, 어찌 형공에
게 비웃음을 받지 않겠는가?〔老蘇之出, 當時甚敬崇之, 惟荊公不以爲然, 故
其父子皆切齒之. 然老蘇詩云‘老態盡從愁裏過 壯心偏傍醉中來’. 如此無所守,
豈不爲他荊公所笑?〕”하였다. 『朱子語類 130권』
474 南岳……之句：「醉下祝融峯作」이란 제목으로 『朱子大全』 5권에 실려 있는
데 ‘豪興’이 ‘豪氣’로 되어 있다. 주자가 친구인 南軒 張栻과 함께 南岳인 衡山
을 등정할 때 지은 시이다.

來傳道'大國皇帝掘明諸陵, 有僧法明書諫被殺云', 天下事, 亦可坐而知矣. 豈無一箇不惜死男子, 讓于一髡頭人而不爲言乎? 意者欲長其惡而速亡之也. 山僧之論世事, 亦千古異聞; 於渠之道, 雖未爲得, 比於楊璉眞伽[475], 不啻霄壤矣. 月初聞慶安驛路, 有日本禮段上去之言, 此或是國幣也. 我人終無遠慮, 每謂倭不足患, 此却不是. 向來蓼事, 終是邊釁之兆媒者也. 倭釁每從馬倭起, 觀平義智事, 可見矣. 馬倭居間矯誣甚多, 若傳關白之命而求難從之請者, 則我諭以'當馳一使, 面稟關白而定之云', 則亦或驗其眞僞矣. 夫兩國相交, 必無公然生事之理, 自古天下之事, 每從微細而起. 且聞彼人武藝益精, 奇技益聚, 海中諸蠻, 有好器械多奇才者, 則必厚賂而招聚之云; 其義雖在於尙武, 實非居鄰者之所樂聞也. 且戊辰信使時彼國書末有云: "惟冀親睦無違, 休祥可期." 下語似有意. 當時恨無一人使改其句, 逆探其意也. 如此等事, 實是杞國之憂[476], 而使人聞之, 必發一笑, 然亦不敢不盡也. 下覽後丙丁之, 伏望.

---

475 楊璉眞伽 : 元나라 때 西域의 승려이다. 원나라 世祖 때 江南釋教總統으로 있으면서 錢塘과 紹興에 있던 南宋 황제와 대신들의 무덤 100여 개를 모두 파헤쳐 금옥 등의 보석을 취하고 시신들을 함부로 버렸다. 당시 會稽 山陰에 살던 唐珏이 이 소식을 듣고 집안의 재물을 털어 젊은이들을 고용해서 황제의 시신을 수습해 다시 묻고, 南宋의 궁전 안에 있던 冬靑나무를 캐다가 묘소 위에 심어 능임을 표시하였다. 또 남송의 太學生이었던 林德陽도 이 사실을 알고 高宗과 孝宗의 시신을 거두어 東嘉에 장례하고 역시 동청나무를 심어 표시하였다.『元史 202권』

476 杞國之憂 : 옛날 杞나라 사람이 하늘이 무너지면 자기가 도망가서 살 곳이 없다고 생각하여 침식을 전폐하고 걱정을 했다는 고사에서 온 말로, 쓸데없는 걱정을 뜻한다.『列子 天瑞』

20. 별지(別紙)

귀신(鬼神)의 설은『주역(周易)』「계사(繫辭)」,『예기(禮記)』「제의
(祭義)」 및 염락(濂洛)의 여러 선생들의 학설로 보면 그 정상(情狀)
을 알 수 있으나, 끝내 풀리지 않는 의문이 있습니다. 귀신에는 세
가지 등급이 있으니, 천지(天地)의 귀신이 있고, 사람이 죽어 된 귀
신이 있고, 또 백물(百物)의 귀신이 있습니다. 그 중에서 사람이 죽
어서 된 귀신의 경우는 그 이치가 매우 알기 어렵습니다. 그에 대해
후세에 세 가지 논설이 있으니, 유자(儒者)는 "기운이 모이면 생명
이 태어나고 기운이 흩어지면 죽어서 텅 비어 아무것도 없는 상태
로 돌아간다."고 하고, 서양 사람들은 "기운이 모여 사람이 되는데
이미 사람이 된 뒤에 일종의 영혼이 따로 있어 사람이 죽어도 없어
지지 않고 그 사람 본신(本身)의 귀신이 되어 영원히 존재한다."고
하고, 불교에서는 "사람이 죽어서 귀신이 되고 그 귀신이 다시 사람
이 되어서 계속 윤회한다."고 합니다.

만약 유자의 말대로라면 성인이 제사 제도를 만든 뜻에는 분명히
조상의 귀신이 온다는 이치가 들어 있는 것입니다. 만약 다만 자손이
조상을 사모하는 마음 때문에 제사를 만들었다고 한다면 이는 거의
헛된 장난에 가까워 매우 불경한 일이 아니겠습니까.

조상과 자손은 하나의 기운으로 서로 연결되어 있기 때문에 감응하
여 오는[來格] 이치가 있다고는 하지만 조상의 기운은 이미 흩어져서
음양 본연의 상태로 돌아가 버렸으니, 그 기운은 허공에 분산되어
벌써 원초적 상태와 전혀 다를 바가 없는데 다시 무슨 기운이 있어

오겠습니까. 만약 오는 것이 있다면 그것은 흩어지지 않고 별도로 존재하는 것이 있음이 분명합니다.

그리고 만약 서양 사람들 말대로라면 사람은 선악을 막론하고 모두 영혼이 있어 죽은 뒤에 천당과 지옥의 과보가 있게 됩니다. 예로부터 지금까지 영혼이 소멸하지 않고 그대로 있다면 그 귀신이 매우 많을 터이니, 이른바 천당은 텅 비고 넓어서 혹 수용할 수 있을지 몰라도 소위 지옥이라는 곳은 땅 둘레가 9만 리이고 그 지름이 3만 리라고 하니 그 3만 리 속에 그렇게 많은 귀신들을 어찌 다 수용할 수 있겠습니까. 가사 수용한다고 하더라도 땅이라는 것은 형질(形質)이 있어 공간이 없이 꽉 차 있는데 귀신이 아무리 형체가 없다고 하더라도 어떻게 수용할 수 있겠습니까? 사람이 죽은 뒤에 기운이 흩어지는 것이 더디고 빠름이 있다고 할 수는 있겠지만 영원히 흩어지지 않는 다고 할 수는 없습니다.

또 불교의 말대로라면 그 말은 더욱 어처구니없어 다 믿을 수는 없지만 그 중에는 그럴 법하게 생각되는 점도 있습니다. 대저 천하의 도가 하나가 아닌데 유가(儒家) 외에는 모두 이단(異端)입니다. 그렇기에 유자의 도는 상도(常道)를 말하고 괴변(怪變)은 말하지 않습니다. 괴변은 진실로 예측할 수 없으니, 괴변을 계속 말하다 보면 결국은 허황되고 정상에서 벗어나 거리낌 없이 마구 행동하는 이단이 되고 말 것입니다. 그렇기 때문에 성인이 괴변을 말씀하지 않았을 뿐이지 괴변이 결코 없는 것은 아닙니다.

『시경(詩經)』과 『서경(書經)』을 보면 임금과 신하가 서로 경계하면서 반드시 상제(上帝) 아니면 조상의 영령을 들어서 말하는데, 만약 실제로 그것이 없다면 성인이 어찌하여 사람이 볼 수도 없고 모호하여 믿기도 어려운 일을 가지고 사람들을 속였을 것이며, 사람들 역시 믿고 따랐겠습니까. 분명히 그러한 일이 있기 때문에 이와 같이 말했을 것입니다. 은(殷)나라 사람들은 귀신을 숭상한 것이 어찌 후대의 어리석은 백성들이 무당에게 유혹되는 것과 같겠습니까. 이는 필시 말할만한 실제 사실이 많이 있었을 것이지만, 진시황(秦始皇) 때 기록이 다 불타고 없어져 전해지지 못하게 되었을 수도 있지 않겠습니까.

후세에는 상도만 말하는 경향이 많아져서 만약 조금이라도 평소에 보지 못하고 듣지 못하는 일에 대해 한마디 말을 하고 한 가지 행동이라도 했다 하면 대뜸 괴변을 말한 죄를 씌웁니다. 이런 까닭에 가르침을 맡은 사람들은 조심하여 말하지 않고, 상도(常道)를 지키는 이들은 단지 선유들의 말에 의거하려고만 하여 결국 의심이 석연히 풀리지 못하였던 것입니다.

가만히 생각해 보면 사람의 생사는 대체적으로 말한다면 실로 기운이 모이고 흩어짐에 달려 있으니, 불이 꺼지면 연기가 흩어져 허공으로 올라가 소멸하는 것과 같습니다. 그리고 그 중에는 서양 사람들 말처럼 흩어지지 않는 것도 있으니, 마치 순금이 불에 들어가면 전체가 다 녹아 버리지만 한 점의 정광(精光)만은 그대로 존재하는 것과 같습니다. 그리고 또 그 중에는 불교의 말처럼 윤회하는 경우도 있으니, 흩어지지 않은 기운이 만약 있다면 그것이 모여 다시 태어나는 것도 이상한 일은 아닙니다. 사람이 태어나는 것은 기운이 모였기 때문이고 보면 귀신은 기운이 아니겠습니까. 역사의 기록으로 보면 전생에 반지를 숨겨놓은 곳을 알았다든지 전생에 살던 집의 우물을 기억했다고 하는 따위의 일들이 매우 많고, 지금 세상 사람들의 집안에 전해지는 말을 보더라도 그럴 법한 것들이 많습니다. 이러한 경우들을 반드시 그렇다고 증명하려 한다면 부질없는 짓이고, 그렇다고 일절 그렇지 않다고 무시해 버리면 너무 융통성 없는 태도이니, 그저 말을 하지 않을 수밖에 없습니다. 『주역(周易)』에서 "혼(魂)이 떠도는 것이 변(變)이 된다." 했는데, 그냥 흩어져 버리는 것이 아니고 변함이 되는데 이른다면 그 혼이 어디고 없는 곳이 없을 것입니다. 장자(張子)는 "혼이 떠도는 것이 변이 된다."는 것을 근거로 윤회설을 부정하였으니 어찌 감히 다시 말할 것이 있겠습니까마는 그 의심은 끝내 풀리지 않습니다. 정주(程朱)의 학설에도 간략히 언급만 하고 분명히 말하지 않은 경우가 많아 후인들의 의심만 더 증폭시키고 있습니다.-정자(程子)는 "죽음과 삶, 사람과 귀신의 이치는 하나이면서 둘이요 둘이면서 하나이다." 하였다. ○ 『어류(語類)』에 주자가 "귀신과 생사의 이치는 틀림없이 불가에서 한 말이나 세상 사람들이 본 바와는 다를 것이다. 그러나 그러한 일이 분명히 있긴 하지만 이치로 미루어 알 수 없는 경우가 있으니, 이러한 곳은 굳이 알려고 할 필요가 없다." 했고, 또 "전생에 반지를 숨겨놓은 곳을 알았다든지 전생에 살던 집의 우물을 기억한 일들 같은 경우는 따로 얘기할 이치가 있다." 하였다. ○ 『주자대전(朱子大全)』의 왕자합(王子合)에게 답한 편지에 "천지의 음양(陰陽)이 끝이 없고 보면 사람과 만물의 혼백도 끝이 없는 것이다. 그래서 감응함이 있으면 반드시 통하기 마련이니, 음(陰)이 응고되어 흩어지지 않고 있다가 마침내 다 소멸하고 만다고 주장해서는 안 된다." 했고, 또 동숙중(董叔重)에게 답한 편지에서 "귀신의 이치는 성인도 말하기 어려워했다. 참으로 어떤 것이 있다고 해도 안 되고, 참으로 어떤 것이 있지 않다고 해도 안 되니, 만약 이치를 분명히 알지 못한다면 젖혀 두는 것이 좋다." 하였다. ○ 살펴보건대 이러한 말들은 그럴 법한 이치가 있는 것들이

아니겠습니까.-

서화담(徐花潭)의 「귀신론(鬼神論)」이 이씨(利氏)의 설과 합치되는데, 이씨는 인류가 있은 이후로 그 귀신들이 길이 존재한다 하였고, 서씨는 기운이 오래 지속되기도 하고 빨리 흩어지기도 하는 차이가 있다고 하였으니, 서씨의 설이 더 나은 듯합니다. 그러나 이자(李子)는 서씨의 설이 틀렸다고 했으니 감히 더 이상 이 문제에 대해 의심을 두어서는 안 되겠지만 아무래도 미심쩍은 부분이 있습니다. 그렇다면 이교(異敎)를 말한다는 혐의를 받을까 두려워서 어물어물 넘어가고 말하지 않아 학문이 깊은 분에게 나아가 질정(質正)하지 않아서는 안 될 것입니다.

천당지옥설(天堂地獄說)은 그 말의 모양새가 아무래도 이단입니다. 그러나 흩어지지 않는 영혼이 과연 있다면 필시 주관하는 자가 있을 것이니, 주관하는 자가 있다면 선한 자에게 상을 주고 악한 자에게 벌을 주는 것도 혹 이상할 게 없을 것입니다. 그러나 결국에는 상은 많고 형벌은 무거워질 것이니 주관하는 자가 어떻게 다 처리할 수 있겠습니까! 이렇고 보면 이 주장은 끝내 이치가 통하지 않는 곳이 있는 것입니다.

서양 사람들이 말한 마귀 얘기는 아마도 그들의 풍속이 혹 그러한 듯합니다만 무릇 사람의 선악은 타고난 형기(形氣)와 성명(性命)에 달린 것이니, 마귀가 어떻게 사람을 악으로 인도할 수 있겠습니까. 이 주장은 참으로 버려야 마땅합니다.

혼(魂)과 백(魄)이 합쳐져서 사람이 되었다가 사람이 죽으면 혼은 올라가고 백은 내려옵니다. 혼에는 물론 신(神)이 있지만 전해오는 기록을 보면 무덤에도 귀신이 있으니, 그렇다면 백도 신이 있는 것입니다. 그렇다면 한 사람이 혼과 백이 따로 있는 것이니, 이는 신이 둘 있는 셈입니다. 삼혼칠백(三魂七魄)은 도가(道家)에서 나온 말로, 믿기 어렵습니다. 주자는 "삼과 칠은 금(金)과 목(木)의 수다."라고 했습니다. 그렇다면 한 사람이 죽었을 때 혼과 백이 열 개의 신으로 나누어지게 되니, 너무 많지 않습니까.『의서(醫書)』에 간(肝)은 혼을 간직하고, 폐(肺)는 백을 간직한다고 했는데 간은 목에 속하고, 폐는 금에 속하며, 낙서(洛書)의 방위도 삼은 동쪽이고, 칠은 서쪽입니다. 따라서 주자의 말은 여기서 나온 것일 터인데, 금의 수를 칠이라고 한 것은 이해할 수 없습니다. 제 생각에는 혼백을 둘로 나눌수 없으니, 좌씨(左氏)는 마음의 정상(精爽)을 혼백이라고 한다고 했는데, 서양 사람들이 말하는 영혼이라는 것이 바로 이것입니다. 사람의 신은 하나일 뿐이지만 음에 있느냐 양에 있느냐로 구별됩니다. 그런 까닭에 혼과 백의 명칭이 있는 것이니 두 가지로 구별해서는 안 됩니다.

鬼神之說, 以「繫辭」・「祭義」及濂洛諸先生之說觀之, 其情狀可見而終有所疑. 其等有三, 有天地之鬼神, 有人死之鬼神, 有百物之鬼神. 人死之鬼神, 其理最難明. 後世論說有三; 儒者謂'氣聚則生, 散則死而歸於空無', 西士謂'氣聚爲人, 旣而爲人之後, 別有一種靈魂, 死而不滅, 爲本身之鬼神, 終古長存', 佛氏謂'人死爲鬼, 鬼復爲人, 輪廻不已'. 若如儒者之說, 則聖人立祭祀之義, 明有祖先鬼神來格之理, 若徒爲孝子順孫思慕之心而設, 則是不幾於虛假戲玩而不敬之甚者乎? 雖云祖先子孫一氣相連, 故有來格之理, 祖先之氣, 已散而歸於二氣之本然, 則惟漂散虛空, 與原初不異; 復有何氣更來乎? 誠有來格者, 則其別有不散者存明矣. 若如西士之說, 則人無論善惡,皆有靈魂, 有天堂地獄之報, 亘古恒存, 其鬼至多; 所謂天堂閒曠, 或有可容之理, 所謂地獄, 地周九萬里, 其經三萬里, 三萬里之中, 豈能容許多鬼神? 假或容之, 地有形質, 窒塞無空; 鬼神雖云無形, 亦何以容之耶? 謂之散有遲速則可, 謂之永世不散則不可矣. 如佛氏之說, 則其說尤爲誣惑, 不可專信, 而其中亦有可疑者矣. 夫天下之道非一, 而儒外皆異端也. 儒者之道, 語常不語變; 變固不可測, 語變不已, 則將荒誕不經而歸於異端之無忌憚也. 是以, 聖人不語怪[477]而已, 怪未嘗無也. 以『詩』『書』觀之, 君臣交戒, 必以上帝祖考神靈言之; 若無其實, 則聖人何爲以人所不見怳惚難信之事, 誣誷于人, 而人亦信從之乎? 明有是事, 故其言亦如是矣. 殷人尙鬼, 豈若後世愚民之誘惑于巫覡者爲也? 是必多有實事之可言, 而安知非焚滅之餘, 亡而不傳耶? 後世語常之道勝, 若一語一事, 稍涉于不見不聞, 則輒歸語怪之科. 是故, 立敎者愼之而不發, 守常者只欲依倣先儒之說, 而終未能晰然無疑也. 竊嘗思之, 人之生死, 以大體言之, 儘由於氣之聚散, 如火滅烟散, 騰空而消滅者. 其中亦或有不散者, 如西士之說, 如眞金入火, 混體消瀜, 而一點精光, 猶有存焉; 其中亦或有輪廻, 如釋氏之說矣. 若有未散之氣, 則其聚而復生, 亦不異矣. 人之生也, 以氣之聚, 則鬼神非氣乎? 以史傳言之, 如識環[478]記井[479], 其類甚多; 以今世人家所傳觀之, 亦多可疑. 若是之類,

---

477 聖人不語怪 : 『論語』「述而」에 "공자는 괴이한 것과 용력에 관한 것과 悖亂한 것과 귀신에 관한 것을 말씀하지 않으셨다.〔子不語怪力亂神.〕" 하였다

478 識環 : 晉나라의 名將인 羊祜의 고사이다. 양호가 5세 때에 자기 유모에게 자기가 가지고 놀던 금가락지를 가져다 달라고 하였다. 유모가 "너에게는 금가락지가 없었다." 하자, 양호가 즉시 이웃 李氏 집으로 가서 동쪽 담장 곁의 뽕나무 속에서 금가락지를 찾아내었다. 그 주인이 놀라며 말하기를

證之以必然則妄, 誘之以一切不然則太拘; 其勢但不語而已. 『易』云: "遊魂爲變", 不獨爲遊散而已, 至於爲變, 則盖無所不有矣. 張子以遊魂爲變爲輪廻之說非, 則何敢更爲論說, 而其疑終未亡也. 程朱之說, 亦多有引而不發[480]者, 徒增後人之疑. -程子曰: "死生人鬼之理, 一而二二而一者也.[481]" ○『語類』朱子曰: "鬼神死生之理, 定不如釋家所云世俗所見, 然必有其事昭昭不可以理推者. 此等處, 且莫要理會.[482]" 又曰: "識環記井之事, 此又別有說話.[483]" ○『大全』「答王子合書」[484]曰: "天地之陰陽無窮, 則人物之魂魄無盡. 所以有感必通, 尤不得專以陰滯未

"이것은 우리 죽은 아이가 잃어버린 물건인데, 왜 가져가느냐?" 하므로, 유모가 그 사실을 자세히 말하자 이씨가 매우 슬퍼하였다. 당시 사람들은 이씨의 아들이 바로 양호의 前身이었다고 여겼다고 한다. 『晉書 34권 羊祜傳』

479　記井 : 鮑靚은 字는 太玄인데 東海 사람이다. 나이 5세 때 자기 부모에게 말하기를 "나는 본래 曲陽의 李氏 집 사람인데 9세 때 우물에 빠져 죽었다." 하였다. 그 부모가 곡양의 이씨 집에 가서 확인해 보니 모두 그 말과 부합하였다. 『蒙求集註 上卷』

480　引而不發 : 활시위를 팽팽하게 당기기만 하고 화살을 쏘지 않는 것으로, "군자는 활을 당기기만 하고 쏘지 않으나, 활을 쏘는 이치가 躍如하게 드러나 어렵지도 쉽지도 않은 中道에 서 있으면 능한 자가 따른다.〔君子引而不發, 躍如也; 中道而立, 能者從之.〕"한 데서 온 말이다. 『孟子 盡心上』여기서는 문제만 제기해 놓고 설명해주지는 않는 것을 뜻한다.

481　死生……者也 :『二程遺書』25권에 보인다. 전문은 "삶의 도를 알면 죽음의 도를 알고 사람을 섬기는 도를 다하면 귀신을 섬기는 도를 다할 수 있으니, 죽음과 삶, 사람과 귀신이 하나이면서 둘이고 둘이면서 하나인 것이다.〔知生之道則知死之道, 盡事人之道則盡事鬼之道; 死生人鬼一而二二而一者也.〕"이다.

482　鬼神……理會 :『朱子語類』3권「揚錄」에 보인다.

483　識環……說話 :『朱子語類』3권「力行錄」에 보인다.

散, 終歸於盡爲說矣." 又「答董叔重」[485]曰: "鬼神之理, 聖人難言之. 謂眞有一物, 固
不可; 謂非眞有一物, 亦不可. 若未能曉, 闕之可也." ○按此等議論, 皆非可疑者乎?-
花潭「鬼神論」[486], 與利氏[487]說合, 而利氏則謂'自有生人以來, 其鬼長存',
徐氏謂'有久速之別', 徐說似優矣. 李子嘗非徐說[488], 則不敢復有所疑, 而終
有可疑者存, 則不可以語涉異教爲懼而含糊不發, 不就正於有道矣. 天堂地
獄之說, 言語貌像, 終是異端. 然而果有未散之靈魂, 則必有主張者存; 有
主張者存, 則賞善罰惡, 或不怪矣. 然而末梢賞繁刑重, 主張者將何以區處
耶? 是其說之終有窒礙處也. 西士魔鬼之論, 恐其俗或然也. 凡人之善惡,
由於形氣性命之分; 魔鬼何能導人爲惡耶? 此論誠棄之, 當矣. 魂魄合而爲
人, 人死則魂升魄降, 魂固有神; 以傳記所存言, 則墓亦有鬼, 是魄亦有神
矣. 是一人而有魂魄之別, 其神有二也. 三魂七魄之說, 出於道家, 其言難
信. 朱子言之曰: "三七是金木之數.[489]" 然則一人之死, 而魂魄分爲十箇神,

484 「答王子合書」:『朱子大全』49권에 보인다.

485 「答董叔重」:『朱子大全』51권에 보인다.

486 花潭「鬼神論」: 화담은 徐敬德(1489~1546)의 호이다. 그의 자는 可久이
고, 관향은 唐城이다. 開城의 東門 밖 화담에 은거하여 학문에 전념하였다.
시호는 文康이다. 「鬼神論」은『花潭集』2권에 「鬼神死生論」이란 제목으로
실려 있다.

487 利氏: 마테오 리치〔利瑪竇〕를 가리킨다.

488 李子嘗非徐說: 李子는 退溪 李滉을 가리킨다. 퇴계가 화담의 「鬼神論」에
대해 비판하기를 "화담은 참으로 있어서 그것이 모이면 사람이 되고 그것이
흩어지면 허공에 있어 이루어졌다 무너졌다를 반복하되 이것은 영원히 소멸
하지 않는다 하였으니, 이것이 하나의 불교의 輪廻說과 무엇이 다르겠는
가?〔花潭則以爲眞有, 其物聚則爲人, 物散則在空虛, 迭成迭壞, 而此物終古
不滅; 此與一箇大輪廻之說何擇歟?〕"하였다.『退溪集 14권 答南時甫』

不其多乎? 醫書"肝藏魂肺藏魄[490]", "肝木而肺金[491]", 洛書[492]之位, 三東而
七西, 故朱子之言, 盖出於此, 而以金數爲七則不可知也. 竊謂魂魄不可以
二之, 左氏謂'心之精爽, 是謂魂魄[493]', 西士所謂靈魂是也. 人之神一而已,
而有在陰在陽之別, 故有魂魄之名, 不可別爲二物也.

489 三七……之數 :『朱子語類』3권「僩錄」에 보인다. 전문은 "魂은 木에 속하고
魄은 金에 속한다. 그러므로 三魂・七魄은 金・木의 數라고 하는 것이다.〔魂
屬木, 魄屬金; 所以說三魂七魄是金木之數也.〕"하였다.

490 肝藏魂肺藏魄 :『黃帝內經素問』을 비롯한 여러 醫書에 보인다.

491 肝木而肺金 : 많은 醫書에 이러한 뜻이 보인다.『小兒衛生總微論方』에 "왼쪽
의 간은 목이고 오른쪽의 폐는 금이다.〔左肝木也, 右肺金也.〕"하였다.

492 洛書 : 夏나라 禹임금 때에 洛水에서 나온 거북의 등에 찍혀 있는 한 개로부
터 아홉 개까지의 점으로『書經』의 洪範九疇가 바로 이것의 이치를 밝힌
것이라 한다.『周易』「繫辭上」에 "河水에서 圖가 나오고 洛水에서 書가 나왔
다.〔河出圖 洛出書.〕"하였다.

493 左氏……魂魄 :『春秋左傳』昭公 25年에 보인다.

21. 성호선생께 답하여 올린 편지

答上星湖先生書 무인년(1758, 47세)

한가히 지내면서 무료하여 서가 위의 책을 손 가는 대로 뽑아보다가 우연히 명(明)나라 숭정(崇禎 명나라 의종(毅宗)의 연호) 때 일을 보게 되었습니다. 그 당시 재능 있는 사람이 꼭 없었던 것도 아닐 텐데 필경 소인을 썼고, 대책이 없는 것도 아니었을 텐데 결국에는 낮은 계책을 썼습니다. 이에 자질구레한 일에만 신경을 쓰고 대체에는 어두웠고, 눈앞의 공로만 생각하고 원대한 책략은 소홀히 했다가 급기야 소인들이 국정을 장악하여 뇌물이 만연하여 마침내 백성들은 흩어지고 오랑캐는 난리를 일으켜 나라를 지키지 못하고 말았습니다.

유종주(劉宗周)의 상소에 "사람마다 자기 잘못을 고치기에 급급하여 점점 임금을 기만하는 습성이 갈수록 심해졌고, 일마다 독단하는 결재를 받드느라 날이 갈수록 아첨하는 풍속이 늘어났다."고 하였으니, 이 글을 읽으며 저도 모르게 길게 탄식하였습니다.

마침내 어쩔 수 없는 상황에 이르자 황제가 말하기를 "짐이 나라 망하게 한 임금이 아니라 신하들 모두가 다 나라 망하게 한 신하들이다." 하면서 결국 나라 망하게 한 신하를 쓴 자가 누구인가를 알지 못하였습니다. 사람이 자신의 잘못을 깨닫기가 이처럼 어려우니, 천하의 일을 알 만할 것입니다. 서요(西遼)의 대석(大石)은 과연 기이한 일입니다. 중국 이외 오경(五經)의 기록 밖에도 역시 사람이 있다고 한 말이 결코 헛된 말이 아닙니다. 옛날부터 유자들은 언제나 화이

(華夷)를 엄하게 구별하여 중국에서 태어나지 않았으면 모두 오랑캐라 하였으니, 이는 이치에 맞지 않는 주장입니다. 하늘이 어찌 사람들을 구분했겠습니까.

영력(永曆 명(明)나라 영명왕(永明王) 연호) 경인년(1650 효종1) 이후의 일은 들은 바가 없는데 『유반계집(柳磻溪集)』에 보면, 우리나라 현종(顯宗) 정미년(1667 현종8)에 바다에 표류되어 온 중국 사람이 가지고 있는 역서(曆書)에, 영력(永曆) 21년이라고 쓰여 있었다고 되어 있습니다. 그렇다면 혹 어느 해상(海上)에다 나라를 세운 것인지 아니면 명나라 유민들이 고국을 잊지 못해 마치 우리가 '숭정후(崇禎後)'라고 쓴 것처럼 옛 연호를 바꾸지 않고 사사로이 역서를 간행한 것은 아니겠습니까? 만약 영력이 그대로 남아 있다면 오삼계(吳三桂)가 국호를 세우고 칭제(稱帝)한 것은 어찌 된 일입니까?

閒居無聊, 隨手抽架上書, 偶看明崇禎事. 當時未必無才而畢竟用小人, 未必無策而末梢用下計, 矜小察而昧大體, 慕近功而忽遠畧, 以至群宵秉成, 賄貨黷政, 終焉民潰夷猾而國不保矣. 劉宗周[494]之疏有曰: "人人救過不給, 而欺罔之習轉甚, 事事仰承獨斷, 而謟諛之風日長." 讀之, 不覺長歎. 及其無可奈何, 乃曰: "朕非亡國之君, 而諸臣盡亡國之臣." 終不知用此亡國臣者爲何人; 人之難悟也如此, 天下事其可知矣. 西遼大石[495], 果是奇事. 華夏

---

494 劉宗周: 明나라 때 학자로 자는 起東이고 호는 念臺이며, 越州의 山陰 사람이다. 萬曆 때의 진사로 行人을 제수받았으며 시호는 忠端이다.

495 西遼大石: 西遼를 건국한 耶律大石을 말한다. 遼나라가 망할 때 耶律大石이 龜玆로 도망쳐서 수천 리 지방을 통합하고 스스로 천자가 되어 廟號를 德宗

之外·五經之表, 亦自有人⁴⁹⁶者, 非虛語也. 自古儒者每嚴華夷之分, 若不生于中土, 則盡謂之夷; 此不通之論也. 天意何嘗有界限? 永曆庚寅後事無聞; 『柳磻溪集』⁴⁹⁷言"我顯廟丁未, 有漂海唐人曆書, 書永曆二十一年"云, 然則或立國於海上, 否則遺民不忘, 不替舊號而私刊之, 若我人稱崇禎後之例耶? 永曆若存, 則吳三桂⁴⁹⁸之建號稱帝, 何耶?

이라 하고 여러 대를 전했다. 『遼史 30권』

496 華夏……有人: 晉나라 韋宗 西河의 鮮卑족인 禿髮족의 傉檀이란 사람을 만나 얘기해 보고는 "뛰어난 재주와 영준한 인물도 반드시 중국에서만 나는 것이 아니고, 밝은 지혜와 예민한 식견도 꼭 글만 읽어서 되는 것이 아니다. 지금 九州의 바깥과 五經의 기록 밖에도 인물이 있다는 것을 이제야 알았다. 〔奇才英器, 不必華夏; 明智敏識, 不必讀書. 吾乃今知九州之外五經之表復自有人也.〕" 하였다. 『晉書 126권 禿髮傉檀傳』

497 『柳磻溪集』: 조선 후기 실학자 柳馨遠(1622~1673)의 문집인 『磻溪隨錄』을 가리킨다.

498 吳三桂: 明나라 말년에 總兵官으로 山海關을 지키던 장군이다. 李自成이 도성을 함락하고 자신의 愛妾을 차지했다는 말을 듣고 淸나라에 항복하였다. 청나라는 오삼계를 平西王에 봉하여 雲南을 다스리게 하고, 耿繼茂를 靖南王에 봉하여 福建을, 尙可喜를 平南王에 봉하여 廣東을 다스리게 하였는데, 이를 三藩이라 한다. 오삼계는 경계무의 아들 耿精忠, 상가희의 아들 尙之信과 함께 1673년에 亂을 일으키고 스스로 周帝라 칭하였으나 곧 病死하였다. 『淸史 235권 吳三桂傳』

22. 성호선생께 답하여 올린 편지

答上星湖先生書 기묘년(1759, 48세)

과거(科擧)의 폐단은 당(唐)·송(宋) 이후로 지적한 이들이 한둘이
아니었습니다. 주자(朱子)는 '30년만 과거를 없애면 중국의 옛 땅을
회복할 것이다.'라는 말을 옳다고 하였으니 그렇다면 인재가 발탁되
지 못하는 데에는 과거가 가장 큰 원인이 되었던 것입니다. 효렴과
(孝廉科)와 현량과(賢良科)는 그 이름이야 좋지만 그 이름을 내걸
고 선비들 시험을 보인다는 것은 불가한 일일 듯합니다. 조금이라
도 염치를 아는 선비라면 누가 이러한 이름을 무릅쓰고 거기에 나
가려고 꾀하겠습니까. 아무래도 제대로 된 제도라 할 만한 향거이
선(鄉擧里選)만 못하니, 방통(龐統)이 말했던 '10명 선발에 5명 채
용'이라는 그것이 그럴 듯합니다. 과거법은 정자(程子)의 학제(學
制)와 주자(朱子)의 사의(私議)에서 각각 적당히 재량해서 실시하
면 시행할 만한 것이 있을 터인데 후세 사람들이 모두 이를 말하지
않는 것은 또 무슨 까닭입니까?

科擧之害, 唐宋以後, 言其弊者不一. 朱子以'廢三十年科擧, 當恢復中原'之
語爲是[499]; 然則人才之汩溺, 莫此若也. 孝廉賢良之科, 其名雖好, 揭此名

---

[499] 朱子……爲是:『朱子語類』118권「訓長孺錄」에 보인다. 廬山 周宣幹이란
　　　사람이 "조정이 중원을 회복하려면 모름지기 30년 동안 과거를 폐지해야만

而試士, 則似爲不可; 自好之士[500], 亦豈欲冒此名而媒進耶? 終不若鄕學里選之得其制, 而龐統所謂拔十得五[501]者, 惟此爲近似矣. 科法, 於程子「學制」[502]‧朱子「私議」[503]中, 酌量而行之, 則似亦有可行者, 而後世皆不以此爲言者, 何哉?

된다.〔朝廷若要恢復中原, 須要罷三十年科擧, 始得.〕"했는데 이에 대해 주자가 극히 좋은 말이라 칭찬하였다.

500 自好之士 : 자신을 아껴서 자기 몸가짐을 깨끗이 할 줄 아는 鄕里의 사람이다. 孟子가 "스스로 팔려가 군주를 훌륭한 仁君으로 이루는 것은, 鄕里의 자기 지조를 아끼는 자들도 하지 않는데, 하물며 賢者가 이런 짓을 한다고 여기는가?〔自鬻以成其君, 鄕黨自好者不爲, 而謂賢者爲之乎?〕"한 데서 온 말이다. 『孟子 萬章上』

501 龐統……得五 : 삼국시대 蜀漢의 龐統이 늘 인재를 얘기할 때 과장하여 칭찬하는 경우가 많았다. 그 까닭을 물으니 방통이 말하기를 "지금 천하가 크게 혼란하고 正道가 쇠퇴하여 선한 사람은 적고 악한 사람은 많다. 이러한 때 인재를 좋게 얘기해 주지 않으면 그 사람의 명성이 알려지지 않을 것이다. 명성이 사람들에게 알려지지 않고도 善을 하는 사람은 드물다. 지금 열 사람을 뽑아서 다섯 사람을 잃더라도 오히려 반을 얻은 셈이다.〔拔十失五猶得其半.〕"하였다. 『三國志 蜀志 7권 龐統傳』明나라 文徵明의 『甫田集』25권에는 "拔十得五"로 되어 있다.

502 程子學制 : 伊川 程頤가 崇政殿說書로 있으면서 孫覺 등과 함께 당시 國子監의 제도를 수정 보완하여 元祐 5년 5월에 올린 것으로 「看詳學制」라고도 한다. 『二程文集 8권 三學看詳文』

503 朱子私議 : 주자가 올린 「學校貢擧私議」로 德行科를 두며, 詞章을 중시하지 말고 經書로 선비를 뽑을 것 등을 주장하였다. 『朱子大全 69권 學校貢擧私議』

23. 성호선생께 올린 편지

上星湖先生書 기묘년(1759, 48세)

성운학(聲韻學)은 평소 전혀 알지 못하는 분야인데 하교를 받고 보니 의심이 더욱 심합니다. 사성(四聲)이 강동〔江左〕에서 시작된 것이고 보면 심약(沈約) 이전 삼대(三代) 이후에 허다한 시구들에 모두 운어(韻語)를 써 왔는데, 그 운어가 지금의 사성과 다르지 않은 것은 무슨 까닭입니까? 칠음(七音)이 서역(西域)에서 생겼고 보면 중국 성운에는 순(脣)·설(舌)·아(牙)·치(齒)·후(喉)의 구별이 원래 없었던 것입니까? 칠음으로 36개 자모(字母)를 만들었으니, 이른바 그 36자모란 어떤 글자를 가리킨 것입니까?

『동문선(東文選)』에 있는 신 문충공(申文忠公 신숙주(申叔舟))이 쓴『홍무정운(洪武正韻)』의 서문에 "유독 입성(入聲)에 있어서만은 세상 사람들이 거의 종성(終聲)을 쓰지 않으니, 매우 어처구니없는 일이다."했는데, 이른바 종성이란 바로 지금 언문(諺文)의 ㄱㄹㅅㅂ 따위입니다. 신공의 말은 입성에는 종성이 있어야 한다고 했는데, 한음(漢音)에서 종성을 쓰지 않은 것은 어째서입니까? 시험삼아 우리나라 글자 음에서 찾아보면 우리나라에서는 개(開)자·벽(闢)자를 말하면 입이 벌어져서 닫혀지지 않고, 합(闔)자·흡(翕)자를 말하면 입이 닫혀져서 벌려지지 않으며, 궁(宮)자는 후음(喉音)이니 궁자를 말하면 그 소리가 목구멍에서 나오고, 치(徵)자는 치성(齒聲)이니 치자를 말하면 그 소리가 치아에서 나옵니다. 그 나머지 상(商)·각(角)·우(羽)자의 소리도 모두 혀·어금니·입술에서 나오니 모두 그렇지 않음이 없어서 자연스러운 성음에 어긋나지 않는 듯한데, 중국 음으로는 합(闔)자·흡(翕)자를 말해도 입이 닫히지 않는 것은 어째서입니까? 이렇게 말하면 임본요(林本堯)가 "동방(東方)의 방음(方音)이 바로 기자(箕子)의 정음(正音)이다."라고 한 것이 사실이 아니겠습니까.

침(侵)자 아래 네 운(韻)과 진(眞)자 아래의 여섯 운은 중국음은 다르지 않는데도 옛날에 통운(通韻)하지 않았던 것은 혹시 음향의 청탁이 달라서 그랬던 것입니까? 명(明)나라 사람 이지(李贄)가 "원(元)나라 주덕청(周德清)이 스스로 음운(音韻)을 안다고 하여 『중원음운(中原音韻)』을 만들었는데, 지금 『홍무정운(洪武正韻)』이 이 책을 많이 따랐다. 내게 비파(琵琶)를 잘 뜯는 시녀가 있는데, 태화정음(太和正音)을 연주해보게 했더니 거기에는 평성·상성·거성만 있고 입성이 없어 주덕청의 음운과 은연중 맞았다. 덕청은 북방 사람이라서 그가 지은 책의 음운도 모두 북방 소리이기 때문에 육(六)을 유(溜)로, 국(國)을 귀(鬼)로 발음하고 있는데 그것을 중국음이라고 할 수 있겠는가. 그리고 사성(四聲)에서 입성을 뺀다는 것은 더더욱 망녕된 짓이다. 소리에 평상거입(平上去入)이 있는 것은 하늘에 원형이정(元亨利貞)이 있고, 땅에 동서남북이 있는 것과 마찬가지인데, 거기에서 하나를 빼서야 되겠는가."라고 하였다. 이지의 이 말을 보면 우리나라 음운은 사성이 분명하니 정운이라고 해도 될 것입니다. 다시 가르침을 주시기를 삼가 바랍니다.

구두기(九頭紀) 중의 4만 5600년은 소씨(邵氏)의 설에서 나온 것인데, 혹자는 4만 5600년에 대해서 인회(寅會)의 기(箕) 1도(度)에서 오회(午會)의 성(星) 1도까지 이 수가 되고 인황씨〔人皇〕 이후 당요

(唐堯) 이상의 시대에 해당한다고 하였으니, 과연 그렇습니까? 그리고 19세(歲)가 1장(章)인 것은 바꿀 수 없는 원칙이나 지난날 보내주신 편지에, 4560세라는 말씀이 있었습니다. 이는 240을 19로 곱해 얻어진 수인데 그 수가 반드시 240에서 다 끝나는 것은 어째서입니까? 역가(曆家)들의 기원(紀元)은 저마다 기준이 다르니 가령 『한서(漢書)』에서 상원(上元)을 한(漢)나라 기원 14만 3천 2백 5세 전으로 잡는 것이 이 경우입니다. 역대 역법(曆法)이 각기 다른데 소씨(邵氏)가 주장한 원회운세(元會運世)의 설이 실로 자연스러운 이치에 맞으니, 어느 것이 옳고 어느 것이 그른지요?

『태을역법(太乙曆法)』을 가장 요긴한 역법이라고들 하는데, 그 역법은 상고(上古) 갑자년부터 지금 기묘년(1759)까지를 1천 15만 5천 6백 76년으로 잡고 있으니 이런 현실성이 없는 큰 숫자를 가정해서 말하였으니 실로 이해할 수 없습니다.

365일, 1일의 4분의 1을 1세(歲)로 잡고, 29일, 1일을 940분으로 한 499분을 1월(月)로 잡는 것이 고금에 어긋나지 않아 터럭만큼의 차이도 없이 정밀하니 그렇다면 전욱(顓頊) 시대의 역법을 지금도 쓸 수가 있는 것입니까? 시헌역법(時憲曆法)은 중국 역대로 전래되던 법을 따르지 않고 독창적인 묘리가 있다고 하는데 아직 보질 못했습니다. 그 대강이 어떤 것인지 가르쳐 주시면 매우 다행이겠습니다.

지난 해에 정시(庭試)의 책문[策]에서 원회(元會)에 관한 설을 물었을 때 모두 엉뚱한 답을 하고 말았습니다. 지금 황극경세력(皇極經世曆)을 가지고 미루어 보면 우(禹)의 즉위 후 8년 갑자년이 처음으로 오회(午會)에 들어 지금 갑자년까지가 3961년이 되는데 그것으로 경세(經世)의 13을 운행하고, 경(經)에 원(元)의 갑(甲) 1, 경에 회(會)

의 오(午) 7, 경에 운(運)의 을(乙) 192, 경에 세(世)의 자(子) 293은
그달의 오(午)이며, 성(星)의 을(乙) 192, 성의 자(子) 293은 오회(午
會)의 12가 되어 제1세(世) 1년을 운행하는 것이 됩니다. 1년으로
말하면 지금은 5월 12일 자시(子時) 제1분(分)에 해당합니다.

　소씨(邵氏)의 이 법은 반드시 천도(天道)와 인사(人事)를 참조해
알아야 하니, 역시 경방(京房)이 역(易)의 괘(卦)를 12절기에 맞추어
미래를 점쳤던 것과 같은 게 아니겠습니까? 한대(漢代) 유자들의 경
학(經學)은 대다수 후세와 같지 않으니, 아마도 그들 나름대로 각기
전수한 바가 있었는데 지금 없어진 듯합니다. 『역(易)』으로 말하면
감덕(甘德)・양구하(梁丘賀)・초연수(焦延壽)・경방(京房)은 그들
의 학설이 오로지 위서(緯書)에서 나왔기 때문에 지금 와서 그들의
설이 같지 않은 것입니까? 또 후세 술가(術家)들은 갑(甲)・기
(己)・자(子)・오(午)는 9, 을(乙)・경(庚)・축(丑)・미(未)는 8이
라는 주장을 하는데 이는 『태현경(太玄經)』에서 나온 것으로서 한
(漢)나라 때 이미 이런 설이 있었던 것입니다. 『시경(詩經)』「관저
(關雎)」는 분명히 문왕(文王)의 시인데, 양웅(揚雄)은 강왕(康王)의
시라고 하니, 이것을 보면 후세 학자가 경전을 해설하는 것이 쉽지
않음을 더욱 잘 알겠습니다.

　주자(朱子)는 일찍이 『참동계(參同契)』를 주해하고 편차(篇次)도
바로잡았습니다. 그 후 석함(石函)에서 고본(古本)이 발견되었는데,
거기에는 경문(經文)과 주(註)가 따로따로 분명한 반면 주자가 편차
한 것은 구분할 수 없게 경문과 주를 뒤섞어 한 덩어리로 만들었습니
다. 그 글이 『백가유찬(百家類纂)』 속에 있습니다. 주자가 『효경(孝
經)』에 대해서는 『간오(刊誤)』가 있고, 『대학(大學)』은 장구(章句)

를 정하여 후세에 손대어 고칠 수 없는 책으로 인정받고 있는데『참동
계』는 이렇게 잘못 주해하였습니다. 이로써 말하면 후세에 독서는
반드시 고본(古本)을 의거해야 한다는 말이 참으로 옳지 않겠습니까.

처음 들어온 신참 관원을 골탕 먹이는 장난은 어느 때 생긴 것입니
까? 처음 임용되었을 때 율곡(栗谷)은 시키는 대로 하지 않았고, 퇴
계(退溪)는 시키는 대로 한 것은, 저마다 이치에 맞는데 율곡이 한
일이 더 옳아 후세의 모범이 될 수 있다고 하신 것은 참으로 옳은
말씀이십니다.

聲韻之學, 素所范昧; 旣承下敎, 疑晦益深. 四聲起於江左, 則沈約[504]以前,
三代以後, 許多詩句, 皆用韻語, 與今四聲不異者, 何也? 七音起於西域, 則
中華聲韻, 元無脣舌牙齒喉之別耶? 以七音而爲三十六字母, 所謂三十六字
母者, 指何等字耶? 嘗觀『東文選』申文忠「洪武正韻序」有云: "獨於入聲, 世
俗率不用終聲, 甚無謂也." 所謂終聲, 卽今諺文ㄱㄹㅅㅂ之屬也. 然則申公
之言, 以入聲之有終聲爲可, 而漢音之不用此者, 何也? 試以我國字音求之,
呼開闔字, 則口亦開闔而不合, 呼闔翕字, 則口亦闔翕而不張, 宮爲喉音, 而
呼宮則出於喉, 徵爲齒聲, 而呼徵則出於齒; 其餘商角羽字之出於舌牙脣,
莫不皆然, 似不違於自然之聲音, 而華音闔翕, 口不爲合者, 何也? 以此言
之, 則林本堯所謂"東方方音, 爲箕子正音[505]"者, 不其然乎? 侵下四韻, 與

504 沈約 : 南朝의 梁나라 사람으로 자는 休文이다. 武帝 때 벼슬이 尙書令에
이르렀다. 博學하고 詩文에도 능하였으며, 音韻을 깊이 연구하여『四聲譜』
를 지어 글자를 平聲・上聲・去聲・入聲의 사성으로 나누었다. 『梁書 13권
沈約傳』

眞下六韻, 華音不異, 而古不通韻者, 抑有音響淸濁有不同者而然耶? 明人
李贄[506]曰: "元周德淸自謂知音, 著『中原音韻』[507], 今『洪武正韻』[508]多宗
之. 余有侍兒工琵琶, 嘗譜『太和正音』, 止有平上去三聲而無入聲, 與周德
淸之韻暗合也. 德淸北人, 其音韻皆北聲, 故以六爲溜, 以國爲鬼; 謂之中
原之音, 可乎? 至四聲而闕入聲, 尤爲謬妄, 聲之有平上去入, 猶天之有元
亨利貞, 地之有東西南北, 闕一, 其可乎?[509]" 觀李贄之言, 則我國音韻, 四
聲分明; 其謂之正韻, 可也. 伏乞更敎. 九頭紀[510]中四萬五千六百年, 或謂

505 林本堯……正音 : 星湖 李瀷이 보낸 편지에서 "근세에 燕京에 간 사람이 귀
　　양 살고 있던 林本堯란 사람을 만났는데 스스로 吳三桂의 종사관이라 하면서
　　말하기를 '그대 나라의 방음이 바로 箕子가 남긴 가르침을 받은 것이니 본래
　　正音이다.' 하였다.〔近世有赴燕者, 遇謫居林本堯者, 自稱吳三桂從事官, 乃
　　曰: '爾國方音, 乃箕子餘敎, 自是正音.'〕" 하였다. 『星湖全集 27권 答安百順』

506 李贄 : 明나라 때의 저명한 사상가로 자는 卓吾이고 처음 이름은 載贄이다.
　　가려운 병에 걸려 머리를 깎았다가 파직을 당하였고 남녀가 함께 공부하도록
　　하였다.

507 『中原音韻』 : 元나라 때 학자인 周德淸이 北曲의 用韻을 위해 지은 책으로,
　　전통적인 韻書의 체계를 타파하고 당시 실지로 통용되던 韻을 19部로 분류,
　　이를 平陰・平陽・上聲・去聲으로 구별하되, 상성・거성의 仄字는 모두 平聲
　　아래에 붙이고, 入聲에 속한 글자는 평성・상성・거성에다 나누어 붙였다.

508 『洪武正韻』 : 明나라 洪武 연간에 翰林侍講學士 樂韶鳳 등이 칙명을 받들어
　　편찬한 자전으로 모두 16권이다.

509 元周德淸……可乎 : 明나라 張萱이 편찬한 『疑耀』 1권 「北音無入聲」에 실려
　　있는데 글자의 출입은 다소 있다.

510 九頭紀 : 漢나라 때 나온 『春秋』의 緯書인 『春秋緯』에 천지가 개벽한 때로부
　　터 기린을 잡은〔獲麟〕 때까지의 기간을 3백 27만 6천 년으로 잡고 이를 다시
　　순차적으로 九頭紀, 五龍紀, 攝提紀, 合雒紀, 連通紀, 序命紀, 修飛紀, 回提

出於邵氏[511]之說, 自寅會箕一度, 至午會星一度爲此數, 而當爲人皇以後唐堯以上之世, 其果然乎? 十九歲一章, 信不可易, 而頃日下書, 有四千五百六十歲之敎; 此以二百四十乘十九所得之數也. 其數必窮於二百四十者, 何也? 曆家紀元, 各自立法, 如漢書上元, 距漢興十四萬三千二百五歲, 是也. 歷代諸曆不同, 邵氏倡元會運世[512]之說, 實有自然之理; 此孰得而孰失乎? 『太乙曆法』[513], 號稱最要. 其法自上古甲子, 至今己卯, 爲一千一十五萬五千六百七十六年; 假說此虛寬之大數, 實未可知也. 以三百六十五日四分日之一爲一歲, 以二十九日九百四十分之四百九十九分爲一月, 古今不忒; 密察於毫絲之多少, 則顓頊[514]之曆, 可行於今日耶? 時憲曆法[515], 不用中國曆

紀, 禪通紀, 流訖紀의 10紀로 구분하였다. 『廣雅 釋天』

511 邵氏: 宋나라 학자 邵雍을 가리킨다. 저서에 『皇極經世書』가 있다.

512 元會運世: 송나라 소옹의 『皇極經世書』에 보인다. 그 說에 의하면 12辰이 1日, 30일이 1月, 12월이 1年, 30년이 1世, 12세가 1運, 30운이 1會, 12회가 1元이 되니, 1원은 12만 9600년이 된다. 그리고 "하늘은 子會에 열리고, 땅은 丑會에 이루어지며, 사람은 寅會에 나온다.〔天開於子, 地闢於丑, 人生於寅.〕"고 하였고, 다시 "寅會의 76運, 즉 처음부터 합산해서 76運이 되었을 때 사람을 포함한 만물이 일어나〔開物〕 유회(酉會)까지 지속된다."고 하였는데, 76運은 2만 7360년이 되는 때요 유회의 종결은 10만 8000년이 되는 때이니, 그 활동 기간은 8만 640년이 된다.

513 『太乙曆法』: 조선시대 崔灝元이 1488년(성종19)에 편찬한 曆書이다.

514 顓頊: 중국 고대 전설상의 제왕인 五帝의 한 사람이다. 황제의 손자로 20세에 帝位에 올라 78년 동안 임금의 자리에 있었다고 한다. 號는 高陽氏이다.

515 時憲曆法: 태음력의 舊法에 太陽曆의 원리를 부합시켜 24절기의 시각과 하루의 시각을 정밀히 계산하여 만든 曆法이다. 明나라 崇禎 초기에 독일의 선교사 아담 샬이 만든 것으로, 우리나라에서는 1644년(인조22)에 金堉이

代相傳之法, 而獨得其妙云, 而尙不得見; 略示其梗槩而教之, 幸甚. 年前庭策, 問元會之說, 對者皆失實矣. 今以經世曆推之, 禹卽位八年甲子, 始入午會, 至今甲子, 爲三千九百六十一年, 以運經世之十三; 經元之甲一, 經會之午七, 經運之乙一百九十二, 經世之子二百九十三, 卽月之午, 星之乙一百九十二, 星之子二百九十三, 爲午會之十二, 運第一世一年. 以一年言之, 則今爲五月十二日子時第一分. 邵氏此法, 必欲以天道人事參驗, 其亦京房[516]卦氣占驗[517]之類歟! 漢儒經學, 多與後世不同, 疑其各有其傳而今亡矣. 以易言之, 甘賀焦京[518]之學, 專出於緯書, 故其說今不同耶? 後世術家有甲己子午九乙庚丑未八之說, 此出於『太玄』[519], 漢時已有此等說矣. 『詩』

燕京에서 가지고 들어와서 1653년(효종4)부터 사용하였다.

516 京房 : 漢나라 元帝 때의 학자로 焦延壽에게 배워『周易』에 조예가 깊어서 『周易』의 이치를 부연하여 점치는 방법과 재변의 徵驗을 설명한『易傳』3권을 남겼는데, 이를『京房易傳』이라 한다. 자연의 현상을 보고 미래를 점치는 것으로 元帝의 총애를 받다가 權臣 石顯의 모함을 받아 41세 때 처형되었다. 『漢書 75권 京房傳』

517 卦氣占驗 :『주역』의 64卦를 氣와 候에 분배하여 길흉을 점치는 방법이다

518 甘賀焦京 : 甘德・梁丘賀・焦延壽・京房의 병칭이다. 감덕은 楚漢 시대 때 齊의 史官으로, 天文과 占星을 관장하였으며, 특히 별을 보고 점을 잘 쳤다. 양구하는 前漢 때의 학자로 자는 長翁이고, 方京과 田王孫에게『주역』을 배웠으며,『章句』2권을 지었다. 초연수는 前漢 昭帝 때의 학자로 자는 贛〔당〕이다. 저서로『易林』16권이 있다.

519 『太玄』: 後漢의 揚雄이 지은『太玄經』을 가리킨다.『태현경』은 모두 10권인데『주역』을 본떠서 지었다. 그 篇名을『주역』과 비교해 보면, 卦를 玄首라 하고, 爻를 玄贊이라 하고, 象을 玄測이라 하고, 文言을 玄文이라 하고, 繫辭 上傳과 下傳을 각각 玄攡와 玄瑩이라 하고, 說卦를 玄數라 하고, 序卦를 玄衝이라 하고, 雜卦를 玄錯이라 하였다.

之「關雎」, 分明爲文王之詩, 而楊雄以爲康王之詩; 以此愈知後儒說經之不

易也. 朱子嘗解『參同契』[520], 正其篇次, 而後世得石函古本, 則經註分明,

而朱子所編則混而爲一, 不能辨正, 其文在百家類纂中矣. 朱子於『孝經』有

刊誤,『大學』定章句, 爲後世不刊之書, 而『參同契』之爽誤至此. 以此言之,

後來一說"讀書必依古本"云者, 其信然乎! 新進雜戲[521], 未知出於何時; 栗

谷之不爲, 退溪之爲, 各有其義, 而栗谷近正, 可爲後世之師範, 誠如下敎.

520 朱子嘗解『參同契』:『참동계』는 漢나라 魏伯陽이 지은 책으로『周易』을 가
     지고 道家의 鍊丹法을 설명한 것이다. 주자가 이 책에 註를 단『周易參同契考
     異』가 있다.

521 新進雜戲 : 관직에 임명된 뒤 처음 관청에 나오도록 허락하는 것을 許參이라
     고 하고, 10여 일이 지난 뒤에야 더불어 한 자리에 앉도록 허락하는 것을
     免新이라고 한다. 免新禮를 치를 때는 선배들에게 음식을 푸짐하게 대접해
     야 하는데 물고기를 龍이라 하고 닭을 鳳이라 칭하며, 술은 淸酒를 聖이라
     하고 濁酒를 賢이라 한다. 뿐만 아니라 술자리에서 기생을 상대로 온갖 굴욕
     스런 짓을 하도록 하고 귀신 복장을 하고 온갖 장난 짓거리들을 하게 한다.
     이 풍속은 고려 때 문벌로 과거에 급제하는 나이 어린 권문세가의 자제들을
     억누르기 위해 만들어진 것이라 한다.『慵齋叢話 石潭日記』

24. 성호선생께 올린 편지

上星湖先生書 신사년(1761, 50세)

『사설(僿說)』의 목록을 분류별로 엮어서 올리오니 만약 이 책대로
출간한다면 전서(全書)가 될 만할 것입니다. 그러나 개중에는 여쭈
어 보고 손질할 곳이 참으로 많고 또 미처 살피지 못하신 대목들도
혹 있습니다. 선우협(鮮于浹)은 정묘년 호란(胡亂) 때 기자전 참봉
(箕子殿參奉)으로 있으면서 적에게 항복하였습니다. 그래서 김하담
(金荷潭)이 평안도 감사(監司)로 있으면서 그의 죄를 물어 축출한
사실이 『하담파적록(荷潭破寂錄)』에 보이니, 이는 당시 실제 있었
던 일입니다. 그런데 선생님께서는 혹 미처 모르시고 이렇게까지
높이 평가하셨습니까? 이 조항은 의심할 나위 없이 삭제해야 할 것
입니다. 그리고 6권의 여다남소(女多男少) 조(條)에는 『주례(周禮)』
의 「직방씨(職方氏)」를 인용해야 하는데, 『한지(漢志)』를 인용하셨
습니다. 이러한 종류들이 꽤 많으니, 다시 하교를 주시면 매우 감사
하겠습니다. 이러한 문제들을 직접 여쭐 수 없으니, 원양(元陽)과
상의해야 할 터이나 이 또한 여의치 않으니 어찌하겠습니까?

『논어(論語)』 정명장(正名章)의 자로(子路)의 뜻은 대개 '외(聵)
는 이미 자기 아버지에게 죄를 얻었고, 첩(輒)은 자기 할아버지 명을
받아 임금이 되었고 보면 나라는 이미 그의 나라이다.'라는 것입니다.
게다가 임금의 자리가 이미 정해져서 난처한 형세가 있었기 때문에
그가 이렇게 말했던 것이니, 이 점이 바로 자로의 식견이 부족한 곳입
니다. 그런데도 『논어집주(論語集註)』에는 그것이 오늘의 급무(急

務)가 아니었다고 하였으니 말이 매우 혈후하고 자로의 뜻은 도리어 말하지 않았으니, 이는 무슨 까닭입니까? 그 당시 사세를 상상해 보면, 십분 난처한 점이 있었다고 하지마는 실제로 난처한 곳이 있지 않았습니다. 공자가 정명(正名)을 말씀하신 것은 첩으로 하여금 자기 아버지를 맞아 들여 임금의 자리에 앉히게 하려는 것이었으니, 가사 영공(靈公)이 외를 폐위시켜 옥에 가두어 두었더라도 영공이 죽고 첩이 왕위에 오르면 외를 그대로 감옥에 두고 나오지 못하게 하겠습니까? 반드시 아버지인 외를 감옥에서 나오게 해서 임금의 자리에 모신 뒤에라야 자식의 직분을 다할 수 있을 것입니다.

군신(君臣)의 관계로 말하면 사직(社稷)이 중하고 임금은 가벼우므로 임금을 즉위시키는 권한은 신하의 손에 달려 있으니, 『논어집주(論語集註)』의 호씨(胡氏)의 설이 옳지 않은 것은 아닙니다. 그러나 부자(父子)의 관계로 말하면 부자의 윤리가 사직보다 중하니, 첩이 어찌 감히 사직이 중하다는 핑계로 자기 아버지를 막을 수 있겠습니까. "몰래 업고 바다 따라 도망간다."고 한 맹자(孟子) 말씀이 실로 바른 천리(天理)에 맞는 것입니다. 주자가 범백숭(范伯崇)에게 답한 말은 호씨(胡氏)의 『춘추전(春秋傳)』에서 나온 것으로 매우 의심스럽기에 감히 이렇게 여쭈어 봅니다.

이를 계기로 다시 생각해 볼 때 국가의 난처한 일로 제왕의 인륜(人倫) 변괴보다 더한 일은 없을 것입니다. 본조(本朝)에 있었던 일로만 말하더라도 태종(太宗)이 양녕대군(讓寧大君)을 폐위시키고, 성종(成宗)이 윤비(尹妃)를 폐위시켰는데, 그때마다 신하들을 시켜 정청(庭請)을 하게 했습니다. 왕세자는 소군(小君)이고 왕후는 백성의 어머니이니, 이 어찌 신자(臣子)가 청할 수 있는 일이겠습니까. 그 당시 신하들 중에 후세에 이른바 명경(名卿)이라고 일컫는 이들이 많이 있었는데도 모두 말 한 마디 없이 그저 따르기만 했던 것은 무슨 까닭이겠습니까? 또한 생각해 보면 신하가 임금을 섬기는 도리와 소군을 섬기는 도리는 조금 다릅니다. 임금을 섬길 때에는 마음속에 숨김이 없는 것이 도리이니, 정쟁(庭爭)하고 상소하는 말이 명백하고 직절한 것이 타당합니다. 그러나 소군의 경우는 그 지위가 잠룡(潛龍)이므로 당연히 안으로는 규계(規戒)하되 겉으로는 엄호하는 것이 도리이니, 비록 약간의 과실이 있을지라도 밖으로 드러나지 않게 하여 인심이 그에게로 쏠리도록 하는 것이 옳습니다. 만약 소군의 실덕이 세상에 알려져 천하 사람들의 마음이 그를 떠나게 한다면 장차 어찌하겠습니까?

『僿說』目錄, 類編納上, 若依此書出, 則可爲全書; 而但其中儘多有稟裁者, 亦或有未及照管者. 鮮于浹[522]丁卯變, 以箕子殿參奉降賊, 金荷潭[523]爲監

<hr />

522 鮮于浹 : 자는 仲潤이고 호는 遯庵이며, 관향은 平壤이다. 學行으로 成均館司業에 제수되었고, 시호는 文簡이며, 平壤의 龍谷書院에 봉향되었다.

523 金荷潭 : 金時讓(1581~1643)의 호가 荷潭이다. 그는 본관은 安東이고 초명은 時言이며 자는 子中이다. 처음에는 평안도 泰川에서 살다가 뒤에 平壤으로 이주하였다. 광해군 때 全羅都事로 있을 때 鄕試에서 출제한 試題가 왕의 失政을 비유한 것이라는 이유로 함경도 鍾城에 유배되었다가 寧海로 이배되었다. 仁祖反正으로 풀려나 禮曹正郎, 修撰, 校理, 應敎, 경상도 觀察使를 역임하였다가 정묘호란이 일어날 징후가 보이자 평안도 관찰사 겸 體察副使에 임명되었다. 이후 병조 판서, 江華留守를 역임하였다. 저서로 『荷潭破寂錄』, 『荷潭集』, 『涪溪記聞』이 있다.

司, 論罪汰黜, 見于『破寂錄』中; 此當時實事也. 先生或未及知而推許至此[524]耶? 此條刪之無疑. 六卷女多男少條, 當引『周禮』「職方」, 而却引『漢志』; 此類頗多矣, 還敎幸甚. 此事旣不得面稟, 則當與元陽[525]商論, 而亦不可得, 奈何? 『論語』「正名章」[526]子路之意, 盖謂輒旣得罪於父, 而輒承王父命而爲君, 則國其國也, 且君位已定, 勢有難處, 故其言如此; 此子路見未到處也. 而『集註』謂非今日之急務也, 語甚歇後, 而子路之意, 却不說出, 何也? 想當日事勢, 雖有十分難處, 而實未有難處者; 夫子正名之語, 欲使輒迎父立之也. 假使靈公廢聵囚之, 靈卒而輒立, 其將因其囚而不出乎? 必出

524 先生……至此:『星湖僿說』9권「人事門」에 '鮮于浹'이란 항목을 두어 그의 學行을 높이 평가하였다.

525 元陽: 성호 李瀷의 손자이고 李孟休의 아들인 李九煥의 자이다.『星湖全集』附錄에 실려 있는 星湖의 조카 李秉休의 아들 李森煥이 쓴 제문의 注에 보인다.

526 『論語』正名章:『論語』「子路」편에 보인다. 자로가 공자에게 "衛나라 임금이 선생님을 맞이하여 政事를 하려고 하는데, 선생님께서는 장차 무엇을 먼저 하시렵니까?" 하자, 공자가 대답하기를 "반드시 명분을 바로잡겠다.〔必也正名乎!〕" 하였다. 자로가 말하기를 "이러한 점이 있군요. 선생님의 오활하심이여! 어떻게 바로잡을 수 있겠습니까?〔有是哉! 子之迂也. 奚其正?〕" 하니, 공자가 "비속하구나, 由여! 군자는 모르는 것에 대해서는 말을 하지 않는 것이다. 명분이 바르지 못하면 말이 순조롭지 못하고, 말이 순조롭지 못하면 일이 이루어지지 않는 것이다.〔鄙哉由也! 君子於其所不知, 蓋闕如也. 名不正則言不順, 言不順則事不成.〕" 하였다. 당시 위나라 靈公의 아내인 南子가 음행을 하자 세자인 蒯聵가 계모인 남자를 죽이려다가 뜻을 이루지 못하고 晉나라로 도망가 있었다. 그 후 영공이 죽자 괴외의 아들인 輒이 즉위하였는데, 괴외가 본국으로 들어가려 하자, 첩이 아버지가 들어오는 것을 막았다. 朱子가『論語集註』에서 "공자가 말씀한 正名은 바로 이 문제를 바로잡으려는 것이었다."고 풀이하였다.

而奉立, 然後可以盡人子之責矣. 以君臣言, 則社稷重而君爲輕, 事權在手, 『集註』胡氏之論[527], 未爲不可; 以父子言, 則父子之倫, 重於社稷, 輒豈敢托以社稷之重而拒其父乎? 孟子竊負遵海[528]之語, 實得天理之正矣. 朱子答范伯崇之語, 出於『胡氏傳』[529]而甚有疑焉. 敢此仰稟. 因此而轉思之, 國家

---

527 『集註』胡氏之論 : 『論語集註』正名章에 실려 있는 宋나라 胡安國의 설이다. 그 설에 "衛나라 世子 蒯聵가 그의 계모 南子의 음란함을 부끄럽게 여겨 죽이려고 하다가 결행하지 못하고 외국으로 도망하자, 靈公이 公子 郢을 세자로 세우려고 하였는데 영이 사양하였다. 영공이 죽자 부인이 영을 임금으로 세웠으나 영이 또다시 사양하니, 이에 괴외의 아들인 輒을 임금으로 세워 괴외를 막게 하였다. 괴외는 어머니를 살해하려 하다가 父王에게 죄를 지었고, 첩은 나라를 차지하고서 아버지를 막았으니 모두 아버지가 없는 자들이다. 따라서 이들이 나라를 소유할 수 없음이 분명하다. 夫子께서 政事를 하심에 명분을 바로잡는 것을 우선으로 삼았으니, 반드시 장차 그 일의 본말을 갖추어 천자께 아뢰고 方伯에게 청하여 공자 영을 임금으로 세우도록 했을 것이다. 이렇게 하면 人倫이 바루어지고 天理에 맞아 명분이 바르고 말이 이치에 순해져서 일이 이루어질 것이다.〔衛世子蒯聵恥其母南子之淫亂, 欲殺之, 不果而出奔. 靈公欲立公子郢, 郢辭. 公卒, 夫人立之, 又辭; 乃立蒯聵之子輒, 以拒蒯聵. 夫蒯聵欲殺母, 得罪於父, 而輒據國以拒父, 皆無父之人也; 其不可有國也明矣. 夫子爲政, 而以正名爲先, 必將具其事之本末, 告諸天王, 請于方伯, 命公子郢而立之, 則人倫正, 天理得, 名正言順而事成矣.〕" 하였다.

528 竊負遵海 : 桃應이란 제자가 "舜이 천자이고 강직한 皐陶가 법관일 경우 순의 아버지인 瞽瞍가 사람을 죽였으면 순은 어떻게 하겠습니까?"라고 묻자 孟子가 "순이 천하를 헌신짝처럼 버리고 고수를 등에 업고 도망쳐서 바닷가를 따라 거처하면서 종신토록 흔쾌히 즐거워하면서 천하를 잊으셨을 것이다.〔舜視棄天下猶棄敝蹝也, 竊負而逃, 遵海濱而處, 終身訢然, 樂而忘天下.〕" 하였다. 『孟子 盡心 上』

529 朱子……『胡氏傳』 : 『胡氏傳』은 宋나라 때 胡安國이 지은 『春秋胡氏傳』을

難處之事, 莫過於帝王人倫之變. 試以本朝事言之, 太宗廢讓寧, 成廟廢尹

가리킨다. 약칭해서 『胡傳』이라 한다. 이 책은 『左傳』·『公羊傳』·『穀梁傳』과 함께 『春秋』 4傳의 하나로, 元·明 시대에 朱子學派에 의해 존숭되었다. 『春秋胡氏傳』에서는 "輒이 비록 적손으로서 즉위했으나 영공의 명이 있었던 것이 아니니, 어떻게 조부의 명을 받았다고 할 수 있으리오. 그렇다면 첩의 경우에는 어떻게 해야 하는가? 의당 나라에 사양하여 말하기를 '부친에게 죄가 있다고 하여 조부의 명을 따르고자 하면 사직을 맡아서 다스려야 하는데 공자 郢이 나에게 있어 어떻게 임금이 될 수 있으리오? 부친에게 죄가 없다고 한다면 이 나라는 바로 부친인 세자의 소유이니, 천하에 어찌 아비 없는 나라가 있다고 나로 하여금 그 자리에 서게 한단 말인가?' 해야 할 것이니, 이와 같이 하면 말이 이치에 순조로워 일이 이루어질 것이다.〔輒雖由嫡孫得立, 然非有靈公之命, 安得云受之王父哉? 然則爲輒者奈何? 宜辭于國曰: '若以父爲有罪, 將從王父之命, 則有社稷之鎭; 公子在我, 焉得爲君? 以爲無罪, 則國乃世子之所有也, 天下豈有無父之國哉而使我立乎其位?' 如此, 則言順而事成矣.〕"하였고, 『朱子大全』 39권 「答范伯崇」에서 '衛君待夫子而爲政'에 대해 답한 내용 중에서 "괴외 부자의 일은 그 진퇴의 가부는 오직 마음이 어떠한가에 달려 있다. 첩이 만약 君位를 피해주어 부친 괴외를 나라에 들어오게 할 마음을 가졌다면 위나라의 군신들은 君臣의 의리로 괴외를 막고 첩을 보필해야 할 것이다. 보내온 편지에서 또 '첩이 君位를 피하여 천자의 명을 따른다면 대부의 손을 빌려서 부친을 막고 천자가 자기편이 되어주는 것을 은연중에 다행으로 여기는 마음이 있게 될까 염려된다.' 하였는데 이는 아마도 첩의 마음 씀의 긴요한 곳을 시원하게 간파하지 못한 듯하다. 그런 까닭에 이와 같이 말하신 것이다. 그러나 나는 생각건대 첩의 마음은 단지 부자 사이의 인륜이 크다는 것만 보아야 하고 하루라도 君位에 있어서는 안 되니, 아무런 일이 없도록 처음부터 끝까지 단지 도망쳐 떠나는 길만이 있을 뿐이다.〔蒯聵父子之事, 其進退可否, 只看輒之心如何耳. 若有避父之心, 則衛之臣子, 以君臣之義, 當拒蒯聵而輔之. 來諭又云: '輒避位而聽于天子, 則恐有假手大夫以拒父而陰幸天子與己之心', 此似是于輒之處心緊要處看得未甚灑落, 所以如此. 故愚竊謂輒之心, 但當只見父子之親爲大, 而

妃, 皆令群臣庭請; 世子小君, 后有母道, 此豈臣子之所可請? 當日群臣, 多有後世所謂名卿者, 而皆承順無違, 何也? 亦念人臣事君事小君之道, 微有不同. 事君則其義無隱, 庭爭陳章, 明白直截爲當; 而小君則位在潛龍[530], 義當內存規戒而外致掩護, 雖有過失, 勿使宣露, 使人心有所係屬, 可也. 若其失德流布, 使四海離畔, 將若之何?

不可一日立乎其位; 自始至終, 只是一箇逃而去之便無一事.〕”하였다.

530 潛龍: 『周易』「乾卦」「初九」에 “숨은 용이니 쓰지 말아야 한다.〔潛龍勿用.〕”한 데서 온 말로 세자는 아직 王位에 오르지 않아 潛邸에 있으므로 아직 물속에 잠겨 있는 용에 비유한 것이다.

25. 성호선생께 올린 편지

上星湖先生書 신사년(1761, 50세)

『논어(論語)』 정명장(正名章)에 대해서는 선유들의 논설이 혹 마음에 들지 않은 것들이 있기 때문에 나의 견해가 늘 부족한 것이 아닌가 생각했습니다. 그러다가 『맹자(孟子)』의 "순(舜)이 아버지를 등에 업고 바닷가로 도망쳤을 것이다."라는 대목을 읽으면서 제왕가(帝王家)의 부자 사이의 윤리가 종묘사직보다도 더 중하므로 이 밖에 다른 도리가 없다는 것을 문득 깨달았습니다. 그런데 지금 보내오신 편지의 가르침에도 『맹자(孟子)』의 이 말을 인용하셨으니, 저의 어리석은 견해가 과연 엉터리인 것만은 아니라는 생각을 갖게 되어 매우 다행스러웠습니다. 그리고 「괴외론(蒯瞶論)」은 그 당시의 사정을 여지없이 밝혀 놓았으니, 그야말로 역사를 읽는 좋은 기준이 된다 하겠습니다. 이에 비로소 천하의 의리가 무궁하여 한 겹을 뚫고 나면 또 한 겹이 있는 것이 마치 파뿌리를 벗기면 껍질 속에 껍질이 또 있는 것과 같아, 자기의 일시의 관견(管見)을 스스로 옳다고 여기고 다시 생각해보지 않아서는 안 된다는 것을 분명히 알게 되었습니다.

삼가 보내오신 편지를 읽어보니 '권력(權力)' 두 글자는 과연 생각해 봐야 할 점이 있습니다. 동탁(董卓)이 홍농왕(弘農王)을 폐위하고, 환온(桓溫)이 해서공(海西公)을 폐위할 때, 그들인들 어찌 그 임금의 악을 드러내 폐위하지 않을 수 없는 이유를 밝히지 않았겠습니까. 그런데도 동탁·환온 같은 역적이 되는 데 그치고 말았으니 이는 이윤(伊尹)과 같은 뜻이 없는 자들입니다. 삼가 이 대목을 읽어보니, 신하된 도리는 권력이 자기 손에 있다고 해서 아무 짓이나 함부로 해서는 안 된다는 것을 더욱 잘 알게 되었습니다.

『사설(僿說)』은 분부대로 제 의견을 말씀드리겠습니다. 그러나 내용을 수정하는 일에 있어서는 마치 보석 가게에 들어가면 눈앞에 가득한 보석이 모두 마음에 들지 않는 게 없어 좋은 것을 가리기 어려운 것과 같으니, 매우 두렵습니다. 이번에 보내 온 『사설』끝권을 보았더니 일일칠조(一日七潮) 조(條) 끝에 말씀한 장경성(長庚星)은 아마 틀린 것이 아닌가 합니다. 청인(淸人)이 편찬한 자서(字書)를 본 적이 있는데『대명일통지(大明一統志)』를 인용하여 말하기를, "광동(廣東)의 경주(瓊州)는 조수(潮水)의 차가 크고 작음이 장성(長星)·단성(短星)에 따라 결정되지 달의 차고 기욺과는 관계가 없다. 한 달에서 절반은 동으로 흐르고 절반은 서로 흐르는 것은 역시 바다물의 변화에 의한 것이다."라고 하였습니다. 여기서 말한 장성·단성은 바로 지금 월력의 끝장에 써놓은 바로 그것입니다.

왜국의 동남쪽 바닷가-『해동기(海東記)』지도에는 동북해 안에 있는 것으로 되어 있다.-에 여인국이 있는데 지금 이름으로는 '팔장도(八丈島)'라 합니다. 이곳은 거의 여자가 살고 남자는 10명에 2~3명뿐이어서 세상에서 '여자향(女子鄕)'이라고 부릅니다. 그리고 또『도서편(圖書編)』을 보면 거기에도 여인국(女人國)이 있고 그곳 풍속도 말해 놓았는데, 기억이 나지 않습니다. 지금 여국(女國) 조를 보았더니 이러한 사실을 도리어 실어놓지 않았기에 감히 말씀드립니다.

正名章, 先儒所論, 或不檠於心, 故常疑吾見之未至; 而及讀『孟子』竊負遵海之文, 忽覺帝王家父子之倫, 反重於宗社, 此外無他道理也. 今見批誨中, 又引『孟子』此語, 深幸一得之見[531], 果是不妄. 而「剮䑃論」, 劈破當日事情, 是誠讀史之柯則[532], 始知天下之義理無窮, 透得一重, 又有一重, 如剝蔥根, 皮裏有皮, 不可以一時管窺之見, 自以爲得, 而不復致思也明矣. 又伏讀'權力'二字, 果有合商量者. 董卓之廢弘農[533], 桓溫之廢海西[534], 曷嘗不彰君之惡而明其不得不廢之故耶? 然而爲卓溫而止, 則是無伊尹之志[535]者也. 伏讀

---

531 一得之見 : 자신의 견해를 겸사로 말한 것이다. 주 464) '一得' 참조.

532 柯則 : 모든 일의 기준이나 모범을 뜻한다. 『詩經』「豳風 伐柯」에 "도끼 자루를 벰이여 도끼 자루를 벰이여, 그 법칙이 멀지 않네.〔伐柯伐柯 其則不遠〕" 한 데서 온 말이다. 즉 도끼자루를 베는 사람이 자기가 잡고 있는 도끼 자루를 보면 도끼 자루의 길이나 굵기를 알 수 있다는 것이다.

533 董卓之廢弘農 : 董卓은 後漢 때 臨洮 사람으로 자는 仲穎이다. 靈帝가 죽은 뒤 환관 張讓 등이 대장군 何進을 죽이고 난리를 일으키자 幷州牧使로 있던 동탁이 군사를 거느리고 도성에 들어가 환관들을 죽이고, 스스로 상국이 되어 어린 황제를 폐위하여 弘農王을 삼았고, 何太后를 시해한 뒤 陳留王을 황제로 세우니 그가 獻帝이다. 홍농왕은 본래 영제의 皇子로 이름은 辯이었는데 즉위하자 곧 폐위되었고 얼마 뒤 시해되었다. 『後漢書 102권』

534 桓溫之廢海西 : 海西公은 桓溫에 의해 폐위된 晉나라 廢帝 司馬奕의 封號이다.

535 伊尹之志 : 이윤이 "내가 나의 임금을 요순처럼 만들지 못한다면 시장에서 종아리를 맞는 것처럼 내 마음이 부끄러울 것이요, 한 지아비라도 살 곳을 얻지 못한다면 이는 또한 나의 죄라고 할 것이다.〔予弗克俾厥后爲堯舜, 其心愧恥若撻于市; 一夫不獲, 則曰時予之辜.〕"라 한 것을 가리킨다. 『書經 說命下』 이와 비슷한 내용이 『孟子』「萬章 下」에 더 자세히 보인다. 宋나라 周敦頤가 "이윤과 안연은 대현이다. 이윤은 자기 임금이 요순처럼 되지 못하는 것을 부끄럽게 여겼고 한 지아비라도 살 곳을 얻지 못하면 마치 저잣거리에서 종아리를 맞는 것처럼 부끄럽게 여겼으며, 안연은 노여움을 옮기지 않고 같은 잘못을 두 번 하지 않고 석 달 동안 그 마음이 仁을 떠나지 않았다.

此條, 益知爲人臣之道, 不可以權寵之在手而妄有所爲也.『僿說』, 當依下
敎, 從當論稟. 然而節刪文字, 如入玻瓈之肆, 溢目珍寶, 無非可愛; 裁擇甚
難, 是可懼也. 伏見此來『僿說』末卷‘一日七潮’條末所言長庚星, 似誤矣. 曾
見淸人所著字書, 引『一統志』[536]云: "廣東瓊州海潮大小, 隨長星短星, 不關
月之盈虧, 半月東流, 半月西流, 亦大海中之變局也." 所謂長星短星, 卽今
曆日末張所記, 是也. 倭東南海-『海東記』[537]地圖, 在東北海中.- 中有女國, 今
名八丈島, 皆是女子, 男則什二三, 俗號女子鄕. 又見『圖書篇』[538], 亦有女
人國, 言其風俗而不可記憶. 今見女國條, 却不論載, 敢此仰稟.

이윤이 뜻을 두었던 바에 뜻을 두고 안연이 배웠던 바를 배워 이들을 능가하
면 바로 성인이 될 수 있을 것이요, 제대로 따라가기만 해도 현인이 될 수
있을 것이요, 비록 따라가지 못한다 하더라도 아름다운 명성을 잃지는 않을
것이다.〔伊尹顔淵, 大賢也. 伊尹恥其君不爲堯舜, 一夫不得其所, 若撻於市;
顔淵不遷怒, 不貳過, 三月不違仁. 志伊尹之所志, 學顔子之所學, 過則聖, 及
則賢, 不及則亦不失於令名.〕"하였다.『近思錄 2권』

536 『一統志』:『大明一統志』의 약칭이다. 1461년에 明나라 李賢 등이 편찬한
地理書로, 중국 전역과 朝貢國의 지리에 대하여 기록하였다. 모두 90권 60책
이며, 활자본이다.

537 『海東記』: 조선 世宗 25년(1443)에 書狀官으로 일본에 다녀온 申叔舟가 成
宗 2년(1471)에 왕명을 받고 지어 올린『海東諸國記』의 약칭이다. 일본의
地勢와 國情, 交聘往來의 연혁, 사신을 대우하는 절목 등을 기록해 놓았다.
1974년 民族文化推進會가 國譯한『海行摠載』1책에 수록되어 있다.

538 『圖書編』: 明나라 章潢이 편찬한 책이다. 「經義」·「象緯曆算」·「地理」·「人
道」의 4부문으로 나누고 圖式을 덧붙여 해설한 것으로, 모두 127권이다.
『四庫全書總目提要 子部 類書類』

26. 성호선생께 올린 편지

上星湖先生書 임오년(1762, 51세)

근래 『소학(小學)』을 읽다가 "30세에 장가든다."는 대목이 아무래도 미심쩍었습니다. "여자 나이 15세이면 비녀〔笄〕를 꽂는다."는 뜻으로 미루어 본다면 비녀를 꽂는 것은 시집가는 것을 이미 허락한 의식으로서 15세에서 20세까지 어느 때고 시집갈 수 있다는 것이지 허락은 15세에 하고 20세가 되어야만 시집간다는 뜻은 아닙니다. 남자는 색(色)을 경계해야 하므로 여자의 경우와는 다르니 20세가 된 뒤라야 기력이 충실하고 정력이 왕성하여 관례를 치르고 장가들 수 있는 것입니다.

이른바 실(室)을 둔다고 한 것은 오늘날 집안을 다스린다는 말과 같으니 20세는 비록 관례를 치르고 장가들지만 아직은 공부가 미흡하고 또 세상일에도 자신할 수 없고 30세가 된 뒤라야 공부도 성취되고 의지도 확고하며 세상 사무에도 익숙하여 비로소 집안을 맡아 다스릴 수 있는 것입니다. 실을 둔다는 것은 집안을 정돈하고 집안일을 다스리는 것을 말합니다. 옛날에는 부자(父子)가 궁(宮)을 달리 썼으니, 궁이 바로 실을 둔다는 것을 뜻합니다. 이와 같이 보는 것이 어떻겠습니까?

『사설』의 목록을 삭제하지 않고 그대로 둔 것은 감히 그럴 수 없어서 그랬던 것인데, 두세 번에 걸쳐 간곡하게 하교하시니 감히 그 뜻을 받들지 않을 수 있겠습니까! 그렇지만 제 소견이 어두운 것이 두려울 뿐입니다. 그리고 서사(書寫)하는 일은 아직 미처 시작하지 못했습니

다. 악부(樂府)는 읽어 보고 너무도 좋았습니다. 다만 우리나라 역사
는 토막토막 끊어져 온전히 전해지는 것이 없으니 이 밖에도 애석한
것이 많습니다. 즉 성기(成己)·옹산성장(甕山城將)·궁노사(弓弩
士) 같은 따위가 그것인데, 이러한 인물들의 사적을 다시 읊어서 길이
후세에 전해질 수 있게 해 주시기를 삼가 바랍니다.

제가 평소 산문을 잘 짓지 못하는데 더구나 시학(詩學)에 있어서이
겠습니까. 그러나 보내오신 악부에 누락된 사적들을 우연히 붓 가는
대로 읊어본 것 몇 수를 삼가 보내드리오니 보신 다음 즉시 불태워
버리시기 바랍니다. 그러나 이러한 제목들에 대해 다시 붓을 적시어
그 숨겨진 훌륭한 사적이 세상에 드러날 수 있게 된다면 그 얼마나
다행이겠습니까!

近觀『小學』書, "三十而娶[539]", 終涉可疑. 以女子十五笄之義推之, 笄是許
嫁之儀; 謂自十五至二十, 無非可嫁之時, 非謂十五許嫁, 方至二十而後嫁
也. 男子有在色之戒[540], 與女子異, 到二十歲後, 氣充精旺, 可以冠而娶也.
所謂有室者, 猶今所謂治家; 二十雖冠而娶, 而工夫未及熟, 且於世事, 有

---

539 三十而娶 : 『小學』1권 「立教」에는 『禮記』 「內則」을 인용하여 '三十而有室'
로 되어 있다.

540 在色之戒 : 孔子가 "군자는 세 가지 경계가 있으니, 어릴 때에는 혈기가 안정
되지 못하므로 경계함이 여색에 있고, 장성해서는 혈기가 한창 강하므로
경계함이 다툼에 있고 늙음에 미쳐서는 혈기가 이미 쇠했으므로 경계함이
얻음에 있다.〔君子有三戒. 少之時, 血氣未定, 戒之在色; 及其壯也, 血氣方
剛, 戒之在鬪; 及其老也, 血氣旣衰, 戒之在得.〕"한 데서 온 말이다. 『論語
季氏』

未可以自信者, 至三十而後, 工夫成而志有所立, 事務亦精熟, 可以治家事矣. 有室, 謂整頓家室而治其事; 古者, 父子異宮, 宮卽有室之謂也. 伏未知如此看如何? 『僿說』目錄之因舊不刪者, 盖有不敢而然; 下敎之勤摯, 至于再三, 則敢不奉承? 而但以所見之迷昧爲懼, 書寫之役, 姑未及擧焉. 樂府, 讀之不勝喜幸. 但東史斷爛無傳, 而此外可惜者亦多; 若成己[541]·甕山城將[542]·弩士[543]之類, 是已. 伏乞更編此等人, 以爲不朽之圖也. 小子素不能文, 况於詩學乎? 然而偶然信筆著編中所漏者數首, 伏呈; 下覽後卽付丙. 而此等題目, 更爲泚筆, 使幽光滯蹟, 得以闡揚, 則何幸何幸!

541 成己 : 右渠王의 측근으로 고조선의 마지막 대신이다. 漢나라 武帝가 침입하여 왔을 때 끝까지 성안의 사람들을 독려하여 항전했다. 1권 「成己歌」 참조.

542 甕山城將 : 1권 「甕山城將歌」 참조.

543 弩士 : 1권 「弩士行」 참조.

27. 성호선생께 올린 편지

上星湖先生書 임오년(1762, 51세)

가아(家兒)가 돌아온 후로 소식이 다시 끊겼으니 사모하는 마음 어찌 견딜 수 있겠습니까. 요즘 날씨가 좋지 않아 몹시 무더운데, 기체후 강녕하신지요? 『예기(禮記)』의 '문왕(文王)이 나이를 남겨서 문왕(文王)에게 주었다.'는 설은 옛 사람들도 의심했습니다. 사람의 명(命)은 타고날 때 이미 정해지는 법이니, 성인(聖人)은 비록 도가 하늘과 합치한다고는 해도 어찌 자기 타고난 수명을 임의로 보태고 뺄 수 있겠습니까. 김인산(金仁山)이 지은 『통감전편(通鑑前編)』에는 『죽서기년(竹書紀年)』에 따라 무왕(武王)이 임진년에 태어나 을유년에 죽었으니 향년 54세였다고 하고 역시 『예기』의 기록을 틀렸다고 하였습니다. 무왕이 은(殷)을 멸망시킨 것이 기묘년이니, 바로 재위한지 13년째 되는 해입니다. 그렇다면 문왕(文王)이 세상을 떠난 것은 병인년이고 문왕의 향년은 97세였으니 경인년에 태어났을 것입니다. 가사 『예기(禮記)』의 기록대로 무왕의 향년이 93세라면 문왕이 24세 때인 계축년에 무왕을 낳았을 것이고 목야(牧野)의 전투 때는 무왕의 나이 87세가 되는 셈입니다. 그런데 당시 월(鉞)을 짚고 모(旄)를 들고서 군사들을 모아놓고 맹서했던 말을 보면 전혀 늙은이의 기상이 없습니다. 뿐만 아니라 성왕(成王)은 계유년에 태어났으니 당시 무왕의 나이는 81세가 되는 셈입니다. 그런데 또 당숙우(唐叔虞)를 낳았으니, 읍강(邑姜)의 나이가 가사 무왕보다 적다고 하더라도 아이를 낳을 시기는 지났을 것입니다. 이렇게 본다면 『죽서기년』의 말이 틀리지 않은 것 같습니다.

견관씨(汧官氏)의 '汧'자는 왕모(王鏊)의 『공자가어(孔子家語)』 주(註)에는 開자로 되어 있고 그 음은 '견'으로 읽습니다. 중국 사람들도 병관(屛官)이 잘못인 줄은 알지만 汧자인 줄은 알지 못했습니다. 그런데 『사설(僿說)』에서 그것을 밝혔으니, 기쁜 일입니다. 이는 비록 작은 일이긴 하지만, 중국 사람들로 하여금 이 사실을 알게 하지 못하는 것이 한스럽습니다.

사단칠정[四七]의 이치는 저는 몽매하여 알지 못하고 다만 이자(李子 퇴계(退溪)를 말함)의 설을 보고 좋아하였고, 뒤에 율곡의 설을 보고 의심했었는데,-장여헌(張旅軒)의 설이 율곡의 설을 따르고 있으니, 참으로 이상한 일입니다.- 선생님의 『사칠신편(四七新編)』을 보고 나서야 비로소 의심이 확 풀렸습니다. 그것은 속에 실제로 터득한 것이 없기 때문에 다른 견해를 보면 생각이 바뀌고 했던 것이니, 그저 부끄러울 뿐입니다. 그런데 이번에 기명(旣明)을 만났더니 그의 말이, 벗 홍사량(洪士良)을 만났더니 그가 말하기를 '선생님께서 『사칠신편』의 내용 중 혹 온당치 못한 곳이 있다 하셨다.'고 하였습니다. 온당치 못하다는 곳이 어느 부분인지요? 가르쳐 주시기 바랍니다.

임신년(1752)에 김종정(金鍾正)과 동료로 있을 때 그가 말하기를, "사칠설(四七說)은 고봉(高峯)의 견해가 옳다. 그때는 김하서(金河西)가 벼슬을 그만두고 향리에서 노년을 보낼 때이니 고봉이 한 말은 모두 바로 하서가 한 말이었다. 하서가 죽자-하서가 경오년(1510)에 태어나 경신년(1560)에 죽었다.- 고봉이 자기 설을 더 부연하지 못하고 도리어 퇴계에게 굽히고 말았다. 율곡 때 와서야 그 학설이 비로소 확정되었다." 했으니, 하서에게 과연 이 일이 있었는지요?

家兒還後, 音便復斷, 曷任伏慕? 近來日氣不佳, 溽暑蒸鬱, 伏不審氣體候康寧? 『禮記』文王與齡[544]之說, 前輩亦疑之. 夫人之壽夭, 已定於稟生之初; 聖人雖云道與天合, 豈能分外加減? 金仁山[545]『通鑑前編』, 從『竹書紀年』[546], 以爲武王生於壬辰, 崩於乙酉, 壽五十四, 亦以『禮記』爲非矣. 武王滅殷己卯歲, 卽其在位之十三年; 然則文王之薨在丙寅, 而文王之壽九十七, 則生于庚寅歲矣. 假如『禮記』武王之壽九十三, 則文王之年二十四癸丑歲, 生武王矣. 牧野之役, 武王年八十七; 觀其仗鉞秉旄誓師[547]之語, 殊無老耄氣像. 且成王生于癸酉歲, 時武王年八十一矣, 後又生唐叔虞[548]; 邑姜[549]之

---

544 『禮記』文王與齡 : 周나라 武王이 옥황상제로부터 치아 아홉 개를 받는 꿈을 꾸었다. 부친인 文王이 해몽하고는 "나는 수명이 100세인데 너는 90세로구나. 내 너에게 세 살을 덜어 주겠다."라고 하였는데, 뒤에 과연 문왕은 97세, 무왕은 93세까지 살았다고 한다. 『禮記 文王世子』

545 金仁山 : 宋나라 말엽 元나라 초엽의 학자인 金履祥(1232~1303)을 가리킨다. 그는 蘭溪 사람으로 자는 吉父이고, 호는 次農이며, 시호는 文安이다. 元나라가 들어서자 벼슬하지 않고 仁山에 은거하였기 때문에 사람들이 '仁山先生'이라 불렀다. 저서에 『尙書注』, 『論語集注考證』, 『孟子集注考證』, 『通鑑前編』 등이 있다.

546 『竹書紀年』 : 晉나라 때 汲郡의 不準이란 사람이 魏나라 襄王의 무덤에서 발견했다는 고서이다.

547 仗鉞秉旄誓師 : 『書經』「牧誓」첫머리에 "甲子日 동이 틀 무렵에 왕이 아침에 상나라의 교외 목야에 이르시어 군사들에게 맹서하였는데, 왕이 왼손에는 황금으로 꾸민 도끼를 잡고 오른손에는 흰 깃발을 잡고서 깃발을 휘두르며 말씀하기를 "멀리 왔다. 西土의 사람들아!" 하였다. 〔時甲子昧爽, 王朝至于商郊, 乃誓; 王左杖黃鉞, 右秉白旄, 以麾曰: "逖矣! 西土之人."〕" 하였다.

548 唐叔虞 : 武王의 아들로 成王의 아우이다.

549 邑姜 : 周나라 武王의 后인 姜氏를 지칭하는 말이다.

年, 假云不及于武王, 殆非生産之時矣. 由是言之,『竹書』之言,. 似不誣矣. 丌官氏之丌字, 王鏊[550]『家語註』作開, 音堅, 中國之人, 亦知屛官之爲非, 而不能知其爲丌矣.『傑說』辨之, 可喜. 此雖小事, 恨不使中國人知之也. 四七之義, 小子蒙不知之; 但見李子說而好之, 後見栗谷說而疑之, -旅軒[551]說, 亦從栗谷, 誠可疑也.- 及見先生『新編』[552]而後始釋然. 盖中無實得, 故必見異而遷焉, 可媿也已. 今見旣明[553], 謂"逢洪友士良相語, 先生以『新編』所論, 或有未安", 伏未知未安者何條? 幸乞示敎. 壬申年間, 與金鍾正爲僚, 其言曰: "四七之說, 高峯[554]爲是. 此時金河西[555]退老于鄕; 高峯之論, 皆河西爲之也. 及河西卒, -河西生於庚午, 歿於庚申.- 而高峯不能推演其說, 反屈於退溪; 至栗谷而後, 其說始定."河西果有此事否?

---

550 王鏊: 明나라 학자로 자는 濟之이고 시호는 文恪이다. 저술로『震澤集』등이 있다.『明史 181권 王鏊傳』

551 旅軒: 조선 후기 학자인 張顯光(1554~1637)의 호이다. 그는 자는 德晦, 호는 旅軒이고 시호는 文康이며 본관은 仁同이다. 저서에『旅軒集』,『龍蛇日記』등이 있다.

552 『新編』: 星湖 李瀷이 지은 四端七情에 대한 해설서인『四七新編』의 약칭이다. 1권 1책으로 되어 있으며, 내용은 퇴계의 性理說을 주로 지지하는 것이다.

553 旣明: 순암과 함께 星湖의 제자인 鹿庵 權哲身(1736~1801)의 자이다.

554 高峯: 퇴계와 四七論辨을 벌인 奇大升의 호이다.

555 金河西: 조선중기의 학자요 문신인 金麟厚(1510~1560)를 가리킨다. 그는 자는 厚之, 호는 河西 또는 湛齋이고 시호는 文正이다. 1531년(중종26)에 성균관에 입학한 뒤 퇴계 이황과 교우가 두터웠다. 高峯 奇大升과 가까운 지역에 살았다. 저서에『河西集』,『周易觀象篇』,『西銘事天圖』,『百聯抄解』등이 있다.

28. 성호선생께 올린 편지
上星湖先生書

별지에 주신 답이 하나하나 모두 시원하여 기쁘고 감격했습니다. "한 어머니 소생의 자식들끼리 서로 부부가 되는 것은 전욱(顓頊)이 그렇게 만들었다.〔同産而爲配帝顓項沈之.〕"는 설은 김인산(金仁山)의 『통감전편(通鑑前編)』에 나온 말입니다. 『역경(易經)』은 연전 (年前)에 꽤나 도상(圖象)에 대해 연구하여 혹 깨달은 바가 있는 듯 하였으나, 괘사와 효사는 뜻이 깊어서 알기 어려웠으니, 의리(義理)만으로 뜻을 알려고 해도 안 되고 상수(象數)만으로 뜻을 알려고 해도 안 됩니다. 공자께서 『역(易)』을 풀이하면서 「문언(文言)」에서는 오로지 의리만 말씀하시고, 「계사(繫辭)」에서는 오로지 상수만 말씀하셨으니, 그 입언(立言)의 은미한 뜻을 미루어 알만합니다. 『역(易)』을 오로지 복서(卜筮)를 위한 책이라고 한다면 술수(術數) 쪽으로 흐를 염려가 있기 때문에 「문언(文言)」에서는 의리 쪽을 말씀하였고, 또 『역(易)』이 만약 의리만을 위해서 만들어진 책이라면 또 『역』의 근본 취지가 아니기 때문에 「계사(繫辭)」에서는 상수 쪽을 말한 것이 아니겠습니까. 그렇다면 『역』은 이 두 가지 뜻을 겸하여 읽어야 한 쪽으로 치우칠 염려가 없을 것이니, 이 점이 이 일정한 기준을 정할 수 없는 이유일 것입니다. 가르침을 주시길 삼가 바랍니다.

別紙下答, 件件夬暢, 伏喜伏感. 同産而爲配帝顓項沉之之說, 出於金仁山

『通鑑前編』中矣.『易經』, 年前頗留意于圖象, 似或有悟; 而卦爻辭義, 旨奧難通, 全以義理求之, 不可, 全以象數求之, 不可. 孔子傳易, 「文言」專言義理, 「繫辭」專言象數, 其立言微意, 可以推知矣. 豈非以易專爲卜筮而作, 則恐其流於術數, 故「文言」有訓; 若以易專爲義理而作, 則又非易之本義, 故「繫辭」有傳耶? 然則『易』須兼二義而讀之, 然後無偏係之患; 此『易』所以不可爲典要者也. 伏乞下敎焉.

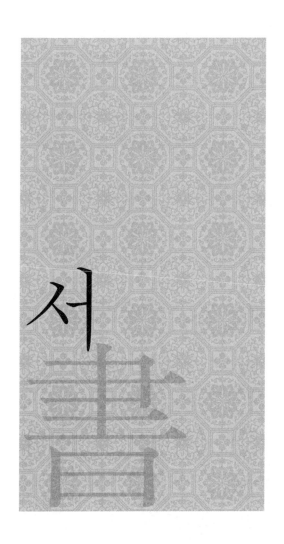

순암집
3권

서
書

1. 소남(邵南) 윤장(尹丈)-동규(東奎)-에게 보낸 편지

與邵南[556]尹丈-東奎-書 정묘년(1747, 36세)

지난 겨울에 처음으로 성호(星湖)선생을 뵈었을 때 말씀 도중 우리 장시(丈侍)에 대한 말씀을 계속하시기에 한번 뵈옵고 싶었으나 뵈올 길이 없어 몹시 아쉬웠습니다. 접때 혼인 관계로 다행히 뵙게 되니 너무도 위안이 되고 다행스러웠습니다. 다만 돌아올 길이 촉박해서 조용히 말씀을 들으며 평소에 공부하다가 가졌던 의심을 다 여쭙지 못했기에 서운하고 사모하는 마음만 더할 뿐이었습니다. 인편이 옴에 요즘 기후 만안하시고 덕이 늘 향상되심을 알았으니 매우 위안이 됩니다.

정복은 어버이 곁에서 그런 대로 지내고 있으니 이것은 다행이나 온갖 근심과 잡무를 벗어 버리지 못하여 하늘로부터 받은 성품을 날이 갈수록 점점 잃어가고 있는데도 스스로 깨닫지 못하고 있으니, 더욱 부끄럽고 한스러울 뿐입니다. 자식놈이 처가의 부름을 받아 가기에 문하(門下)에 나아가 찾아뵙게 했는데 글을 가르쳐서 강석의 끝에서 배울 수 있게 해 주셨으니, 얼마나 감사하고 다행한지 모르겠습니다. 이 아이가 타고난 바탕이 게을러서 떨치고 일어날 가망이라고는 전혀 없어 보이니 이것이 큰 걱정입니다. 교수(教授)하는 일이

---

556 邵南 : 조선시대 正祖 때의 학자인 尹東奎(1695~1773)의 호이다. 순암과 같이 星湖의 門人이다. 주 369) '邵南' 참조.

야 물론 집사(執事)에게 희망을 걸고 있지만 가르침을 용감히 받아들이는 것은 전적으로 본인에게 달려 있으니, 본인이 만약 믿고서 받들어 행하지 않고 게으른 습성을 고치지 못한다면 어찌하겠습니까. 자식놈의 아둔한 기질을 변화시켜 주시기를 엎드려 바랍니다.

『서경(書經)』에 대한 작업은 이제 몇 권까지 진척을 보았는지요? 「태서(泰誓)」에 무왕(武王)을 왕이라 일컬은 것은 주석하는 사람이 후대에 와서 일컬은 것이라고 하는데 그가 산천에 제사할 때의 축문을 보면 '유도증손주왕발(有道曾孫周王發)'이라고 하였으니 무왕은 이미 목야(牧野)에서 전투하기 이전에 자신을 왕이라 일컬었던 것입니다. 그 당시로 말하면 주(紂)는 독부(獨夫)로서 천명(天命)이 이미 끊어졌으니 천하는 주(周)나라로 돌아간 지 오래입니다. 따라서 무왕을 왕이라고 일컫는 것은 이상한 일이 아닌데도 주석하는 사람이 이렇게까지 곡진히 해설한 것은 어째서입니까? 「홍범(洪範)」에 "13사(祀)에 왕이 기자(箕子)를 찾았다."고 한 대목의 주(註)에서 "사(祀)라고 칭한 것은 기자가 주나라의 신하가 되지 않았기 때문이다."라 했습니다. 그렇다면 13이란 수는 무왕이 즉위한 이후의 햇수이고 사(祀)는 상(商)나라의 연(年)에 대한 호칭이니 주나라의 연수와 상나라의 연호를 똑같은 해에 혼용한 셈인데, 사관(史官)의 필법으로 이처럼 혼란스럽지는 않을 것입니다. 뿐만 아니라 주나라가 이미 은(殷)나라를 멸망시켰는데 기자가 어떻게 차마 자기 종국(宗國)을 멸망시킨 사람을 상대로 구구한 강론을 하겠습니까. 도(道)를 전하는 것이 비록 중요한 일이라 할지라도 군신(君臣)의 대의는 도리어 더 중하지 않겠습니까. 만약 이와 같이 말한다면 후세의 완둔(頑鈍)하고 염치가 없어 욕을 감수해 가면서 혁명(革命) 시기에 목숨을 부지한 자들이 모두 기자를 구실로 삼을 것이니, 의리에 해가 됨이 어찌 심하지 않겠습니까!

저의 어리석은 생각에는 아마도 13사라는 것은 주(紂)의 13사이고 무왕은 서백(西伯)의 세자(世子)로서 왕국(王國)에 일이 있어 갔다가 기자가 「홍범(洪範)」에 밝다는 말을 듣고 찾아가서 물었던 것이고, 무왕을 왕이라고 칭한 것은 사관이 뒤미처 그 사실을 기록했기 때문일 것이라 생각하는데, 어떻게 생각하시는지요?

前冬始謁星湖, 譚次說吾丈侍不已, 願欲一拜門屛, 而苦無仍矣. 頃以婚姻之故, 幸得瞻拜, 不勝慰幸. 第歸程卒迫, 未能穩承下敎, 以究平日之疑, 只增悵慕. 便至, 伏審比來靜候萬安, 進德有常, 伏慰區區. 鼎福依保親側, 是幸; 而種種憂冗, 不能擺脫, 日看天賦之衷, 漸至放倒, 自不覺焉, 唯增媿恨. 家豚爲其婦家所邀去, 令之進拜門下, 課授所讀, 使之摳衣於講席之末, 何幸何感! 此兒姿性懦庸, 全欠振拔之望, 此爲大憂. 敎授之義, 雖有望于執事, 而聽受之勇, 全在於渠; 若不信受奉行, 懦庸不改, 則將若之何? 伏乞有以變化之. 『書經』之功, 至于幾卷耶? 竊嘗疑「泰誓」武王之稱王, 註家謂之追稱, 而觀其祭山川祝, 有曰: "有道曾孫周王發", 則武王之稱王, 已在牧野之前矣. 當是之時, 紂爲獨夫, 天命已絶, 天下之歸周, 久矣; 其稱王亦非異事, 而註家曲爲之說, 何也? 「洪範」"十三祀王訪于箕子"註, 亦謂稱祀者, 爲箕子不臣周也. 然則十三者, 武王卽位之年數也; 祀者, 商之年號也. 周年商號, 混同於一歲之內, 史氏筆法, 似不若是之斑駁. 且周旣滅殷, 則箕子豈忍對滅我宗國之人, 區區於講論之際耶? 傳道雖云重事, 君臣大義, 顧不重歟? 若如此說, 則後世頑鈍無恥忍辱偸生於革命之時者, 皆自以箕子藉口; 其爲害義, 豈不甚哉? 愚疑十三祀者, 紂十三祀, 而武王以西伯世子, 有事于王國, 聞箕子通範學, 就問之耳. 其稱王, 史追記故也. 此未審如何?

2. 소남 윤장에게 답한 편지

答邵南尹丈書 무진년(1748, 37세)

내씨(來氏)의 역설(易說)은 비록 다 보지는 못했으나 대의(大義)는 상(象)을 위주하여, 글자 하나하나 구절 하나하나가 모두「설괘(說卦)」와 들어맞아 다 일정한 귀결이 있으니, 얼핏 보면 탁월한 말이 많은 듯합니다. 그러나 한편 조용히 생각해 보면 성인(聖人)의 입언(立言)이 반드시 이렇게 구구하지는 않을 것입니다. 그가 밝혀냈다고 한 것은 착종(錯綜)-바로 반대이다.-과 변효(變爻)·중효(中爻)-바로 호괘(互卦)이다.-의 뜻에 불과합니다. 이 몇 조목을 아이들을 시켜 적어 올립니다. 의리는 공물(公物)인데 내씨는 제멋대로 가져다가 자기 소유물인 양 여기고 조금 견득(見得)한 것이 있다 싶으면 그만 의기양양해서 비록 정주(程朱)가 한 말이라도 조금도 가차없이 반박하니, 기상이 협착하여 결코 도를 아는 자가 아닙니다. 어떻게 생각하십니까?

來氏易說[557], 雖未究竟, 而大義以象爲主, 字字句句, 湊合「說卦」, 皆有下

---

[557] 來氏易說 : 來氏는 明나라 때의 학자인 來知德을 가리킨다. 그는 자는 矣鮮이고 호는 瞿塘인데 평생 학문을 연구하고 벼슬하지 않았으며 특히『周易』에 조예가 깊어 29년의 노력 끝에『周易集註』16권을 지었다. 역설은 바로 이 책을 가리킨다. 그의 易學은 오로지 「繫辭」의 "錯綜其數"라는 말을 가지고 易象을 설명하는 것이다. 그는 漢代 이후 象數學의 집대성자로 일컬어진다.

落. 乍見之, 似多警拔之語, 而靜而思之, 則聖人立言, 必不若是之拘拘也. 其所以闡明者, 不過是錯綜-卽反對也,-變爻中爻-卽互卦也,-之義而已. 此數條, 令兒曹錄上. 大抵義理是公物, 而來公則攘取而私之, 畧到見得處, 志氣已滿, 雖程朱立說, 少不饒貸; 氣象局促, 決非知道者. 未審如何?

그의 저술로는 이 밖에도『理學辨疑』,『心學晦明解』등이 있다.『四庫全書總目提要 卷5 經部5 易類5』『明史 283권 來知德』

3. 소남 윤장에게 답한 편지

答邵南尹丈書 무진년(1748, 37세)

내씨(來氏) 역설(易說)의 착종(錯綜)은 바로 점술가들이 말하는 '건 (乾)과 곤(坤)이 서로 복(伏)이요, 진(震)과 손(巽)이 서로 복이 다.'고 한 것과 같은 것이니, 이것이 이른바 반대입니다. 역(易)에 는 이치가 무궁하니 착종은 그 중 한 예일 뿐이니 괘사(卦辭)를 세 우고 상(象)의 뜻을 미루어 간 것이 하나하나 다 착종에서 나온 것 이라고는 볼 수 없습니다. 다만 제 생각에는 이른바 종괘(綜卦)라는 것이 괘가 변하는 것과 합치하니 기제(旣濟)와 미제(未濟)의 삼효 (三爻)와 사효(四爻)가 똑같이 벌귀방(伐鬼方)으로 되어 있는데, 이는 그 3과 4가 서로 얽혀서 그 뜻이 같은 것입니다. 손괘(損卦)와 익괘(益卦)는 이효(二爻)와 오효(五爻)에 똑같이 십붕(十朋)이 있 으니 이는 2와 5가 서로 착종하여 그 상(象)이 같은 것입니다. 이러 한 경우들이 많기 때문에 제가 망녕되이 강(剛)과 유(柔)가 오고간 다는 것은 모두 종괘(綜卦)에서 온다고 생각했다가, 지난번에 "괘의 변은 건곤삼색(乾坤三索)에서 나온다."는 성호선생의 하서를 받고 서야 전자의 견해가 잘못되었음을 비로소 깨달았습니다.

『주서(朱書)』에 "납월삼십일(臘月三十日)" 운운한 것은 공제(公 濟)가 원래 선학(禪學)을 한 사람이니, 의당 명리는 관심이 없어야 할 터인데도 요로(要路)에 글을 넣어 관직을 주선해 달라고 청하였기 때문에 기롱한 것입니다. 납월(臘月) 30일은 불가(佛家)의 말로서 죽을 때가 임박한 것을 뜻하고, 염라노자(閻羅老子)는 바로 지부(地

府)의 염라대왕으로 생사를 관장하는 자입니다. 공제가 불법을 좋아
했기 때문에 모두 불가어〔佛語〕로 비판했던 것입니다.

來易錯綜, 卽占家乾坤相伏震巽相伏之類, 所謂反對也. 易中義理無窮, 錯
綜亦其一例也; 立辭推象, 恐未必一一皆出於錯綜也. 但愚疑所謂綜卦, 合
於卦變. 蓋旣未濟之三四爻, 皆爲伐鬼方[558]; 是三四相綜而其義同也; 損益
之二五, 皆有十朋[559], 是二五相綜而其象同也. 此類亦多, 故妄意剛柔往
來[560]者, 皆自綜卦而來. 頃拜星湖下書, 卦變出於乾坤三索[561], 始覺前見妄

558 旣未濟……伐鬼方 : 『周易』「旣濟卦」九三에 "殷나라 고종이 귀방의 오랑캐
부족을 정벌하여 3년 만에야 이겼으니, 소인은 쓰지 말아야 한다.〔高宗伐鬼
方, 三年克之, 小人勿用.〕"하였고, 「未濟卦」九四에 "구사는 貞固하면 吉하
여 뉘우침이 없어지리니, 진동하여 귀방을 정벌해서 3년에야 대국에 상을
내리도다.〔九四, 貞吉, 悔亡; 震用伐鬼方, 三年, 有賞于大國.〕"하였다.

559 損益……十朋 : 『周易』「損卦」六五에 "육오는 혹 더해주면 열 벗이 도와주
는지라 거북점도 능히 어기지 못하리니 크게 선하여 길하다.〔六五, 或益之,
十朋之, 龜弗克違; 元吉.〕"하였고, 「益卦」六二에 "육이는 혹 더해주게 되면
열 벗이 도와주는지라 거북점도 능히 어기지 못할 것이나 영구히 하고 貞固
하면 吉하니, 왕이 상제에게 祭享하더라도 吉하리라.〔六二, 或益之, 十朋之,
龜弗克違; 永貞, 吉. 王用享于帝, 吉.〕"하였다.

560 剛柔往來 : 『周易』「賁卦」象傳에 "賁가 亨通함은 柔가 와서 剛을 文飾하기
때문에 형통하고, 剛을 나누어 올라가 柔를 문식하기 때문에 가는 바를 둠이
조금 이로운 것이니, 이는 천문이다.〔賁亨, 柔來而文剛, 故亨; 分剛, 上而文
柔, 故小利有攸往; 天文也.〕"한 데 대한 『程傳』에 "이 卦가 賁飾의 象이
된 것은, 上下 두 體의 剛과 柔가 사귀어 서로 文飾을 하기 때문이다. 下體는
본래 乾인데 柔가 와서 그 가운데를 문식하여 離가 되었고, 上體는 본래
坤인데 剛이 가서 그 위를 문식하여 艮이 되었으니, 이는 바로 산 아래에
불이 있음이 되어 문명에 그쳐 賁를 이룬 것이다.〔卦爲賁飾之象, 以上下二體

耳, 『朱書』"臘月三十日云云"者, 公濟本是禪學, 宜忘情於名利, 未免干人討
書求官, 故譏之⁵⁶². 臘月三十日, 佛家語, 謂將死時也; 閻羅老子, 卽地府
閻羅王, 掌生死簿者也. 公濟好佛, 故皆以佛語譏之耳.

剛柔交, 相交爲文飾也. 下體本乾, 柔來文其中而爲離, 上體本坤, 剛往文其上
而爲艮; 乃爲山下有火, 止於文明而成賁也.〕"하였다.

561 乾坤三索 : 乾卦와 坤卦를 부모로 삼아서 자식들인 八卦 중 나머지 여섯 卦인
震卦·坎卦·艮卦과 巽卦·離卦·兌卦를 찾는 것이다. 『周易』「說卦傳」에
"乾은 하늘이므로 아버지라 일컫고, 坤은 땅이므로 어머니라 일컫고, 震은
첫 번째로 구하여 아들을 얻었으므로 장남이라 하고, 巽은 첫 번째로 구하여
딸을 얻었으므로 장녀라 하고, 坎은 두 번째로 구하여 아들을 얻었으므로
중남이라 하고, 離는 두 번째로 구하여 딸을 얻었으므로 중녀라 하고, 艮은
세 번째로 구하여 아들을 얻었으므로 소남이라 하고, 兌는 세 번째로 구하여
딸을 얻었으므로 소녀라 이른다.〔乾天也, 故稱乎父; 坤地也, 故稱乎母; 震
一索而得男, 故謂之長男; 巽一索而得女, 故謂之長女; 坎再索而得男, 故謂
之中男; 離再索而得女, 故謂之中女; 艮三索而得男, 故謂之小男, 兌三索而
得女, 故謂之少女.〕"한 데서 온 말이다.

562 『朱書』……譏之 : 朱子가 "公濟는 학문에 큰 진전이 없고 단지 벼슬자리를
얻으려 추천서를 받을 궁리만 하고 있다. 만약 아는 사람이 있다면 굳이
말할 필요도 없겠지만 만약 없다면 어떻게 추천서를 쓸 수 있겠는가. 그가
평소에 자랑하던 허다한 禪은 어디다 팽개쳐 두고 이런 소소한 이해를 만나
자 곧 손발이 다 드러난단 말인가. 지금 이미 길을 떠났는가? 만약 떠나지
않았거든 내 뜻을 좀 전해주시게. 납월 30일에는 남에게 추천서를 받아서
염라노자를 만날 수 없을 것이라고.〔公濟不長進, 只管來討書. 若有相識, 自
不須說; 若無, 如何寫得? 不知他許多禪寄放甚處, 臨此等小小利害, 便如此
手足皆露也. 不知今已行未? 如未行, 煩致意. 不成臘月三十日亦問人討書去
見閻家老子也.〕"하였다. 『朱子大全 44권 答蔡季通』참선하는 사람들이 납
월 30일, 즉 임종 때 생사를 자재할 수 있어야 공부를 성취한 것이라 하기
때문에 이렇게 말한 것이다. 납월 30일은 섣달 그믐날과 같은 말이다.

4. 소남 윤장에게 답한 편지

答邵南尹丈書 기사년(1749, 38세)

정복은 과문(科文)을 익히지 못했고 게다가 병든 몸이라 과거는 응시할 겨를이 없어 늘 보지 못하였습니다. 그런데 이 때문에 오히려 헛된 소문이 점차 퍼져서 착실한 공부가 있다고 하여 항상 실정에 맞지 않는 비판을 받고 있으며, 또한 알고 지내는 한두 사람이 당로자들에게 저를 칭찬해서 관직에 제수되게 했으니, 부끄럽고 두려운 마음 이루 형언할 길이 없습니다. 지난날 동몽교관(童蒙敎官)에 의망할 때는 경학(經學)으로 물망에 올렸고 지금 침랑(寢郎)에 제수된 것은 선음(先蔭)으로 물망에 올린 것이니, 전자의 경우 그럴만한 내실이 없고, 후자의 경우 차례가 아니라서 두 번 다 무턱대고 나갈 수 없었습니다.

접때 제목(除目)이 처음 왔을 때 무슨 명목으로 추천하고 뽑았는지를 몰랐습니다. 만약 또 경학으로 물망에 올렸다면 나가자니 분수도 모른다는 혐의가 있고, 물러나자니 실상을 벗어나는 기롱을 받게 되는 터라, 실로 난처한 점이 있기에, 선생님과 집사(執事)께 여쭈어 최선의 방책을 찾고자 했습니다. 그 뒤에 들으니 문음(門蔭)으로 물망에 올렸다고 하기에 벼슬에 나아가도 문제될 것은 없었으나 절로 피혐한 단서가 있기에 우선 기한을 기다려 스스로 물러나고 다시 말씀드리지는 않았던 것입니다. 그러나 까닭 없이 오는 복은 기쁨이 아니라 두려운 일이니 가난을 위해 벼슬하는 건 기쁜 일이라는 것은 오히려 부차적인 것입니다. 가사 후일에 이런 일이 있다면 어떻게 대처해야 할지 모르겠습니다.

『춘추(春秋)』는 매우 읽기 어려우니, 한 글자 사이에 금방 포장〔褒〕을 했다가 금방 또 폄하〔貶〕를 하니, 후학이 어느 것을 따라야 할지 모를 곳이 많습니다. 그 뜻을 찾다가 알지 못하면 아름다운 일이거나 더러운 일이거나 같은 말로 표현하는 것이 문제될 게 없다고 하는데, 성인의 입언(立言)이 이렇게 장난스럽지는 않을 것입니다. 보내 온 편지에 "성인의 경전은 무심(無心)한 조화이고, 다른 경전을 풀이한 전(傳)들은 생각이 있는 법문(法門)이다." 하셨으니, 경과 전의 차이를 분명히 밝혀 놓았다고 하겠습니다. 그러나 조금은 미심쩍은 점이 있으니 만약 전적으로 무심하다고 해버리면 성인이 포폄여탈(褒貶與奪)하는 과정에 그 나름대로의 권형(權衡)이 있었을 것이니 무심했다고 할 수는 없을 것 같은데 어떻게 생각하시는지요? 다시 가르쳐 주시면 매우 고맙겠습니다. 주자(朱子)가 "『춘추(春秋)』는 성인이 다시 태어나신다 해도 결코 이해할 수 없을 것이다." 하였으니, 그렇다면 저의 어리석은 생각으로는 범영(范甯)이 "통하지 않은 것은 버려두고 좋은 쪽을 골라 따른다."고 한 것이 옳은 말이 아니겠습니까.

『강목(綱目)』은 『춘추(春秋)』를 이어서 지은 것으로, 사실에 의거하여 바로 써서 『춘추(春秋)』의 예를 일변(一變)하였습니다. 그러나 책문(策文)에 쓰인 내용은 범례(凡例)와 서로 통하지 않은 곳들이 많으니, 황면재(黃勉齋)가 말한 "미처 수정하지 못했다."는 것이 옳을 듯합니다. 그런데 윤기신(尹起莘)·유우익(劉友益) 등이 이에 따라 해석하여 입언(立言)한 것이 혹 명교(名敎)에 해가 되는 것이 있으니, 저술이 어려운 것이 아니라 주석하는 일이 더 어려운 것이라고 한 말이 참으로 사실인 것 같습니다.

　지금 선생님의 답서를 받아보니 『소학(小學)』을 읽으라고 권하셨기에 오늘 아침부터 읽기 시작하여 질문거리를 찾아서 가르침을 받아들일 바탕을 마련하고 있습니다. 순수(醇叟)가 병이 들었다 하니, 실로 우리 사문(斯文)의 운기(運氣)가 달린 중대한 일입니다. 이 소식을 듣고 즉시 가서 문후(問侯)하려 했으나 지금 농사가 한창이라 하인을 빌리기가 매우 어려워 결국 뜻을 이루지 못했으니, 한탄할 뿐입니다.

鼎福不嫺程文, 且抱羸疾, 應擧一節, 屢闕不暇. 緣此虛聲漸播, 謂有實工, 恒致不情之譏, 亦有一二相知延譽當路, 以致一命之除; 中心媿懼, 殆不容喩. 曩日蒙師之擬, 注以經學, 今者寢郞之除, 注以先蔭. 由前則無其實, 由後則非其序; 二者皆不可冒出. 向者除目初來, 不知以何薦拔; 若又注經學, 則進有冒昧之嫌, 退致情外之誚, 實有難處者. 將欲稟告丈席與執事, 求得第一義; 從後聞之, 則以門蔭懸注, 故無形迹之嫌, 而自有避嫌之端, 姑俟日限而自退, 不更稟白矣. 然而无妄之福, 非喜伊懼; 檄喜[563]貧仕, 猶是第二義. 假使後日復有此等事, 未知將何以處之也. 『春秋』最難讀, 一字之間, 倏焉而褒之, 忽焉而貶之; 後學將何適從? 釋者求其說而不得, 則乃曰: "美

---

563 檄喜 : 부모를 봉양하기 위해 벼슬길에 나아간다는 '奉檄色喜'의 준말이다. 後漢 때 毛義가 가난하여 노모를 봉양하기 어려웠는데, 효행이 널리 알려져 수령에 제수하는 檄文이 오자 기뻐하여 받들었고, 후일 노모가 세상을 떠나자 벼슬을 그만두었다는 고사에서 온 말이다. 『後漢書 39권 趙淳于江劉周趙列傳序』

惡不嫌辭", 聖人立言, 似不若是之戲侮也. 來諭"聖經無心之造化, 諸傳有情之法文[564]", 可謂八字打開矣. 然猶有微疑焉. 若專歸無心, 則聖人褒貶與奪之際, 自有權衡, 不可謂無心; 未知如何? 回敎幸甚. 朱子云: "『春秋』, 聖人復生, 不曾理會." 然則愚意范甯[565]所謂"棄其所滯, 擇善而從[566]"者, 無乃是耶? 『綱目』繼『春秋』而作, 據事直書, 一變『春秋』之例, 而策文所書, 多有與凡例不相通者; 勉齋所謂未及脩整[567]者是. 而尹起莘·劉友益[568]輩從而解之, 立言之間, 或有害于名敎者, 信乎非著書之爲難, 注書之難爲尤難也. 今拜丈席答書, 勉以『小學』, 故自今朝始讀, 以爲受敎之地耳. 醇叟[569]之病, 實是運氣所關. 自聞此報, 卽欲進候, 而方農借奴切難, 不得遂誠, 伏歎.

---

564 文 : 門의 오자일 듯하다.

565 范甯 : 晉나라 사람으로 자는 武子이다. 벼슬은 臨淮太守·中書侍郎을 지냈다. 『春秋穀梁傳集解』를 지었는데, 매우 정밀하다는 평가를 받는다. 『晉書 75권』

566 棄其……而從 : 范甯의 「春秋穀梁傳序」에 "대저 지극히 타당하여 두 가지 음이나 뜻이 없는데 세 傳의 설이 각기 다르면 어찌 통하지 않는 것을 버리고 좋은 쪽을 골라 따르지 않을 수 있으리오.〔夫至當無二音義, 而三傳殊說, 庸得不棄其所滯擇善而從乎?〕"하였다.

567 勉齋所謂未及脩整 : 勉齋는 주자의 사위인 黃榦의 호이다. 그가 지은 「朱子行狀」에 보인다. 주 396) '『行狀』……爲恨' 참조.

568 尹起莘·劉友益 : 윤기신은 宋나라 處州 사람으로 『資治通鑑綱目發明』을 저술하였다. 유우익은 송나라 吉州 사람으로 자가 樂三인데, 송나라가 망하자 萬山에 은거하여 『通鑑綱目書法』을 저술하였다. 이 책을 완성하는 데 30년이 걸렸다 한다.

569 醇叟 : 李孟休(1713~1750)의 자이다. 그는 본관은 驪州이고 성호 이익의 아들이다. 벼슬이 禮曹正郎에 이르렀고, 『春官志』를 편찬하였다.

5. 소남 윤장에게 답한 편지

答邵南尹丈書 임신년(1752, 41세)

『도동록(道東錄)』을 『이자수어(李子粹語)』로 이름을 바꾼 것은 감히 어른께 말씀드리지도 않고 미리 이런 표제를 붙였던 것이 아닙니다. 사실은 그 책을 처음 등사할 때 원책에 표지가 없어 해질 염려가 있기에 못 쓰는 종이로 표지를 만들고 책 전면에다 붓 가는 대로 그냥 '이선생수어(李先生粹語)'라고 다섯 자를 썼던 것입니다. 뒤에 와서 생각하니 미안한 점이 없지 않았으나 원래 성품이 찬찬하지 못해 그냥 그대로 돌려보냈던 것인데 "어른의 책면 표제를 함부로 고쳐서는 안 된다."고 지금 보내온 편지에 말씀하셨으니, 삼가 읽어봄에 후회스러운 마음 실로 형용하기 어렵습니다. 사람을 덕으로 사랑하시는 집사(執事)가 아니라면 누가 매사에 이렇게 깨우쳐 주고 가르쳐 주겠습니까.

그런데 선생님께서 이를 탓하지 않으시고 '이자수어(李子粹語)'라고 고쳐 쓰고 도리어 칭찬해 주셨으니, 그 겸허한 덕에 실로 감격했습니다. 집사가 이렇게까지 타일러 인도하신 뜻은 작은 일에 소홀하다 보면 장차 큰일을 하는 데 해가 될까 염려해서이니, 모두가 상대를 흠없이 잘 성취시켜 주려는 훌륭한 뜻 아님이 없습니다. 그런데도 혼우(昏愚)한 저로서는 감당할 수 없으니 그저 두려울 뿐입니다.

우리나라가 생긴 이래로 학문이 훌륭하기가 퇴계(退溪)만한 이가 없으니, 이자(李子)라는 호칭은 실로 문제될 게 없을 것입니다. 그러나 온 천하를 들어 말한다면 주자(周子)·정자(程子)·장자(張子)·

주자(朱子)를 자(子)로 일컬은 데 대하여는 아무도 이의가 없으나 기타 유현(儒賢)들에 있어서는 직접 수업했거나 사숙(私淑)한 사람들끼리는 혹 자라고 칭하기는 해도 온 세상이 공인하는 일반적인 호칭은 못 됩니다. 따라서 제 생각에는 선생이라는 호칭이 무난할 것 같습니다. 물어오셨기에 잠자코 침묵할 수만은 없어 이렇게 외람된 말을 했으니 다시 가르침을 주시기 바랍니다.

『道東錄』, 改名『粹語』, 非敢不告長者而先爲此標題也. 當初謄寫時, 原冊無衣, 恐其浮弊, 以休紙爲假衣, 而信筆書以李先生粹語五字于冊面; 後來思之, 更覺未安, 而原來性情簡率, 因以封還. 今有不當輕改長者冊面題目之敎; 奉讀, 悔咎實難容喩. 非執事愛人以德之意, 何以隨事警誨如是耶? 伏感丈席之不以爲罪, 改題『李子粹語』, 而反賜奬詡者, 寔出於無我之德; 執事之告導至此者, 恐小事之忽畧而有害於致遠也, 無非玉成之盛意. 顧此昏愚, 無以承當, 徒自懍懍耳. 自有東方以來, 學問之盛, 無過於退溪, 則李子之稱, 實無可疑, 而擧天下而論之, 周程張朱之稱子, 皆無異辭; 至若他儒賢, 則其受業私淑之人, 雖或稱子, 而不能爲大同之辭. 私竊以爲先生之稱, 似爲渾然. 盛問之下, 不容泯默, 僭爾至此, 幸更指敎.

6. 소남 윤장에게 보낸 편지
與邵南尹丈書 계유년(1753, 42세)

지난번 귀하신 걸음으로 왕림해 주시어 감사했습니다만, 다만 날이 저물어 가르침을 오래 받지 못했기에 서운한 마음이 지금까지도 잊혀지지 않습니다. 어느새 일양(一陽)이 하룻밤에 생겨 우레 소리에 모든 집 문이 열리는 때가 되었는데 재계하시는 몸으로 변함없이 정양(靜養)하고 계시리라 생각되어 위안도 되고 또 축하를 드립니다.

정복은 어버이의 병환과 저의 신양(身恙)이 줄곧 깊어만 가 이렇게 양(陽)이 회복되어 선단(善端)이 일어나는 즈음에도 초조와 번민으로 마음이 고요하지 못하니 그저 애가 탈 뿐입니다.

첨성촌(瞻星村)에 갔던 사람이 어제 저물녘에야 돌아왔는데, 선생님의 편지에서 "『수어(粹語)』를 완성하라."는 뜻이 매우 중하였고, 또 존장으로 하여금 자세히 살펴보아 버릴 것은 버리고 취할 것은 취하게 하고자 하셨습니다. 제 생각에는 『수어』와 같은 글은 보통의 언행록과는 다르니 만약 흠 없이 잘 편찬할 수 있다면 어찌 후학들의 다행이 아니겠습니까. 존장께서는 평소에 오로지 자기 수양에 절실한 공부를 하시는 터라 이처럼 책을 편찬하는 일은 한만(汗漫)한 일로 여겨질 것이라 늘 생각되었습니다. 그래서 지난날 선생님께서 부탁하시고 저도 생각을 말씀드리곤 했지만 그때마다 늘 핑계만 대시고 스스로 그 일을 떠맡지 않으셨던 것이니, 군자의 겸손하고 독실한 덕을 여기서 볼 수 있었습니다. 그러나 선생님이 말하지 않으면 제자가 무엇을 이어받겠습니까. 저는 매우 의혹스럽습니다.

선생님의 답서 두 장과 서문(序文) 한 장 그리고『수어(粹語)』두 권을 삼가 봉해 올리오니 상세히 고교(考校)하여 줄일 것은 줄이고 아예 없앨 것은 없애어 완전한 책이 되도록 해 주시기 바랍니다. 그렇게 해주시면 다행스러움을 어찌 형언할 수 있겠습니까. 그리고 서문(序文) 중에 다소 표현이 온당치 못하다고 생각되는 곳에 감히 찌를 붙여서 다시 여쭈오니, 가르쳐 주시면 매우 고맙겠습니다. 송구한 마음 이기지 못하겠습니다.

정복은 어려서 제대로 배우지 못하였고 자라서는 고질병이 들어 세상에 버려진 사람이 되는 것을 스스로 당연하다고 여기고 어두운 거리를 헤매듯 허둥지둥 길을 찾지 못하고 있었는데, 다행히도 하늘이 제 마음을 깨우쳐 인도하여 늦게나마 선생님을 뵙고 또 집사를 만날 수가 있었기에 이로써 자위하여 의지할 곳으로 삼았습니다. 이로부터 비로소 육경(六經) 이외에는 모두가 진부한 말이고 일신(一身) 밖에는 모두 등한한 일임을 알게 되었습니다. 그러나 제 병통이 생긴 원인을 다 제거하지 못하고 학문을 향한 성의도 때로는 게을러져서 봄바람에 불길이 들을 태워도 풀이 다시 돋아나듯이 구습을 좀처럼 벗어나지 못하여 7, 8년이 지난 지금에도 전혀 진척이 없이 그 사람 그 모양이니, 슬프고 가련한 마음 어찌 이길 수 있겠습니까.

전배들의 영향은 점점 멀어지고 후학들의 추향은 점점 어긋나니 속학(俗學)하는 무리들은 말할 것도 없고, 스스로 이 학문에 뜻을 두었다는 이들도 역시 과(過)・불급(不及)의 잘못이 없지 않습니다. 그래서 재주가 남다른 자는 고인(古人)들 말을 다 믿을 필요가 없다고 여겨 다른 학문의 길을 찾아 들어가고, 기운이 약한 자는 고인들 말이면 하나도 의심할 것이 없다 하여 글뜻에 얽매여 빠져 나오지 못하니,

이 양자는 모두 옳지 않습니다. 제 생각에 성현의 글을 평정한 마음으로 익히 읽고 그 글대로 뜻을 풀이해서 되도록이면 글 뜻을 평이하고 명백한 쪽으로 보아, 자기 사견(私見)을 주장하지도 말며 별다른 뜻을 세우지도 말아야 할 것입니다. 글을 읽은 것이 많아지다 보면 비록 의심이 점차 생기겠지만 자기가 의심하는 것을 가지고 전현(前賢)이 말하지 못했던 것이라 생각하지 말고 고인의 말과 맞는지를 찾아보아야 할 것이니, 아무리 찾아봐도 맞지 않으면 그때 가서 혹 사우(師友)에게 물어서 옳고 그름을 바로잡아야 할 것입니다. 전현들이 발명하지 못했던 뜻을 얻었다고 의심하는 대목이 바로 정주(程朱)가 이미 일고의 가치도 없다고 버린 것인지 어찌 알겠습니까.

후학이 응당 전현들이 해석해 놓은 뜻을 분명히 알아 그대로 따르기를 마치 왕조의 명령을 감히 어기지 못하는 것처럼 해야 하니, 그래야 비로소 경전해석에 통일된 뜻이 있어서 학자들의 추향이 혼란하지 않을 것입니다. 그렇지 않다면 사람마다 몽둥이 하나씩 들고 집집마다 문호를 하나씩 열고 있는 꼴이 되어 그 혼란스러움을 이루 감당할 수 없을 것입니다. 이러한 생각을 늘 가져오면서도 물을 곳이 없었다가 이번에 감히 번거롭게 여쭈어 가부(可否)의 가르침을 받고자 합니다. 말이 많다는 꾸짖음이 있을까 두렵습니다. 굽어 헤아려 주시기 바랍니다. 이만 줄입니다.

頃蒙瓊步臨枉, 伏感. 而第日色傍晚, 承教未穩; 下懷耿耿, 迨猶未已. 忽焉陽生一夜, 雷開萬戶[570]; 伏想齊戒掩身[571], 靜養有常, 旣慰且賀. 鼎福親瘝身恙, 一向沉劇; 方此陽復, 善端藹然之際, 而焦憂惱擾, 心界不靜, 只增忉怛. 星村[572]去人, 昨暮始來, 丈席書中『粹語』責成之意深重, 且欲使尊丈詳

玩去取, 以爲成書. 愚意此等文字, 有異於尋常類聚; 若能編定無欠, 豈不
爲後學之幸哉? 每想尊丈平日工夫, 專着近裏, 如此之類, 亦以爲汗漫之業,
故前日丈席之所付托, 賤見之所仰質, 每每因循推諉, 不以自當. 於此, 有以
見君子謙光篤實之德, 而不言何述?[573] 不勝弟子之惑也. 丈席答書二張・序
文一張・『粹語』二卷, 謹爲封上; 伏乞詳加考校, 可節者節之, 可去者去之,
使爲成書, 則爲幸何喩? 序文中下語有未安處, 玆敢付籤, 以爲更稟之地;
示教幸甚, 無任恐悚. 鼎福少而失學, 長抱沉疴, 自分爲一世之棄人, 悢悢昏
衢, 無路可踐; 幸而天誘其衷, 晩拜先生, 又遇執事, 用是自慰, 爲依仰之
地. 自此始知六經之外皆陳言, 一身之餘爲閒事; 受病之源委, 未能盡祛,
向學之誠意, 有時懈怠, 春風野燒, 舊習纏繞, 越至今七八年, 而猶夫人也.

---

570 陽生……萬戶 : 동짓날은 『주역』의 卦로는 純陰의 상태인 10월의 坤卦에서
陽爻 하나가 아래에 다시 생긴 復卦에 해당한다. 이는 땅 아래에서 우레가
일어나는 형상이 된다. 朱子의 「答袁機仲論啓蒙」이란 시에, "홀연 야밤에
일어나는 한 소리 우레에, 만호 천문이 차례로 열리누나. 만약 없음 가운데
형상이 있음을 머금었음을 안다면 그대가 복희씨를 친견했다 허여하리.〔忽
然半夜一聲雷 萬戶千門次第開 若識無中含有象 許君親見伏羲來〕"한 것을 인
용하였다.

571 齊戒掩身 : 『禮記』 「月令」의 仲冬, 즉 동짓달 조에 나오는 말인데 『周易』
「復卦 象傳」에 대한 朱子의 『本義』에 "안정하여 미미한 陽을 기르는 것이다.
「月令」에 '이 달에 재계하고 몸을 가려서 음양이 정해지기를 기다린다.' 하였
다.〔安靜以養微陽也. 「月令」是月, 齋戒掩身, 以待陰陽之所定.〕"하였다.

572 星村 : 星湖 李瀷이 살던 경기도 安山의 瞻星村을 줄인 말이다.

573 不言何述 : 孔子가 "나는 말이 없고자 한다." 하니, 제자 子貢이 "선생님께서
만일 말씀하지 않으시면 저희들이 어떻게 道를 전하겠습니까?〔子如不言,
則小子何述焉.〕"한 구절을 차용하였다.

悼憐何勝? 前輩之影響漸遠, 而後學之步趨漸差, 俗學之外, 自謂有志於此者, 亦不無過不及之失, 才高者以古人之言不必盡信, 先尋別路, 氣弱者以古人之言爲無可疑, 繳繞文義; 二者均爲不是矣. 愚意欲將聖賢之書, 平心熟讀, 隨文解義, 務使文義平易明白, 不主私見, 不立別意, 讀之之多, 雖疑端漸生, 不可以所疑者謂前賢未發之旨, 而求合於古人之說, 求合不得, 然後或質之師友, 以正其得失而已. 其所疑之自謂得前賢未發之旨者, 安知非程朱笆籬邊已棄之物[574]耶? 後學只當明知前賢所釋之義而遵奉之, 若王朝令甲之不敢有違, 然後始有一統之意, 而所趨不亂矣; 不然則人執一椎, 家開一戶, 不勝其紛然矣. 常懷此意, 無所仰質; 玆敢煩瀆, 欲承可否之敎. 饒舌之誚, 是恐是懼, 幸俯諒之. 不宣.

---

574 笆籬邊已棄之物 : 쓸모없는 물건이란 뜻이다. 笆籬는 대나무로 엮은 울타리인데 못 쓰는 물건을 울타리 가에 버리기 때문에 생긴 말이다. 朱子의 「答陳同甫」에 "지금 허다한 쓸데없는 의론은 모두 이 학문에 밝지 못한 데 근본이유가 있다. 그래서 이 귀중한 학문을 울타리 가에 버린 물건으로 여겨살펴보지 않는 것이다.〔今日許多閑議論, 皆原於此學之不明, 故乃以爲笆籬邊物而不之省.〕"하였다. 『朱子大全 35권』

7. 소남 윤장에게 보낸 편지

與邵南尹丈書 계유년(1753, 42세)

『가례(家禮)』의 "국과 밥을 좌우에 놓는다.〔羹飯左右.〕"와 『주역(周易)』「계사(繫辭)」의 "역(易)에 성인의 도가 넷이 있다."에 관해 경협(景協)이 논한 것은 고증이 정밀합니다. 지금 세상에 참으로 경학(經學)에 조예가 깊은 사람이 있으니 경탄하여 마지않습니다. 「계사(繫辭)」에 있는 '자왈(子曰)' 두 글자는 인산김씨(仁山金氏)도 의심하여 "「계사(繫辭)」에는 혹 '자왈'로 시작하지 않은 곳이 있고, 혹 '자왈'로 시작한 곳이 있고, 혹 '자왈'을 인용하여 물음에 답한 곳이 있고, 혹 중간에 '자왈'을 인용하여 고증한 곳도 있고, 혹 말미에 '자왈'을 인용하여 결단하기도 하여 자사(子思)가 지은 『중용(中庸)』의 체계와 같으니, 이는 아마 문인들이 공자의 뜻을 빌려 발명한 것이지 공자가 직접 지은 것은 아닐 것이다."했습니다. 옛날에도 이렇게 말한 이가 있었으니, 선생님의 뜻은 어떠신지요? 다시 가르침을 주시기 바랍니다.

　삼오착종(參伍錯綜)은 음과 양의 괘(卦)를 그렇게 긋는다는 말이지 오로지 시초를 뽑아 괘를 지을 때 그렇게 한다는 뜻은 아닐 것이라 생각했습니다. 그런데 주자의 설이 이와 같은 것은 어쩌면 이 장(章)이 시초 뽑는 것을 논한 상장(上章)과 하장(下章) 사이에 끼어 있기 때문에 그런 것이 아니겠습니까.-내씨역(來氏易)에도 착종(錯綜)은 서로 반대되게 괘를 긋는다는 뜻으로 보았다.-

　성문(聖門)의 종사(從祀) 제도가 뒤죽박죽인 것을 시대에 따라 그대로 인습하기도 하고 혹은 변혁도 했으며, 계성묘(啓聖廟)를 세운 것도 아버지와 아들을 본채와 행랑채에 상하로 구분해서 나누어 배향하는 것이 미안했기 때문입니다. 그러나 성현(聖賢)을 높이 받드는 일과 성현의 친속을 추숭(追崇)하는 일은 별개의 문제이니, 만약 그의 아들이 성현이라 하여 그의 아버지까지 꼭 모셔야 한다면 가령 순(舜)과 우(禹)를 제향(祭享)하면 고수(瞽瞍)와 곤(鯀)까지 꼭 따라 모셔야 한다는 말이 되는데, 그렇게 되면 사문(斯文)의 수치가 아니겠습니까. 이러한 일들은 모두 후세에 와서 문(文)이 지나친 나머지 빚어진 폐단이니 녹봉(鹿峯)의 헌의(獻議)가 타당한 것 같습니다.

景協[575]所論『家禮』‘羹飯左右’說, 及「係辭」‘易有聖人之道四’, 考據精深; 今世經學, 誠有其人, 不任欽歎.「係辭」子曰字, 仁山金氏[576]亦疑之曰: "「係辭」或不以子曰起文, 或以子曰起文, 或引子曰以答問, 或中引子曰以爲證, 或末引子曰以爲斷, 與子思作中庸同體; 盖門人以夫子之意發明, 非夫子之親筆也." 古人亦有此言, 未知丈席之意如何? 伏乞更敎. 參伍錯綜[577], 嘗疑爲陰陽畫卦之辭, 非專爲揲蓍求卦之義; 朱子之說如此者, 豈非以此章居上

575 景協 : 李秉休(1711~1777)의 자이다. 그는 호는 貞山이고 관향은 驪州이며, 성호 이익의 조카이다.

576 仁山金氏 : 宋나라 말엽 元나라 초엽의 학자인 金履祥(1232~1303)을 가리킨다. 주 545) ‘金仁山’ 참조.

577 參伍錯綜 :『周易』「繫辭上」의 "삼으로 세고 오로 세어 변하며 그 수를 교착하고 종합한다.〔參伍以變, 錯綜其數〕"에서 온 말이다.

下論著之間故然耶?-來氏易⁵⁷⁸, 亦專以錯綜爲反對畫卦之義.- 聖門從祀之雜亂,
歷代因革不同, 而啓聖廟⁵⁷⁹之意, 亦出於父子殿廡上下分享之未安. 然尊奉
聖賢, 與追崇親屬, 其義不同; 必以其子之聖且賢而追及其父, 則假使舜禹
享祀, 又推而及於瞽鯀, 則豈非斯文之羞乎? 此等事, 皆出於後人文勝之弊;
鹿峯獻議, 似爲停當.

---

578 來氏易 : 明나라 학자 來知德의 易說이다. 주 557)'來氏易說'참조.

579 啓聖廟 : 중국의 五聖인 孔子·顏子·子思·曾子·孟子의 아버지를 모신
사당으로 顯宗 10년(1669)에 건립되었다. 啓聖은 성인을 세상에 나오게 했
다는 뜻으로, 공자의 아버지인 叔梁紇, 안자의 아버지인 顏無繇, 증자의 아
버지인 曾點, 자사의 아버지인 孔鯉, 맹자의 아버지인 孟激 다섯 사람을
가리킨다. 중국 명나라 때 啓聖公祠를 건립했고, 肅宗 27년(1701)에 文廟의
동북쪽에 啓聖祠를 세웠다.

8. 소남 윤장에게 답한 편지

答邵南尹丈書 계유년(1753, 42세)

어제 보내주신 답서에 네 역(易) 자가 모두 앞뒤가 서로 조응(照應)한다고 하셨습니다. 제 생각에는 이 '역' 자들이 모두 역서(易書)를 두고 한 말이기는 하지만, "역무사(易無思)"의 '역' 자는 또 주리(主理)의 뜻이 있고 끝에 있는 역 자는 맺음말로서 맨 머리 부분에 있는 '역' 자와 똑같이 허자(虛子)입니다. 감히 여쭙습니다. 조응한다는 뜻은 어떠한 것입니까?

아버지와 아들을 본채와 행랑채에 상하로 나누어 모시는 것은 미안하여 따로 모시는 것이 옳다는 것은 일반 종묘(宗廟)의 제도이니 여기에 적용시켜서는 안 될 것입니다. 수사(洙泗)의 행단(杏壇)에서 도를 논하고 학문을 강할 즈음 제자들이 앞에 나아가 수업을 하게 되면 틀림없이 덕이 높고 재주가 뛰어난 이가 더 앞에 나서서 가르침을 받을 것이니, 그때 아들이 앞에 있고 아버지가 뒤에 있는 것이 무슨 문제가 되겠습니까.

비유하자면 조정(朝廷)의 조회 때 지위가 높은 이는 앞에 서고 지위가 낮은 자는 뒤에 설 것이며, 임금이 명령을 하면 지위 높은 이가 전상(殿上)에 올라가 그 명을 받을 것인데, 그때 아들은 올라가 있고 아버지는 아래 있다 하여 무슨 혐의가 되겠습니까. 어리석은 생각에는 아버지와 아들을 본채와 행랑채에 상하로 구별했던 것은 단지 후인들이 학문의 수준을 따져서 적절히 안배한 것이며 또한 공자가 궐리(闕里)에서 제자들을 가르칠 때의 서열을 상상하여 그렇게 한 것이니, 혐의쩍게 여길 것이 없을 듯합니다. 찾아뵙고 가르침을 받을 길이 없어 이렇게 글로 여쭈니, 다시 가르침을 내려주시기 바랍니다.

'수어(粹語)'라고 명명한 뜻은 전일에 저도 역시 여기까지 생각이 미치긴 했습니다. 그러나 다시 생각해 볼 때 『논어(論語)』도 어(語)라고 제목을 붙였지만 행실이 그 가운데 들어 있고, 『국어(國語)』도 어(語)라고 제목을 붙였지만 사건이 그 가운데 들어 있으며, 『가어(家語)』와 『어류(語類)』 같은 책들도 다 마찬가지입니다. 이 책은 노선생(老先生)의 언행을 여러 사람들이 써놓은 말을 모아서 그 중 정수(精粹)만을 뽑은 것이니 정자(程子)의 『수언(粹言)』과는 뜻이 좀 다릅니다. 선생님께서는 이러한 뜻에서 명명하셨을 듯합니다. 다시 회답을 주시기 바랍니다.

昨日辱復"四易字皆相照應", 愚疑此易字, 皆主易書而言. 然而"易無思[580]"之易, 又有主理之意, 末易字爲結語, 與首節易字, 同爲虛字; 敢問照應之義, 爲如何耶? 父子殿廡上下之未安, 而別祀得宜, 則是人家宗廟之義, 不可以施於此也. 洙泗之間, 杏壇之上[581], 論道講學之際, 使群弟子進前受業, 則

---

580 易無思 : 『周易』「繫辭上」에 "易은 생각이 없고 행위도 없어 고요히 움직이지 않다가 느낌이 있으면 마침내 천하의 일을 통일하나니, 천하의 지극한 신이 아니면 누가 여기에 참예할 수 있으랴.〔易, 无思也, 无爲也, 寂然不動, 感而遂通天下之故; 非天下之至神, 其孰能與於此.〕" 한 데서 온 말이다.

581 洙泗……之上 : 洙泗는 중국 山東省 曲阜를 지나는 두 강물로 孔子의 고향에 가깝고 또 이 지역에서 공자가 제자들을 가르쳤다. 杏壇은 孔子가 제자들을 가르쳤던 은행나무 아래를 가리킨다. 『莊子』「漁父」에 "공자가 치유의 숲에서 노닐고 행단의 위에서 휴식을 취하였는데, 제자들은 글을 읽고 공자는

必也德崇才高者, 居前受命, 有何嫌於子前而父後耶? 譬如朝廷之會, 位高者居前, 位卑者居後, 君上有命, 位高者上殿受敎, 是何嫌於子上而父下耶? 愚意父子殿廡上下之別, 特出於後人論道而品節之, 亦想闕里[582]當日之事而爲之, 則似無所嫌矣. 末由面承, 煩諸文字, 幸乞更敎.『粹語』命名之意, 前日亦嘗念及此矣. 旋思之,『論語』語而行在其中,『國語』語而事在其間, 至於『家語』·『語類』, 莫不皆然. 此書合諸家所記老先生言行之語, 而節其粹者, 則與程子『粹言』[583]之義, 微有不同. 丈席之命名, 盖出於此, 更賜回敎.

거문고를 퉁기며 노래를 불렀다.〔孔子遊於緇帷之林, 休坐乎杏壇之上; 弟子讀書, 孔子絃歌鼓琴.〕"한 데서 온 말이다.

582 闕里 : 洙泗 사이 曲阜縣에 있는 지명으로 孔子가 제자들을 가르친 곳이다.

583 程子『粹言』: 宋나라 학자로 程子의 제자인 龜山 楊時(1053~1135)가 편찬한『二程粹言』을 가리킨다.

9. 소남 윤장에게 보낸 편지

與邵南尹丈書 계유년(1753, 42세)

일전에 성호선생께서 집사께 가는 편지와 이곳으로 올 편지를 동봉해 보내셨는데 남의 사사로운 편지를 훔쳐보는 것과는 다를 것 같았습니다. 그래서 집사께 갈 편지를 감히 펴 보았더니 그 내용에 박원(薄園)에 관한 말이 있었는데, 이는 무엇을 가리켜 한 말입니까? 왕이 자기 사친(私親)을 추봉(追奉)하고 싶어도 압존(壓尊)되는 곳이 있어 하지 않는 것은 진실로 훌륭한 덕이지만, 만약 사정에 끌려 자기 하고 싶은 대로 한다면 막을 수 없습니다. 이는 다 임금이 독단해서 할 일이지 신하들이 인도해서 할 일은 아니고 또 그 문제가 그렇게 신하들이 목숨을 걸고 반대할 것도 아닙니다.

백사(白沙 이항복(李恒福)의 호)는 근세의 명경(名卿)이었으나 성릉(成陵) 사건이 일어나자 그는 말하기를,

"송(宋)나라 인종(仁宗) 때 재상으로는 한기(韓琦) · 범중엄(范仲淹) · 부필(富弼) 등이 있었고, 간관(諫官)으로는 공도보(孔道輔) 같은 사람들이 있었지만 아무도 말 한 마디 하지 않았으니, 나도 한기 · 범중엄 · 부필처럼 하고자 한다."

했는데, 이 말도 전적으로 배척할 수 있는 것은 아닙니다. 그리고 한(漢)나라 문제(文帝)와 송나라 인종 때 사건을 사관들은 전혀 논한 바가 없는데, 혹시 무슨 다른 책을 보신 게 있으신지요?

진(晉)나라 효무제(孝武帝)가 정 태비(鄭太妃)를 추봉하자 서막(徐邈)은,

"정 태비가 선제(先帝)와 대등한 짝이 아니었는데 자손들이 어찌 배위로 정한단 말인가."

라고 하였으니, 이 말은 의리를 논한 것이고 장도(臧燾)는,

"존호(尊號)가 이미 정해졌으면 망극한 마음을 폈고, 침묘(寢廟)를 별도로 세웠으면 아버지 정통을 엄히 한 뜻이 드러났다."

라 했으니, 이는 은애(恩愛)를 논한 것이니 이 두 말은 서로 어긋나지 않고 다 맞다고 하겠습니다. 그런데 후인들이 그 문제를 굳이 반대하고자 한 것은 존호를 올리고 별묘(別廟)를 올리다 보면 또 장차 종묘로 들어가게 될 터이니, 종묘에 들어가면 그 위차(位次)를 정하는데 난처한 점이 있고 또 적첩(嫡妾)의 구별이 없게 될 것이므로 그것을 반드시 미연에 방지하고자 했던 것이니, 당연한 일입니다. 어떻게 생각하시는지요?

이것을 계기로 원종(元宗) 추숭 때 여러 유자들의 주장이 분분했던 일이 생각납니다. 정통(正統)을 주장하는 사람들은 "비록 할아버지나 아저씨가 손자 또는 조카의 뒤를 잇더라도 일단 후계자가 된 이상 당연히 부자(父子)의 의리가 있게 된다."고 하였는데, 인정으로 보아 아무래도 납득하기 어렵습니다. 지난번 효장(孝章 진종(眞宗)의 시호)의 상사(喪事)에 대왕대비가 증손의 복으로 시마[緦]를 입었고, 효현빈(孝賢嬪) 상에는 손부의 복으로 소공(小功)을 입었으니, 이는 국가에서 이미 행한 전례(典禮)이고 보면 감히 함부로 논할 바는 아닙니다. 그러나 의례(疑禮)를 질정하는 것은 정사의 이해를 따지는 것과 다르기 때문에 감히 말씀드립니다. 그리고 선생님의 편지 끝 부분에 또 부량(傅亮)과 서선지(徐羨之) 같은 사람들을 말하면서 당연히 주(誅)로 써야 할 것인데 살(殺)로 썼다고 하셨습니다. 저는 늘 의심하

기를 『강목(綱目)』에 졸(卒)이라고 쓰거나 살(殺)이라고 쓴 것이 범례(凡例)와는 맞지 않는 곳이 많고 간혹 명교(名教)에 해가 되는 것도 있으니, 후세 간사한 무리들이 이것을 구실삼을 수 있을 것이라 여겼습니다. 이러한 필례(筆例)는 황면재(黃勉齋)가 말한 "미처 수정하지 못했다."는 것이 참으로 사실일 듯합니다. 저는 이 때문에 "『강목』을 읽을 때는 마땅히 강목 밖에서 뜻을 얻어야만 비로소 잘 읽는 것이다."라고 생각했습니다. 이러한 뜻을 어떻게 생각하시는지요?

日前星村下書之去執事與此來書簡混封，則此似異於窺人私書[584]，故敢爲之披玩；其中有薄園一節[585]，未知指何事而發耶？王者之追奉私親，有所壓而不爲，固爲盛德，若牽於私而伸情，則亦不可遏；是皆自上獨斷之事，非群下導而爲之者也，亦非爲十分立節之地也．白沙近世名卿，而成陵事[586]起，嘗曰："宋仁宗時，宰相則有韓范富[587]諸公，諫臣則有孔道輔[588]諸人而

---

584 窺人私書：『小學』「嘉言」에 "두 사람이 나란히 앉아서 남의 사사로운 편지를 엿보아서는 안 된다.〔與人並坐，不可窺人私書．〕" 하였다.

585 薄園一節：『風俗通』「正失」孝文帝 조에 "문제가 박태후를 위하여 삼년복을 입고 여막에 거처하며 흙덩이를 베고 자기를 예법대로 하였다.〔文帝爲皇太薄后，持三年服，廬居枕塊如禮．〕" 한 일을 가리킨다. 薄園은 漢나라 文帝의 생모인 薄太后의 무덤을 말한다. 성호 이익이 邵南 尹東奎에게 보낸 편지에서 "박원이란 칭호와 삼년상을 행한 것은 그 자체로 大節인데 무슨 까닭에 『綱目』에서는 싣지 않았는가?〔薄園稱號及行三年喪，自是大節；何故綱目不載？〕" 하였다. 『星湖集 20권 答尹幼章』

586 成陵事：成陵은 光海君의 생모인 恭嬪의 능이다. 恭嬪 金氏의 무덤을 광해군 2년에 성릉으로 추존했다가 그 후 인조반정으로 능호가 폐지된 사건을 가리킨다. 『仁祖實錄』

無一言; 吾欲爲韓范富." 此言亦不可以專斥之也. 且漢文·宋仁事, 史斷[589]
無所論, 或有見他書者耶? 晉孝武帝追封鄭太妃, 徐邈[590]曰: "太妃不伉儷
於先帝, 子孫豈可立配?[591]" 此論其義也. 臧燾曰: "尊號旣定, 則罔涯之情
伸, 別建寢廟, 則嚴禰之義顯.[592]" 此論其恩也. 此義似並行而不可悖矣. 後
人之必欲爭之者, 盖尊諡別廟之不已, 而又將入廟, 入廟則其位次有難處者,
而嫡妾無別, 必欲防之于其漸; 此義亦當然矣. 未審如何? 因此念及元宗[593]
追崇時, 諸儒論說紛紛, 執正統之論者以爲"雖以祖叔而繼孫姪, 亦當有父子
之義", 求之人情, 終有可疑. 向者, 孝章之喪, 大王大妃服曾孫服緦, 及孝賢
嬪喪, 服孫婦服小功; 此爲國家已行之典禮, 則不敢妄有所論. 而疑禮相質,
有異於政事利害, 故亦幷仰告. 丈席書下段, 又言"傅亮·徐羨之[594]之類, 當

---

587 韓范富 : 北宋 때의 명재상들인 韓琦, 范仲淹, 富弼을 가리킨다.

588 孔道輔(1086~1139) : 자는 原魯이고 宋나라 仁宗 때의 강직한 신하이다.
1033년에 인종의 后인 郭皇后가 폐위되자, "황후는 천하의 어머니이니 경솔
히 폐위시켜서는 안 된다."고 강력히 간하다가 좌천되었다. 『宋史 297권 孔道
輔傳』

589 史斷 : 宋나라 范祖禹가 저술한 『唐鑑』에서 그가 쓴 史評을 말한다.

590 徐邈 : 三國시대 魏나라의 尙書郎으로 술을 좋아하기로 유명하였다. 『三國
志 27권 魏書 徐邈傳』

591 太妃……立配 : 『晉書』 32권 「簡文宣鄭太后」에 보인다.

592 臧燾……義顯 : 臧燾는 자는 德仁이고 東莞의 莒 땅 사람으로 武敬皇后의
오빠이다. 젊어서부터 학문을 좋아하고 三禮에 밝으며 操行이 있었다. 晉나
라 孝武帝 太元 연간에 謝安이 처음 國學을 세웠을 때 徐州·兗州의 刺史인
臧燾를 천거하여 助敎授가 되었는데 이때 이 奏議를 올렸다. 『宋書 55권』

593 元宗 : 조선 仁祖의 생부인 定遠大院君이 元宗으로 追崇되었고, 陵號는 章陵
이다.

書誅而書殺." 愚常疑『綱目』之書卒書殺, 多與凡例不同, 其間或有害于名教者; 後之奸人, 未必不藉口於此. 此等筆例, 勉齋所謂未及修整者, 誠爲信然. 愚故嘗以爲讀『綱目』, 當於綱外得意, 然後可爲善讀; 此義如何?

594　傅亮・徐羨之：주 395)‘傅・徐’참조.

10. 소남 윤장에게 보낸 편지

與邵南尹丈書 갑술년(1754, 43세)

어저께 가아(家兒)가 찾아뵙고 와서 「금등(金縢)」의 의심스러운 부분에 대해 하신 말씀을 얘기해 주었는데 마음속으로 이해되지 않는 점이 있어서 감히 이렇게 여쭙니다.

"상(商)을 정벌하고 2년 뒤에 왕이 병이 있어 불예(不豫)했다."고 한 것에 대해 말해 보겠습니다. 이때 주(周)나라가 은(殷)나라를 평정한 지 겨우 2년 밖에 되지 않았기에 왕실이 새로 정해지고 인심이 아직 다 모이지 않았는데 왕이 갑자기 병이 들었으니, 그야말로 국가의 안위가 좌우되는 중요한 시절이었습니다. 그러므로 사신(史臣)이 '상(商)을 이기고 2년 뒤'라고 써 천하가 새로 정해졌음을 나타내고, 이어 왕이 병이 있다고 써서 인심이 위태한 상황임을 나타내었습니다. 주공(周公)이 자기 목숨을 대신 내놓겠다고 한 것은 또한 이 때문이었습니다. 그러므로 축원한 글 가운데에 '내명우제정(乃命于帝庭.)'이라고 한 구절을 보면 주공이 한 일이 종묘사직의 대계를 위해서였지 꼭 골육(骨肉)의 정만을 위해서 그런 것이 아니었음을 알 수 있습니다. 그 전에 문왕(文王)이 죽을 때 그리고 그 후 무왕이 죽을 때도 이렇게 대신 목숨을 청한 일이 있었다는 것을 듣지 못했으니 여기서 알 수 있을 것입니다.

"우리 선왕(先王)께 걱정을 끼쳐서는 안 된다.〔未可以戚我先王.〕" 는 말은 그때 태공(太公)·소공(召公)이 태묘(太廟)에서 길흉을 점쳐 보려고 했으므로 주공이 꾸짖으면서 그렇게 말한 것이니, 주공이 겉으로는 그 두 공(公)을 물리치면서 그 본뜻은 자기가 정성을 다해 빌어보고자 했던 것입니다. 그러므로 사축(史祝) 관계는 두 공이 처음부터 몰랐던 것이니 그 아래에 "두 공과 왕이 사신에게 물어보았다."는 대목을 보면 알 수 있습니다. 그런데 지금 집사께서는 "주공은 큰 성인(聖人)이니 지성으로 미래를 알 수 있었고, 역효(易爻)에도 밝아 후일에 틀림없이 유언비어가 돌고 큰 바람과 우레가 있어 금등(金縢)여는 일이 있을 것임을 알았다. 그래서 이 축문을 금등에 넣어두고 왕이 그 후 이것을 보고서 의심이 풀리기를 기다렸다."라고 하셨습니다. 어리석은 저로서는 이 말씀에 대해 참으로 어리둥절하여 알아듣지 못하는 것은 어째서이겠습니까? 주공이 한 이 일은 대개 무왕의 병이 낫느냐 낫지 않느냐 여부를 가지고서 종묘사직의 안위를 점쳤던 것이니, 지극한 정성이 마음에 있음에 다른 것은 고려할 겨를이 없었던 것입니다. 이 축문을 보면 말뜻이 솔직하고 간절하여 터럭만큼의 사사로운 뜻도 그 속에 들어있지 않습니다.

만약 말씀대로라면 모두 주공이 사사로운 뜻으로 한 것이니 이러한 견해로 성인의 마음을 논해서는 안 될 듯합니다. 주공 또한 어찌 자기의 사사로운 마음을 가지고, 총명하고 정직한 신께 축원하였겠습니까. 그리고 만약 후일에 유언비어 등의 일이 있을 줄을 미리 알고서 그랬다면 생이지지(生而知之)한 성인으로서 무왕이 틀림없이 죽지 않을 것이고, 관숙(管叔)·채숙(蔡叔)과 무경(武庚)이 난을 일으키지 않을 것을 어찌 알지 못했겠습니까.

성인은 이치를 믿지 수(數)를 믿지 아니하고, 정상(正常)을 믿지 변수를 믿지 않는 법입니다. 종묘사직이 새로 정해진 상황에서 임금의 병환이 위독하여 눈 깜짝할 사이에 국가 안위가 판가름이 날 지경인데, 이러한 때에 오직 임금을 대신해서 죽겠다는 일편단심이 있었던 것뿐이지 어찌 무왕이 죽지 않으리라는 것을 분명히 알고서도 일부러 이런 일을 하여 후일 자기를 위한 발판을 만들려고 했겠습니까. 이 문제야말로 의리에 크게 관계되는 문제인데, 집사가 그렇게 말씀하셨으니 이는 아마도 자식놈이 잘못 듣고 와 말한 것일 듯합니다. 삼가 가르침을 기다리겠습니다.

"내가 피하지 않으면 내가 우리 선왕께 고할 말이 없다.〔我之不辟我無以告我先王.〕"한 것은 그 당시 유언비어는 비록 관숙 무리들이 퍼뜨린 것이지만, 이름을 숨기고 유포시켜 진원지가 분명치 않아 성왕(成王)은 마음에 이미 의혹을 느끼고 있었고 조야(朝野)에서도 이미 주공을 의심하는 말이 나왔던 것입니다. 주공이 비록 성인의 자품을 가졌고 왕의 숙부라는 높은 신분을 가졌지만 대의명분이 있는 군신(君臣) 사이에 어떻게 그것만 믿고 자기 주장을 내세울 수 있겠습니까. 그래서 잠시 권력을 내려놓고 지위를 피하여 임금의 의심이 풀리고 사람들의 비방하는 말이 돌아다니지 않게 했으니, 이는 주공의 처신이 옳았던 것입니다. 만약 권력을 내려놓고 지위를 피하지 못하고 아무 일도 없는 사람처럼 태연히 처신해서 임금의 의심은 점점 깊어가고 유언비어는 그치지 않아 난처한 일이 있게 했다면 그때는 어떻게 해야 하겠습니까. 채씨(蔡氏) 말이 당시의 실정에 참으로 부합합니다. 만약 공씨(孔氏)의 말처럼 '辟'를 주벽(誅辟)의 辟과 같이 보아 관숙·채숙에게 죄를 주었다고 한다면, 이는 후세에 전횡하는 강신(强臣)이 하는 짓이니 주공 같은 분이 어찌 이런 짓을 했겠습니까. 그뿐 아니라 그 글자를 만약 주벽의 뜻으로 본다면 이는 유언비어를 퍼뜨린 죄가 관숙·채숙에게 있다는 것을 이미 알고 있었던 것이니 그렇다면 어찌하여 굳이 동쪽에 가 지낸 지 2년 뒤에야 죄인을 찾아냈겠습니까.

"동쪽에서 지낸 지 2년 만에 죄인을 알아냈다.〔居東二年罪人斯得.〕" 했으니, 주공이 권력을 내려놓고 지위를 피하여 동쪽에 가 지낸 지 2년 동안 유언비어가 필시 날이 갈수록 많아져서 그치지 않았을 것입니다. 죄인을 알아낸 것은 마치 후세같이 사방으로 조사를 하고 체포하여 고문을 가하여 그 유언비어가 관숙·채숙의 입에서 나왔음을 캐냈다는 것입니다. 이에 왕은 그 유언비어가 관숙·채숙에게서 나온 것임을 알았으나, 아직 어린 나이라 생각이 주밀하지 못하고 또 먼저 들었던 말이 아직도 남아 있었기 때문에 주공이 치효시(鴟鴞詩)를 써서 보였던 것입니다.

주자는 『집전(集傳)』에서 치효시를 동정(東征) 이후의 작품이라고 했지만 그 시 내용으로 보아 아마도 동정 이전 죄인이 잡힌 후에 쓴 것이 아닐까 생각됩니다. 이는 『채전(蔡傳)』을 위주로 보는 것이 옳을 듯합니다. 『월절서(越絶書)』를 보았더니 거기에는 "관숙·채숙이 유언비어를 퍼뜨려 주공은 사직하고 변방을 돌며 순수하였다."라고 하였습니다. 이 책이 비록 잡서(雜書)이기는 하지만 그래도 선진시대의 고문(古文)이라 필시 근거가 있을 터이니 방증(旁證)으로 삼을 수 있을 것입니다. 그 후 또 큰 바람이 불고 우레가 치는 변고가 있어 금등을 열어보고 나서야 왕이 주공을 맞이해 돌아오니, 유언비어를 퍼뜨렸던 사람들이 비로소 자기들의 말이 먹혀들지 않고 자신들이 죄를 받을 것임을 알고 드디어 모반할 뜻을 결행했던 것입니다. 그 당시 사정이 이렇게 눈앞에 훤합니다.

이에 주공이 「대고(大誥)」를 짓고 동정(東征)한 지 3년 만에 난리를 평정하고 돌아와 동산시(東山詩)를 썼으니 그 시점의 순서가 어지럽지 않고 분명합니다. 동쪽에 2년 동안 있었던 것과 3년간 동정(東征)했던 일은 본래 별개의 일이니 한때 일로 보아서는 안 됩니다. "벼가 다 쓰러지고 큰 나무가 뽑혔다.〔禾盡偃大木斯拔.〕"한 것은 재변이 컸던 것을 말함이고, 벼가 다 일어났고 큰 나무를 다시 세우라고 했다는 것은 재변이 재해가 되지 않았다는 뜻이니, 크게 풍년이 들 것은 당연한 일입니다. 집사께서 "큰 나무를 다시 세우는 것이 풍년과 무슨 상관이 있겠는가. 대목(大木)은 아마 곡식 이름일 듯하다."고 하셨는데, 제 생각에도 의심스럽습니다. 이 구절은 그 위의 큰 나무가 뽑혔다는 구절을 결론지어 말한 것이지 꼭 풍년과 연결해서 한 말은 아닙니다. 아니면 이렇게 설명될 수도 있을 것입니다. 옛날에는 전답 사이의 도랑에 나무를 심었는데 혹시 그 나무들이 모두 뽑혀 벼를 짓누르고 있어서 곡식에 해가 되므로 일으켜 세우도록 했는 것은 아니겠습니까? 다시 분명히 가르쳐 주시기 바랍니다.

昨日迷兒進謁而來, 口傳「金縢」[595]疑義, 心竊惑焉, 玆敢仰稟. "旣克商二

---

595 「金縢」:『書經』「周書」의 편명이다. 그 대략의 내용은 다음과 같다. 武王이 일찍이 병들어 위독할 때 周公이 자기의 목숨으로 무왕의 목숨을 대신하게 해 달라고 비는 祝冊을 금으로 封緘한 상자, 즉 金縢에 넣어 두자 그 이튿날 무왕의 병이 나았다. 그러다 무왕이 죽고 그 아들 成王이 幼沖하여 주공이 섭정하게 되자, 管叔을 비롯한 주공의 아우들이 나라에 유언비어를 퍼뜨려 주공을 모함하였다. 그 후 가을 추수할 무렵에 큰 우레와 번개를 동반한 바람이 불어 곡식이 쓰러지고 큰 나무가 뽑혀 나갔다. 이에 성왕이 금등을 열어 책서를 보고서야 주공의 충효한 마음을 알고 교외로 나가 하늘에 제사

年, 王有疾不豫"云者, 是時, 周之定殷, 纔二歲矣. 王室新定, 人心未附, 而
王遽有疾; 正國家安危之機也. 故史臣書"旣克商二年", 以見天下之新定, 繼
書"王有疾", 以見人心危疑之端; 周公之代命, 蓋亦以此. 故祝文中"乃命于
帝庭"一節, 可見其爲宗社大計, 非但爲骨肉至情之所在而然也. 前日文王之
薨, 後日武王之崩, 未聞有請命之事, 此亦可知矣. "未可以戚我先王"云者,
二公欲卜吉凶于太廟, 而周公斥之曰云云; 其意陽斥二公而欲自禱以盡其誠
也. 故史祝之事, 二公初不知; 觀于下文二公及王乃問諸史節, 可見矣. 今
聞執事以爲"周公大聖, 有至誠前知之道, 明於易爻, 知後日必有流言風雷啓
金縢事, 故爲此祝以藏之, 以待王之得見而釋疑也." 愚於此誠有迷而不悟
者, 何也? 周公此事, 蓋以武王疾病之瘳否, 而以占宗社之安危, 至誠在心,
不暇他恤; 觀其祝文, 辭旨直截懇到, 不容有一毫私意參錯於其間矣. 若如
下諭, 則都是私意所在, 似非以此論聖人之心, 而周公亦豈以己之私心祝於
聰明正直之神乎? 若誠預知後日流言等事而爲之, 則聖人生知之姿, 豈不知
武王必不死而管蔡武庚之不爲亂乎? 聖人任理而不任數, 任常而不任變. 宗
社新定, 君父病篤, 毫忽之間而安危係焉. 當此之時, 只有一箇赤心代其死
而已; 豈有明知其必不死, 而姑爲是事, 以爲他日爲己之地也? 此事誠有關
於義理之大者, 而執事之言如此; 竊恐迷兒輩錯傳而然也. 恭竢俯教. "我之
不辟, 我無以告我先王"云者, 蓋此時流言, 雖管叔輩所爲, 而藏名流布, 不
詳言根; 成王之心, 已惑矣, 朝野之論, 已動矣. 周公雖身有聖人之姿, 親兼
叔父之尊, 而君臣大義, 豈可恃此而自主張也? 故釋權避位, 使君疑得解,
人言不行; 是其所處之得宜也. 若不能釋權避位, 而自處晏然, 如無事之人,

하자 바람이 그치고 쓰러진 곡식과 나무들이 모두 다시 일어섰다.

使主疑轉深, 流言不息, 而有難處之事, 則當奈何? 蔡氏之語⁵⁹⁶, 允合事情;
若如孔氏之言, 讀辟如誅辟之辟, 而致罪於二叔, 則是後世擅權强臣之所爲,
豈周公而爲此乎? 且若以誅辟之意觀, 則是已知流言之罪在於二叔; 何必居
東二年而後, 罪人斯得乎? "居東二年, 罪人斯得"云者, 周公釋權避位, 而居
東二年之間, 流言必日盛而不息矣. 罪人之得, 是如後世譏察捕捉栲問而究
其言根之出於二叔也. 於是, 王雖知流言之出於二叔, 而幼冲之君, 志慮未
周, 先入之言, 猶有所在. 故周公又爲「鴟鴞」⁵⁹⁷之詩以貽之. 朱子「鴟鴞」『集

---

596 蔡氏之語:『書經』「金縢」편에 대한 蔡沈의 傳에 "三叔이 유언비어를 퍼뜨리
기를 '공이 장차 성왕에게 이롭지 못하다.' 하였으니, 주공이 어찌 대뜸 군대
를 일으켜 삼숙을 주벌할 수 있었겠는가. 또 이때에 왕이 막 공을 의심하고
있었으니, 공이 장차 왕에게 청하여 주벌할 수 있었겠는가. 장차 스스로
주벌하였을 것이니, 청하였다면 왕이 반드시 따르지 않았을 것이요, 청하지
않고 스스로 주벌하였다면 또한 주공 같은 분이 될 수 없었을 것이다. '내가
피하지 않으면 나는 우리 선왕에게 고할 수 없다.'는 것은 내가 피하지 않으면
의리에 未盡한 바가 있어 지하에서 선왕에게 고할 수 없을 것이라는 말이다.
공이 어찌 스스로 자신을 위한 계책을 하였겠는가. 또한 충성을 다했을 뿐이
다.〔夫三叔流言以'公將不利於成王'; 周公豈容遽興兵以誅之耶? 且是時, 王
方疑公, 公將請王而誅之耶? 將自誅之也. 請之, 固未必從; 不請自誅之, 亦非
所以爲周公矣. '我之弗辟, 我無以告我先王', 言我不避, 則於義有所不盡, 無
以告先王於地下也. 公豈自爲身計哉? 亦盡其忠誠而已矣.〕"라고 한 것을 가
리킨다.

597 「鴟鴞」:『詩經』「豳風」의 편명으로, 周公이 惡人들을 올빼미에 비유하여
지은 시이다. 일찍이 武王이 殷나라를 정복한 뒤 紂王의 아들 武庚을 세워
은나라의 後嗣를 잇게 하고 자기 아우인 管叔, 蔡叔을 보내어 무경을 감시하
게 했었다. 뒤에 무왕이 죽고 어린 成王이 즉위하자 주공이 어린 조카를
위해 攝政을 하게 되었다. 이에 관숙, 채숙이 마침내 무경에게 붙어서 '주공
이 장차 어린 성왕에게 불리할 것〔公將不利於孺子〕'이라는 유언비어를 퍼뜨

傳』以爲東征後事, 觀其詩意, 恐在東征之前罪人斯得之後; 此以蔡傳爲主
恐爲宜. 嘗觀『越絶書』⁵⁹⁸曰: "二叔流言, 周公乃辭位, 出巡狩於邊." 此雖雜
書, 是先秦古文, 必有所因, 可以旁證. 此後又有風雷之變, 啓金縢而後, 王
迎歸周公. 彼流言者, 始知其說之不行而罪在於己, 其叛意遂決; 當時事情,
昭若列眉. 於是, 周公作「大誥」⁵⁹⁹, 東征三年而平之, 歸而作「東山」之詩⁶⁰⁰,
其次序整齊不亂矣. 居東二年, 東征三年, 自是兩截事, 不當爲一時事看也.
"禾盡偃, 大木斯拔"云者, 言其災之大也. "禾則盡起, 命築大木", 災不爲災
也; "歲則大熟", 宜矣. 執事云: "築大木, 何關於歲熟? 似是穀名." 愚意亦有
疑焉. 此句誠結上大木斯拔之句而言也, 不必貼歲熟而言. 抑有一說, 古者
溝洫之間, 樹之以木; 或此木皆拔, 崩壓于禾上, 有害於穀, 故命起而築之
耶? 伏乞更賜明敎.

렸는데, 성왕이 이 소문을 듣고 숙부인 주공을 의심하기에 이르렀으므로,
주공이 마침내 혐의를 피해 동쪽으로 가 있으면서 성왕에게 이 시를 지어
주어 나라의 다급한 사정을 알렸다고 한다.

598 『越絶書』 : 漢나라 때 袁庚이 편찬한 책으로, 전체가 15권이다. 혹은 子貢이
지은 책이라고도 한다. 周나라 때의 越나라의 흥망의 역사를 기록한 책이다.

599 「大誥」 : 『書經』의 편명으로, 周公이 武庚을 토벌할 때 천하에 고한 글이라
한다.

600 「東山」之詩 : 『詩經』의 편명으로, 周公이 東山에 가서 武庚을 정벌하고 3년
만에 돌아와서 지은 시라고 한다. 그 내용은 주공(周公)을 따라 멀리 전쟁터
에 나갔던 군사가 고향에 돌아온 심정을 읊어 군사들을 위로하는 것이라
한다. 그 중에 "내가 멀리 동산에 가서, 오래도록 돌아오지 못했노라. 내가
동에서 돌아올 때엔, 비가 부슬부슬 내리더라.〔我徂東山 慆慆不歸 我來自東
零雨其濛〕"하였다.

11. 소남 윤장에게 답한 편지

答邵南尹丈書 갑술년(1754, 43세)

어떤 사람이 묻기를 "자기 아버지의 외조(外祖)를 봉사(奉祀)하고 있는 경우에는 신주를 어떻게 써야 합니까?" 하기에 정복이 대답하기를,

"외손이 봉사하는 것이 이미 올바른 예(禮)가 아니다. 지금 세상에는 이것이 풍속이 되어 갑작스럽게 그만둘 수 없는 점이 있으니, 비록 봉사를 하더라도 예전처럼 제사하고 신주를 굳이 고칠 필요는 없다."

했더니,-신주를 옮겨 모실 때 이미 외손 아무개의 집으로 옮겨 모신다는 축사가 있었을 것으로 꼭 다시 쓰지 않아도 누가 모시는지를 신주는 이미 알고 있을 것이다.- 그가 말하기를,

"그 문제를 좨주(祭酒) 민우수(閔遇洙)에게 물었더니 그가 답하기를 '당연히 모관 모군 모성공 신주(某官某郡某姓公神主)라고 쓰고 곁에다 외증손이라고 써야 한다'고 하더라."

하였습니다. 정복이 또 이르기를,

"친속 호칭도 없이 곁에다 외증손이라고만 쓰는 것은 미안한 일이다. 게다가 자기 외증조가 자기를 부를 때에도 외증손이라고 하고 보면 혼란하게 된다. 이렇게 되면 혐의를 구별하는 것이 무엇보다 목적인 예의 근본 취지가 어디 있겠는가."

했습니다. 그러나 이는 저의 억견(臆見)에서 나온 것이기 때문에 가르침을 받기 위해 이렇게 말씀드리는 것입니다.

有人問"有奉其父之外祖之祀者, 題主當何以書之?" 鼎福答曰: "外孫奉祀,
已非禮意. 今世此俗成習, 有不可以卒已者, 則雖爲奉祀, 似當依舊奉之, 不
必改題."-神主奉遷之際, 已告遷于外孫某之祝辭, 則不必改題, 而神主已知所奉矣.-
其人曰: "以此問于閔祭酒遇洙[601], 答曰: '當云某官某郡某姓公神主, 而旁
題稱外曾孫云.'" 鼎福又曰: "無屬稱而旁題外曾孫, 未安; 且已之外曾祖, 稱
己亦謂之外曾孫, 則與之相混矣. 禮貴別嫌, 此意安在? 然而此出臆見, 故
亦爲仰告耳.

---

601 閔祭酒遇洙: 閔遇洙(1694~1756)의 자는 士元이고 호는 蟾村 또는 貞菴이
며 본관은 驪興이다. 金昌協의 門人으로 辛壬士禍 이후 벼슬을 단념하고
驪江 가에서 학문에 전념하였다. 영조 때 蔭補로 관직에 올라 工曹參判,
祭酒를 거쳐 대사헌에 이르렀다.

12. 소남 윤장에게 보낸 편지

與邵南尹丈書 을해년(1755년, 44세)

제가 독서할 때 대의(大義)를 보고 뜻을 깊이 보지 않았으니, 그 사람을 평소 사모했기에 그 말까지도 좋아했던 것입니다. 이는 간솔(簡率)하기가 저 자신의 습성과 서로 비슷했기 때문이었습니다. 그 뒤에 잘못되었음을 깨달았으나 매양 처음 가졌던 생각이 끼어들고 오래 묵은 습성을 버리기 어려웠는데, 하물며 죽을 병이 들어서 정신이 흩어지는 이 즈음에 어찌 마음을 쏟아 책을 볼 수 있겠습니까. 이런 까닭에 장자(張子)의 공최(功衰)에 관한 설을 보고 그것을 주로 삼아 다른 학설을 끌어다가 거기에만 맞추려고 했던 것인데, 지금 편지에서 단(鍛)과 연(練)을 구별해 말씀하신 가르침을 받았으니 그 얼마나 다행이겠습니까.

그러나 변제(變除)의 차례로 말한다면 성복(成服) 때의 최(衰)는 3승(升)으로 아주 굵은 베이고, 우제(虞祭)를 마친 후의 최는 6승으로서 물로 세탁한 것으로 조금은 손질한 것이며, 소상(小祥) 때의 최는 7승으로서 굵은 베를 단련한 대공(大功)의 복과 같아서 잿물로 빨 수가 있으니 더욱 더 손질한 것입니다. 『가례(家禮)』에 대공에는 약간 익힌 베를 쓴다고 한 것이 바로 이 경우입니다. 그리고 연(練)은 햇볕에 마전하여 하얗게 표백한다는 뜻이니 비록 대상(大祥) 때같이 흰 깁은 아니더라도 잿물로 약간 빤 것과는 구별이 있습니다.

『가례(家禮)』는 간략하여 최복의 새[升]와 색깔 절차의 정밀하기가 비록 고례(古禮)와는 같지 않지만 공최(功衰)에 대해 말한 것대로 소상 때 복을 다시 만든다면 당연히 대강 익힌 베를 써야 할 것입니다. 우리나라 사람들의 연복(練服) 제도는 옛날 법식과는 달리 물로만 빨아 처음보다 약간 달라지게만 만들고는 그것을 연포(練布)라고 합니다. 이런 까닭에 단(鍛)과 연(練)의 구별이 있는 것을 모르고 대충 장자(張子)의 말을 위주로 쓰고 있는 것입니다. 만약 소상 때 공최를 고쳐 바꾸어 받으면서 그것을 물로 빨면 아마도 불가하지 않겠습니까? 다시 가르침을 주시기 바랍니다.

갈질(葛絰)의 갈(葛)은 껍질이 있는 것입니까, 껍질을 벗긴 것입니까? 제 생각에는 분명히 껍질을 벗긴 것입니다. 어떻게 그런 줄 알겠습니까. 예문(禮文)에 "칡이 없는 고장에서는 경(顈)으로 대신한다."고 했는데 경이 깨끗하고 윤기 있기가 껍질 벗긴 칡보다 못하지 않으니, 그렇다면 칡은 껍질을 벗긴 것입니다. 도잠(陶潛)이 쓴 갈건(葛巾)이나 두시(杜詩)에 "큰 더위에는 민산의 갈포를 입는다.〔十暑岷山葛.〕"라고 한 것이 모두 껍질을 벗긴 칡으로 짠 베를 가리켜 말한 것이니, 이것으로 방증할 수 있습니다. 고례(古禮)에는 우제(虞祭)가 끝나고 졸곡(卒哭)때는 7승으로 된 관을 쓰고 6승으로 된 최복을 입고 갈질을 착용했으므로 복(服)이 서로 걸맞았습니다. 지금 사람들의 상복은 아주 굵은 데다 느닷없이 갈질을 착용하니 또한 서로 어울리지 않습니다. 그렇다고 껍질 있는 채로 쓰면 그것은 저마(苴麻)보다 더 올이 굵어서 가벼운 복으로 바꾼다는 뜻이 없게 될 터이니 더욱 안 될 일입니다.

갈질은 우제 후의 변제(變除)인데 가례에는 우제 후 변제라는 것이 없기 때문에 구씨(丘氏)는 그것을 소상 때 복이라고 했으니, 우제가 지나고 나서 갈질을 쓰는 것은 고례(古禮)가 아니고 소상을 지낸 뒤에 갈질로 바꾸어 착용하는 것은 또 가례의 뜻이 아닙니다. 전일에 어느 모로 보나 근거가 없다고 했던 것이 바로 이 때문이니, 차라리 숙마(熟麻)를 써서 점점 변제하는 뜻을 나타내는 것만 못할 것입니다. 이제 집사께서 상중(喪中)에 계시면서 소상을 벗은 뒤에 갈질을 띤다고 하신 말씀을 받고서는 혐의스러워 감히 다시 여쭙지 못하겠으나 마음에 의심이 풀리지 않아 감히 이렇게 다시 말씀드립니다. 정복(正服)은 마전하지 않는다는 대목은 경문(經文)에는 보이지 않는데, 주석가(註釋家)는 어째서 이렇게 말했겠습니까. 공최(功衰)의 설로 말하자면 그것도 변(變)인 것이 분명합니다.

讀書, 嘗觀大義, 不求甚解[602], 平日慕其人而亦慕其語; 盖與自己簡率之習相近而然也. 後來轉覺其非, 而每每爲初意所間, 舊習難脫, 況此死病中, 神精消散, 亦何能着意看耶? 是以, 觀張子功衰之說, 以此爲主, 引他說而求合; 今承盛諭鍛與練之別, 何幸何幸! 然以變除之次言之, 成服之衰三升, 至麤也; 旣虞之衰六升, 和水以濯則稍餙矣. 小祥之衰七升, 而如大功之麤布鍛治, 可以加灰, 則又加餙矣; 『家禮』大功用粗熟布者, 卽此也. 練是曝練爲白之意, 則雖不如大祥之素縞, 而其與畧加灰治者有別矣. 『家禮』簡略, 衰服升色節次之精密, 雖與古禮不同, 若依功衰之言而小祥改製服, 則當用粗熟者矣. 東人練制, 不如古式; 只以水濯, 畧變于初, 謂之練布. 是以, 不

---

602 嘗觀……甚解 : 晉나라 陶淵明이 자신을 주인공으로 삼아 지은 「五柳先生傳」에 "독서를 좋아하되 깊이 알려고 하지 않고 매양 뜻에 맞는 대목이 있으면 기뻐하여 밥 먹는 것도 잊는다.〔好讀書, 不求甚解, 每有會意, 便欣然忘食.〕" 한 것을 인용하였다.

識鍛練之有別, 而槩以張子之言爲主也. 若於小祥, 改受功衰, 而用水濯之, 則殆不可乎? 更乞賜敎. 葛絰之葛, 是有皮者耶? 去皮者耶? 愚意則決是去皮者也. 何以知其然也? 禮"無葛之鄕, 代以穎"; 穎之潔白光潤, 不下於葛之去皮者, 則葛是去皮者也. 陶潛之葛巾[603], 杜詩十暑岷山葛[604], 皆指葛之去皮而成布而言; 此亦可以旁證. 古禮旣虞卒哭, 爲七升之冠六升之衰而用葛絰, 其服固相稱矣. 今人喪服至麤, 而遽用葛絰, 亦爲不稱; 若用帶皮者, 則其麤又過于苴麻, 無變輕之意, 尤爲不可矣. 葛絰爲虞後變除, 而『家禮』無虞變除. 故丘氏引此以爲小祥之服, 過虞而用葛則非古禮; 旣練而變葛, 又非『家禮』也. 前日所謂進退無據者此, 而反不若用熟麻以示漸變之意也. 今承執事丁憂時有練除帶葛之敎, 則嫌不敢更稟, 而心有所疑, 敢此更煩. 正服不練之文, 不見于經文, 疏家何以云然耶? 以功衰之說言之, 則其變亦明矣.

---

603 陶潛之葛巾 : 葛巾은 葛布로 만든 두건이다. 陶淵明은 술이 익으면 갈건을 가지고 술을 거르고 다시 닦아서 머리에 썼다 한다. 『宋書 93권 陶潛傳』

604 十暑岷山葛 : 杜甫의 「風疾舟中伏枕書懷」에 "열 번 더위에 민산에서 나는 칡으로 만든 옷을 입었고 세 번 서리에 초 땅 사람 집의 다듬이 소리를 들었다.〔十暑岷山葛 三霜楚戶砧〕" 하였다.

13. 소남 윤장에게 답한 편지

答邵南尹丈書 을해년(1755년, 44세)

학문에 대해 말씀하신 대목은 바로 지금 사람들에게 정문일침에 해
당합니다. 누군들 독서하지 않으리오마는 '진실체당(眞實體當)'이
네 글자는 또 어두운 밤길의 해요 별이라 하겠습니다. 『대학(大學)』
에 "지선(至善)에 그치라."고 하고, 뒤이어 "그칠 곳을 알아야만 정
(定)함이 있다."고 했는데, 이는 그칠 곳이 지선임을 안 뒤에야 뜻
에 일정한 방향이 잡힌다는 말입니다. 그 아래에 또 "먼저 하고 뒤
에 할 것을 알면 도(道)에 가까우리라."고 했으며, 『맹자(孟子)』에
"요순(堯舜)의 지혜로도 모든 물건을 두루 살피지 못했던 것은 먼저
할 일부터 했기 때문이다."라 했는데, 『대학』과 『맹자』의 두 먼저
〔先〕라는 글자를 서로 대조해 보면 뜻을 알 수 있습니다. 학자가 이
를 알면 생각이 먼 곳으로만 달려가는 습성이 어찌 생기겠습니까.

그러나 정주(程朱) 이후로 학자들이 한 말들이 매우 많으나 그들의
독실한 행실로 말하자면 한(漢)·당(唐) 때 군자들보다 도리어 손색
이 있습니다. 오늘날에 이르러서는 더욱 심해져서 왕왕 작은 이해를
만나면 평상시 태도를 잃어버리니, 양문공(楊文公)·소장공(蘇長公)
의 말이 주자에게 비웃음을 당했던 까닭입니다.

본조에 와서 선배들 중에는 『자경편(自警編)』은 이학(理學)이고,
『고문진보(古文眞寶)』는 문장(文章)이란 말이 있으니, 그들의 취향
은 높지 못했으나 그래도 수립(樹立)하고 성취(成就)한 바는 후인들
이 미칠 수 없습니다. 이를 본다면 우리 학문의 도(道)를 밝힌다는

것이 얼마나 어려운 일인가를 더욱 알 수 있을 것입니다. 장구(章句)와 물리(物理) 위에서만 생각이 오가고 심신(心身)과 일상의 문제는 도리어 소홀히 여기기 때문에 자기도 모르는 사이 절도를 넘는 문제가 있게 되는 것입니다. 그리하여 집사가 말씀하신 이른바 진실체당에 있어서는 힘이 미칠 겨를이 없으니 그 얼마나 통탄할 일입니까. 저도 늘 이렇게 스스로를 깨우치면서도 병에 시달려 죽음이 눈앞에 다가오는 터라 스스로 떨치고 일어설 수 없는 형편입니다. 그런데 지금 제 마음에 있는 말을 먼저 해 주시니 얼마나 다행인지 모르겠습니다.

論學一節, 正合今人頂針. 誰不讀書, 而眞實體當四字, 可謂日星昏衢矣.『大學』曰: "止於至善", 繼之曰: "知止而后有定", 知至善之所止而后, 志有所定向矣, 其下又曰: "知所先後, 卽近道矣."『孟子』曰: "堯舜之知而不遍物, 急先務也.605" 兩先字對勘. 學者知此, 則豈有騖遠之習? 而程朱以後, 諸儒之辭說甚多, 而論其篤行, 則反有愧於漢唐之君子, 至于今而益甚, 往往臨小利害, 便失常度; 此楊文公·蘇長公之論, 見笑於朱子606者也. 我朝前輩有"『自

---

605 堯舜……務也 :『孟子』「盡心上」에 보인다.

606 楊文公……朱子 : 양문공은 宋나라 楊億을 가리킨다. 그의 자는 大年이고 시호가 文公이다. 그는 천재로 문장에 뛰어났고 참선을 하여 도를 깨달았다는 평판을 받았다. 그러나 주자는 "양억은 아름답고 공교한 문장을 잘 지었으니, 이는 도를 아는 사람이 할 게 아니다. 그러나 자품이 맑고 곧아서 조정에서 벼슬할 때 올린 諫言과 建議는 다소 볼 만한 것이 있다. 불교를 믿는 사람들이 그를 도를 아는 사람이라 하는 것은 八角磨盤이란 구절을 읊었기 때문이다. 그러나 불교의 도를 알았다면 死生의 즈음에 남보다 뛰어난 점이

警編』⁶⁰⁷理學, 『古文眞寶』文章"之語, 其所尙卑矣; 而樹立成就, 非後人所及. 由此益知此道之難明也. 盖游走於章句物理之上, 反忽於身心日用之間, 故不知不覺之中, 未免有蹤節之患, 其於執事所謂眞實體當者, 未暇及焉. 何歎如之? 常以此自警, 而病困垂死, 無以自振; 今何幸奉聞先獲⁶⁰⁸之言?

있어야 할 터인데 정위가 萊公(寇準의 封號)을 축출할 때 다른 일로 양억을 불렀는데 양억이 中書省에 이르러 그만 두려운 나머지 똥 오줌을 다 싸고 얼굴은 사색이 되었다. 이러한 때 팔각마반이 과연 어디에 있단 말인가?〔楊億工於織麗浮巧之文, 已非知道者所爲. 然資稟淸介, 立朝獻替, 畧有可觀. 而釋子特以爲知道者, 以其有八角磨盤之句耳. 然旣謂之知釋子之道, 則於死生之際, 宜亦有過人者; 而方丁謂之逐萊公也, 以他事召億, 至中書, 億乃恐懼, 至於便液俱下, 面無人色. 當此時也, 八角磨盤果安在哉?〕"하였다. 『朱子大全 43권 答李伯諫』 팔각마반은 양억의 悟道頌에 나오는 말로 깨달음의 경지를 표현한 것이다. 蘇長公은 東坡 蘇軾을 지칭하는 말이다. 그가 형제 중 맏이기 때문에 이렇게 부르는 것이다. 소식 역시 뛰어난 천재로 그 문장이 당대에 으뜸이었다. 그러나 주자는 "동파가 湖州에서 체포될 때에 얼굴은 사색이 되고 두 다리가 모두 풀려 거의 걷지 못할 지경이었는데 집에 들어가 가족과 작별 인사를 하게 해 달라고 요청했으나 使者가 들어주지 않았다.〔東坡在湖州被逮時, 面無人色, 兩足俱軟, 幾不能行; 求入與家人訣, 而使者不聽.〕"하였다. 『朱子大全 45권 答廖子晦』 모두 언변이 좋고 문장이 뛰어났으나 操行이 없는 사람이라고 주자는 평가한 것이다.

607 『自警編』: 宋나라의 宗室 趙善璙가 宋代의 名臣과 大儒의 훌륭한 말과 행실을 기록한 책이다. 조선시대 世宗이 이 책에 매우 감명을 받아『治平要覽』을 편찬하게 하였고, 成宗 때에는 梁誠之의 상소로 이 책을 간행하였다. 『欽定四庫全書揔目』『世宗實錄』『成宗實錄』

608 先獲: 『詩經』「邶風 綠衣」에 "내가 고인을 생각해 보니, 실로 내 마음을 알았도다.〔我思古人 實獲我心〕"한 데서 온 말로, 자신의 마음을 먼저 알았다는 뜻이다.

14. 소남 윤장에게 답한 편지

答邵南尹丈書 병자년(1756, 45세)

「우공(禹貢)」의 의문점들에 대해 하교를 하셨는데, 지도를 만든 것은 「우공」보다 수천백 년 뒤이니, 이 지도를 가지고 「우공」과 비교해 보면 서로 맞지 않은 곳이 있는 것은 당연합니다. 고인이 비록 산천의 형세는 일정불변이라고 말하였지만 이는 대체적인 형세를 가지고 말한 것입니다. 사람 힘으로 바꾼 경우가 있으니, 변수(汴水)의 물길이 하수(河水)·회수(淮水)와 통하고 잠수(潛水)의 물길이 강수(江水)·한수(漢水)와 통하는 것이 이 경우이며, 이름만 달리 부른 경우가 있으니, 구강(九江)은 동정호(洞庭湖)의 이칭이고 외방산(外方山)은 육혼산(陸渾山)의 이칭이고 부천원(敷淺原)은 광려(匡廬)의 이칭인 것이 이 경우이며, 또 천지의 변화에 의해 변한 경우가 있으니, 주(周)나라 정왕(定王) 5년부터 그 후 정통(正統) 13년까지 하수(河水)가 터지지 않은 시대가 없어 심지어는 구하(九河)가 가라앉아 작은 바다가 되고 갈석산(碣石山)이 함몰하여 바다에 있게 된 것이 그 두드러진 경우입니다. 소장(消長)하고 변혁(變革)한 것이 일정치 않게 늘 되풀이되었으니 이것이 지금의 지도와 다를 수밖에 없는 이유입니다.

게다가 만약 우(禹) 임금 때 관속(官屬)이 보고한 말에 의지했기 때문에 이러한 오차가 있다고 하신다면 이는 그렇지 않습니다. 후세의 일만 두고 보더라도 장관의 정령(政令)이 조금만 더 간명하고 그리고 적임자를 골라 맡기면 거짓과 와전이라고는 거의 없는데, 하물며

우와 같은 성인이 이렇게 큰 사업을 하면서 한두 사람이 전하는 말만 듣고 사실을 점검해 보지도 않고 대뜸 믿었겠습니까. 존장이 의아해 하시는 항수(恒水)와 위수(衛水) 그리고 구하(九河)·팽택(彭澤) 등에 대해 다시 분명한 하교를 주시면 매우 고맙겠습니다.

강수·한수는 모두 서쪽에서 발원하여 형(荊)에서 합류하여 지금 강서(江西) 땅에 이릅니다. 이때 강서의 여러 물들이 물길이 막혀 흐르지 못하고 감돌아 흘러 호수가 되고 또 강수·한수를 받아 큰 못이 되기도 했으니, 동(東)이라고 말한 것은 팽려(彭蠡)가 강수·한수가 합류하는 동쪽에 있기 때문이고 북(北)이라고 말한 것은 감돌아 늪이 된 것이 남쪽에 있고 흘러서 강이 된 것은 북쪽에 있기 때문입니다. "동으로 비스듬히 흘러 북으로 모여 회가 됐다.〔東迆北會爲滙.〕" 한 것은 주석가(註釋家)의 말에 의하면 구강(九江)은 지금의 동정호이고 동릉(東陵)은 지금의 악주(岳州) 파릉(巴陵)이라 하니 모두 가까운 지역입니다. 그리고 회(滙)는 동정을 가리킨 것이니 만약 회가 다시 팽려가 됐다면 동으로 흐른 지 오래된 강수가 어찌 북에서 모일 리가 있겠습니까.

강수와 한수는 나뉘어 흘러서 한수는 북에 있고 강수는 남에 있으니, 강수가 비스듬히 북으로 흐르는 곳이 한수 어귀에 해당합니다. 따라서 북에서 모인다는 것은 한수에서 모임을 말합니다. 이것은 「우공」 '도한(導漢)' 조에 "남으로 강수에 들어간다.〔南入于江.〕" 한 말과 상응하니 즉 강수가 동릉에 이르러 북으로 한수에서 모여서 구강과 모여서 물이 감돌아서 지금의 동정호가 되는 것입니다. 이는 다 제 혼자 생각에서 나온 것이니 다시 가르침을 주시기를 삼가 바랍니다.

그리고 『채전(蔡傳)』에는 예수(澧水)가 구강(九江)의 하나라고 했는데, '도강(導江)' 조에서 "동으로 예수에 이르러 구강을 지나간다.
〔東至于澧過九江.〕"라 한 것은 어찌 된 것입니까? 갈석(碣石)은 좌우
가 있으니 좌갈석(左碣石)은 두우(杜佑)가 "고구려 국경 내에 있다."
고 했으니 지금의 요동(遼東) 해안 지대의 산을 가리킨 것이고, 우갈
석(右碣石)은 바로 「우공」에서 말한 "그 후 바다로 빠져 들어가 해안
과의 거리가 이미 5백 리나 된다."는 것이 이것입니다. 채씨(蔡氏)의
주(註)는 조금 다른데 아울러 가르쳐 주시면 매우 고맙겠습니다.

下敎「禹貢」諸疑: 夫地圖之作, 在於「禹貢」數千百年之後; 以此較彼, 宜有
不相合者矣. 古人雖曰: "山川形勢, 一定不易[609]", 而此以大槩論也. 有以人
力而變者, 汴之通河淮, 潛之通江漢, 是也; 有以名號而變者, 九江洞庭之
異稱, 外方陸渾之異號, 敷淺原匡廬之異名[610], 是也; 有以天地而變者, 後
世河決, 自周定王五年以下, 至于正統十三年, 無代無之, 至於九河淪而爲
小海, 碣石陷而在海中, 是其尤大者也. 其消長變革, 有不可以一定者; 此
其所以與今地圖有異也. 且若以禹時只憑官屬傳聞而有此誤云, 則此亦有不
然者. 以後世言之, 官長政令, 稍能明簡, 而擇人以任, 則庶無訛僞之習; 況

---

609 山川……不易 : 『圖書編』 33권 「古今都會總論」 에 "대저 토지의 비옥하고
척박함과 도로의 멀고 가까움과 산천의 평이함과 험준함은 모두 한 번 정해
지면 바꿀 수 없는 것이다.〔夫土地腴瘠, 道里遠近, 山川夷險, 皆一定而不可
易者.〕" 하였다.

610 敷淺……異名 : 『書經』 「禹貢」의 敷淺原에 대해 역대로 많은 說들이 있었는
데, 朱子는 南康의 廬山이라 하였다. 『朱子大全 37권 答程泰之; 72권 九江彭
蠡辨』

以禹之聖爲此何等大事, 而只憑一二人傳聞之言, 不復檢覈而遽以爲信耶? 尊丈所疑恒衛九河彭澤之類, 更賜明敎, 幸甚. 江漢俱發源于西, 合流于荊, 至于今江西之地. 此時江西諸水, 亦壅遏不通而爲湖者, 又受江漢之水, 爲大澤; 言東者, 彭蠡在江漢合流之東故也, 言北者, 滙而爲澤者居南, 流而爲江者居北故也. 東迆北會爲滙者, 註家謂九江爲今洞庭, 東陵爲今岳州巴陵; 盖傍近之地也. 滙者亦指洞庭也. 若復以此滙爲彭蠡, 則江水之東流久矣; 豈有北會之理耶? 江漢分流, 漢在北江在南, 江水迆北處, 當漢之口; 北會者, 謂會于漢也. 與'導漢'條"南入于江"相應; 盖江水至東陵, 北會于漢, 與九江倂而爲滙, 爲今洞庭矣. 此出於臆斷, 伏乞更賜指敎. 且『蔡傳』以澧水爲九江之一, 而'導江'條云"東至于澧, 過九江"者, 何也? 碣石有左右; 左碣石, 杜佑以爲在高句麗界中, 指今遼東邊海之山也, 右碣石, 卽「禹貢」所云"而後入海, 去岸五百里"者是也. 蔡氏註少異, 亦幷下敎, 幸甚.

15. 소남 윤장에게 답한 편지

答邵南尹丈書 병자년(1756, 45세)

기근과 역질(疫疾)이 사람을 침노하여 온 나라 안이 근심에 잠겨 있으니, 단지 한 집안의 근심일 뿐만이 아닙니다. 일찍이 여헌(旅軒) 선생이 어떤 사람에게 보낸 서신을 보니, "적선(積善)하면 양명(陽明)하여 음귀(陰鬼)가 두려워한다."고 하였으니, 따라서 이러한 전염병 따위의 문제라면 존장을 믿는 바가 있어 두려울 것이 없고 단지 기아(飢餓) 문제만은 적선으로 면할 수 없습니다. 그래서 존장께서 의지할 데 없이 곤궁하게 사는 형상을 생각할 때마다 마음이 늘 편안치 못합니다. 사람의 타고난 운명이 고루 갖추기란 본디 어려운 법이니 이빨을 준 동물에게는 뿔을 주지 않는 것은 당연한 이치라 하겠습니다. 어찌하겠습니까!

정복은 하찮고 병약한 사람이니 친구들 사이에 있으나마나한 존재입니다. 그런데도 존장께서 늘 안부를 물어 주시면서 질병과 우환에 시달리는 것을 불쌍히 여기시고 또 큰 학문의 길을 보여 주시어 마치 가르칠 만한 사람인 양 대해 주셨습니다. 묵묵히 저 자신을 반성해 봄에 저도 모르게 부끄러워서 땀이 얼굴을 흠뻑 적십니다. 자신을 속이고 남까지 속인 죄 이보다 더 클 수가 어디 있겠습니까. 더욱 마음을 가눌 수가 없습니다.

성호선생과 편지를 주고받으시면서 이 어리석은 자를 깨우쳐서 바른 길로 들어서게 하고자 하신 것으로 말하자면 사람을 덕으로 사랑하시는 뜻이 더할 나위 없이 극진하였습니다. 정복이 비록 형편없는 사람이지만 쇠붙이를 금으로 만들고 개 꼬리를 담비 꼬리로 만들 듯이 저를 향상시켜 주시려는 그 큰 은덕을 모를 리야 있겠습니까. 종전에는 글을 볼 때 사실 범범하게 많이 보려고만 하는 병통이 있었는데, 근년 이래로 그것이 해가 되는 것을 조금 알아서 일절 다 제거했지만 봄바람에 불길이 들판을 태워도 다 타지 않고 남은 풀이 늘 있는 것처럼 말로 나타나는 것을 절로 가리기 어려우니, 이것이 집사의 가르침이 있어도 혹 길을 잘못 들게 될까 염려하는 까닭입니다. 더구나 지금은 병세가 위태한데 그 병증(病症)의 원인이 오로지 심장에 연결된 경맥(經脈)에 있습니다. 그런데 어찌 감히 얼마 안 남은 정신을 허비하여 결국 부모님이 낳아주신 신체를 해치겠습니까.

우리 동방의 사서(史書)는 몇 종류가 있으나 편년체(編年體)로 씌어진 경우는 의례(義例)가 없고 정사(正史) 역시 너무 소략한데, 고금을 통해 한 사람도 이 문제를 말한 이가 없습니다. 만약 이대로 두고 만다면 후인들은 틀림없이 그것이 옳다고만 생각하고, 우리나라 수천백 년 사적이 후세의 웃음거리가 되고 말 것입니다. 저는 나름대로 소견은 있으나 감히 자신이 없어 선배를 찾아 질정을 받고 싶었지만 그럴 만한 사람이 없었습니다.

가만히 생각해 보면 선생님의 춘추가 이미 높으시고 천한 이 몸역시 병으로 오래 세상에 살기 어려우니, 학문이 깊은 분을 찾아가 질정 한번 받지도 않고 모호하게 의심을 품은 채 있다가 만약 불측(不測)한 일이 생겨 선생님께서 세상을 떠나시기라도 한다면 그 한스러움이 어떠하겠습니까. 이런 까닭에 한두 가지를 선생님께 여쭈어 보았더니 선생님께서도 나무라지 않으셨으니, 만약 우리 동방의 역사를 제대로 편찬할 수 있다면 그것으로 족할 뿐입니다. 어떻게 감히 힘도 헤아리지 않고 저서(著書)한다고 자임하고 나서겠습니까. "육예에 노닐어 성정(性情)을 적의(適宜)하게 하라.〔遊藝適情.〕"는 말씀은 삼가 가슴에 새겨 잊지 않겠습니다. 경협(景協)의 편지 중에 이 점에 대하여 한두 가지 언급이 있는데 한번 보시기 바랍니다.

'위행(危行)'의 위(危)는 『집주(集註)』에 고준(高峻)으로 풀이하였는데, 지붕의 가장 높은 곳을 역시 위라고 한 것을 보면 위가 과연 고준입니다. 그러나 곧바로 고준이라고 하면 혹 너무 높고 과격한 뜻이 될 우려가 있으니 소주(小註)에 있는 장남헌(張南軒)의 말이 매우 함축미가 있는 것 같습니다. 어떻게 생각하시는지요?

달포 전에 선생님께서 수천 자의 긴 편지로 자상한 가르침을 주셨으나, 마치 바다를 바라보듯 아득하기만 하여 대략 다시 우러러 여쭙니다. 그런데 그 중 "나는 신복(臣僕)이 되지 않겠다."고 한 구절은 반어(反語)로 보면 더욱 힘이 있습니다. 보시고 나서 아울러 가부를 결정해 주시기를 삼가 바랍니다.

飢癘侵人, 域內愁困, 非但爲一家之憂也. 嘗觀旅軒先生與人書曰: "積善陽明, 陰鬼所畏.[611]" 此則竊有所仰恃而無懼; 惟是飢餓一節, 不可以爲善而得免. 每伏想尊丈窮居無聊之狀, 懷輒不寧矣. 人之禀命, 固難兼備, 與齒去角[612], 其理然矣. 奈何奈何! 鼎福是幺麼屑疾之人, 有何輕重於知舊之列,

---

611 旅軒……所畏 : 여헌은 조선시대 학자 張顯光(1554~1637)의 호이다. 그는 본관은 仁同이고, 자는 德晦이며, 시호는 文康이다. 저서에 『旅軒集』, 『旅軒理氣說』, 『易學圖說』, 『龍蛇日記』 등이 있다. 이 대목은 『旅軒集』 4권 「與鄭君燮」에 보인다.

而尊丈前後垂問, 愍其疾憂之爲患, 且示以周行[613], 有若眞有可敎者然; 嘿自省念, 不覺騂汗被面. 自欺欺人之罪, 至此大矣; 尤無以爲懷也. 至於往復星中[614], 欲以開此昏蒙, 歸之正路, 愛人以德之意, 無所不至矣. 鼎福雖無狀, 豈不知點鐵成金祝狗做貂[615]之爲大恩也哉? 從前看書, 實有泛博之病; 近年以來, 稍知其爲害而一切屛祛, 春風野火, 恒有未盡之燒, 發之言語, 自難掩得. 此所以有執事之敎而或恐其蹉失也. 況今病情危苦, 其祟專在心經[616], 豈敢浪費些少精神, 以戕其全生之身耶? 東史雖有數種, 而編年全無義例, 正史亦甚踈忽, 古今來無一人言及者. 若止此而已, 則後人亦必曰其義當然, 吾東方數千百年事蹟, 只爲後世取笑之資耳. 稍有隙見, 而亦不敢自是, 欲求正於先輩而又無其人. 竊想先生春秋旣高, 賤疾亦難久支, 徒含糊抱疑, 不一質於有道, 而如有不可知者, 則其爲抱恨, 當如何耶? 是

---

612 與齒去角 : 본래 漢나라 董仲舒가 "하늘이 각각 나누어 주니, 날카로운 이빨을 준 동물은 뿔을 주지 않는다.〔夫天亦有所分予, 予之齒者去其角.〕"한 데서 온 말이다. 『前漢書 56권 董仲舒傳』 사람의 타고난 재능이 각각 다름을 뜻하는 말로 쓰인다.

613 示以周行 : 『詩經』 「小雅 鹿鳴」에 "나를 좋아하는 사람은 나에게 大道를 보여 줄지어다.〔人之好我 示我周行〕"한 데서 온 말이다.

614 星中 : 星湖 李瀷이 살던 경기도 安山의 瞻星里를 가리킨다.

615 祝狗做貂 : 狗尾續貂라는 成語를 차용한 것이다. 고대에 임금을 측근에서 보필하는 고급 관리들은 관의 장식으로 담비꼬리를 썼는데, 晉나라 때 趙王 司馬倫이 조정의 정사를 전횡하면서 封爵이 너무 많은 나머지 담비꼬리가 부족하여 개꼬리로 보충하였다는 고사에서 온 말이다. 『晉書 59권 趙王倫傳』 여기서는 변변치 못한 사람을 훌륭한 사람으로 만든다는 뜻을 담고 있다.

616 心經 : 한의학 용어로 인체의 六脈 중 하나이다. 六脈은 手太陰肺經, 足太陰脾經, 手少陰心經, 足少陰腎經, 手厥陰心包經, 足厥陰肝經이다.

以, 一二仰禀於丈席, 而丈席亦不麾斥之; 若使此義得存, 則庶乎其可矣.
豈敢以著書自任而不量其力哉? 遊藝適情之敎, 謹當佩服而不失之矣. 景協
書中畧具一二, 幸乞一覽焉. 危行⁶¹⁷之危, 『集註』曰: "高峻也." 屋之最高
處, 亦謂之危, 危果高峻矣. 然而直云高峻, 則或有過高矯激之患; 小注南
軒之言⁶¹⁸, 似甚蘊藉. 未審如何? 月前丈席賜書累千言, 諭敎諄諄, 而茫然
有向若之歎, 略更仰禀. 而"我罔爲臣僕"一句⁶¹⁹, 反語觀之, 尤爲有力. 伏乞
垈覽後并賜可否.

---

617 危行: 『論語』「憲問」에 "나라에 도가 있을 때에는 말을 고준하게 하고 행실
을 고준하게 하며, 나라에 도가 없을 때에는 행실은 고준하게 하되 말은
공손하게 하여야 한다.〔邦有道, 危言危行; 邦無道, 危行言孫.〕"한 데서 인
용한 것이다.

618 小注南軒之言: 『論語集注』小注 南軒張氏의 설에 "危는 높고 특별하다는
뜻이니, 군자가 일부러 그 언행을 높고 특별하게 하고자 하는 것이 아니라
介潔하게 도를 지켜서 세속을 따르지 않는데 세상 사람들의 관점에서 보면
높고 특별하게 보이는 것일 뿐이다.〔危, 高特之意. 君子非固欲危其言行, 介
然守道, 不徇於世; 自世人視之, 則見其高特耳.〕"하였다.

619 "我罔爲臣僕"一句: 箕子가 "商나라가 망할지라도 나는 臣僕이 되지 않겠다.
〔商其淪喪, 我罔爲臣僕.〕"하였다. 『書經集傳 6권 洪範』성호가 순암에게
보낸 편지에서 『東國通鑑』에 대해 말하면서 "이른바 '나는 신복이 되지 않겠
다.'는 反語이니, '어찌 신복이 되지 않았으리오.'라는 말이다.〔所謂我罔爲臣
僕, 乃反語, 謂豈不爲臣僕乎?〕"하였다. 『星湖全書 25권 答安百順』

16. 소남 윤장에게 보낸 편지

與邵南尹丈書 병자년(1756, 45세)

『가례(家禮)』에 보면, 대상(大祥) 하루 전날 사당에 옮겨 모실 것을
고하고, 이어 신주(神主)를 고쳐 쓰고, 대(代)수가 먼 신주는 조천
(祧遷)한다는 것은 모두 하루에 하는 일입니다. 졸곡(卒哭) 후에는
비록 부묘(祔廟)의 예가 있으나 대상을 하루 앞둔 그날 이러한 여러
대례(大禮)를 한꺼번에 거행한다는 것은 너무 급한 것이 아니겠습
니까. 주자(朱子)가 "대상을 마치고 궤연(几筵)을 철거하면 조부의
사당에 부묘했다가 합제(合祭)를 하고 나서 옮긴다."했는데, 지금
은 사당에 감실(龕室)을 제대로 못 갖추고 있는 집들이 많아 조부
자리에 부묘한다는 것이 참으로 편치 못한 점이 있습니다. 어떻게
해야 하겠습니까?

　또 "합제 후에 신주가 사당에 들어가니 임시로 다른 곳에다 신주를
봉안해야 한다."고 하였으니, 살펴보건대 대상 후 궤연을 철거하는
것은 정례(正禮)이나 다른 곳에다 임시 봉인한다는 것은 예의 본뜻이
아닌 것 같은데 어떻게 생각하십니까? 그리고 대상 후에는 이미 사당
에 들어가는데 그렇다면 담제(禫祭) 이전의 삭망전(朔望奠)은 예
(禮)에 보이지 않으니, 어떻게 해야 하겠습니까? 이에 대해 사계(沙
溪)는 지나친 일이라고 했고, 정한강(鄭寒岡)은 "신주를 모시고 나와
별도로 삭망전을 올리기가 어려울 듯하다."고 했습니다. 그렇다면 상
사(喪事)가 아직은 덜 끝났는데도 삭망전을 완전히 폐한다는 것은
역시 차마 못할 일이니, 어떻게 해야만 되겠습니까? 협제(祫祭)에

관해서는 장자(張子)의 설이 있기는 하지만 아무래도 제후(諸侯)의
예(禮)인데 후인들이 모방해서 행하는 것은 역시 의리에 따라 새로
만든 예(例)이니, 하나의 전례(典例)로 삼아 그대로 준행해야 할 것
입니다. 『예경(禮經)』에는 "이 달에 길제(吉祭)를 행한다."라 한 대목
에 대해 주석가(註釋家)가 "사시(四時)의 길제를 만난 경우와 같다."고
한 것이 이것이니, 이는 제후가 상(喪)이 끝난 후 모시는 협체(祫禘)와
는 다릅니다. 『상례비요(喪禮備要)』에 협(祫)이라 하지 않고 길(吉)
이라 한 것은 황면재(黃勉齋)의 설을 따른 것이 아니겠습니까?

협제(祫祭)는 제후가 상을 지낸 별도의 제사이니, 신주를 부묘에서
원래 자리로 옮겨 소목(昭穆)을 밝히기 위한 것입니다. 길제(吉祭)는
사시의 정제(正祭)로 대부(大父)와 사(士)는 별도로 협제가 있지 않
고 다만 사시의 정제 때 신주를 부묘에서 원래 자리로 옮기는 예를
행하니, 협제와는 다른 것입니까. 그리고 지금 풍속은 시제(時祭)를
지내지 않으니, 이른바 길제는 역시 상이 끝나고 난 후의 별도로 모시
는 제사와 같아서 협제와 다를 것이 없습니다. 그런데 『가례』에 그
말이 없는 것은 아마도 예(禮)에 명문(明文)이 없기 때문에 간략한
의식으로 대상 하루 전날 행하고자 한 것이 아니겠습니까.

저의 집 형편으로 말하면 사당이 단칸이어서 감실을 만들지 못하여
만약 부조(祔祖)의 의식을 거행하려고 하면 고위(考位)와 바싹 닿게
되니, 위에서 말한 '편치 못하다.'는 것이 이것입니다. 그리고 또 신주
를 옮겨 모실 장방(長房)이 먼 곳에 살고 있어 그 신주를 옮기지 않고
새 신주가 사당에 들어오게 되면 한 실(室)에 여섯 위(位)를 함께
모셔야 하니, 참으로 미안한 일입니다. 또 장방이 멀리 있어 금방
모셔 가지 못하면 옮겨 모시겠다고 고유(告由)는 해놓고 그대로 모시

게 되니 미안한 일입니다. 어떻게 해야 하겠습니까? 삼가 가르침을 주시기 바랍니다.

제 생각으로는 대상 하루 전날 '새 신주가 사당에 들어오게 되었다.'는 사실만 사당에 고한 다음 후일에 신주를 옮기고 신주를 고쳐 적는 제례(祭禮)를 따로 행하며, 또 부조(祔祖)의 예(禮)를 거행하지 않을 경우는 동쪽 맨 끝 자리에다 봉안하고, 부조를 할 경우는 자리를 서쪽으로 향하게 해야 합니다. 왜냐 하면 비록 사당에 들어간다고는 하지만 아직 신주를 옮겨 모시는 의식은 행하지 않았기 때문에 그 의식이 이와 같은 것입니다. 만약 동쪽 감실에 있을 경우에는 자리가 이미 남향을 하고 있어 정위(正位)와 다를 것이 없으니, 이는 비록 형세가 그럴 수밖에 없는 것이지만 이치에는 불가할 듯합니다. 또한 가르침을 주시기 바랍니다.

담제 이전의 삭망전(朔望奠)은 신주를 밖으로 모셔 내어 올리고자 하면 번독(煩瀆)하고 외람되다는 혐의가 있지 않겠습니까? 멀리 살고 있는 장방(長房)이 한 사람뿐이고 또 그가 모셔 갈는지의 여부를 알 수 없으면 신주를 옮겨 모시는 예를 행했더라도 그 후에 실로 옮겨 모실 곳이 없을 것입니다. 그렇다면 다른 곳에다 따로 봉안했다가 장방이 죽은 후에 그 신주를 조천(祧遷)해야 합니까? 만약 그렇게 한다면 우선 장방이라는 의의가 없어지고 종가(宗家)에는 참람되게 지손(支孫)을 핍박한다는 혐의가 있게 됩니다. 일이 이에 이르면 참으로 잘 처리할 방법이 없으니 어찌하겠습니까. 저의 평소 소견은 종가에 대(代)가 끝났으면 비록 장방이 있더라도 조천한 신주를 매안(埋安)해야 하니 종법(宗法)이 엄할 뿐만 아니라 후일 난처한 일이 생길 우려도 없을 것입니다. 의리에 따라 새로 제정하는 예는 되도록

후하게 해야 하니 어찌 감히 제가 다른 주장을 하겠습니까. 자기 자신 이하로는 그렇게 시행해도 안 될 것이 없을 것 같은데 어떻게 생각하십니까? 신주를 옮긴다고 고하고 사당에 들어가며 담제 전 삭망전을 지내는 등 여러 가지 예절은 삼가 생각건대 이미 행하신 예가 있을 것이며 또 사문(師門)에서 들으신 바도 있을 것이니, 조목조목 가르쳐 주시기 바랍니다.

『家禮』大祥前一日, 告遷于祠堂, 因而改題神主, 祧出遠主, 皆是同日事也. 卒哭後雖有祔禮, 而至此祥祭隔宿, 行此改題遷埋之大禮, 無已太遽乎? 朱子曰: "祥畢徹几筵, 當祔于祖父之廟, 合祭而後遷." 今人家廟龕制, 多有未成者, 入祔祖位, 誠有未便, 當何以爲之耶? 又曰: "祫祭後入廟, 則亦當權安於別所." 按祥後徹几筵, 是正禮, 而權安別所, 似非禮意, 如何? 祥後旣入廟, 則禫前朔望奠, 不見于禮, 亦何以爲之耶? 沙溪⁶²⁰以爲過, 寒岡以爲似難請出別行; 然則喪事未畢而專然無事, 亦有所不忍, 何以則可乎? 祫祭之說, 雖有張子之論, 終是諸侯之禮; 後人之倣而行之者, 亦從義起⁶²¹之例, 則亦可爲一段典禮, 只當遵而行之矣. 禮云: "是月也吉祭⁶²²", 注家謂"若當

---

620 沙溪 : 조선후기 기호학파 禮學을 대표하는 학자인 金長生(1548~1631)의 호이다. 그는 자는 希元이고 宋翼弼과 李珥의 문하에서 수학하였다. 栗谷 李珥의 학통을 이어받은 대학자이다.

621 義起 : 『禮記』 「禮運」에 "禮란 것은 義의 실질이니, 義에 맞추어서 맞으면 禮는 비록 先王 때에 없는 것일지라도 義로써 새로 만들 수 있다.〔禮也者, 義之實也, 協諸義而協, 則禮雖先王未之有, 可以義起.〕"라 한 데서 온 말로 禮文에 없더라도 이치를 참작하여 새로운 禮를 만드는 것이다.

622 是月也吉祭 : 『儀禮』 '祥禫' 조에 보인다.

四時之吉祭"者, 是也. 與諸侯喪畢祫禘不同;『備要』[623]不曰祫而曰吉者, 無乃從勉齋之說耶? 祫是諸侯喪餘之別祭, 所以遷祔審其昭穆[624]也. 吉祭是四時之正祭, 大夫士則不別有祫, 而只當於四時之祭, 行遷祔之禮; 與祫不同耶? 今俗不行時祭, 則所謂吉祭, 亦喪餘之別祭, 與祫無異;『家禮』不著者, 豈非禮無明文, 故欲簡略其儀而行之於祥前一日耶? 以鄙家事勢言之, 祠堂只一間, 龕制未成, 若行祔祖之儀, 則揶逼考位; 上所謂未便者是也. 且奉不遷之位, 而祧主長房[625]在於遠地, 新主入廟, 則一室容六位, 誠爲不安; 長房在遠, 卒未奉去, 則遽告以遷而依舊奉安, 亦爲不安. 未審何以爲之耶? 伏乞指教. 愚意則祥前一日, 只告祠堂以新主入廟之意, 後日別行告遷改題之祭, 且祔祖之禮不行, 則只當安於東邊最末位, 而若祔祖則爲西向之位; 雖云入廟而未行告遷, 故其儀如是. 若在東龕, 則已爲南向之位, 與正位無異, 此雖勢使然, 而於義似不可. 亦乞指教. 禫前朔望奠, 則欲奉出行之, 其無煩猥之嫌耶? 長房之遠在者, 只有一人, 奉去與否, 亦未可知, 雖行告遷

---

623 『備要』:『喪禮備要』의 약칭이다. 이 책은 본래 조선 중기의 학자로 金長生과 교유하였던 申義慶이 1권 1책으로 편찬한 것인데, 뒤에 친구인 김장생이 광해군 12년에 여러 대목을 增補하고 아울러 당시 세상에 쓰이는 禮制도 참고하여 이용하기에 편리하도록 만든 다음 서문을 붙였으며, 그 뒤에 다시 김장생의 아들 金集이 교정하여 仁祖 26년에 2권 1책으로 간행하였다.

624 昭穆: 옛날 宗廟나 사당에 조상들의 神主를 배열할 때 시조는 중앙에 모시고 2세, 4세, 6세는 시조의 왼쪽에 모시는데 이를 昭라 하며, 3세, 5세, 7세는 시조의 오른쪽에 모시는데 이를 穆이라 한다.『周禮 春官 小宗伯』

625 長房: 最長房의 준말로 4代 이내의 자손 중에 항렬과 나이가 가장 높은 사람을 가리키는 말이다. 최장방이 奉祀孫에게 代數가 다한 신주를 모셔다가 제사를 받든다. 이 최장방이 죽으면 다음 최장방이 모셔 가는데, 자손 중에 4대손이 다 죽은 뒤에는 그 신주를 땅에 묻는다.

以後, 實無可遷之處; 然則當別安他所, 以待長房之歿而祧之耶? 若然則長房之義不在, 而宗家便有僭逼之嫌, 到此實無善處之道. 奈何? 愚之平日意見, 則宗家世盡, 則雖有長房, 只當埋之; 不惟嚴宗法, 亦無後日難處之端. 然而義起之禮, 出於從厚之意, 則何敢別有他說? 而施之於己身以下, 似無不可. 未審如何? 告遷入廟·禫前朔望奠等諸節, 伏想有已行之禮, 亦有承聞於師門者矣; 逐一條敎之, 伏望.

17. 소남 윤장에게 보낸 편지

與邵南尹丈書 병자년(1756, 45세)

대상 이후 삭망전(朔望奠)에 대해서는 이미 퇴계(退溪)가 한 말씀
이 있고, 또 "신주를 모시고 나가 정침(正寢)에서 행한다."고 한 기
록도 있기에 그대로 하려 합니다. 그런데 신주를 모시고 나온다고
했고 보면 당연히 고사(告辭)가 있어야 하겠기에 제가 말을 만들어
고한 뒤에 모시고 나왔는데, 과연 괜찮겠습니까? 서찰에서는 시속
(時俗)에서 다 복인(服人)으로 자칭하는데, 장(狀)에다 담복인(禫
服人)이라고 칭한 것은 어느 예(禮)에 근거한 것입니까? 담제(禫
祭) 이전이면 아직도 삼년상 이내로서 상기(喪期)가 끝나지 않았으
니, 대상이 이미 지났다 해서 칭호를 금방 바꾼다는 것은 불가할
듯합니다. 『가례』에 이 문제에 대해 언급한 바가 없으니 아마도 바
꾸지 않고 전과 똑같이 쓰는 것일 듯합니다. 가르침을 주시기 바랍
니다.

저의 집은 평소 사당에서는 기사(忌祀)만 모시고 네 명일(名日)에
는 묘사(墓祀)를 모시기 때문에 선인(先人)이 계셨을 때 약간 변통을
하시긴 했지만 집안이 너무 군색해서 그럭저럭 고치지 않고 지내왔습
니다. 지금은 삼년상이 이미 지났기에 제사 모시는 예는 선인의 뜻을
받드는 한편 예가(禮家)를 따라서 하고자 합니다. 묘사(墓祀)는 한식
(寒食)에 조천(祧遷)한 이하의 신위까지 모두 제사를 올리고, 시월
초하룻날은 봉사(奉祀)하고 있는 신위에만 제사를 올립니다. 시향
(時享)의 경우 사시의 정제는 집안 형편 때문에 다 거행하지 못하고,

대부(大夫)는 계절마다 제사하고 서민은 1년에 한 번 제사한다는 고
례(古禮)에 따라 절충해서 그 중 두 차례 제사만 지내기로 하여 동지
(冬至)와 하지(夏至)에만 제사하니, 그 뜻은 또 겨울에는 벼를 올리
고, 여름철에는 보리를 올리던 의식을 본받고자 한 것입니다. 그리고
시속의 네 명절에는 사당에만 간단한 제물을 올리는데 이에 대해 하
교해 주시기 바랍니다. 존문(尊門)에서 현재 행하고 있는 의식 절차
및 선생님께서 평소 말씀하신 바와 집안에서 행하시는 제사를 아울러
하교해 주시기 바랍니다.

　고비(考妣)를 함께 제사할 경우 면(麵)·병(餠) 등을 함께 진설한
집안도 있고 따로 진설한 집안도 있는데 어느 것이 맞는 것입니까?
엿과 꿀은 노인 봉양의 필수품으로 「내칙(內則)」에는 나와 있어도
사전(祀典)에는 보이지 않는데, 이러한 것들과 유과(油果)·전과(煎
果) 같은 것들은 절일(節日) 제사에는 혹 올릴지라도 정제(正祭) 때
는 일절 안 쓰려고 합니다. 어떻게 생각하십니까? 예문(禮文)에 의하
면 대부(大夫)인 경우 변(邊)·두(豆)가 각각 넷이라고 했는데 지금
으로 말하자면 과실 두 가지와 포(脯)·절육(切肉) 및 나물 두 가지,
식혜·초장뿐이니 너무 박한 것이 아닙니까. 「가례도(家禮圖)」에 있
는 어육(魚肉)을 세상에서는 많이 날것이라고들 하지만 주자는 "평소
먹는 음식〔常饌〕을 쓴다."고 했으니 날것을 쓰지는 않은 듯합니다.
면식(麵食)은 떡만두 종류를 말한 것으로 지금 우리가 아는 면과는
다른 것이며, 이른바 미식(米食)이란 아마 벼나 기장 따위로 만든
것이고 면식은 밀가루로 만들기 때문에 이름이 그렇게 다른 것 같은
데 지금으로 말하면 모두가 떡 종류일 듯합니다. 고례(古禮)에 구이
(糗餌)와 분자(粉餈)도 두 가지를 쓴다고 했는데, 『가례』에서 한 말

도 혹시 이것을 빌린 것입니까? 그리고 후세에 와서는 떡을 한 가지만 쓰고 있는데 이 역시 예(禮)가 시속을 따라 점점 변해서 그런 것입니까? 지금 시속에서 말하는 간남(肝南)이라는 것이 『가례』에는 보이지 않으나 옛날 예로 미루어 보면 무포(膴鮑)·수비(鱐脾)·석신(析蜃)·돈박(豚拍) 따위도 아마 이런 종류에서 온 것인 듯합니다. 또 『서의(書儀)』에 골두(骨頭)·백육(白肉)이라는 것이 있으니 이 역시 간남과 같은 것입니다. 과연 그러합니까?

祥後朔望奠, 旣有退溪之訓, 而有請出行于正寢之文, 故依此爲之. 而旣云請出, 則當有告辭, 故畧爲措語以告而奉出; 此果何如耶? 書疏俗皆以服人自稱, 狀稱禫服人; 此據何禮耶? 未禫, 猶是三年之內而喪期未畢, 似不可以祥祀之已過遽變其稱矣. 『家禮』無所言, 恐是一例無變也. 幸乞指敎. 鄙家平日祠堂, 只行忌祀, 四名日行墓祀, 故先人在時, 畧有變通, 而家計窘急, 只得因循. 今則三年已過, 祭祀之禮, 欲追先志, 且從禮家而爲之, 墓祀則寒食自祧位以下幷祭之, 十月朔則只祭奉祀之位, 時享則四時之祭; 家力所拘, 不得幷擧, 依古禮大夫時祭庶人歲祭之禮, 而取其中爲二祭, 祭以冬夏二至, 亦欲倣冬薦稻夏薦麥之儀而爲之, 四名日俗節, 只得薦于祠堂. 此意更乞下敎. 尊門見行儀節及丈席平日所言與家祭所行, 亦幷下示伏望. 考妣幷祭, 麵餠或合設或各設, 人家不同; 何者爲得耶? 飴蜜出於「內則」養老之需, 而不見於祀典; 此等及油煎之屬, 雖或薦獻於節日之祭, 而於正祭則幷欲去之. 未審如何? 禮"大夫籩豆各四", 以今言之, 只是兩色果品脯切肉及兩色茱菹醯酢而已, 無已太薄耶? 『家禮圖』之魚肉, 世多以爲生魚肉; 朱子旣云用常饌, 則似不用生矣. 麵食謂之餠饅頭之屬, 與今俗之麵不同; 而所謂米食, 似以稻黍稷爲之, 麵食則以麵末爲之, 故其名異. 而以今言之, 則似

是俱爲餅類. 古禮糗餌粉餈, 亦用兩品;『家禮』之意, 或假此耶? 後世之餅,
必用一色, 則是俗禮之漸變而然耶? 今俗所謂肝南, 不見『家禮』, 而以古禮
推之, 膴鮑鱐胖析蜃豚拍, 似從此類而來. 且『書儀』有骨頭·白肉[626], 亦是
肝南[627]之類. 未審果然否?

---

626 『書儀』有骨頭·白肉 :『書儀』는 宋나라 司馬光이 古今의 禮를 참작하여 만
든 책이다. 朱子가 또 이 책에 古禮를 절충하고 당시의 禮法을 참작하여
『家禮』를 만들었다고 한다. 骨頭는『書儀』8권과 10권의 '殽'에 대한 注에
각각 보이는데 뼈가 붙은 고기이다. 白肉도『書儀』8권과 10권의 '軒'에 대한
注에 각각 보이는데 날고기를 굵게 썬 것이다.『禮記』「內則」에 "사슴, 산돼
지, 노루에 모두 軒이 있다.〔麋鹿田豕麕皆有軒〕"고 하였는데 그 注에 "굵게
썬 것을 軒이라 한다."고 하였다.

627 肝南 :『星湖僿說』4권「萬物門」肝南 조에 "지금 세속에서 간을 구운 炙을
남쪽에 차려 놓는 것을 肝南이라 한다." 하였다.

18. 소남 윤장에게 답한 편지

答邵南尹丈書 정축년(1757, 46세)

『시경(詩經)』은 주자(朱子) 이후 『구서(舊序)』는 다 버리고 오로지 의리(義理)로만 단정하였는데, 의리가 물론 좋긴 하지만 시인의 뜻이 과연 그랬던 것인지는 알 수 없습니다. 그러나 이와 같다고 해서 점차 의심을 내어 다른 설을 주장하면 갈등은 많아지고 근본 뜻은 더 애매해질 것입니다. 이런 까닭에 제 생각은 다시 손을 댔다가 시인의 본래 뜻을 알 수 없을 바에는 차라리 그대로 두고 거기에 맞는 의리를 찾아보는 것이 오히려 나을 것이라는 뜻이지 『시경』 자체가 전혀 의심할 것이 없다는 뜻은 아닙니다.

가장 의심스러운 것은 공자께서 말씀하시기를 "정성(鄭聲)은 추방해야 한다."고 하셨으니 음란한 시라면 당연히 버려야 하겠지만 만약 그러한 시가를 관현(管絃)에 올려 사람들이 춤추며 노래하게 해 놓고서는 '이 시는 음란한 시이니 응당 이 시를 보고 안일한 뜻을 바로잡아야 한다.'라 하면, 음아이 사람을 감동시키는 것이 매우 깊으니 그 안일한 뜻을 미처 고치기도 전에 방탕한 마음이 먼저 자리 잡게 될까 염려됩니다. 그렇게 되면 『시경』의 '사무사(思無邪)'라는 뜻이 퇴색되고 말 것입니다.

효종(孝宗)이 잠저(潛邸) 시절 『당음(唐音)』 절구를 읽고 있었는데, 그때 윤고산(尹孤山)이 사부(師傅)로 있으면서 '이 날에 늘 혼몽하게 술을 마신다.〔此日長昏飮.〕'와 '서상 아래서 달을 기다린다.〔待月西廂下〕'로 시작되는 두 작품을 빼버리라고 하면서 "이렇게 주색에 나 빠져 있는 음란한 말을 보셔서는 안 됩니다." 했으니, 이 말이 참으로 옳습니다. 공자가 악한 사람의 시에 무슨 취할 게 있다고 후세에 전했겠습니까. 게다가 『춘추』에 두 나라 제후가 회동(會同)할 때 "치마 걷고 유수를 건넌다.〔裳涉.〕"고 하는 것을 노래하여 남에게 구제를 바랐으니, 어찌 향리의 음란한 가사를 남 앞에서 함부로 부를 수 있단 말입니까. 이를 통해서 소서(小序)를 버려서는 안 된다는 것을 더욱 확신할 수 있고, 진서산(眞西山)이 주자를 사숙(私淑)했으면서도 『대학연의(大學衍義)』를 저술하면서 인용한 시를 모두 『구서(舊序)』에 따라 풀이했던 것도 왜 그랬는지 그 뜻을 알 만합니다.

『詩經』一書, 朱子以後, 盡棄『舊序』[628], 專以義理斷定; 義理固好, 而詩人之志, 未知其果出于如許否也. 然如此而漸生疑貳而爲之說, 則葛藤多而本根晦. 是以, 愚意謂與其復作而不可必得詩人之本意, 不若因舊而求其義理之至當爲愈也, 非謂詩全無可疑也. 最可疑者, 夫子嘗曰: "放鄭聲[629]; 淫佚之詩, 在所當去. 若被之管絃, 使人舞蹈而歌之, 戒曰: "此淫詩也, 當懲

<hr />

628 『舊序』: 『毛詩序』를 가리킨다. 약칭하여 『詩序』라고도 한다. 「大序」와 「小序」의 구별이 있다. 현전하는 『詩經』은 漢나라 초엽의 학자인 毛亨과 毛萇이 전한 것이라 하는데 이들의 학문은 孔子의 제자인 子夏에게서 나왔다고 한다. 그래서 『毛詩序』의 저자를 子夏 또는 孔子로 보는 견해들이 있다. 그러나 주자는 後漢의 衛宏이 지은 것으로 보았다. 『주자대전 82권 書臨漳所刊四經後』

629 放鄭聲: 공자가 "鄭나라 음악을 추방해야 하며 말재주 있는 사람을 멀리할 것이니, 정나라 음악은 음탕하고 말 잘하는 사람은 위태롭다.〔放鄭聲, 遠佞人; 鄭聲淫, 佞人殆.〕" 하였다. 『論語 衛靈公』

創其逸志"云爾, 則凡聲之感人最深, 竊恐逸志未及懲創, 而流蕩之心先入之矣; 思無邪⁶³⁰之義, 恐行不得也. 我朝孝廟潛邸時讀『唐音』⁶³¹絶句, 尹孤山⁶³²爲師傅, 請去'此日長昏飮⁶³³', '待月西廂下⁶³⁴'二詩曰: "如此沉湎淫僻之語, 不當經覽." 此誠是矣. 孔子何取于惡人之詩而傳之後世耶? 且以春秋會同之際, 而賦褰裳涉洧之事⁶³⁵, 以求濟於人; 豈可以里巷淫褻之詞加之人乎? 由此益信小序之不可棄; 而眞西山⁶³⁶朱門之私淑也, 其着『大學衍義』,

....

630 思無邪: 孔子가 "『詩經』 삼백 편을 한마디의 말로 평가할 수 있으니, '생각에 사특함이 없다'는 것이다.〔詩三百, 一言以蔽之, 曰思無邪.〕"한 데서 온 말이다. 이 말은 원래 『시경』 「魯頌 駉」에 있는 말인데, 공자가 이 말을 인용하여 『시경』의 모든 시를 평가한 것이다. 『論語 爲政』

631 『唐音』: 元나라 楊士宏이 편찬한 책으로, 모두 14권으로 이루어져 있다. 唐나라 사람들의 시를 채록해 놓은 책이다. 『五七言唐音』이라고도 한다.

632 尹孤山: 조선시대 尹善道(1587~1671)의 호가 孤山이다.

633 此日長昏飮: 王績의 「過酒家」 첫 구절이다.

634 待月西廂下: 崔鶯鶯의 「答張生」 첫 구절이다. 이 시의 제목은 「明月三五夜」라고도 한다.

635 春秋……之事: '褰裳涉洧'는 『詩經』 「鄭風 褰裳」에 "그대가 사랑하여 나를 그리워할진댄 내 치마를 걷고 洧水를 건너가겠지만 그대가 나를 그리워하지 않을진댄 어찌 다른 남자가 없으리오.〔子惠思我 褰裳涉洧 子不我思 豈無他士〕"라 한 데서 온 말로 음란한 여자가 자신의 지조를 버리고 남을 따르겠다는 뜻을 말한 노래이다. 춘추시대에 鄭나라의 六卿이 晉나라 韓宣子를 교외에서 송별하였는데, 한선자가 그들에게 각각 시를 노래 불러 달라고 청하자 子齹〔차〕는 「野有蔓草」를 노래하고, 子産은 「羔裘」를 노래하고, 子太叔은 「褰裳」을 노래하고, 子遊는 「風雨」를 노래하고, 子旗는 「有女同車」를 노래했다고 한다. 『春秋左傳 昭公 16年』

636 眞西山: 南宋의 성리학자 眞德秀(1178~1235)를 가리킨다. 그의 자는 景元

所引詩皆從『舊序』, 其意亦可知也.

또는 希元이고, 西山은 그의 호이며 시호는 文忠이다. 建州 浦城 사람으로
朱子의 제자 詹體仁에게 수학하였으며, 주자학을 계승 발전시키는 데 힘썼
다. 저서에 『大學衍義』, 『文章正宗』, 『眞文忠公集』 등이 있다.

19. 소남 윤장에게 답한 편지

答邵南尹丈書 무인년(1758, 47세)

지금 세상에는 서신을 주고받으면서 서로 경계하는 말은 없고 지나치게 추켜올리는 말만 합니다. 이런 까닭에 사람들이 대개 그럭저럭 자신을 믿고 구태의연하게 지내면서 떨치고 일어나려는 마음과 두려워할 줄 아는 마음이 없으니, 이는 보통 이하의 사람으로서는 면하기 어려운 일입니다. 그런데 집사께서는 밝은 안목으로 증세에 따라 약을 주시어 사람으로 하여금 잘못을 돌이킬 생각을 가지게 해 주시니 그 얼마나 다행스러운 일입니까. 이런 일은 요즘 세상에 보기 드뭅니다. 어찌 그만한 사람이 없으리오마는 다만 사우(師友)의 도가 무너져 자칫 분쟁의 실마리가 될까 염려한 나머지 되도록이면 입을 다물려고 해서 그러할 것입니다.

시생(侍生)은 어려서는 배울 시기를 놓치고 지금까지 이 모양이라 비록 성품이 나태하고 소홀하여 좋은 점이라고는 없지만 평소의 바램은 늘 남이 충고해 주는 좋은 말을 듣고자 하는 것입니다. 이후로도 저의 말이나 글 및 혹은 전해 들으신 저의 행사(行事)에 잘못이 있어 가르쳐야 할 경우가 있으면 가르침을 주시기 바랍니다.

사서(史書)를 집필하는 일은 제 평소 습성 때문에 하는 일이니, 후세에 알아줄 사람을 기다린다는 생각은 미처 할 겨를이 없습니다. 우리가 저술하는 것이 비록 십분 좋다 하더라도 결국 남의 벽에 바르는 종이가 되고 말 것인데 하물며 꼭 좋다는 보장도 없음에 있어서이겠습니까! 그러나 역사 속에 시비를 가려야 할 곳이 있으면 이 또한 격물치지(格物致知)의 일환이니 때때로 가르침을 주시기 바랍니다. 지금부터 혹 힘이 닿으면 저술해 볼 터이나 반드시 책을 완성하겠다는 생각은 없으니, 하교하신 말씀이 참으로 저의 병통에 맞기 때문입니다.

『가례』사당장(祠堂章)에 '신주(神廚)'라고 한 것은 무슨 뜻입니까? 그리고 지붕으로 덮는다는 것은 마치 지금의 가가(假家)처럼 비나 눈을 가리기 위해 그렇게 하는 것입니까? 또『시경』하천장(下泉章)에 '사방 나라에 왕이 있다.'고 했는데, 왕이 천자(天子)의 칭호이니 '사방 나라'가 쓸 수 있는 칭호가 아닙니다. 제 생각에는 '사이내왕(四夷來王)'의 왕과 같은 뜻으로서, 말하자면 사방의 나라들이 다 왕이 있는 줄 알았는데 지금은 그렇지 않아 제후들이 참람하여 왕을 업신여기는 마음이 있다는 말입니다. 어떻게 생각하십니까?

궤(蔮)는 관(冠)을 고정시키는 것이 아니라 별도로 한 물건인데 『의례』주(註)에서 이를 취하여 비유로 삼았을 뿐입니다. 한(漢)나라 제도에 황태후(皇太后)가 사당에 들어갈 때면 궤(蔮)·잠(簪)·이(珥)를 한다고 했는데, 이는 주해가 없어 알 수 없으나 머리 장식임은 분명합니다. 『통감(通鑑)』의 '건괵(巾幗)'에 대한 주(注)에 호삼성(胡三省)은 "부인들 상관(喪冠)이다."라 했고, 또 유소(劉昭)의 『여복지(輿服志)』주(注)에는 "공경(公卿)·열후(列候) 부인들의 감증괵(紺繒幗)은 일반적으로 부인들 머리 장식용이지 꼭 상관(喪冠)은 아니다."라 했습니다. 아마 상관은 백건(白巾)으로 만들기 때문에 '건괵'이라고 한 것입니까? 선생님께서 궤는 괵이라고 하면서 수질(首絰) 비슷한 것이라고 말씀하신 것이 아마 의심할 나위 없는 더없이 극진한 추측인 듯합니다. 사(纚)는 머리털을 싸매는 것으로서 '궤(蔮)'와는 같다고 할 수 없습니다. 주(周)나라 사람들은 사(纚)만 썼을 뿐이었는데, 한(漢)나라 사람들은 장식을 더하고 궤(蔮)까지 있었던 것입니다. 그리고 그 '감증괵'이라는 것은 마치 머리 위에다 상투를 틀듯이 아청색 비단을 감는 것이 지금의 수질과 같은 것이 아니겠습니까. 다시 회답을 주시기 바랍니다. 이만 줄입니다.

今世書牘相與之際, 未聞有規箴之語, 過爲推獎之辭. 是以, 人多因循自恃, 無振作警惕之心, 此中人以下之所不免也. 何幸執事明眼, 隨證施藥, 使人懷善反之念耶? 此事今世罕見, 豈無其人? 但師友道乖, 恐致爭端, 務爲緘嘿而然也. 侍生少而失學, 到此依舊, 雖其慵懶疎忽, 有甚可惡, 平生志願, 每欲得聞善言. 伏乞此後於言語文字間及或傳聞行事之失, 有可以施敎者, 施敎之幸甚. 史役, 習性使然, 欲待子雲傳後[637]之意, 亦未暇及焉. 我輩著書, 雖云十分儘好, 末梢歸人壁耳. 況未必好乎? 然而史中是非有可論者, 亦是格致一端, 時時開敎如何? 自此或從餘力及之, 不以必成爲期, 蓋以俯敎誠中其病故也. 『家禮』祠堂章所謂神廚, 何義耶? 以屋覆之者, 其如今假家, 欲以覆雨雪而然耶? 『詩』「下泉」章: "四國有王", 王是天子之稱, 則非四國可稱也. 愚意此與四夷來王[638]之王同, 言四國皆知有王, 而今則不然, 諸

---

637 欲待子雲傳後 : 후세에 자기 글을 알아줄 사람을 기다린다는 뜻이다. 子雲은 前漢 말기의 학자인 揚雄의 자이다. 양웅이 『周易』을 모방하여 『太玄經』을 지었는데 그 내용이 매우 어려웠다. 사람들이 "이처럼 어려운 글을 누가 읽겠는가."라고 하였는데, 양웅은 "나는 후세의 자운을 기다린다."라고 하였다. 『漢書 87권 揚雄傳』

638 四夷來王 : 『書經』「大禹謨」에 "태만하지 않고 황폐하지 않으면 방의 오랑캐

侯僭亂, 有無君之心也. 未知如何? 纚[639]別是一物, 非固冠者也. 禮注取而況之耳. 漢制皇太后入廟, 纚簪珥. 此無注解可知, 而其爲首餙則明矣. 『通鑑』巾幗注: "胡三省云: '婦人喪冠也.'" 又據劉昭『輿服志』注: "公卿列侯夫人紺繪幗." 盖婦人首餙之稱, 不特喪冠也. 意者喪冠以白巾爲之, 故曰巾幗耶? 丈席以纚爲幗而言, 象首絰云者, 似推窮無疑. 纚[640]是韜髮之物, 與纚不可爲一也. 周人只用纚而已, 漢人加餙, 又有纚制. 其曰紺繪幗者, 以紺繪繞于物, 如髻加頭上, 若首絰然也. 伏乞更賜回敎. 不宣.

들도 와서 왕으로 섬길 것이다.〔無怠無荒, 四夷來王.〕"하였다.

639 纚 : 고대에 부녀자들이 머리털을 덮어 감싸는 일종의 머리 장식이다.

640 纚 : 머리카락을 묶는 비단으로 된 띠로 길이는 6척가량 된다.

20. 소남 윤장에게 보낸 편지

與邵南尹丈書 기묘년(1759, 48세)

혼례(婚禮)의 친영(親迎) 문제에 대해서는 하신 말씀이 참으로 옳으니 제 생각도 이와 같습니다. 이는 도시 사람들의 예(禮)이니 시골같이 길이 멀면 함께 데리고 왕래할 수가 없으니, 옛 분들이 친영하지 않은 것도 아마 이 때문이었을 것입니다. 지금 세상에서 혼례에 대해서는 너무 소략해서 처음 혼례를 의논할 때 범범하게 사주단자만 보내고 양쪽 집안에서 서신 왕래가 없으니, 대례(大禮)를 시작하는 것이 너무 홀만(忽慢)합니다. 그래서 사주단자(四柱單子)를 보낼 때 고례에 따라 납채(納采)하고, 아울러 옛날의 문명(問名)하는 예(禮)에 따라 규수 쪽에도 청하며, 또 납폐(納幣) 서한 중에 납길(納吉)·납징(納徵)·청기(請期) 절차까지 겸하려고 합니다. 이는 지금 풍속을 따르면서도 고례(古禮)를 지켜서 한 가문의 사규(私規)로 삼고자 하는 뜻이니 그렇게 하는 것이 꼭 옳다는 것은 아닙니다.

사당에 고할 때 횃불 둘을 쓰는 것과 신부가 배알하는 등의 예절에 대해서는 하신 말씀이 옳습니다. 사당을 배알하는 절차는 옛날에는 사당이 각각이었기 때문에 한 사당에만 제물을 올릴 수가 있었겠지만 지금은 사당 제도가 옛날과 다르니, 아마 그렇게 할 수가 없을 것입니다. 다시 가르쳐 주시기 바랍니다.

『시경(詩經)』은 옛날부터 읽기 어려운 글입니다. 사시(四始)는 사람마다 설이 다릅니다. 「관저장(關雎章)」만 하더라도 혹자는 필공

(畢公)이 지은 것이라고 하고, 혹자는 주공(周公)이 지은 것이라고
하고, 혹자는 강왕(康王)이 지은 것이라고 하고, 혹자는 궁인(宮人)
이 문왕을 가리켜 지은 것이라고 하고, 혹자는 후비(后妃)가 현자를
등용할 것을 생각하며 지은 것이라고 하니 어느 것을 따라야 하겠습
니까. 또 비(比)와 흥(興)만 하더라도 낭발(狼跋) 편을 정자(程子)는
비(比)라고 하는데 주자(朱子)는 흥(興)이라고 하고, 권이(卷耳) 편
을 정자(程子)는 흥이라고 하고 주자는 부(賦)라고 하며 그 밖의 여러
유자들의 말도 각기 다릅니다.

　이런 까닭에 저의 얕은 소견으로는 늘 이렇게 주장합니다. 설(說)
을 세워 반드시 시인의 본의(本意)를 밝혀낸다는 보장이 없을 바에는
차라리 많이 읽고 자세히 음미해서 올바른 성정(性情)이나 잃지 말고
내 마음 씀과 실제 일을 하는 데에 도움이 되도록 하고, 「고서(古序)」
이하 후세 학자들의 설은 장점만 골라서 내게 적용해 쓰느니만 못합
니다. 어찌 천 년 뒤에 이것은 아무개가 쓴 시이고, 이 시는 아무
일을 가리켜 지은 것이라고 단정할 수 있겠습니까. 가사 그 시인이
황천에서 이 사실을 안다면 어찌 빙긋이 웃을 일이 아니겠습니까.
그리고 공자께서 "시(詩)를 읽으라."고 하셨던 것도 아마 고교(考校)
나 부지런히 하라는 것은 아닐 것입니다. 풍(風)·아(雅)·송(頌)이
체제가 각기 다르고 보면 소아(小雅)가 풍의 체제와 똑같은 것은 몹시
의아한 일이니 어쩌면 주나라 전성기 때 종국(宗國)의 시를 아(雅)라
고 하다가 동천(東遷) 이후에 강등이 되어 풍으로 바뀌고 왕풍(王風)
이라 칭했던 것은 아니겠습니까? 노(魯)는 풍이라고 하지 않고 송
(頌)이라고 한 것은 "공자(孔子)는 노(魯)나라 사람이니, 당시의 예
를 따르지 않을 수 없었으리라." 한 주자(朱子)의 설이 더할 나위

없이 타당한 듯합니다. 노송(魯頌)도 작은 것은 당연히 풍이고 큰 것은 아(雅)입니다. 아래로 열국(列國)과 똑같이 풍(風)이라고 하기는 싫고 그렇다고 위로는 천자(天子)와 나란히 아(雅)라고 하고 싶지도 않았으며, 그 시 내용이 너무 사치스러운 편이기는 해도 가사가 모두 송축(頌祝)하는 뜻이기 때문에 송(頌)이라고 해도 무방하기 때문에 그렇게 칭한 것입니까?

『춘추(春秋)』는 공자가 지으신 것인데 존자(尊者)를 위해서는 휘(諱)하고 감히 그의 악(惡)을 바로 쓰지 않았으니, 어찌 감히 국공(國公)이 송(頌)이라고 칭한 것을 송이 아니라 풍이라 할 수 있겠습니까. 이 역시 공자가 이치에 맞게 처리한 것이니, "아송(雅頌)이 각기 제자리를 얻었다."고 한 말이 있다고 해서 의심해서는 안 될 듯합니다. 다시 가르침을 내려 주시기 바랍니다.

주공(周公)이 2년 동안 동쪽에 있었던 것은 분섬(分陝)과는 본래 다르니, 혼동해 말해서는 안 됩니다. 『주역』「서괘(序卦)」에 "기르지 않으면 움직일 수가 없기 때문에 대과(大過)로 뒤를 이어 받았다."고 했습니다. 이는 기르기만 하고 움직이지 않으면 체(體)만 있고 용(用)은 없는데 대과는 움직이는 괘이기 때문이니, 이는 자연스러운 형세일 듯합니다.

부재관지장(父在觀志章)에 대해 보내온 편지에서, "다만 차마 하지 못하는 마음으로 고쳐야 한다. 만약 허물을 덮기 위해서 아버지의 유교(遺敎)라고 핑계를 댄다면 비록 돌아가신 아버지의 뜻을 잘 따라 완순(婉順)한 것처럼 보이지만 모든 경우에 다 이렇게 마음을 쓴다면 그 마음이 진실이냐 거짓이냐에 대해 생각해 볼 점이 있을 듯하다." 하셨으니, 읽다가 이 대목에 이르러 저도 모르게 옷깃을 여미고 감탄

했습니다.

婚禮親迎, 下敎誠然, 鄙意亦嘗如是. 是盖都人士[641]之禮, 若鄕里夐遠, 則
搬挈往來, 勢有不及; 古人之不親迎者, 殆或以是也. 竊歎世俗於婚禮, 太
涉沽畧, 議婚之初, 泛然以四柱年命投送, 無書啓往來之事; 大禮之始, 慢
忽殆甚. 故欲於送命之時, 依古納采, 兼請女命, 依古問名, 又於納幣書中,
兼擧納吉‧納徵‧請期之節[642], 欲循今之俗而遵古之禮, 以爲一家之私規,
非謂此十分當然也. 告廟二炬婦見等節, 謹聞命矣. 廟見之儀, 古者各廟, 故
惟奠一廟; 今之廟制, 與古不同, 則此義恐行不得. 伏乞更敎. 『詩』之難讀,
久矣. 四始[643], 所論各異. 試以「關雎」言之, 或以爲畢公作, 或以爲周公作,

641 都人士 : 『詩經』「小雅 都人士」에 "저 王都에 사는 선비여! 여우 갖옷이 아름
답기도 해라. 그 얼굴도 변함이 없으며, 말씀 또한 문장이 있으니, 鎬京에
돌아가면 만민이 우러러 보던 바였다.〔彼都人士 狐裘黃黃 其容不改 出言有
章 行歸于周 萬民所望〕"한 데서 온 말로 都城에 사는 예법을 아는 선비를
뜻한다.

642 依古……之節 : 婚禮의 여섯 가지 예식 절차인 六禮를 거행하는 것이다. 육
례는 納采, 問名, 納吉, 納徵, 請期, 親迎이다. 納采는 신랑이 될 사람의
집에서 신부가 될 사람의 집에 규수를 간택하겠다는 의사를 통보하는 것이
고, 問名은 혼인을 정한 여자의 장래 운수를 점칠 때에 그 어머니의 이름을
묻는 것이며, 納吉은 신랑의 집에서 납채한 뒤에 사당에서 점을 쳐서 길한
점괘가 나온 것을 신부의 집에 통보하는 것이고, 納徵은 納幣와 같은 말로
신부의 집에 폐백을 보내는 것이고, 請期는 신랑의 집에서 혼인할 날짜를
받아 그 가부를 묻는 편지를 신부의 집에 보내는 것이고, 친영은 신랑이
신부의 집으로 가서 신부를 맞이하여 오는 것이다. 『禮記 婚儀』

643 四始 : 『詩經』에 四始가 있다고 하는데 여러 설이 있다. 「大序」에서는 風,
小雅, 大雅, 頌이라 하였고, 『史記』「孔子世家」에서는 風의 첫째 편인 「關雎」,

或以爲康王作, 或謂宮人指文王而作, 或云后妃思進賢而作; 吾誰適從? 又以比興言之,「狼跋」程子謂之比而朱子謂之興,「卷耳」程子謂之興而朱子謂之賦, 諸儒所論, 又各不同. 故愚淺之見, 每以爲爲說而不可必得詩人本意, 不如熟讀詳味, 不失其性情之正, 而爲處心行事之實,『古序』[644]以下後來群賢之說, 皆取其長, 爲吾之用而已; 何可斷定於千載之下, 而曰是某人之詩, 曰是指某事而作? 假使作詩者, 有知於泉下, 豈不莞爾一笑乎? 夫子讀詩之教[645], 似不專在於奔走考校之間耳. 風雅頌, 體制各異, 則小雅之全似風體者, 已甚可疑, 豈非成周盛時宗國之詩, 謂之雅, 而東遷以後, 降爲風而稱王耶? 魯不稱風而謂頌者,"夫子魯人, 不得不從時之禮", 朱子說似盡之矣. 魯頌之小者固風也, 大者則雅也. 下不欲班於列國而稱風, 上不欲僭比天子而稱雅; 其爲詩雖涉過侈, 皆是頌祝之辭, 故不害爲頌而稱之耶?『春秋』, 夫子所作, 而爲尊者諱, 不敢直書其惡, 則亦安敢以國公之所稱爲頌者不爲頌

小雅의 첫째 편인「鹿鳴」, 大雅의 첫째 편인「文王」, 頌의 첫째 편인「淸廟」라 하였고, 孔穎達의 疏에서는『詩緯汎歷樞』를 인용하여 大雅의「大明」과 小雅의「四牡」,「南嘉有魚」,「鴻雁」이라 하였다.

644 『古序』:『毛詩序』를 가리킨다.

645 夫子讀詩之教 : 孔子가 제자들에게 "너희들은 어찌하여『詩』를 배우지 않느냐?『시』는 의지를 흥기시키며, 時政을 관찰할 수 있게 하며, 사람들과 어울리게 하며, 화를 내지 않고도 원망할 수 있게 하며, 가까이는 아비에게 효도하고 멀리는 임금에게 충성하며, 새와 짐승과 초목의 이름을 많이 알게 한다.〔小子何莫學夫詩? 詩, 可以興, 可以觀, 可以群, 可以怨; 邇之事父, 遠之事君, 多識於鳥獸草木之名.〕" 하였고, 아들 伯魚에게 "너는 周南과 召南을 배웠느냐? 사람으로서 주남과 소남을 배우지 않으면 바로 담장을 마주하고 선 것과 같다.〔女爲周南召南乎? 人而不爲周南召南, 其猶正牆面而立也與!〕" 한 것을 말한다.『論語 陽貨』

而爲風乎? 此亦夫子處義之得當者, 似不可以雅頌得所之說而疑之也. 伏乞
更賜敎誨. 周公居東二年, 與分陝[646]自不同, 恐不可以混稱也. 「序卦」"不養
則不可動, 故受之以大過." 盖養而不動, 則是有體無用, 大過則動矣; 此恐
自然之勢也. 父在觀志章[647], 所敎"但以不忍心改之; 若欲盖愆而稱爲遺敎,
雖似婉順, 一切用心如此, 其於誠僞之間, 似當商量." 伏讀至此, 不覺斂袵
欽歎也.

---

646 分陝 : 周나라 초기에 周公 旦과 召公 奭이 陝縣을 분계로 삼아서, 주공은
섬현의 동쪽 지방을 다스리고, 소공은 섬현의 서쪽 지방을 다스렸던 것을
말한다. 『春秋公羊傳 隱公』

647 父在觀志章 : 孔子가 "아버지가 생존했을 때는 그의 뜻을 보고, 아버지가 죽
은 뒤에는 그의 행실을 보지만 삼 년 동안 아버지의 도를 바꾸지 않아야만
효라 할 수 있다.〔父在觀其志, 父沒觀其行; 三年無改於父之道, 可謂孝矣.〕"
한 것을 말한다. 『論語 學而』

21. 소남 윤장에게 보낸 편지

與邵南尹丈書 기묘년(1759, 48세)

제왕들의 소목(昭穆)에 관한 설은 정론이 아직 없습니다. 계체(繼體)를 주장하는 쪽은 "비록 형이 아우 뒤를 잇고 숙부가 조카 뒤를 이었더라도 당연히 예묘(禰廟) 또는 조묘(祖廟)라 해야 한다."고 하는데, 물론 정론(正論)입니다. 그러나 만약 융통성 없이 그 주장만을 굳게 지키면서 오대(五代)가 되면 조천(祧遷)하는 예를 반드시 행한다면 가령 형제 서너 명이 서로 이어 임금이 되었을 때 손자로서 조부를 조천하는 경우도 있을 것이고, 아들이 아버지를 조천하는 경우도 있을 것이니 예(禮)는 인정(人情)에서 나온 것이니, 비록 계체가 중하다고는 해도 이렇게 박절하게 할 수 있겠습니까. 친속(親屬)을 주장하는 쪽은 "소목(昭穆)이라는 명칭은 자손을 뜻하는 말이니, '문왕을 목(穆), 무왕을 소(昭)'라고 하는 것이 바로 이것이다. 비록 서너 명의 형제가 계속 이어서 임금이 되더라도 조천하는 예는 복(服)이 다한 조상에게만 미친다."고 하였으니, 이 역시 인정에 따라서 만든 당연한 예(禮)입니다.

옛날에는 사당이 각각이어서 형과 아우가 다 임금이 되면 신주가 한 사당에 있게 되는데, 그래야지만 오묘(五廟) 또는 칠묘(七廟) 이상 사당을 더 늘려야 할 걱정이 없게 될 것입니다. 그러나 사당 안이 좁아져서 여러 신주를 모시기 어려운 경우에는 어떻게 해야 합니까? 이 예는 중국에서 쓰는 예나 현재 우리나라에서 전조(前朝)부터 써 온 예(禮)가 모두 합당한 것이 없으니 가르쳐 주시기 바랍니다.

帝王昭穆之說, 未有定論. 主繼體之議者, 謂"雖以兄繼弟, 以叔繼姪, 當稱禰廟祖廟", 此固正論. 然若膠守繼體之議而必行五代以祧之禮, 則如昆弟三四人相繼爲君, 有以孫而祧祖者, 有以子而祧父者; 禮緣人情, 雖云繼體爲重, 豈可如是迫切耶? 主親屬之議者, 謂"昭穆之名, 卽子孫之稱, 如文之穆武之昭, 是也. 雖三四兄弟繼立, 祧遷之禮, 只當及於無服之祖", 此亦緣情定禮之當然者也. 古者各廟, 兄弟爲君, 同在一廟而後, 五廟七廟, 無過越增置之患矣. 然而廟中迫窄, 衆主難容, 則當奈何? 是禮也, 中國與我東自勝國之禮, 皆未有恰當者; 願乞指教.

22. 소남 윤장에게 보낸 편지

與邵南尹丈書 갑신년(1764, 53세)

스승의 복(服)에 대해서는, 생각건대 『예기』 「단궁(檀弓)」에서 3년으로 정하고 있으니 이 밖에 달리 찾을 것이 없습니다. 정자(程子)와 장자(張子) 두 선생이 "정(情)의 후박(厚薄)에 따라 다를 수 있다."고 한 뒤로 우리 동방에 와서 율곡(栗谷)이 각각 기(朞)·구월(九月)·오월(五月)·삼월(三月)로 구별해서 예(禮)를 정했기 때문에 세상 사람들이 대개 이를 따릅니다. 이는 사세로 보아서는 두루 편리한 듯해도 생삼사일(生三事一)의 의리로 미루어 보면 존자의 복을 적당히 재량한다는 그 자체부터가 아무래도 미안한 일입니다.

정자(程子) 제자들이 스승의 상(喪)에 어떻게 복(服)을 입었는지는 상고할 길이 없으나 유입지(劉立之)가 "북방 변지의 관직에 매여 복 입는 대열에 참여할 수가 없었다."고 한 것을 보면 복제가 있었던 것이 분명합니다. 주자(朱子)가 연평(延平) 선생의 제문(祭文)에서 "묘소 곁에 집을 짓고 3년을 나려고 했던 당초의 뜻을 이루지 못했습니다." 한 것을 보면 여러 가지 일이 많아 집을 짓고 3년을 나려던 뜻을 이루지 못했으니, 삼년상을 모시는 뜻만은 아마 변함없이 지녔던 듯합니다.

다만 스승과 제자 사이는 이미 한 집에서 사는 사람이 아니기 때문에 자기 집안사람과 똑같이 전(奠)을 올리고 곡읍(哭泣)하지는 못하겠지만 슬픈 마음과 추모의 정은 감히 잠시도 잊지 못하는 것입니다. 따라서 혹 질대(絰帶)나 소대(素帶)를 띰으로써 마음을 표시하고 모임에도 가지 않고 음악도 듣지 않음으로써 일반 사람들과는 같을 수 없다는 뜻을 보여주는 것이 옛날 법에도 어긋날 것이 없고 마음에 부끄럽지도 않을 것입니다.

퇴계(退溪)의 제자들 중에서는 월천(月川)이 1년 동안 소대를 띠고 3년 동안 모임에 가지 않고 음악을 듣지 않았으니, 이를 옛날 예(禮)에 맞추어 보면 어떨지 모르겠으나 실로 제 마음에 맞는 점이 있습니다. 그래서 감히 그대로 시행하고자 했습니다. 이미 하문을 받았기에 이렇게 자세히 말씀드리니 다시 하교해 주시기 바랍니다.

사칠설(四七說)은 선생께서 힘을 다해 변파했던 것이 결국에 다시 고봉(高峯)의 투가 되어 버리고 말았으니 그 문제는 다시 변석하지 않아서는 안 됩니다. 신 진사(愼進士)의 원래 편지와 선생님이 말씀하신 것, 그리고 존장께서 질문하신 편지 및 벗 경협(景協)이 논난(論難)한 글 가운데 중요한 부분들을 추려서 보내 주시기를 삼가 바랍니다.

師服一節, 竊念「檀弓」置諸三年之科, 則舍此更無他求. 自程張兩先生有情有厚薄之說, 而至于我東栗谷, 定以朞九月五月三月之禮, 故世多從之. 此於事勢, 似爲周便, 而以生三事一[648]之義推之, 則節量尊服, 終涉不安矣. 程門服制無考, 而劉立之云:"繫官朔陲, 不得與於行服之列[649]"云, 則其制

---

648 生三事一 : 부모・스승・임금을 똑같이 섬김을 말한다. 춘추시대 晉나라 大夫 欒共子가 "백성은 부모・스승・임금 셋에 의해 사니, 섬기기를 한결같이 해야 한다.〔民生於三, 事之如一.〕"한 데서 온 말이다. 『國語 晉語』

649 劉立之……之列 : 『二程遺書』附錄의 「明道先生行狀」에 보인다. 유립지는

518 순암집 3권

服明矣. 朱子祭延平文"築室三年, 莫遂初志"云, 則事故多端, 雖未遂築室之
願, 而三年之意則恐亦不廢矣. 但師弟之間, 旣非同室之人, 故饋奠哭泣, 雖
未能一如家人, 其追慕痛隕之情, 不敢暫忘, 或絰或素帶, 以寓其心, 不赴會
不聽樂, 以示不可自同平人之意, 似無悖於古而不媿於心矣. 退門諸人, 月
川⁶⁵⁰素帶朞年, 三年不赴會不聽樂, 此率以古禮, 則未知其如何, 而實有愜
於鄙意者, 故敢欲依而行之. 旣蒙俯問, 故玆以細告, 更乞下敎. 四七說, 先
生之盡力辨破者, 末梢復入于高峯之套, 則此不可以無辨. 愼進士⁶⁵¹原書及
丈席所敎, 與尊丈問難書, 幷協友論難文字, 皆節其要語, 下示, 伏幸.

程子의 제자로 이름은 立之이고 자는 宗禮이며 河間 사람이다. 그가 「명도선
생행장」을 썼다. 그의 아버지가 明道, 伊川 형제와 일찍부터 친교가 있었다.
그는 어려서 아버지를 여의고 명도의 집에서 자랐고 명도의 숙부의 딸에게
장가들었다. 명도의 문하에 가장 일찍 들어온 제자이다. 『伊洛淵源錄 14卷
程氏門人無記述文字者』

650 月川 : 퇴계의 제자인 趙穆(1524~1606)의 호이다. 그의 자는 士敬이고 또
다른 호는 東皐이다. 향리에 은거하며 누차 조정에서 벼슬을 제수하였으나
거의 대부분 부임하지 않고 학문 연구에만 힘썼다.

651 愼進士 : 愼後聃을 가리킨다. 그의 字는 耳老이고 호는 遯窩〔돈와〕이다. 그
는 성호 이익의 문인으로 道家·佛家·兵家에 두루 박통했고, 20세에 진사
가 된 후에는 벼슬하지 않고 오직 학문에 정진했다. 저서에는 『河濱集』이
있다.

23. 소남 윤장에게 답한 편지

答邵南尹丈書 병술년(1766, 55세)

지난번 질병을 앓느라 쉬던 틈에 생각나는 대로 퇴계(退溪)와 율곡 (栗谷)의 이기(理氣)에 대한 논변을 보고 그 근원을 거슬러 『맹자 (孟子)』와 『예기(禮記)』 「예운(禮運)」에 이르고 이어서 인심(人 心)·도심(道心)의 구별에 이르기까지 생각하고 또 생각해 보아도 공정한 희노(喜怒)는 이발(理發)이라는 그 설은 사실 집사께서 지 적하신 대로 석연찮은 데가 있었습니다. 이에 대해 저도 조금 변석 한 견해가 있어 글로 지었더니, 힘만 들었지 아무 소득이 없었습니 다. 다만 일상생활 중에 사단(四端)은 확충하고 칠정(七情)은 절제 하며, 도심(道心)은 잘 지키고 인심(人心)은 늘 살펴서 중정(中正) 한 경지로 가면 결국에 가서 소득이 과연 어떠하겠습니까. 이발(理 發)·기발(氣發)은 따져 봐야 말뿐이니 사문(師門)의 설을 그대로 준수하는 것이 제일 옳은 일입니다. 다만 장여헌(張旅軒)이 일생을 두고 이치를 궁구하였는데 이기경위(理氣經緯)를 주장한 설은 퇴도 (退陶) 이자(李子)의 설과는 전혀 맞지 않으니 이는 알 수 없는 일 입니다.

시생도 젊을 때는 학문에 향상(向上)하려는 마음이 전혀 없었다고 할 수는 없지만 지금 와서는 병들고 쓸모없는 사람이 되어 말할 만한 견해가 하나도 없습니다. 근래에 찬(贊) 하나 잠(箴) 하나를 지어서 자신을 깨우치고 있습니다. 이를 보시면 이 어리석은 자의 본색을 아실 수 있을 것이기에 감히 숨기지 않고 올리오니 다시 가르침을 주시기 바랍니다.

요즘도 이 학문에 뜻을 둔 젊은이가 없는 것은 아니지만 대다수 말만 앞세울 뿐 결국 실상이 없는 채 끝날 염려가 있습니다. 이는 세도(世道)가 낮아져서 그러한 것이니 어찌하겠습니까.

向者乘疾病之暇, 隨意觀退陶栗谷理氣之辨, 溯其源而至于孟子禮運, 以至人心道心之分, 常常玩念, 公喜怒理發[652]之說, 終有所疑, 誠如執事所教也. 愚昧豈有所辨而著成文字, 則徒勞無益矣. 但於日用之間, 四端則擴之, 七情則節之, 道心則守之, 人心則察之, 以歸于中正之域, 而末梢所得, 果能何如也? 理發氣發, 徒成辭說, 不過遵守師說之爲當, 而但張旅軒[653]一生窮理之學, 其經緯理氣之說[654], 專與退陶李子之說不合, 是未可知也. 侍生少也

652 公喜怒理發 : 高峯 奇大升의 「四端七情後說」에서 "'맹자의 기쁨, 舜의 노여움, 공자의 사랑과 즐거움은 氣가 理에 순응하여 발하여 터럭만한 장애도 없었다.', '사단과 칠정이 각각 所從來가 있다.'는 등의 말은 모두 온당치 못하다고 생각합니다. 대저 發하여 모두 절도에 맞는 것을 和라고 하니, 和는 바로 이른바 達道입니다. 만약 보내온 서찰의 말씀대로라면 달도를 '氣가 發한 것'이라 할 수 있겠습니까?〔來書謂孟子之喜, 舜之怒, 孔子之愛與樂, 是氣之順理而發, 無一毫有碍, 及各有所從來'等語, 皆覺未安. 夫發皆中節, 謂之和; 和卽所謂達道也. 若果如來說, 則達道亦可謂是氣之發乎?〕"하여 맹자의 기쁨, 舜의 노여움, 공자의 사랑과 즐거움과 같은 공정한 情은 達道로서 理發이라 주장하였다. 『兩先生四七理氣往復書』

653 張旅軒 : 張顯光의 호가 旅軒이다. 주 611) '旅軒……所畏' 참조.

654 經緯理氣之說 : 理와 氣를 모두 우주의 道의 다른 모습으로 파악, 理를 道의 經으로 보고 氣를 道의 緯로 보는 성리설로 퇴계의 학설과도 다르고 율곡의 학설과도 다르다. 이 「理氣經緯說」은 장현광의 저술인 『旅軒理氣說』에 들어 있다.

不可謂專無向上之心, 而到今病廢, 一無可言. 近來作一贊一箴, 用以自警,
觀此亦可以知愚昧之本色, 不敢有隱, 玆以仰呈; 幸乞示敎. 近來少年之有
意此事, 不爲無人, 而多歸於言語之科, 恐終於無實; 此係世道, 奈何奈何!

24. 소남 윤장에게 보낸 편지

與邵南尹丈書 정해년(1767, 56세)

시생은 성격이 원래 어리석고 거칠어서 오묘한 성명(性命)의 이치에 대해서는 애당초 연구하지 않고 단지 선유들의 정설에 입각해서 어렴풋이 알고 있었을 뿐입니다. 이런 까닭에 자득(自得)한 실효가 없고, 사칠설(四七說)에 있어서는 어려서부터 선입견이 있어 퇴계의 것만을 옳은 것으로 여겨 오다가 선생님의 「사칠신편(四七新編)」을 보고 나서는 더욱 독실히 믿어서 오묘한 뜻이 이보다 더한 것은 없는 것으로 알아왔습니다.

옛날 의영고(義盈庫)에 숙직하고 있을 때 이경협(李景協)이 보내온 서신에 "성인의 공정한 희노(喜怒)는 이발(理發)이다."고 하면서 그 내용이 길어서 수백 자나 되고 변증한 것이 명백했으니 매우 좋았습니다. 그때는 참고할 만한 서적이 없어서 대충 답을 했는데, 그 줄거리는 "희노의 글자 뜻이나 생긴 모양을 보면 아무래도 기(氣)에서 나온 것으로서 거기에는 성우(聖愚)의 차별이 없을 것 같다.……."고 하였습니다. 경협이 더 이상 이에 대해 답하지 않기에 저도 그 소견만 그대로 가지고 있었을 뿐 다시 의심해보지 않았는데, 뒤에 들으니 그 발단은 신 진사(愼進士)에게서 나온 것으로 선생님도 이를 따랐기에 집사께서는 쟁변하지 못하고 말았다는 것이었습니다. 동문 사이에 이러한 논의가 있었는데도 그 사실을 모르고 오늘에 이르렀으니 그 얼마나 어리석은 일입니까. 저의 소견을 개진하니 재택(裁擇)해 주시기 바랍니다.

대저 성(性)이 동(動)하여 정(情)이 되니 정이 원래는 선한 것이지만 절제하지 않으면 너무 치성해서 악하게 됩니다. 성인의 공정한 칠정(七情)도 곧바로 성이 동하여 정이 되는, 최초의 본래 선한 곳으로부터 왔고 보면 사단(四端)과 다를 바 없으니 이발(理發)이라고 해도 불가할 게 없습니다. 그러나 비록 일반 사람의 정이라 할지라도 성명(性命)에서 나온 것이라는 점은 역시 성인의 경우와 다르지 않을 듯합니다. 이렇게 보면 설명하기가 쉬워, 까다로워 이해하기 어려울 곳이 없을 것입니다.

그러나 퇴도(退陶) 이자(李子)는 성인의 희노(喜怒)는 기(氣)가 이(理)에 순응하여 발로된 것이라고 하니, 그 말이 공평하고 정당하여 고칠 것이 없고, 의심스러운 것은 고봉(高峯)의 「후설(後說)」에서 "견해의 합일을 보았다."라고 했지만 그 중에

"칠정(七情)이 비록 기(氣)에 속하지만 이(理)가 그 가운데에 있으니, 발(發)하여 절도에 맞는 것은 바로 천명의 성(性)입니다. 이를 어떻게 기발(氣發)이라고 하겠습니까?"

하여, "기가 이에 순응한다."는 이자(李子)의 말을 배척했는데, 이자께서 더 이상 변석하지 않은 것은 어째서입니까? 「심통성정중도(心統性情中圖)」에 사단을 칠정 속에 포함시켜 놓고는 "선(善)과 악(惡)이 나뉘는 곳에서 선 한쪽만을 말한 것이다." 했고, 또 이평숙(李平叔)에게 답한 편지에서도 똑같이 말씀했습니다.

지금 이자의 문집(文集)에 의거하면 고봉의 「후설」은 병인년(1566)에 지은 것이고, 『성학십도(聖學十圖)』는 무진년(1568)에 지은 것이고, 이평숙에게 보낸 편지는 기사년(1569)에 지은 것입니다. 그렇다면 만년의 정론은 역시 고봉의 견해를 따라 그러한 것입니까?

『맹자(孟子)』는 사단(四端)에서 심(心)이라 하고, 또 "그 정(情)의 경우에는〔乃若其情〕"이라고 했고, 『예기(禮記)』「예운(禮運)」에서는 정(情)이라 하고, 「악기(樂記)」에서는 또 희노(喜怒)를 심(心)이라 했으니, 심이 정을 통괄하는 묘한 이치를 알 수 있을 것입니다. 인심(人心)과 도심(道心), 사단과 칠정이 이름은 다르고 내용은 같다는 뜻은 과연 집사의 주장과 같습니다. 집사께서 또,

"사단을 확충해 나가면 칠정을 절제하는 공부가 그 가운데 있으니, 희노가 절도에 맞는 것과 사단을 확충하는 것이 절로 서로 도움이 될 것이다. 성인의 희노는 자연히 절도에 맞으니 이발이라고 해도 된다."

라고 하였습니다. 집사께서도 지금은 견해의 합의를 보셨으니 이는 이치의 당연한 것으로 다시 의심할 것이 없겠으나 우매한 이 사람으로서는 끝내 석연찮은 데가 있습니다. 맹자가 말한 사단은 정의 선한 측면을 지적해내어 인의예지(仁義禮智)의 정(情)을 밝힌 것이지만 또 형기(形氣)와 상관관계를 갖고 있는 것으로 말하자면 그 정이라는 것이 여러 갈래여서 넷으로 말한 데가 있고,-『중용(中庸)』에는 희(喜)·노(怒)·애(哀)·락(樂)이라고 하였다.- 다섯으로 말한 데가 있고,-『대대례(大戴禮)』에는 희(喜)·노(怒)·욕(欲)·구(懼)·애(哀)라 하였고, 「홍범(洪範)」의 채전(蔡傳)에는 희(喜)·락(樂)·욕(欲)·노(怒)·애(哀)라 하였다.- 여섯으로 말한 데가 있고,-『좌전(左傳)』에 자태숙(子太叔)이 "사람에게는 호(好)·오(惡)·희(喜)·노(怒)·애(哀)·락(樂)이 있으니 육기(六氣)에서 나온다." 하였고, 「악기(樂記)」에는 애(哀)·락(樂)·희(喜)·노(怒)·경(敬)·애(愛)의 마음이라고 했고, 『장자(莊子)』에는 오(惡)·욕(欲)·희(喜)·노(怒)·애(哀)·락(樂)이라고 했다.- 일곱으로

말한 데가 있으며-「예운(禮運)」에는 "무엇을 사람의 정이라고 하는가? 사람의 정을 희(喜)·노(怒)·애(哀)·구(懼)·애(愛)·오(惡)·욕(欲)이라 한다." 하였고, 정자(程子)의 「호학론(好學論)」에는 희(喜)·노(怒)·애(哀)·락(樂)·애(愛)·오(惡)·욕(欲)이라고 했으며, 『황제내경(黃帝內經)』에는 희(喜)·노(怒)·우(憂)·사(思)·비(悲)·경(驚)·공(恐)이라 했다.- 그 밖의 자의(字義)로 정(情)을 말할 수 있는 것들도 얼마든지 있습니다.

이미 형기(形氣)가 있고 보면 호오선악(好惡善惡)을 말미암아 감촉에 따라 동하는 것이 또한 수없이 많습니다. 성인은 비록 자기 마음이 하고자 하는 대로 따라 해도 법도를 넘지 않는다고 하지만 모든 감정이 각각 기(氣)를 따라 발하는 면에 있어서는 일반 사람들과 똑같습니다. 『좌전』에 육정(六情)이 육기(六氣)에서 나온다고 했는데, 육기는 기(氣)입니다. 지금 육기가 어지럽지 않고 차서를 따르는 것을 이발이라고 해도 되겠습니까.

의서(醫書)에 칠정에 소속된 장기(臟器)가 각기 따로 있고 치료법도 그 장기에 따라 맞는 약을 쓰니, 비록 성인의 칠정이라 하더라도 형기(形氣) 속에 있는 것은 사실인데, 그것이 형기로부터 나오는 것이고 보면 기발(氣發)이라고 해야 될 것입니다. 칠정은 기가 이를 순응하는 것이라고 하신 이자(李子)의 말씀이 옳지 않겠습니까. 굳이 이발(理發)이라고 해야만 되겠습니까.

보통 사람들로 말한다면 희노의 감정이 까닭 없이 발할 이치는 없고 반드시 기쁜 일 또는 성낼 만한 일이 있어 발하는 것이니, 만약 그 일이 기쁜 일이고 성낼 만한 일이어서 희노가 발하였다면 그 희노는 당연한 희노일 것입니다. 그 당연한 희노를 모두 이발이라고 한다면 처음 나올 때는 이에서 나왔다가 중간에 희노가 절도를 잃은 뒤에야 비로소 기발이라고 하는 것입니까? 제가 의심하는 이러한 점들은 예전에 들은 학설에 집착해서 선생님께서 이미 확정한 설을 어지럽히고자 하는 것이 아니라 사실은 의심을 가지고서 질문할 곳이 없어 이렇게 여쭈어 보는 것입니다. 이것을 경협에게도 물어보고 다시 그 통쾌한 해답을 듣고 싶으나 이 말이 꽤 사람들의 입에 오르내린다고 하니, 만약 서로 논란을 주고받는 사이에 한갓 쓸데없는 분란만 일으킨다면 그 역시 좋은 일이 아닐 것입니다. 그래서 이제 번거롭게 말씀드리고 정론을 들어서 학문의 방향을 잡고자 합니다.

侍生性本愚魯粗率, 其於性命之奧, 初不研究, 只就先儒已定之說, 依俙識得而已. 是以, 無自得之效, 而至於四七, 從幼先入之見, 以退陶爲正; 及觀師門『新編』而信從尤篤, 不知有微妙之意, 更有加於此者矣. 昔在義盈直中, 景協貽書, 以聖人之公喜怒謂之理發, 其言纏纏數百言, 證辨明白, 甚可喜也. 其時無書可檢, 草草答之. 大意以爲"喜怒之字義貌像, 終是出於氣, 似無聖愚之別云云", 此友更無所答, 鄙亦依舊膠守, 不復致疑; 後來聞之, 其端盖出於愼進士, 而先生從之, 執事爭執不得云. 同門有此等議論, 而不得問知, 至于今日, 甚矣其蒙陋也! 玆貢愚見, 以祈裁擇. 夫性動爲情; 情本善而不節, 則熾而惡矣. 聖人之公七情, 亦直從性動爲情最初本善處而來, 則與四端無異; 謂之理發, 無不可矣. 雖平人之情, 其出於性命, 則亦似不異矣. 如是看, 則立說易而無艱曲難曉處矣. 然而退陶李子以聖人之喜怒謂氣之順理而發; 此語平正, 無可改評. 而所可疑者, 高峯「後說」, 雖云爛熳同歸, 而其中有云: "七情雖屬於氣而理在其中, 其發而中節者, 乃天命之性, 豈可謂之氣發?" 以斥李子氣順理之語, 而李子之不復辨者, 何也? 「心統性情中圖」包四端于七情之內曰："就善惡幾，言善一邊." 又「答李平叔書」[655] 又是一樣. 今據文集，則高峯「後說」是丙寅年，『聖學圖』在戊辰年，「與李平叔書」在己巳年；然則晚定之論，亦從高峯而然否？ 孟子於四端言心，而又曰："乃若其情"，「禮運」言情，而「樂記」又以喜怒言心；此可見心統情之妙矣. 人心道心·四端七情，名異實同之義，果如執事之論矣. 執事又曰："四端擴充，而節情之功，在其中矣；喜怒之中節·擴充之功，自在相資. 聖人之喜怒，自然中節；謂之理發，可也." 執事今亦爛熳同歸，則此理之當然，不須更疑. 而愚昧終有未釋然者，孟子所謂四端，指出善情，以明仁義禮智之情；又以其涉乎形氣者而言，則其情多端，有以四言者，-『中庸』曰："喜怒哀樂"- 有以五言者，-『大戴禮』曰："喜怒欲懼哀" ○「洪範」傳曰："喜樂欲怒哀"- 有以六言者，-『左傳』子大叔曰：'民有好惡喜怒哀樂，生於六氣.[656]" ○「樂記」曰："哀樂喜怒敬愛心" ○『莊子』"惡欲喜怒哀樂"- 有以七言者，-「禮運」曰："何謂人情？喜怒哀懼愛惡欲." ○ 程子「好學論」曰："喜怒哀樂愛惡欲" ○『內經』曰："喜怒憂思悲驚恐."- 其他字義，有可以情言者，不一而足. 蓋旣有此形氣，則由其好惡善惡之際，而觸感而動者，亦無數矣；雖聖人之從心所欲不踰矩，其諸情之各循氣而發，則與衆人一般矣.『左傳』以六情出於六氣，六氣者氣也. 今以六氣之順序不亂者謂之理發，可乎？ 醫書，七情各有所屬之臟，治法亦循其臟而用藥焉. 雖聖人之七情，其在于形氣中則信矣. 從此形氣而出，則謂之氣發，可矣. 李子氣順理之語，不其然乎，何必曰理發而後可乎？ 以常人言之，其喜怒不是無端而

655 「答李平叔書」：『退溪集』37권에 보인다. 주 402) '李平叔……密啓' 참조.

656 『左傳』……六氣：『春秋左傳』昭公 8년에 보인다. 육기는 여섯 가지 자연 기후 현상인 陰·陽·風·雨·어둠〔晦〕·밝음〔明〕이다.

發, 必有可喜可怒之事而發; 若其可喜可怒, 則是喜怒之當然者也. 當然之喜怒, 皆可謂之理發, 則初出時發于理, 而到失中不節而後, 謂之氣發乎? 凡此所疑, 非欲泥於舊聞, 以亂師門已定之論; 其實抱疑, 無從質問而有此仰稟矣. 將欲以此問于協友, 更聞其痛快之論; 而竊聞此說頗致唇舌云; 若一往一復, 徒致紛紛, 則亦非美事. 故兹以煩告, 欲聞一定之論而爲趨向矣.

25. 소남 윤장에게 답한 편지

答邵南尹丈書 무자년(1768, 57세)

신부(新婦)가 복(服) 입는 문제에 대해서는 말씀해 주신 것이 매우
분명하고 자세하며 게다가 경협(景協)이 『예기(禮記)』「상복소기
(喪服小記)」의 "그의 복에 해당하는 복을 입는다."고 한 조(條)의 소
(疏)에 "상(喪)이 그 사람의 후사(後嗣)가 되기 이전에 있었으면 뒤
미처 복을 입지 않는데, 그것은 그 사람에게 그만한 은혜가 없었을
때까지를 추가해서 책임 지우지 않는 것이다."라는 대목을 인용하
여 밝혔으니, 역시 복을 입지 않아야 한다는 설의 한 증거가 됩니
다. 신부가 복을 받는 것이 기간이 이미 지났으므로 우선 천담복(淺
淡服)을 입고 기다렸다가 분명한 근거가 있는 예설(禮說)이 있으면
그때 가서 그 예설대로 하려고 했던 것인데, 지금 이 두 말이 모두
근거가 될 만하기 때문에 엷은색 옷으로 달 수나 채우고 말도록 하
였습니다.

지금 권기명(權旣明)을 만났더니 예설(禮說)에 대해 여쭈어 온 자
가 있었다고 하는데, 그 중의 '상후(殤後)' 한 대목에서는 끝내 의심이
풀리지 않습니다. 「증자문(曾子問)」에 공자가 "종자(宗子)가 성인이
되지 못하고 죽었으면 서자(庶子)가 그의 후사(後嗣)가 될 수 없다."
라고 했으니, 이에 근거해 보면 후사를 세우지 않는 것이 분명합니다.
「상복소기(喪服小記)」에 "그의 복에 해당하는 복을 입는다."고 한 것
은 소(疏)에서 후사가 되기 이전 본친(本親)의 복으로 입는다는 뜻이
「증자문」과 부합하는데, 진씨(陳氏)는 어찌하여 부자(父子) 사이를

따져서 말한 것입니까. 국가(國家)로 말하면 비록 성인이 되기 이전에 죽었더라도 당연히 군신 부자 관계가 성립되지만, 사가(私家)인 경우는 종자는 비록 그 집안에서 임금과 같은 이치가 있다 하더라도 어찌 국가와 똑같이 할 수가 있겠습니까. 성인이 되기 전에 죽었으면 남의 아버지가 되는 이치가 없고 보면 진실로 후사를 세울 수가 없습니다. 「상복소기」의 이 대목은 오로지 복제(服制)를 말한 것이니 이미 관례를 올리고 계례(笄禮)를 치른 사람은 성인이 되기 전에 죽은 이로 간주할 수 없고 당연히 성인의 복으로 입어야 한다는 것이지 후사를 세우느냐 여부와는 관계가 없는 말입니다.

그런데 진씨의 주(註)대로라면 남자인 경우 관례를 치뤄서 성인이 되기 전에 죽었더라도 성인이 된 것으로 간주하므로 아버지가 될 이치가 있으니 후사를 세우는 것이 혹 괜찮을 수 있지만, 여자가 계례를 올려서 성인이 되기 전에 죽어도 성인이 된 것으로 간주할 경우에도 어머니가 될 이치가 있다고 해서 후사를 세울 수 있겠습니까? 승중(承重)이라고 한 것은 막중한 종묘를 이어 받았다는 뜻이지 아버지를 대신해서 3년복을 입는다는 뜻이 아닙니다. 만약 증조가 살아 계시고 조부가 사망했다면 증조가 더 중하니 아마 조부를 위해 3년상을 입을 수는 없을 듯합니다. 이는 적자(適子)가 있으면 적손(適孫)은 없다는 것과 같은 예(例)인데, 어떻게 생각하십니까?

新婦受服之說, 所教旣甚明備; 景協又引『小記』'以其服服之'疏云: "喪在未後之前, 不復追服, 不責人以非時之恩"以明之, 亦爲不受服之一證. 新婦受服, 旣已愆期, 故姑以淺淡服之而待, 得禮說之明據而行之; 今得二說, 皆可爲據, 故因以淡色衣, 終月數而已. 今見旣明有禮說稟問者, 其中殤後一節, 終是可疑.「曾子問」"孔子曰:'宗子殤而死, 庶子不可爲後也.'"據此則其不立後, 明矣.「小記」'以其服服之'云者, 疏說以未後時本親之服服之意, 與「曾子問」合; 陳氏何以討父子言耶? 以國家言之, 雖殤而死, 固有君臣父子之道; 如以私家言之, 則宗子雖云有君道, 豈可與國家比而同之乎? 殤無爲人父之道, 則固無立後之義矣.「小記」此節, 專以服制言之, 謂丈夫婦人之旣冠旣笄者, 不可以爲殤而當服成人之服, 非有關於立後與否也. 若如陳註, 則丈夫冠而不爲殤, 有爲人父之道, 立後猶或可也; 婦人笄而不爲殤, 則亦可謂有母之道而立後乎? 承重[657]云者, 謂承宗廟之重, 非謂代父服三年也. 若曾祖在而祖亡, 則重猶在曾祖, 恐不得爲祖三年. 此與有適子則無適孫同例, 未知如何?

657 承重 : 적자가 질병이 있거나 사망했을 경우에 적손이 바로 조부를 계승하는 것으로, 조부 쪽에서 말하면 傳重이고, 손자 쪽에서 말하면 승중이다.

26. 소남 윤장에게 답한 편지

答邵南尹丈書 무자년(1768, 57세)

미성년으로 죽은 사람을 위해서는 후사를 세우지 않는다는 것에 대해서는 제 견해가 옳다고 해주신 인정을 받았으니, 또한 자신이 생겼습니다. 옛날에는 가상(嫁殤)이라는 것이 있었기 때문에 주공(周公)이 예를 만들면서 그것을 금지했고, 또 미성년으로 죽은 사람을 위해서 후사를 세우는 경우도 있었습니다. 그러므로 공자가 증자의 물음에 답하면서 후사를 세울 수 없다고 하셨으니, 그 뜻도 분명하고 그렇게 하는 것이 당연합니다.

일찍이 『후한서(後漢書)』를 보았더니 "조조(曹操)가 아끼던 자식 충(冲)이 13세 어린 나이로 죽었는데, 그때 병원(邴原)의 딸도 죽어 조조가 합장할 것을 청했지만 병원이 예 아닌 일이라고 하여 반대하자 조조는 견씨(甄氏)의 딸과 합장했다."고 했고 보면, 가상(嫁殤)의 예를 후세에도 행한 자가 있었던 것입니다. 미성년으로 죽은 사람을 위해 후사를 세우는 것은 후세의 사가(私家)에서는 찾아볼 수 없습니다. 그러나 이는 모두 말세의 난망(亂亡)한 정치였지 선왕(先王)의 법도는 아니었습니다.

보내오신 편지의 말씀 중에 무안군(撫安君)·의성군(宜城君)·담양군(潭陽君)·능창군(綾昌君)에 관한 사실을 뽑아 보내주신 것은 참으로 매우 고맙습니다. 담양·능창 두 군(君)은 성인이 되기 전에 죽은 사람을 위해서 후사를 세운 경우이니, 이미 「상복소기(喪服小記)」의 진씨 주(註)의 오류를 답습하였고, 무안·의성 두 군은 혹은 종손으로, 혹은 종증손으로 후사를 세운 경우입니다. 우리나라가 옛날에는 시양법(侍養法)이라는 것이 있어 소목(昭穆)을 따지지 않고 그냥 자(子)라고만 불렀으니 이는 역시 비루한 습속이었습니다.

전일 제가 말씀드린 내용 중 "국가에서는 미성년으로 죽었더라도 군신이요 부자 사이로 인정한다."고 했던 것은 제왕의 집과 일반 사가와는 다르기 때문입니다. 사가인 경우 아버지와 아들이 이어가는 것을 일세(一世)로 치지만 제왕의 집에서는 뒤를 이은 임금이 비록 소목이 틀리더라도 역시 세(世)로 치기 때문에, 천자(天子)는 7세(世), 제후(諸候)는 5세 한 것은 꼭 아버지와 아들 사이를 가리켜서 세라고 한 것은 아닙니다.

『춘추(春秋)』에 "노(魯)나라에서 희공(僖公)을 태묘에 올려 모셨다."고 한 것을 두고 『공양전(公羊傳)』에서는 "역사(逆祀)는 예(禰)를 먼저하고 조(祖)를 뒤로 한 것이다."고 비판했습니다. 노나라 신하들 입장으로서는 희공이 예가 되고 민공(閔公)은 조가 되니, 민공이 비록 희공의 아우이기는 하지만 희공이 민공 뒤를 이어 임금 자리에 섰고 보면 그 사이는 벌써 아버지와 아들이 서로 잇는다는 개념이 그 가운데에 있는 것이 반드시 아버지라 부르고 아들이라고 불러서만 그런 것은 아닙니다. 『호전(胡傳)』에는 "희공이 민공을 아버지로 보는 것이 예이니 아버지가 죽은 후 자식이 그 뒤를 잇거나 형이 죽고 아우가 잇거나 호칭은 비록 다를지라도 각기 한 세(世)가 되는 것은 마찬가지이다."고 하였으니, 이것이 제가 말씀드린 견해의 증거가 되는 것입니다.

하교하신 중에 『통전(通典)』에서 진(晉)나라 채극(蔡克)이 "신자(臣子)는 군부(君父)에 대해 미성년으로 죽은 것으로 여길 수 없다."

고 한 말이 『춘추』의 의리에 맞다고 하셨고, 또 후한(後漢)의 미성년으로 죽은 충제(沖帝)과 질제(質帝)가 다 후손을 세우지 않고 죽었다 하여 미성년으로 죽은 임금은 후손을 세우지 않는다는 증거를 삼으셨는데, 이는 그렇지 않은 듯합니다. 이 두 황제가 비록 모두 미성년으로 죽기는 했지만 이미 정위(正位)에 올랐고 보면 이는 천하의 임금인 것입니다. 『강목(綱目)』의 「충제기(沖帝紀)」에 "이고(李固)가 '제(帝)가 비록 어린아이지만 그래도 천하의 아버지이다.' 하였다." 한 것이 다시 재론의 여지가 없는 말입니다. 이미 천하의 군부(君父)가 되었으면 신자(臣者)가 높이 섬기는 예(禮)에 어찌 차등을 둘 수가 있겠습니까. 꼭 효자(孝子)다, 효손(孝孫)이다 하고 그 뒤를 이어야만 부자(父子)의 도가 성립되는 것은 아닙니다. 따라서 제왕가(帝王家)에서는 서로 소목(昭穆)으로 이어졌을 경우는 축문에다 자(子) 또는 손(孫)이라 하고, 소목이 다르면 다만 사왕신(嗣王臣) 아무개 또는 사황제신(嗣皇帝臣) 아무개라고만 했으니 그 이치가 바로 이런 경우입니다. 지금 『강목』을 보면, "제(帝)가 미성년으로 죽자 연거푸 대우(大憂)를 만나 백성들이 고역을 치르고 있다 하여 모든 역사(役事)에서 10분의 9를 감쇄했다." 하였습니다. 보내오신 편지의 말씀 중에 산릉을 감쇄한다고 한 것은 이를 가리켜 말씀하신 게 아닙니까? 이는 임금이 미성년으로 죽었다 하여 그런 것은 아닙니다. 여기에 『통전(通典)』이 없어 상고할 수 없으니 한탄스럽습니다. 이고(李固)의 말도 제(帝)가 미성년으로 죽었기 때문에 산릉을 감쇄해야 한다는 뜻으로 한 것이고 보면, 군자들이 비록 폄의(貶議)하지는 않았으나 정론(正論)은 아닐 듯하며 명교(名敎)에 몹시 해가 된다 하겠습니다. 다시 가르쳐 주시기 바랍니다.

『강상문답(江上問答)』은 이름이 홍조(弘祚)인 한영숙(韓永叔)이 쓴 것이라고 들었는데, 그는 권상(權相)의 문인입니다. 남이 뽑아 베껴 놓은 것만 대강 보고 그 전문(全文)을 못 본 것이 아쉬웠는데 지금 빌려 주시겠다고 말씀하시니 다행입니다. 세상의 공론이 나뉘어져서 피차가 합치하기 어려워서 실로 꾸며대는 말이 많으니 또한 우스운 일입니다. 『언행록(言行錄)』에 대한 다툼도 그 원인을 몰랐다가 이제야 비로소 들었습니다만 영남 선비들의 습속이 참으로 답답하고 한탄스럽습니다. 그러나 대세에 몰려 그렇게 된 것이니, 어찌하겠습니까!

'殤不立後'一節, 鄙見得蒙印可, 亦以自信. 盖古有嫁殤[658]者, 故周公制禮有禁[659], 又有爲殤立後者, 故夫子答曾子問, 言不爲後; 其義炳然, 其事當然. 嘗觀『季漢書』, 曺操愛子冲年十三死; 時, 邴原兒女亦喪, 操求與合葬, 原以非禮斥之, 操遂與甄氏女合葬, 則嫁殤之禮, 後世亦有行之者矣. 殤立後, 後世私家, 無可考檢, 然此皆衰季亂亡之政, 非先王之法也. 下諭中撫安・宜城・潭陽・綾昌事, 摘出示敎, 誠爲幸甚. 潭・綾二君, 以殤立後者, 旣襲「小記」陳註之謬論; 撫・宜二君, 或以從孫或以從曾孫立後者. 我國曩昔有侍養法, 不計昭穆, 皆稱爲子, 是亦俗習之陋也. 前日鄙稟"中國家殤, 固有君臣父子之道"云者, 帝王家與私室不同, 私室則父子相繼爲一世, 帝王則繼

658 嫁殤 : 19세 이하의 어린 나이에 죽은 남자와 여자를 결혼시키는 것으로 『周禮』 「地官 媒氏」에 보인다.

659 周公制禮有禁 : 『周禮』 「地官 媒氏」에 "遷葬과 嫁殤을 금했다. 〔禁遷葬者與嫁殤者.〕"한 대목을 두고 말한 것이다.

嗣之君, 雖昭穆不倫, 亦稱爲世. "天子七世, 諸侯五世"云者, 不必指皆父子
而後爲世也. 『春秋』魯躋僖公, 『公羊』譏其逆祀先禰而後祖[660]. 盖以魯臣子
言之, 僖公爲禰, 閔公爲祖. 閔雖爲僖之弟, 僖旣繼閔而立, 則父子相繼之
義, 存乎其間, 不必稱父稱子而後然也. 『胡傳』[661]曰: "僖公父視閔公爲禮,
而父死子繼, 兄亡弟及, 名號雖不同, 其爲世一也." 此鄙稟之所以爲證者也.
下敎中『通典』晉蔡克議臣子不殤君父之語[662], 正得『春秋』之義也. 下敎又
引'後漢殤冲質, 俱未立後爲君[663]', 殤不立後之證; 此似有不然者. 三[664]帝

---

660 『春秋』……後祖 : 魯나라 僖公은 閔公의 庶兄인데 민공이 먼저 임금이 되고
희공이 나중에 임금이 되었다. 그런데 文公이 아버지인 희공을 從父인 민공
의 위에다가 추존했다. 『春秋左傳』文公 2년 조에 보인다. 『春秋公羊傳』에
서 "기롱한 것은 무엇을 기롱한 것인가. 逆祀한 것이다. 그 역사는 무엇인가.
아버지를 먼저하고 할아버지를 뒤로 한 것이다.〔譏, 何譏爾? 逆祀也. 其逆祀
奈何? 先禰而後祖也.〕"하였다.

661 『胡傳』: 宋나라 때 胡安國이 지은『春秋胡氏傳』을 약칭한 것이다. 주 529)
'朱子……『胡氏傳』' 참조.

662 『通典』……之語 :『통전』은 唐나라 杜佑가 편찬한 책이다. 주 418) '『通典』'
참조. 이 말은『통전』82권「爲太子太孫殤服議」에 "博士 蔡克이 獻議하기를
'臣子不殤君父'란 것은 臣子가 자기 君父를 높여서 감히 미성년으로 죽은
사람이라 여기지 않는다는 말이지, 신하를 두었으면 곧 成人이므로 미성년
으로 죽은 사람에 해당하는 복을 입지 않는다는 것은 아니다.〔臣子不殤君父
者, 此謂臣子尊其君父不敢殤之耳, 非爲有臣子便爲成人不服殤也.〕"하였다.

663 後漢……爲君 : 冲帝가 어린 나이에 죽고 이어 즉위한 質帝가 어린 나이에
시해되자 太尉 李固가 杜喬와 함께 淸河王을 옹립하려고 노력하였으나, 權臣
인 梁冀가 桓帝를 세우고 誣獄을 일으켜 이고 등을 죽였다. 『後漢書 63권
李固傳』

664 三 : 문맥으로 보아 二의 오자일 듯하다.

雖皆殤, 君旣踐正位, 則是天下之君也. 『綱目』「冲帝紀」李固所云'帝雖幼
少, 猶天下之父'云者, 無可改評矣. 爲天下君父, 則臣子尊事之禮, 豈有差
等? 不必稱孝子孝孫而旣爲繼嗣, 便成父子之道, 故帝王家以昭穆相繼而立
者, 則祝稱或子或孫, 昭穆不倫, 則祝只稱嗣王臣某嗣皇帝臣某; 其義正是矣.
今考『綱目』, 殤帝[665]崩, 以連遭大憂, 百姓苦役, 凡諸工作, 減十之九. 下
敎中山陵減殺云者, 無乃指此耶? 此非以君之殤而爲然也. 此無『通典』可考,
伏歎. 李固之論, 以帝之殤死謂當減殺云, 則雖無君子之貶議, 似不爲正論,
而其有害于名敎, 甚矣. 伏乞更賜指敎. 『江上問答』[666], 曾聞韓永叔名弘
祚[667]者爲之, 是權相[668]門人. 畧觀人所抄錄者, 而未見全文爲恨. 今承付借
之敎, 伏幸. 世論携貳, 彼此難合, 實多文餙之語, 亦覺一笑. 『言行錄』之爭
競[669], 不知其根因. 今始得聞, 嶺外士習, 誠足悶歎; 大勢所驅, 奈何奈何!

---

665 殤帝: 後漢의 요절한 황제로 이름은 隆이다. 和帝의 작은아들로서 재위 1년
　　만에 요절하였다.

666 『江上問答』: 『宋子大全』附錄 제19권 「記述雜錄」에 실려 있다.

667 韓永叔名弘祚: 韓弘祚의 자가 永叔이고, 寒水齋 權尙夏의 제자이다.

668 權相: 尤庵 宋時烈의 수제자인 權尙夏(1642~1721)를 가리킨다.

669 『言行錄』之爭競: 미상. 퇴계의 『言行錄』을 두고 분쟁이 있었던 듯하다.

27. 소남 윤장에게 보낸 편지

與邵南尹丈書 무자년(1768, 57세)

이달 초순에 우리 집 아이가 용인(龍仁)으로부터 가서 원양(元陽)을 방문하여 선생님의 행장 초본을 가져왔기에 읽어보았더니 흡사 직접 뵙고 말씀을 듣는 것 같아서 사모하는 마음을 견디기 어려웠습니다. 다만 그 문장이 범위가 넓어 좋기는 해도 꼭 그 경전 논의의 줄거리들을 다 쓰려고 했기 때문에 아무래도 좀 잡란(雜亂)해서 서사(敍事)의 체제가 맞지 않은 점이 있습니다. 제 생각에는 언행(言行)만을 대략 써서 그것을 행장 원본으로 삼고 따로 후록(後錄)을 써서 저술(著述)의 대체적인 취지를 서술하는 게 좋을 듯합니다. 그렇지 않으면 차라리 연보(年譜)를 상세하게 쓰는 것이 좋을 것입니다. 존장께서 찌를 붙여 놓으신 곳은 십중팔구 견해가 타당하니 경협(景協)이 보면 아마 생각을 바꿀 것입니다.

지난번에 누가 와서는 존장께서 상례(喪禮)를 논하신 것을 전하면서 널이 나갈 때 시신 머리의 방향은 시속(時俗)에서 상례를 행할 때 머리를 남쪽으로 두는 것처럼 하는 것이 옳다고 하셨다는데, 이는 무슨 근거가 있습니까? 『의례(儀禮)』 '재구(載柩)'조(條)의 주에 "도리어 낮추어 아래로 싣는다.〔卻下而載之.〕"고 하였고 이에 대해 소(疏)에서는 "발이 앞을 향하게 한 것이다."라고 풀이하였습니다. 이것에 의거하면 머리를 북쪽으로 향하게 한다는 것을 알 수 있습니다.

산 사람으로 말하더라도 병이 심해 말을 탈 수가 없어서 침상에다 메고 가게 되면 역시 반드시 머리를 북쪽으로 향하고 발은 앞쪽으로 향하게 합니다. 살았을 때나 죽었을 때나 무엇이 다르다고 굳이 거꾸로 할 필요가 있겠습니까. 혹자는 『가례집람(家禮輯覽)』에서 『개원례(開元禮)』를 인용하여 널이 나갈 때 시신 머리를 남으로 향하게 한다는 증거로 삼고 있다고 하는데, 과연 이와 같이 말했다면 고례(古禮)를 버리고 『개원례』를 따라서는 안 될 듯합니다. 가르침을 주시기 바랍니다.

율곡(栗谷)은 『대학』 장구에서 청송장(聽訟章)을 분정(分定)한 것이 온당치 못하다 했는데, 이는 주자(朱子)가 경전을 풀이하는 체례를 잘 알지 못한 것인 듯합니다. 주자가 경과 전(傳)을 따로 나누어 놓고 전으로 경을 해석하면서 맨 먼저 삼강령(三綱領)을 풀이하고, 다음으로 본말(本末)을 풀이하고, 다음으로 팔조목(八條目)을 풀이했고 보면 청송장은 네 번째에 편입될 수밖에 없습니다. 그동안 선유(先儒)들이 고본(古本)을 옳다고 주장하는 이들이 많았으니 이 또한 아주 틀렸다고만 할 수는 없습니다. "사물은 본말이 있다.〔物有本末.〕", "먼저 하고 뒤에 할 것을 알아야 한다.〔知所先後.〕"는 이 두 구절은 바로 격물(格物) 치지(致知)의 뜻인데, 팔조목 끝에서 "치지는 격물에 있다."라 한 것은 위에 있는 물(物)과 지(知) 두 글자를 이어서 말한 것이니, 꼭 격물치지장을 다시 만들지 않더라도 그 뜻이 절로 그 가운데에 있습니다. 또 '이것이 근본을 아는 것이다.〔此爲知本.〕'·'이것이 앎이 지극한 것이다.〔此爲知之至也.〕'로 끝맺었으니 또한 앞뒤가 딱 들어맞습니다. 그렇기 때문에 성의장(誠意章)에 와서 처음으로 '소위성의자(所謂誠意者)'이 다섯 글자를 말하여 발단(發端)의 처음으로 삼았으니, 말하는 자들이 계속 주장이 분분하여 그치지 않았던 것이 이 때문입니다.

그러나 청송장이 전왕불망(前王不忘) 아래에 있어 문리(文理)가 서로 접속되지 못하니 이는 알 수 없는 일입니다. 회재(晦齋)는 지지(知止)와 물유(物有) 두 구절을 서로 바꿔 경문(經文)의 격물치지의 뜻과 맞게 하고, '소위치지재격물자(所謂致知在格物者)'이 여덟 글자를 물유본말장(物有本末章) 위에 두어 보완하고자 했으니 이것이 꼭 맞는지는 모르겠고, 양촌(陽村)이 '지지(知止)'절(節)은 치지(致知) 이후의 일이라고 한 것이 정밀한 듯합니다. 지금『대학장구(大學章句)』를 읽어보면 위아래가 연결되고 앞뒤가 조응(照應)하여 조금도 하자가 없으니, 다시 쓸데없는 말을 할 필요가 없지만 마침 조금 하찮은 견해가 있어 감히 다시 말씀드립니다.

月初, 迷兒[670]自仁[671]轉訪元陽[672], 始得丈席狀草而讀之; 怳若更承警欬, 悲慕難勝. 第其文章浩博可愛, 而必欲詳著其論經大旨, 故未免雜亂, 有失乎叙事之體. 愚意則畧叙其言行爲元狀, 別爲後錄以叙著述大致; 不然則詳著爲年譜, 可矣. 尊丈附籤處, 八九中窾; 協友見之, 似當有所改圖矣. 向有人來傳尊丈論喪禮'柩行屍首所向', 以世俗行喪時南首爲當云, 此有何據耶? 『儀禮』'載柩'條註云: "卻下而載之", 疏謂"足向前也." 據此則北首可知. 且以

670 迷兒 : 순암의 외아들인 安景曾을 가리킨다. 그의 자는 魯叟이고 호는 惟菴인데 순암보다 일찍 세상을 떠났다.

671 仁 : 仁川을 가리킨다. 安景曾의 처가가 인천 부근 蘇來에 있었다.

672 元陽 : 성호 李瀷의 손자이고 李孟休의 아들인 李九煥의 자이다. 『星湖全集』 附錄에 실려 있는 星湖의 조카 李秉休의 아들인 李森煥이 쓴 제문의 註에 보인다.

生人言之，有疾病，不可騎乘，將以擔牀而行，則亦必北首而足向前矣；生死何以異例而必爲之倒行耶？或謂『家禮輯覽』[673]，引『開元禮』[674]，爲柩行南首之證；果如是說，似不可棄古禮而從『開元』矣．伏乞示教．栗谷以章句所定聽訟章爲未穩，此恐不察朱子釋經之例也．朱子旣已分經分傳，以傳解經，首釋三綱領，次釋本末，次釋八條目，則聽訟章不得不編于第四矣．但自先儒以來，多以古本爲正；此亦不爲無見．“物有本末”·“知所先後”兩句，旣爲格致之義，而八條目之末“致知在格物”云者，承上物字知字而言；不必更爲格致章，而其義自存．又以“此爲知本”·“此爲知之至也”結之，亦似有着落矣．是以，誠意章始言“所謂誠意者”五字，爲發端之始；此言者之所以紛紛不已也．然而聽訟章，在于“前王不忘”之下，文理不能接屬，是未可知也．晦齋[675]以知止·物有二節相換，欲當經文格致之義，而補以所謂致知在格物者八字于物有本末之上，似未知其十分停當；而陽村[676]以知止節爲致知以後

---

673 『家禮輯覽』：조선후기 학자로 禮學에 특히 조예가 깊었던 金長生 (1548~1631)이 『朱子家禮』에 관한 여러 사람들의 설들을 엮어 놓았던 것을 조선 숙종 11년(1685)에 간행한 책으로, 모두 11권 6책이다.

674 『開元禮』：『大唐開元禮』의 약칭이다. 開元은 唐나라 玄宗의 연호이다. 개원 20년(732)에 王嵒의 奏請에 의해 蕭嵩의 지휘 아래 賈登, 張烜 등이 편찬한 책이다. 당나라 太宗과 高宗 때의 五禮를 수정 보완한 것으로 모두 150권이다. 『新唐書 11권 藝文志』

675 晦齋：조선 전기 학자 李彦迪(1491~1553)의 호이다. 그의 자는 復古이고 본관은 驪州이다. 성리학에 조예가 깊었고, 저서로 『晦齋集』, 『大學章句補遺』, 『中庸九經衍義』, 『求仁錄』, 『奉先雜儀』 등이 있다.

676 陽村：조선 전기 학자 權近(1352~1409)의 호이다. 그의 자는 可遠이고 본관은 安東이다. 經學과 문학에 모두 조예가 깊었고, 저서로 『陽村集』, 『入學圖說』, 『五經淺見錄』 등이 있다.

之事云者, 似精矣. 今以『章句』讀之, 上下關鎖, 前後照應, 無少罅漏, 不必
更爲剩語, 而適有微見, 故敢復告之耳.

28. 소남 윤장에게 보낸 편지

與邵南尹丈書 기축년(1769, 58세)

보내오신 편지에 『가례(家禮)』가 만년의 정서(定書)라고 하시면서
주자(朱子)가 쓴 『삼가예범(三家禮範)』의 발문을 증거로 인용하셨
는데, 이 말은 무림(武林) 응씨(應氏)가 이미 했던 것을 구씨(丘氏)
가 변파한 것으로서 지금 『가례의절(家禮儀節)』에 있습니다. 생각
건대 이런 책이 있는 줄 아시면서 또 이런 말씀을 하셨고 보면 필시
십분 의심의 여지가 없는 증거가 있을 터이고, 보내오신 편지에서
인용한 북계(北溪)가 한 말이 과연 명백합니다. 다만 북계가 또 말
하기를,

"가정(嘉定 송나라 영종(寧宗) 연호) 신미년(1211)에 온릉(溫陵)을
지나는데 그때 선생의 막내아들 경지(敬之)가 그 고을 원으로 있으
면서 『가례』한 책을 꺼내 보이며 말하기를 '이것이 바로 왕년에
절에서 잊어 버렸던 본(本)인데 어떤 선비가 베껴 놓았다가 마침
선생 장례 날 가지고 왔기에 다시 되찾을 수 있었다.'라고 하였다."
하였으니, 그 말이 이와 같은 것은 어째서입니까? 북계가 말한 제
례(祭禮)는 이 『가례』가 아니라는 보장이 어디 있겠으며, 남이 훔
쳐갔다고 한 것도 황자경(黃子耕)이 말한 "책이 만들어지자 어느 동
자 하나가 훔쳐 가지고 도망갔다."고 한 것이나, 경지가 말한 "왕년
에 절에서 잃어버린 본이다."라고 한 말과 부합하니 두 책으로 나누
어 보아서는 안 될 듯합니다.

그리고 또 『삼가예범(三家禮範)』의 발문은 갑인년(1194)에 쓴 것

인데, 『어류(語類)』중의 심한(沈僩)이 기록한 무오년(1198) 이후 들은 선생의 말에,

"'적손이 제사를 맡고 있는데 만약 그의 숙(叔), 조(祖)가 아직 살아 있을 경우 자기 고조・증조를 조천(祧遷)하는 것이 마음에 편하겠습니까?'라고 묻자, '이렇게 할 수밖에 없으니 성인이 세운 법은 한번 정해지면 바꿀 수 없다.' 하셨다."

했습니다. 이 기록에 근거해 보면 무오년(1198) 이후에도 대수(代數)가 다한 신주를 장방(長房)에게 옮겨 모시는 것을 옳지 않게 여겼고 그로부터 2년 후 경신년(1200)에 선생이 역책(易簀)하셨습니다. 만약 보내온 편지의 말씀대로라면 『가례(家禮)』의 정식(定式)을 정한 것이 심한의 물음에 답했을 때 이후에 있었던 것이겠습니까? 이는 아마 그렇지 않을 듯합니다.

그리고 또 하나 증거로 삼을 만한 일이 있습니다. 주자가 만약 『가례』를 만년에 확정한 책이라 꼭 그대로 해야 할 것으로 생각했다면 우선 주자의 상사 때 의심하지 않고 반드시 가례의 예를 따랐을 터인데, 문인들이 『서의(書儀)』대로 했으면 어떻겠느냐고 묻자 소략(疏略)하다고 하고, 『의례(儀禮)』대로 하면 어떻겠느냐고 묻자 고개를 끄덕였고, 『가례』는 애초에 말씀하지도 않은 것은 어째서입니까? 다시 가르침을 주시기 바랍니다.

示諭『家禮』爲晚來定書，引朱子跋『三家禮範』文[677]以證之，此語武林應氏

---

[677] 朱子跋『三家禮範』文 : 『三家禮範』은 宋나라 張栻이 지은 책으로, 자신과 司

已有之⁶⁷⁸, 而丘氏辨破⁶⁷⁹, 在今『儀節』中矣. 伏想知有此書, 而又有此敎,

馬光・程子의 禮說을 모아 놓은 것이다. 宋나라 紹熙 5년 갑인년(1194),
주자가 65세 때 쓴 『삼가예범』의 발문에서, 司馬光의 『書儀』를 바탕으로
諸家의 학설을 참고해서 책을 만들려고 했는데 몸이 병들어서 다 끝마치지
못하였다고 하였다. 『朱子大全 83권 跋三家禮範』

678 此語……有之: 武林應氏는 元나라 때 학자인 應本中이다. 그가 「家禮辨」을
지어서 『가례』가 주자의 저술이 아님을 처음으로 변증하였다. 그러나 그의
「가례변」은 전문이 전하지 않고 明나라 때 丘濬이 간행한 『家禮』에 일부
발췌되어 있을 뿐이다. 그 설은 대략 "주자가 65세 때인 紹熙(1194) 8월에
지은 『三家禮範』의 발문에서 '司馬光의 『書儀』를 바탕으로 諸家의 설을 참고
하여 책을 만들려 했으나 병들어서 끝마치지 못했다'고 했고, 주자의 제자인
黃勉齋가 쓴 『가례』의 後序에서는 '주자가 『家禮』를 저술하다가 탈고하기도
전에 세상을 떠났다'고 하였다. 우선 연대를 가지고 고증해 보면, 1194년에
주자가 쓴 발문에서 스스로 '병들어서 끝마치지 못하였다'고 했는데 그보다
25년 전인 1169년에 이미 이 책이 있을 수 있었겠는가. 더구나 황면재가
탈고하기 전에 세상을 떠났다고 했고 보면, 『가례』가 주자의 저술이 아님은
분명하다. 주자의 문집 중에 『가례』가 이미 네 권이 완성되었다고 한 곳이
있고, 『가례』의 서문도 들어 있지만 이는 주자의 문인들이 근거 자료로 삼으
려고 써 넣은 것일 뿐이다."는 것이다.

679 丘氏辨破: 丘氏는 明나라 때 학자인 丘濬을 가리킨다. 그는 자가 仲深이고
호가 瓊山이며, 文淵閣大學士를 지냈다. 주자의 학설에 정통하여 『大學衍義
補』, 『家禮儀節』, 『五倫全備』 등을 저술하였다. 그는 『가례의절』에서 武林
應氏의 설을 반박하였다. 그 설은 대략 "『가례』는 완성되지 않은 책이라고
할 수는 있을지언정 주자의 저술이 아니라 해서는 안 된다. 『가례』의 서문은
주자가 아니면 결코 지을 수 없는 것이다. 황면재가 미처 탈고하지 못하였다
고 한 것은 주자의 『儀禮經傳通解』를 두고 한 말이다. 주자가 『삼가예범』의
발문에서 말한 것도 諸家들의 설을 참고하여 완전한 책을 만들겠다고 한
말이지, 당시에 『가례』가 없었음을 뜻하는 말은 아니다. 주자의 제자들도
『가례』를 주자의 저술이라 했는데 應氏는 훨씬 후대인 元나라 至正 연간에

則必有十分無疑之證, 而下書所引北溪[680]之言, 果是明白. 但北溪又曰: "嘉定辛未, 過溫陵; 先生季子敬之[681]倅郡, 出示『家禮』一篇云: '此往年僧寺所亡本也. 有士人錄得, 會先生葬日携來, 因得之.[682]'" 其言又如此, 何也? 北溪所謂祭禮, 安知非此『家禮』? 而其所謂被人竊去[683]云者, 與黃子耕[684]所云"書成, 被一童行竊以逃"·敬之所云"往年僧寺所亡本"之語相合, 恐不可分二看也. 且『禮範』跋文, 在甲寅歲, 而『語類』沈僩[685]所錄, 戊午以後所聞,

---

태어나서 『가례』는 주자가 편찬한 책이 아니라 문인들의 손에서 나온 것이라는 엉터리 주장을 하였다."는 것이다.

680 北溪 : 주자의 제자인 陳淳(1159~1223)의 호이다. 그의 자는 安卿이고 시호는 文安이며, 漳州 龍溪 사람이다. 주자가 漳州太守로 있을 때 수학하여 黃榦과 함께 高弟가 되었다. 저서에 『北溪字義』 등이 있다.

681 敬之 : 주자의 막내아들인 朱在의 자이다. 蔭補로 承務郞이 되었으며, 벼슬이 吏部侍郞에 이르렀다.

682 嘉定……得之 : 『北溪大全集』 14권 「代陳憲跋家禮」에 보인다.

683 北溪……竊去 : 북계 陳淳이 기록한 주자의 말에 "司馬溫公의 『書儀』를 사람들이 행하기 꺼리는 것은 단지 군더더기 말이 너무 많아 내용이 길어 사람들로 하여금 읽기 어렵게 하기 때문이지만 기실 行禮하는 곳은 많지 않다. 내가 일찍이 『祭儀』를 編修했는데 단지 중간 부분의 行禮하는 곳만 5, 6단락으로 나누어 매우 간단해 알기 쉬웠다. 그런데 후일에 누가 훔쳐가 잃어버렸다.〔『溫公儀』人所憚行者, 只爲閒辭多, 長篇浩瀚, 令人難讀; 其實行禮處無多. 某嘗修『祭儀』, 只就中間行禮處, 分作五六段, 甚簡易曉; 後被人竊去亡之矣.〕"라 하였다. 『朱子語類 97권 淳錄』

684 黃子耕 : 주자의 제자인 黃𦅸의 자가 子耕이고, 호는 復齋이다. 저술로 『復齋集』이 있다.

685 沈僩 : 宋나라 때 사람으로 자는 莊仲이고, 溫州 永嘉縣 사람이다. 주자의 제자로, 무오년(1198) 이후에 주자에게 들은 것을 7, 8백 조목 정도 기록하

有云:"嫡孫主祭, 若叔祖尙在, 則乃其祧其高曾, 於心安乎[686]? 曰: '只得如此, 聖人立法, 一定而不可易.'" 據此則戊午以後之論, 亦以長房遷奉爲不可. 後二年庚申而先生易簀; 若如來敎, 『家禮』之定式, 在於答沈僩後耶? 此亦恐不然. 有一事可證者; 先生若以『家禮』爲晚定必行之書, 則先生之喪, 必從無疑, 而門人問以『書儀』從事則曰疎畧, 問以『儀禮』從事則頷之, 而『家禮』則初不擧論者, 何耶? 伏乞更敎.

였다.

686 嫡孫……安乎 : 『朱子語類』 87권에 보인다.

29. 소남 윤장에게 보낸 편지

與邵南尹丈書 기축년(1769, 58세)

여헌선생(旅軒先生)의 「이기경위설(理氣經緯說)」은 예전에 한번 본 적이 있는데 문장은 크고 넓었지만 어의(語意)가 중복되어 도리어 지루함을 느낄 정도였고, 그 이기(理氣)를 논한 설은 기고봉(奇高峯)이 했던 논의를 그대로 주장하고 있었습니다. 이 뜻을 일전에 선생님께 여쭈어 보았으나 가부간의 하교가 없어 지금껏 답답하던 차였는데 지금 내려주신 가르침을 받으니 바로 제 생각과 똑같았습니다. 직접 뵙고 가르침을 받을 수 없는 것이 한탄스럽습니다.

대저 이기설(理氣說)이 있고부터 이에 관한 학설이 한우충동(汗牛充棟)으로 많아 오늘날 학자들이 가장 중요시하는 저술의 자료가 되어 하나의 폐단을 이루는 실정입니다. 가만히 생각해 보면 사람이 학문한다는 것이 악을 버리고 선을 따르는 데 불과하니, 이기(理氣)가 비록 성명(性命)의 근원이라고는 하지만 실용(實用)에는 별 관계가 없는 것 같고, 공연히 말만 오가는 사이에 한갓 종이 위의 한가한 말만 늘어놓다가 점점 과격해져서 각축을 그치지 않는 것은 또한 무슨 작태입니까?

지금 세상에서 이자(李子 퇴계 이황)를 신봉하는 쪽은 고봉과 율곡을 배격하고, 율곡을 신봉하는 쪽은 이자를 배척하는 데 점점 물들어 간 나머지 율곡의 말로 빠져 들어가서 이르기를 "이자가 큰 근원에 있어서는 아무래도 견해가 좀 부족한 것 같다."라고 합니다. 그런데 이런 말을 하는 이들 중에는 뛰어난 선비가 많은데도 모두가 이와 같고 보면 그 형세로 보아 수가 많은 쪽이 이길 수밖에 없을 것입니다. 이는 각기 소견이 달라서 그런 것이니 억지로 서로 맞추려고 할 것이 없고 각자 자기 소신을 존중하면 그만일 것입니다. 어찌하겠습니까. 접때 들으니 이연일(李延日) 경문(景文)이 사응(士凝)에게 보낸 편지에 이러한 주장을 했는데 존장께서 그 편지에 대신 답했다고 합니다. 과연 사실입니까? 우리 쪽의 벗들도 이자(李子)의 설을 믿지 못하는 사람이 많은데, 다른 사람에게야 무엇을 바라겠습니까. 시생이 평소 의심하고 있는 것은 퇴계가 고봉이 맨 끝으로 쓴 「총론(總論)」이 있은 이후에는 더 이상 변설(辨說)한 바가 없었고, 「심학도(心學圖)」와 이평숙(李平叔)에게 보낸 서한도 다 기고봉 「총론」이 나온 뒤에 씌어진 것인데, 기고봉의 설과 부합하는 곳이 많다는 사실입니다. 퇴계가 만년에는 혹시 기고봉이 마지막으로 한 말을 따랐던 것은 아닌가 생각됩니다. 다시 가르침을 주시기 바랍니다.

旅軒先生經緯說, 昔日一覽, 文章雖博大浩洋, 而語意重複, 反覺支離; 其論理氣說, 專主高峯緖論. 此義前日稟告丈席, 未承可否之敎, 迨今爲菀; 今承俯敎, 正與鄙意相符, 而無以穩奉面命, 伏歎. 大抵自有理氣說後, 其言可以充棟, 爲今世學者最初立言之資, 便成一弊. 竊意人之爲學, 不過去惡從善而已; 此雖云性命原頭, 似無關于實用, 說來說去, 徒作紙面上閑話, 轉成層激角勝未已者, 亦何光景! 今世主李子者黜高栗, 主栗谷者斥李子, 而漸染之餘, 浸浸混入于栗谷語, 謂李子於大原上, 終欠分數; 彼爲此說者, 其中盖多有豪傑之士而皆如是, 則其勢恐是多者勝耳. 此皆所見之不同, 不必强以相合, 各尊所信而已. 奈何奈何! 向聞李延日景文[687]貽書, "士凝有此說, 尊丈替答其書"云, 未審果然否? 此中儕友多有信不及者, 況望其他乎?

侍生平日所疑者, 退溪於高峯最末「總論」後, 無復辨說, 而「心學圖」⁶⁸⁸與
「李平叔書」, 皆在奇論之後而與之多合；竊恐退溪晩來, 或從奇論之末段語
耳. 伏乞更賜指敎.

687　李延日景文：조선 후기 퇴계학파의 대표적인 학자인 李象靖(1710~1781)
　　　을 가리킨다. 그가 延日縣監을 역임했으므로 이렇게 부르는 것이다. 그의
　　　자는 景文이고 호는 大山이며, 관향은 韓山이다. 저서로『大山集』,『退溪書
　　　節要』등이 있다.

688　「心學圖」：퇴계의『聖學十圖』중「心統性情圖」를 가리킨다. 이 圖는 上・
　　　中・下 셋이 있는데 그 중 中圖가 고봉 기대승의「總論」의 설과 부합하는
　　　점이 많다.

30. 소남 윤장에게 보낸 편지

與邵南尹丈書 경인년(1770, 59세)

일전에 문득 이런 생각이 났습니다. 성현(聖賢)의 참된 가르침은 달리 찾을 필요가 없고 오로지 효제(孝悌)와 인륜(人倫)에 있습니다. 그래서 『서경』 「요전(堯典)」은 가장 오래된 글이고 천하라고 하는 대기(大器)를 남에게 전하려 하면서 사람을 추천할 때 대상이 재능이나 경륜(經綸)이 아니라 다만 "능히 효도로 화합하고 점차적으로 다스려 간사함에 이르지 않았다."고만 말했고, 요(堯) 임금이 시험해본 것 역시 두 딸을 통해 순(舜)의 사람됨을 관찰하는 데 불과했습니다. 그리고 그 후 『맹자(孟子)』 역시 "요순(堯舜)의 도는 효제뿐이다."라 했고, 『대학(大學)』의 치국평천하도 그 효과가 여기에서 벗어나지 않으니, 고인들의 학문을 상상해 알 만하지 않습니까. 이러한 의사(意思)를 예전엔들 제가 어찌 몰랐겠습니까마는 그때는 겉으로만 알고 있다가 이제 와서야 비로소 참되고 절실하게 깨달아 참으로 부지런히 그대로 본받고 싶으나 병이 또 부쩍 심하여 진보할 가망이 없을 듯합니다. 어찌하겠습니까!

日前忽憶聖賢眞的旨訣, 不容他求, 亶在孝悌人倫上. 堯典是首出文字, 而以天下之大器, 欲傳之于人, 而其所薦, 不言才能經綸, 而但曰: "克諧以孝, 烝烝乂, 不格姦", 帝之所試, 亦不出于觀厥刑于二女; 其後孟子曰: "堯舜之道, 孝悌而已"; 『大學』治平之效, 亦不出於此, 則古人爲學, 盖可想知矣. 此意思, 舊時豈不曉解? 而都是皮膜看得, 今始覺得眞切, 誠欲孜孜效法, 而疾病又此添重, 似無進益之望. 奈何?

31. 소남 윤장에게 보낸 편지
與邵南尹丈書 경인년(1770, 59세)

『퇴계집(退溪集)』에 어떤 사람에게 보낸 편지를 보았더니,

"날마다 학자 두세 사람을 가르치느라 나 자신은 독서할 만한 여력
이 없다네."-기억은 잘 나지 않으나 대체로 이러한 뜻이었다.-

라고 한 말을 보았는데, 이때가 경오년(1570)이니 선생의 나이 일
흔 때입니다. 선생께서 늘 병인(病人)으로 자처했으면서도 그렇게
남을 가르치는 데 부지런하시고 자신을 다스리는 공부에도 이처럼
독실했으니 비루하고 졸렬한 저 자신을 돌아볼 때 그저 개탄할 따
름입니다.

선생님께서 세상을 떠난 뒤 다행히도 존장께서 우뚝이 후진들의
존경을 한 몸에 받고 있고, 장천(長川)께서는 꿋꿋하고 독실하여 쇠
하지 않으시니, 참으로 흠탄할 일입니다. 우리의 바른 학문을 의탁할
곳이 있다고 하겠습니다. 후배들 역시 전혀 사람이 없는 것은 아니겠
으나 제가 보기에는 충신(忠信)하고 노성(老成)하여 이 학문의 중책
을 떠맡을 만한 사람이 반드시 있는지는 알지 못하겠습니다. 전해
듣기에 근래 존장의 문하에 출입하는 사람이 많다고 하는데, 심사윤
(沈士潤)은 일찍부터 들어서 알고 있지만 이 밖에 또 어떤 사람이
있습니까?

공부에 지행(知行)이 함께 따라야 한다는 것은 누구나 다 알고 있
으면서도 참으로 알기가 실로 어렵고 실행에 옮기기가 쉽지 않으니,
이 때문에 덕을 이룬 군자가 되기 어려운 것입니다.

맹자 이후 천오백 년 동안 이 학문이 쓸쓸했습니다. 양한(兩漢) 때에는 선비들이 독실히 실행하는 데는 힘썼으나 이치를 아는 것이 부족했습니다. 이런 까닭에 많이 이단(異端)으로 빠져 들어가 스스로 뛰쳐나오지를 못했던 것입니다. 다행히도 두 정씨(程氏)가 나타나 격치(格致)의 학문을 강조하고 주자가 뒤를 이어 거듭 밝혀 놓았습니다. 이에 궁리(窮理)의 학문이 천하에 가득하여 이단은 발붙일 곳이 없었습니다. 그러나 그 폐단이 결국은 구이지학(口耳之學) 쪽으로 많이 흘러 혹 실속 없는 형식에 그치고 마는 경우가 많았습니다.

남명(南冥)이 퇴계를 비판했던 것은 당시로서는 꼭 그렇게까지 말할 필요는 없었겠지만 오늘에 와서는 사실 약석(藥石)이 된다 하겠습니다. 학문을 하는 데 있어서는 반드시 그 폐단이 어디에 있는지를 알아 바로잡아야 한즉 자신의 공부와 남을 가르치는 일이 다른 것이 없습니다. 다만 실제로 공부에 힘을 쓰고 가식적인 태도가 없는 것이 참으로 어렵습니다.

선생님의 연보(年譜)는 반드시 있어야만 하는 글입니다. 장천(長川)과 원양(元陽)이 능히 일을 할 수 있겠지만 이른 나이에 수업한 분으로는 존장보다 앞서는 이가 없습니다. 그래서 지난해에 한두 번 여쭈어 보았으나 존장께서는 수락하지 않으시기에 다시 또 여쭐까 하다가 억지로 강요하는 것 같아 그만두었는데, 지금 하교를 받고 보니 참으로 다행스럽습니다. 연보를 어찌 조정에 올라 일을 한 행적이 있어야 만드는 것입니까. 저술하여 도(道)를 밝히는 일이 그 얼마나 큰 사업입니까. 이 역시 연월을 기록할 만한 것이 있을 터이며 사우(士友) 간에 학문을 강론한 것 중에는 반드시 채록할 만한 것들이 많이 있을 터이니, 이를 추려서 기록하는 것은 반드시 해야 할 일입니다. 이 연보가 만들어지면 문집은 비록 미처 간행 배포하지 못한다 하더라도 선생님의 학문의 대체(大體)는 이미 밝혀진 셈이니 어찌 좋은 일이 아니겠습니까. 이미 착수하셨으면 제게 보여 주시기 바랍니다.

『가례』가 주자의 만년에 지은 책이라고 하신 말씀은 전일에 듣고 아무래도 이해가 가지 않아 진북계(陳北溪)·이과재(李果齋)·양신재(楊信齋)·황자경(黃子耕) 등의 말들을 말씀드렸고, 또『가례』가 만약 만년에 이루어진 정례(定禮)라고 한다면 주자의 상사 때 의당 가례를 따라야 하는 것이 의심할 나위 없을 터인데,『의례(儀禮)』라 하고『서의(書儀)』라 하여 하나로 확정하지 못했던 것은 어째서입니까? 게다가『가례』에는 장방(長房)이 봉사하는 것으로 되어 있는데,『어류』에 심한(沈僩)이 무오년(1198) 이후에 들었다는 것이나 호백량(胡伯量)과 이요경(李堯卿)의 물음에 대한 답에서도 다 "장방에게로 옮겨 제사 모시는 것은 옳지 않다."고 했으니, 이것이 모두 주자의 만년의 정론(定論)입니다. 이 어찌『가례』와 서로 어긋나지 않겠습니까. 그리고 선생의 여러 편지에서 말한『제의(祭議)』가 이 책이 아니라는 보장이 어디 있겠습니까. 북계에게 "남에게 도둑맞아 잃어버렸다."고 한 말이 "절에서 잃어 버렸다."고 한 여러 문인들의 말과 서로 들어맞아 의심할 여지가 없을 것 같습니다. 그런데 존장께서는 제의(祭儀)라고만 하고 관혼(冠婚) 등의 예들은 말하지 않았다는 사실을 가지고 의심하시는데 이에 대하여는 과재도 한 말이 있습니다. 그는 말하기를 "상례(喪禮)와 제례(祭禮)를 만들고, 이를 미루어 관례·혼례를 정한 것이다."고 했습니다. 그렇다면 관례·혼례 등은 뒤에 와서 이어서 지었을 것입니다. 주자가 쓴『삼가예범(三家禮範)』의 발문에서 『가례』에 대해 말하지 않은 것은 이 책을 잃은 지 이미 오래기 때문에 그를 생략하고 굳이 번거롭게 말하지 않았던 것입니다.

다만 존장께서 말씀하신, 황면재(黃勉齋)가 지은 행장(行狀)에서 "후에 내용을 더하고 뺀 것이 많다."고 한 말은 참으로 의심스럽습니다. 그러나 이는 표현이 잘못된 부분을 가지고 말한 듯합니다. 황면재·이과재·양신재는 직접 문하에서 배운 고제(高弟)이고, 주경지(朱敬之)는 집안 자제인데, 이들이 이와 같이 말했고 보면 분명치 않은 황면재 말 한 마디를 가지고 그 많은 사람들의 명백한 말을 의심할 수야 있겠습니까. 구준(丘濬)의 『가례의절(家禮儀節)』 첫 권을 한번 보시는 것이 어떻겠습니까.

근래 기명(旣明)이 책을 읽다가 홀로 자득(自得)한 견해가 혹 있으니 기쁜 일입니다. 그가 "옛날에는 머리를 풀어 헤치지 않았다."고 하면서, 그 증거로 「상대기(喪大記)」의 "모(髦)를 떼버린다."고 한 대목과 「단궁(檀弓)」의 "무숙(武叔)이 소렴(小斂)한 뒤 관을 벗고 머리털을 묶었다."고 한 대목을 들어 일반 사람이 비녀를 꽂고 머리싸개〔纚〕를 한 것이나 죽은 이 머리털을 틀어 쪽을 짓는 것이나 상인(喪人)이 머리를 싸 묶는 것이나 다 같은 뜻이라고 하였습니다. 이 말이 그럴 듯하지 않습니까. 어떻게 생각하십니까?

악수(握手)를 둘로 쓴다고 한 기록이 『예경』에는 없습니다. "좌우수(左右手)"라는 기록은 있지만 그것이 꼭 둘로 써야 한다는 증거로는 볼 수 없는데 정현(鄭玄)의 주석 이후로 다 둘로 써 왔고, 『구씨의절(丘氏儀節)』과 우리나라 『오례의(五禮儀)』에도 다 그렇게 되어 있습니다. 우리나라에서도 중엽까지는 대개 하나로 쓴 이가 많아 그대로 풍속이 되었습니다. 누가 처음 이렇게 했는지 알 수 없으나 기고봉이 그것이 옳지 않다고 밝혔고 퇴계가 그 견해를 따랐습니다. 그래서 지금은 확정하여 둘로 쓰고 있습니다. 그런데 기명은 "하나로 써야 하니 신의 끈을 서로 매는 것이나 묶음을 서로 연결하는 것이나 그 뜻이 같은 것이다."고 하는데-이 말은 원래 김사계(金沙溪)의 말이다.- 이 말은 어떻게 생각하십니까?

嘗觀退溪集與人書, 有"逐日課數三學者, 自無餘力, 可以讀書"-不能記得, 大意如此,-之語, 此庚午歲先生年七十時也. 先生嘗以疾病自處, 而其誨人之勤·自治之篤, 如是其至; 自顧陋劣, 慨恨而已. 先生喪後, 幸而尊丈歸然爲後進之瞻仰, 長川**689**強毅篤實, 老而不衰, 誠可欽歎. 此道可謂有托, 後生輩亦不無其人; 以愚所見, 但忠信老成, 任擔負之望者, 未知其必然矣. 仄聞近來出入門屛者多, 沈士潤**690**夙有所聞, 其他更何人耶? 工夫之知行交修, 人皆知之, 但眞知實難, 實行不易, 此終無以成德矣. 孟子以後千五百年, 此學寥寥者, 兩漢之際, 士務篤行而知解分數不足. 是以, 多陷溺于異端而不自拔; 幸有兩程出而有格致之學, 朱子申明之. 於是, 窮理之學滿天下, 而異端不能容. 然而其弊多流於口耳之學, 或多爲鳥言倡禮之歸; 南冥之譏退溪, 在當時未必然, 而在今日實藥石. 爲學必知其弊之所存而救正之, 則自修·敎人, 無異道矣; 但實然用力而無虛矯之習, 誠難矣. 師門年譜, 是必有之文字; 長川·元陽似能爲之, 早歲受業, 未有先於尊丈. 故頃歲一

689 長川 : 성호 이익의 조카인 貞山 李秉休(1711~1777)를 가리킨다. 그가 충청도 德山의 長川里에 살았으므로 이렇게 부르는 것이다.

690 沈士潤 : 순암의 제자로 자가 士潤이고 溦〔유〕이다.

再禀告, 而尊丈之意不然, 切欲更禀, 而亦似强聒而止; 今承示敎, 誠幸誠幸. 年譜豈皆登朝有施措而後爲之耶? 著書明道, 是何等事業! 亦必有年歲之可紀, 且與師友論學, 必多可採者, 節刪錄之, 在所不已. 此書得成, 則文集雖未及刊布, 大體斯已得矣, 豈不好哉! 若已下手, 伏乞俯示. 『家禮』晚成之諭, 前日承敎, 不能領會, 以陳北溪·李果齋·楊信齋·黃子耕語告之, 又告以爲『家禮』若是晚成定禮, 則朱子之喪, 當從『家禮』無疑, 而曰儀禮曰書儀而不能一定, 何也? 且『家禮』以長房奉祀爲言, 而『語類』沈僩戊午以後所聞及胡伯量·李堯卿之問, 皆以長房爲不是; 此皆晚論也, 豈不與家禮相戾乎? 先生諸書所稱祭儀, 安知非爲此乎? 語北溪以被人竊失云, 亦與諸門人僧寺所亡之語相符, 似無可疑, 而尊丈以單擧祭儀字, 不言冠婚等禮爲疑; 果齋亦有言矣, 其言曰: "成喪祭禮, 推之於冠婚." 然則冠婚等禮, 後來所續者耳. 『三家禮範』不言, 旣失之已久, 故省文而不必煩說矣. 但尊丈所敎"勉齋所撰行狀, 後多損益"之語, 誠甚可疑. 然此或語病耳. 彼黃·李·楊, 皆及門高弟, 朱敬之亦是家子弟, 而有所云云, 則豈可以勉齋朦朧之一語致疑許多人有明白可言者乎? 試取『丘儀』初卷而入覽, 如何」近來旣明讀書, 或有獨到之見, 可喜. 其論古不披髮, 以「喪大記」之去髦[691]·「檀弓」'武叔小斂投冠括髮'之語證之, 以爲平人之笄纚·死者之髻髺·喪人之括髮, 其義一也. 此言似然, 未審如何? 握手[692]用二, 經無明文, 雖有左右手之文, 而未見爲用二之證, 而鄭註以後皆用二, 『丘氏儀節』及我國『五禮儀』皆然矣. 國

---

691 髦 : 어렸을 때 머리털을 깎아 만든 것으로 좌우 양쪽에 달고 다니다가 아버지가 죽으면 왼편의 것을, 어머니가 죽으면 바른편 것을 떼버린다. 『禮記 喪大記』

692 握手 : 殮襲할 때 죽은 이의 손을 검은 베로 묶는 것이다.

朝中葉, 多用一, 因以成俗, 未知何人創行, 而奇高峯辨其非是, 退溪從之; 今則定而用二矣. 旣明亦云:"當用一絢之相結, 擘之相聯."其義同.-此本金沙說.- 此言亦如何?

32. 소남 윤장에게 답한 편지

答邵南尹丈書 신묘년(1771, 60세)

공정한 희노(喜怒)는 이발(理發)이라고 한 설을 가지고 존장과 경협(景協)이 20년도 넘게 논쟁해 왔으나 끝내 서로 견해가 합치하지 않았으니, 이는 견해가 서로 합치하지 못한 채 끝나고 말 것입니다. 이제 조금 그만둠직한데 지금 또 논쟁을 그치지 않으니 이는 갑(甲)은 "을(乙)은 마음을 평정히 가지기 바란다." 하고 을은 "갑은 마음을 평정히 가지기 바란다."고 하면서 끝내 마음을 평정하게 가질 기약이 없는 것과 무엇이 다르겠습니까. 선생님의 설에는 이런 말씀이 없었는데 경협이 자기 말을 합리화하기 위해서 이런 설을 주장했다면 심술(心術)에 해가 됨이 클 것입니다. 경협의 식견과 학문으로 어찌 이런 짓을 했겠습니까. 그렇지 않다면 선생님께서 만년에 학생들을 가르칠 때 그가 혹시 들은 바가 따로 있어 그렇게 말한 것일는지 모르겠습니다.

　존장께서 그의 주장이 선생님 설에 위배될까 염려하여 힘써 배척해 마지 않으셨으니 그는 틀림없이 놀라고 두려워 몸 둘 바를 모르고 있을 것입니다. 지금 와서 양쪽의 의견이 각기 다르고 보면 필시 합일될 리는 없을 것입니다. 존장께서 글 한 편을 따로 써서 옳지 않은 점 및 선생님의 설과 어긋나는 곳을 변증하여 종유(從遊)하는 후학들에게 보여 주시는 것이 좋을 듯합니다. 다시 붓을 휘둘러 계속해 쟁변(爭辨)하다가 서로 화기(和氣)를 잃게 되어서는 안 될 것입니다.

公喜怒理發之說, 尊丈與景協爭之蹟二十年, 而終未相合, 則是終於不合而已. 迄可少止, 而今又爭之不已; 是何異於甲者曰願乙平心, 乙者曰願甲平心,[693] 而竟無相平之期乎? 師說無是語, 而此友欲文己說而爲之, 則其爲心術之害大矣. 以此友之見識問學而豈爲是哉? 不然則丈席晚來講授之際, 或有承聞而然耶? 伏見尊丈以違悖師說爲懼而力斥不已, 渠必驚悚無置身之地矣. 到此地頭, 兩下意見各異, 必無同歸之理; 尊丈別爲一篇文字, 以辨其不然及與師說相違處, 以示從遊之後進, 似或可矣; 不可復奮筆舌, 屢屢爭辨, 致失和氣矣.

---

693 甲者……平心 : 朱子가 陸象山과 토론하면서 보낸 편지에서 "또 기억하건대 지난해 마음을 평정하게 가지자는 말이 있었습니다. 그런데 전자에 보내온 편지에서 말씀하기를 '갑과 을이 논변하면서 각자 자기 설을 옳다고 여겨 갑은 원컨대 을은 마음을 평정하게 가져라 하고 을도 원컨대 갑은 마음을 평정하게 가져라 하니, 마음을 평정하게 가지라는 말이 명백하기 어렵습니다. 사실에 의거하여 이치를 논하는 것만 못합니다.'라고 하셨습니다.〔又記頃年嘗有平心之說, 而前書見諭曰: '甲與乙辨, 方各自是其說, 甲則曰願乙平心也, 乙亦曰願甲平心也, 平心之說, 恐難明白; 不若據事論理可也.〕"한 데서 인용한 것이다. 『朱子大全 36권 答陸子靜』

33. 소남 윤장의 별지에 답한 편지

答邵南尹丈別紙書 신묘년(1771, 60세)

문(問)

원형이정(元亨利貞)은 모두 문왕(文王)이 쓴 글이고 이를 사덕(四德)과 대형정(大亨貞)으로 풀이한 것은 모두 공자(孔子)가 쓴 글인데,『본의(本義)』에서는 사덕은 공자가 풀이한 것으로 보고, 대형정은 문왕의 본의인 것으로 보았으니, 주자가 무엇 때문에 꼭 두 성인의 뜻이 같지 않다고 하셨는지요. 이 점이 실로 평소 이해하지 못하는 문제입니다. 명쾌한 해석을 내려 주시기 바랍니다.

問: 元亨利貞之文, 皆是文王之係; 四德大亨貞之解, 亦皆孔子之文. 而『本義』以四德爲孔子之解, 以大亨貞爲文王本義; 晦翁緣何必謂二聖之意不同? 此實平生未得解蒙者, 幸爲明賜快釋.

답(答)

원형이정을 이치〔理〕를 위주로 하여 말하면 사덕(四德)이 되고 점(占)을 위주로 하여 말하면 크게 '형통함〔大亨〕'이 되고 '정고(貞固)함이 이로움〔利於貞〕'이 됩니다. 성인의 말씀은 말은 간략해도 뜻이 원만하여, 체(體)와 용(用)을 겸해서 말하고 이(理)와 수(數)를 포괄해서 말하였으니, 어느 한쪽만을 가지고 말할 수는 없습니다. 그러나 역(易)이라는 것이 원래 복서(卜筮)를 위주로 한 글이기 때문에 원형이정은 점을 위주로 한 뜻이지만 사덕의 이치도 실은 그 속에 담겨져 있는 것입니다. 공자는 역을 점 위주로만 풀이할 경우 혹시라도 술수(術數)쪽으로만 빠져 역의 이치가 드러나지 않을까 염려했습니다. 그래서 사덕을 나누어 말했고, 그리고 대형정의 뜻은 애당초 문왕의 그것과 다를 바가 없었던 것입니다.

　주자는 그 중에서 비교적 중점을 둔 쪽으로 말하여 "문왕은 점을 위주로 하고 공자는 이치를 위주로 했다."고 했습니다. 그러나 점이 이치를 벗어날 수 없고 점 속에는 이치가 들어 있는 것이므로 결국은 두 성인이 말한 역(易)이 사실은 같은 셈입니다. 어떻게 생각하십니까? 다시 가르침을 주시기 바랍니다.

答: 元亨利貞, 主理而言則爲四德, 主占而言則爲大亨而利於貞. 聖人之言, 辭簡而意備, 兼體用包理數, 不可以一偏言. 然而易之爲書, 專爲卜筮, 故元亨利貞, 皆爲主占之義, 而四德之理, 實寓於其中. 孔子恐其專主卜筮則或流於數術而易理不顯, 故分言四德, 而大亨貞之義, 與文王初不異矣. 朱子就其較重處言之, 謂"文王主占, 孔子主理"; 元來占不外於理, 理亦寓於占, 則二聖之易, 未嘗不同矣. 未知如何? 更乞回敎.

문(問)

『여사제강(麗史提綱)』을 보면 "의종(毅宗) 14년(1160)에 낭성(狼星)이 남극에 나타났다."·"명종(明宗) 4년(1174)에 이의방(李義方)이 처형되었다."·"서경(西京)의 군대가 화주(和州)를 함락시켰다."로 강(綱)을 세운 곳은 이 책이 과연 맞는 것입니까? 존장께서 『고려사(高麗史)』를 편수하시면서 어떻게 강을 세우셨는지요? 그 의례(義例)를 듣고 싶습니다.

낭성은 원래 드물게 나타나는 별이 아니고 초봄에 동쪽에 나타났다가 초여름에 서쪽으로 사라지는 별인데 해서도(海西道)에서 잘못 보고한 것으로 말미암아 늘 보이는 별을 마치 드물게 나타나는 별이라 여겼으니, 『여사제강』에서는 의례를 잘못 세운 듯합니다.

이의방이 비록 화수(禍首)이기는 하지만 이미 공공연하게 성토해서 그를 죽인 것이 아니고 그는 정균(鄭筠)의 손에 죽었습니다. 그런데 마치 공공연하게 성토하여 죽인 예(例)로 그 강(綱)을 세웠으니, 과연 어떠합니까?

화주(和州)가 함락되었을 때 최균(崔均)이 병마부사(兵馬副使)로서 절의를 세운 것이 분명한데 생략하고 쓰지 않았습니다. 정중부(鄭仲夫)가 집권할 때라고 해서 국난에 죽었다는 뜻으로 '사(死)'라고 쓰는 것을 허락하지 않았던 것입니까? 신우(辛禑)의 기년(紀年)을 분주(分註)로 처리한 것도 의례(義例)에 과연 맞는지요?

포은(圃隱)의 죽음에 대하여 살(殺)이라고 썼는데 누구를 위주로 하여 그렇게 쓴 것입니까? 제 생각에는 『동국통감(東國通鑑)』에서는 고려가 망한 데서 끝났으므로 문제될 것이 없으나 『여사제강』에서는 이 대목을 강으로 세웠으니, 의리상 온당치 못한 점이 있습니다. 『춘추(春秋)』는 기린이 잡히는 대목에서 끝났고, 『강목』은 후주(後周) 시세종(柴世宗)의 마지막 해에서 끝났으니, 『고려사』도 공민왕의 죽음에서 끝내는 것이 옳을 것 같습니다. 가령 더 길게 잡는다 하더라도 조민수(趙敏修)가 요동을 치는 대목에서 끝내야 할 듯하니, 어떻게 생각하시는지요?

問: 考『麗史提綱』[694], 則"毅宗十四年, 狼星見于南極"·"明宗四年, 李義方

伏誅"·"西京兵陷和州"立綱處, 此書果得歟? 左右修此史, 亦何以立綱? 願
聞其義. 狼星[695]本非希有之星, 春初見於東方, 夏初沒於西, 今因海西道誤
上聞之失, 以常見之星爲若希有之星, 而『提綱』似失其義. 李義方雖禍首,
旣非公討, 因鄭筠相殘[696], 而立公討之例, 未知果如何? 和州之陷, 崔均[697]
以兵馬副使立節分明, 而畧而不書; 何以鄭仲夫之執權時不許其死否? 辛耦
紀年, 亦以分註, 果合義例否? 圃隱之死, 以殺立言, 以誰爲主耶? 愚意『通
鑑』[698]則終於麗亡無礙, 若『提綱』則旣是立綱, 義有未安. 『春秋』止獲
麟[699], 『綱目』止柴世宗[700]終年; 麗史似當止於恭愍之卒. 設使其進, 止於遣

---

694 『麗史提綱』: 조선 후기 兪棨(1607~1664)가 편찬한 고려의 史書로 23권이
   며 편년체로 되어 있다.

695 狼星: 天狼星이라고도 하는데 도적이나 전쟁이 일어날 조짐을 나타낸다.
   『史記』「天官書」에 "동쪽에 있는 큰 별이 낭성인데 이리의 뿔에 해당하는 별이
   빛을 잃으면 도적이 많다.〔其東有大星曰狼, 狼角變色 多盜賊.〕"라 하였다.

696 李義方……相殘: 이의방(?~1174)은 鄭仲夫 등과 武臣亂을 일으켜 毅宗을
   폐한 뒤 明宗을 세우고, 딸을 太子嬪으로 삼고서 권세를 부리다가 정중부의
   아들 鄭筠에게 살해되었다.

697 崔均(?~1174): 고려 때의 충신으로 자는 幹儒이고 全州崔氏의 시조이다.
   仁宗 때 문과에 급제했고, 毅宗 때 재상 崔允儀의 천거로 閤門祗候가 되었고,
   명종 때 禮部郎中 兼太子文學이 되었다. 1172년(명종2), 金나라에서 사신을
   보내 鄭仲夫가 의종을 폐하고 명종을 세운 경위를 조사할 때 接伴使로서
   잘 해명하였다. 1174년 西京留守 趙位寵이 정중부의 난군을 토벌한다는 명
   목으로 반란을 일으키자 이를 징벌하려고 출정하였다가 和州가 함락될 때
   李儀 등과 함께 붙잡혀서 항복하지 않고 적을 꾸짖다가 살해되었다. 글씨를
   잘 썼고, 문장에도 뛰어났다.

698 『通鑑』: 조선 전기에 徐居正, 鄭孝恒 등이 왕명을 받아 편찬한 『東國通鑑』
   을 약칭한 것이다.

曹敏修侵遼東. 未知如何?

답(答)

보내오신 편지에 『고려사』의 의심스러운 곳들에 대해 말씀하시면
서 제가 쓴 책의 의례(義例)를 물어 오셨기에 감히 이렇게 여쭈어
질정을 받을까 합니다. 낭성(狼星)이 나타났다는 것은 사관(史官)
이 기록한 것입니다. 그래서 제가 『고이(考異)』에서 밝혀 놓았지만
강(綱)에는 "왕이 내전(內殿)에서 친히 노인성(老人星)에 제사를
올렸다."라고 쓰고 목(目)에는 "서해도 안렴사(西海道按廉使) 박순
하(朴純嘏)가 역말을 달려 노인성이 나타났음을 아뢰자 왕이 크게
기뻐했다.……" 했던 것입니다. 난신적자(亂臣賊子)는 누구라도
죽일 수 있다고는 하지만 만약 그의 죄를 분명히 밝히지 않고 혹시
라도 사사로운 감정으로 죽이면 이를 표기할 때도 당연히 상황에
따라 달리 써야 합니다. 그러므로 이의방의 죽음에 대해 제 책에서
는 "정균(鄭均)이 승려 종참(宗旵)을 꼬드겨 이의방을 죽였다."라고
썼으니, 살(殺)이라 하지 않고 주(誅)라고 쓴 것은 의방의 죄는 누
구라도 죽일 수 있기 때문이며, 복주(伏誅)라고 쓰지 않은 것은 공
공연히 성토하여 죽인 것이 아니기 때문입니다.

충신(忠臣)이 절의를 세우는 것도 그가 만난 때가 어떠한가를 보아

---

699 『春秋』止獲麟 : 춘추시대 魯나라 哀公 14년 봄에 麒麟에 잡혀 죽는 대목에서
孔子가 『춘추』의 집필을 마치면서 "14년 봄에 서쪽으로 사냥하여 기린을
잡았다.〔十有四年, 春, 西狩獲麟.〕"고 썼다. 『春秋公羊傳 哀公14年』

700 柴世宗 : 五代 시대 後周의 제2대 임금으로 성명은 柴榮이다.

야 합니다. 수(隋)나라 요군소(堯君素)는 큰 절의가 빛났는데도『강목』에서 사(死)의 예(例)로 쓰지 않고, "당(唐)나라가 수(隋)나라 하동수(河東守) 요군소를 죽였다."고 쓴 것은 양광(楊廣)을 임금으로 간주했기 때문입니다. 최균도 그 죽음이야 고인에게 손색이 없지만 권신이 임금을 시해하고 제멋대로 날뛰고 있을 때 단 조금이라도 그를 도모할 수 있는 형세가 있었다면 그 권신을 죽이는 것이 옳습니다. 따라서 최균이 비록 나라를 위해 절의를 세웠으나 그는 그 권신의 사인(私人)과 다를 바 없는 것입니다. 그래서 제 책에서 "서경(西京)의 군대가 화주를 함락시키고 병마부사 최균을 죽였다."고 쓴 것입니다. 이상 세 조항은 어떻게 생각하십니까? 다시 가르침을 주시기 바랍니다.

신우(辛禑)의 기년(紀年)을 분주로 처리한 것은 사실 사서의 의례에는 맞지 않은 일입니다. 그러나 태조(太祖)가 창왕(昌王)을 폐위시키고 태묘(太廟)에 고하고 천자(天子)에게도 고하여 그의 죄를 바로잡았기 때문에 본국(本國)의 신자(臣子)로서 역사를 편수하는 이가 이렇게 쓸 수밖에 없었습니다. 그러나 공론(公論)은 백세가 못 가서 나오게 마련입니다. 임씨(林氏)의『동사회강(東史會綱)』은 "공민왕이 시해 당해 죽고 강릉군(江陵君) 우(禑)가 즉위한다."는 대목에서 마치고 그 아래에 소주(小註)를 달기를,

"그 후 을묘년(1375)이 폐왕(廢王) 우(禑)의 원년(元年)이고, 무진년(1388) 11월에 우왕이 폐위되고 아들 창(昌)이 즉위하였다. 기사년(1389)이 폐왕 창(昌)의 원년이고, 그 해 10월에 창이 폐위되고 정창군(定昌君) 요(瑤)가 즉위했으니 그가 공양왕(恭讓王)이다."고 했습니다. 그 뜻은 '당연히 폐왕 우(廢王禑), 폐왕 창(廢王昌)으

로 써야 하고 신우(辛禑), 신창(辛昌)으로 쓰지 말아야 하며, 기년
(紀年)도 당연히 크게 써야지 분주로 처리해서는 부당하다.'고 여겼
던 것입니다. 이는 시휘(時諱)에 구애되어서 공민왕의 죽음에서 끝
마친 것이니, 진실로 사서(史書)의 의례(義例)에 맞습니다. 『강목』
에서 여정(呂政)・이욱(李昱)에 대해 변례(變例)가 없는 것은 그
당시 죄를 성토하고 명분을 바로 세운 일이 없었기 때문입니다.
우・창 문제도 단지 후세의 공필(公筆)에 맡기고 말아야 할 것입니
다. 저의 책에서도 공민왕이 죽은 해에서 마치고자 했으나 공민왕
이후 18년 동안 크게는 국가의 흥망, 그 다음으로 현사(賢邪)의 진
퇴에 이르기까지 그 모든 사실을 다 묻어 버리고 기재하지 않아, 번
거롭기만 하고 아무 의례(義例)도 없는 『동국통감(東國通鑑)』이나
소략하고 정리도 제대로 안 된 『여사제강(麗史提綱)』 정도가 믿을
수 있는 역사서로 전해지게 하는 것은-임씨(林氏)의 『동사회강(東史會
綱)』도 소략하고 잘못된 곳이 많다.- 차마 두고 볼 수 없었습니다. 그래
서 책을 만들 때 공민왕 이후로 두 본을 별도로 만들어 보았습니다.
한 본은 우왕(禑王) 을묘 원년 이후를 바로 고려사 우왕・창왕 본전
(本傳)의 예처럼 쓰면서 약간의 의례(義例)를 두었고, 다른 한 본은
다른 역사서와 똑같이 분주(分註)를 달고 또한 강(綱)을 세워서 표
제로 삼았는데, 그 강에 간혹 직절하게 쓸 수 없는 경우가 있지만
사실을 그대로 써서 되도록이면 본의(本意)를 잃지 않고자 했습니
다. 그러나 두 본 중에서 어느 것을 취할 것인지 아직은 결정하지
못하고 있습니다.

포은(圃隱)의 죽음에 대해서는 여러 사서(史書)의 필례(筆例)가
잘못된 곳이 많습니다. 『고려사』 「세가(世家)」에는 "판전농시사(判

典農寺事) 조영규(趙英珪)가 시중(侍中) 정몽주를 죽였다. 영규가 어떻게 감히 죽인단 말인가?"하였고, 또『제강(提綱)』에는, "시중 정몽주를 죽였으니 죽인 자는 누구인가?"하였다. 우리 조선에 와서 이미 그의 충절을 포창했고 보면, 어떻게 쓰든지 거리낄 것이 없으니 당연히 사(死)의 예로 표기해야 할 것입니다. 그리고 무릇 사(死)라고 쓸 경우에는 반드시 위에 죽게 된 원인을 밝히고 아래에 죽였음을 밝혀야 할 것인데 지금은 느닷없이 그냥 죽였다고만 썼으니, 문맥이 이어지지 않습니다. 이 때문에 저는 이 대목에 강(綱) 셋을 잡아 놓고 아직 확정짓지 못했습니다. 하나는,

"아무 관직 아무 성씨 아무개가 태조(太祖)를 해치려고 하다가 뜻을 이루지 못하고 죽었다."

이고,-이 예는 너무 직절하게 쓴 것인 듯하다.- 하나는,

"우리 태조가 해주(海州)에서 돌아오자 조영규 등이 아무 관직 아무 성씨 아무개를 길에서 기다리고 있다가 죽였다."

라고 하였고, 또 다른 하나는,

"아무 관직 아무 성씨 아무개가 태조의 집에 가서 문병하고 돌아갈 때 조영규 등이 기다리고 있다가 쳐서 죽였다."

라고 하였습니다. 다시 분명한 가르침을 주시기 바랍니다.

김저(金佇)의 옥사에 관해서는,

"우(禑)가 사람을 보내 태조를 모해하려다가 일이 발각되었다. 이에 우를 강릉(江陵)으로 옮기고, 창을 강화(江華)로 내쳤으니, 우와 창은 성이 신씨(辛氏)이다."

라고 썼는데, 이는 어떻게 생각하십니까? 이 점에 대해 말씀하셨기에 이것까지 아울러 여쭙니다.

答: 下示『麗史』可疑之節, 而俯詢鄙書之立例, 玆敢仰稟取質焉. 狼星之見,
史官之失也. 故愚於『考異』[701]中辨之, 而綱書"王親醮老人星於內殿."目云:
"西海道按廉使朴純毄馳驛, 奏老人星見; 王大喜云云."亂臣賊子, 雖曰人得
而誅之; 若非明正其罪, 而其死或出於私, 則筆法亦當隨而異焉. 故李義方
之死, 鄙書書"鄭筠誘僧宗旵, 誅李義方."其不稱殺而稱誅者, 義方之罪, 人
得以誅之, 而不書伏誅, 非公討也. 忠臣立節, 亦觀其所値之時如何; 隋之
堯君素大節炳然, 而『綱目』不書死之之例, 而書云: "唐殺隋河東守堯君素"
者, 以楊廣[702]爲君也. 崔均之死, 無愧古人, 而當權臣弑君擅命之際, 苟有
一分可圖之勢, 從而誅之, 可也. 均雖爲國立節, 是無異爲權臣私人也. 故鄙
書書"西京兵陷和州, 殺兵馬副使崔均."右三條, 未知如何? 更乞指教. 辛禑
紀年之分註, 實不合於史例, 而我太祖之廢昌, 始告于太廟, 告于天子, 以正
其罪, 故本國臣子之修史者, 不得不如是矣. 然而公論之出, 不俟百世; 林
氏『會綱』[703], 止於"恭愍王遇弑薨, 江陵君禑卽位."其下小註曰: "是後乙卯,
爲廢王禑元年. 戊辰十一月, 禑廢, 子昌立. 己巳廢王昌元年十月昌廢, 定昌
君瑤立, 是爲恭愍王."其意以爲"當書曰廢王禑廢王昌, 而不當書曰辛禑辛
昌, 當大書紀年, 而不當分註."盖拘於時諱, 止於恭愍之薨, 誠得史例矣. 『綱
目』於呂政・李昱[704]無變例者, 當時無討罪定名之事故也. 禑昌事, 止當付

701 『考異』: 순암의 저술로『동사강목』의 부록에 실려 있다.

702 楊廣: 隋나라 煬帝의 성명이다.

703 林氏『會綱』: 조선 후기 林象德(1683~1719)이 편찬한『東史會綱』을 가리
킨다. 그의 자는 潤甫 또는 彝好이고, 호는 老村이다. 明齋 尹拯의 제자이다.
저서에『老村集』이 있다.

704 呂政・李昱: 呂政은 泰始皇을 가리킨다. 진시황이 呂不韋의 아들이란 설이

於後世之公筆而已; 鄙書亦欲止於恭愍之薨年. 而恭愍後十八年事實, 大而國家之興亡, 次而賢邪之進退, 幷沒而不載, 只使繁冗無義例之通鑑脫略少裁整之提綱, 傳爲信史, -林氏『會綱』, 亦多踈謬.- 誠有不忍. 鄙書撰定時, 恭愍後別爲二本, 一則自稱乙卯元年以後, 直如『麗史』禑昌本傳之例而畧存義例; 一則分註同於諸史, 而亦立綱以標題綱例, 間有不得直截者, 但據事直書, 要不失本意而已. 而二本去取, 尙未能定耳. 圃隱之死, 諸史筆例多錯, 『麗史』「世家」云: "判典農寺事趙英珪殺侍中鄭夢周, 英珪敢殺乎?"『提綱』云: "殺侍中鄭夢周, 殺者誰耶?"聖朝旣襃其忠節, 則筆法無礙當書死之之例, 而凡書死之之例, 必上有致死之由而後下書死之; 今突然書以死之, 則文勢不續矣. 故愚於此立三綱, 而猶未得定; 一云: "具官姓某謀害我太祖不克, 死之." -此例大似直截.- 一云: "我太祖還自海州, 趙英珪等要擊具官姓某於路殺之.", 一云: "具官姓某詣我太祖第, 問疾而還, 趙英珪等要擊殺之."伏乞更賜明敎. 金佇之獄[705], 亦書曰: "禑遣人謀害我太祖, 事覺. 於是, 遷禑于江陵, 放昌于江華, 姓辛氏."此亦未知如何? 下敎之及, 並此仰稟.

있기 때문에 이렇게 부른 것이다. 李昱은 晉나라 簡文帝의 성명이다. 이들은 모두 그 나라 宗室의 姓이 아니면서 왕위를 이었다고 한다.

705 金佇之獄: 金佇는 崔瑩의 생질이다. 1389년에 그가 鄭得厚와 함께 驪興으로 가서 폐위된 禑王을 만나 이성계를 죽이라는 부탁을 받고 郭忠輔와 八關日에 거사하기로 모의하였는데, 곽충보의 배신으로 실패하였다. 그가 고문을 받고 禹玄寶 등이 이 일에 참여했다고 자백하여 우왕은 江陵으로 옮겨지고 昌王도 폐위되어 강화로 추방되었으며, 우현보 등 27명이 유배되었다.

문(問)

요즘 『강목』을 보았더니, 역시 의심 나는 곳이 있었습니다. 예컨대 당(唐)나라 때 무후(武后) 이후로 여러 신하들이 졸(卒)한 것과 시호를 내린 것을 강(綱)으로 세운 것은 범례에 이미 어긋난 것이고, 또 "현종(玄宗) 때 도둑이 왕군작(王君㚇)을 죽였다."고 한 것이라든지 "양국충(楊國忠)·양귀비(楊貴妃)가 복주(伏誅)되었다."고 한 대목 같은 것도, 강(綱)은 근엄해야 하고 소략해서는 안 된다고 한 주자의 말씀에 어긋난 듯합니다. 동한(東漢) 영제(靈帝)를 기록한 권(卷)만 보더라도 "환관인 장양(張讓) 등이 하진(何進)을 죽이고 하 태후(何太后)를 위협하자 소제(少帝)가 하숫가로 나갔고, 이에 사예교위(司隷校尉) 원소(袁紹)가 환관을 모조리 체포하여 죽였다."고 하였습니다. 이러한 강은 주자의 손을 거치지 않은 것 같은데, 어떻게 생각하시는지요? 대저 『강목』은 수십 권 이후부터는 강을 세움이 소략하고 치밀함이 일관되지 않은 듯합니다. 우연히 『여사제강(麗史提綱)』을 보면서 의심이 난 것으로 말미암아 점점 이렇게 주제넘은 생각까지 하게 되었습니다. 가르침을 내려 깨우쳐 주시길 삼가 기다립니다.

問: 近考 『綱目』, 亦有所疑. 如唐朝武后以後諸臣之卒幷謚立綱, 已違凡例; 而如玄宗時盜殺王君㚇及楊國忠貴妃伏誅之文, 似違於朱子綱欲謹嚴而無脫畧之訓. 以東漢靈帝卷觀之, 窃者張讓等殺進, 刼太后帝, 出至河上; 司隷校尉袁紹捕宦者悉誅之. 此等立綱, 似未經晦翁筆削. 未知如何? 大抵 『綱目』 自數十卷以後, 立綱踈密, 似有不同. 偶因 『提綱』 之疑, 轉轉及此僭妄; 恭俟敎誨開迷耳.

답(答)

주자 행장(行狀)에 "『강목』을 미처 수정·보완하지 못한 것이 한스럽다."하였으니, 이 책이 완전무결하지 못하다는 것을 알 만합니다. 이 책에는 의심 나는 필법(筆法)이 매우 많아 일일이 들 수 없을 정도인데 말씀하신 것과 관련해서 말하겠습니다. 무후(武后) 때 "사공(司空) 양 문혜공(梁文惠公) 적인걸(狄仁傑)이 졸(卒)하다."라고 쓴 것이 벌써 범례와 다릅니다. 『성리대전(性理大全)』에도 "이씨(李氏)가 나라를 다시 찾은 것이 비록 인걸(仁傑)의 힘이기는 하지만 그가 결국 주 무씨(周武氏)의 대신(大臣)으로 죽었으니, 모년 모월 모일에 적인걸이 죽었다."라고 한 주자의 말을 인용했으니, 이것이 정론(定論)입니다.

회흘(回紇)이 왕군작을 습격하여 죽였는데 "도적이 죽였다."고 쓰고, 행재소의 장수와 사졸이 양국충을 죽이고 황제를 협박하여 귀비(貴妃) 양씨(楊氏)를 죽이게 했는데 그것을 "복주(伏誅)"라고 썼고, 하진(何進)이 외병(外兵)을 불러들여 태후를 협박하고 환관들을 몰아냈는데 "조명을 내려 파직시켰다."라고만 썼습니다. 이러한 필례(筆例)들은 참으로 의심스러운 점이 많습니다. 대저 『강목』이라는 책은 그 대의(大義)는 비록 주자에게서 나온 것이지만 편집 과정에서의 취사(取捨)는 조기도(趙幾道)같은 사람들에게 많이 맡겨 버리고 주자의 손을 거치지 않은 것들이 많아서 그렇게 된 것입니다.

答: 『朱子行狀』'『綱目』以未及修補爲恨'云, 則其書之不爲十分得盡者, 可知矣. 書中筆法可疑者甚多, 不能枚擧, 而今因下敎中言之. 武后朝, 書司空梁文惠公[706]狄仁傑卒者, 已與凡例不同; 『性理大全』亦引朱子曰: "李氏之復, 雖出於仁傑, 然畢竟是死於周之大臣[707]; 書云: '某年月日, 狄仁傑死.'" 此是定論. 回紇襲殺王君㚟, 則書以盜殺; 行在將士殺楊國忠, 脅帝誅貴妃楊氏, 而書伏誅; 何進召外兵脅太后, 罷諸宦官, 而只云詔罷. 此等筆例儘多, 可疑. 大抵『綱目書』, 大義雖出於朱子, 而編摩去取, 多委趙幾道[708]輩, 未經夫子手筆者盖多而然矣.

문(問)

고려조의 묘제(廟制)에 대해서는 제가 주제넘은 견해가 있기에 여기 적어 올립니다. 희공(僖公)을 민공(閔公) 위로 올린 것을 두고 『좌전(左傳)』·『공양전(公羊傳)』·『곡량전(穀梁傳)』 삼전(三傳)에서 모두 역사(逆祀)라고 했는데, 『호씨전(胡氏傳)』에서는 신하와 자식은 같은 예(例)로 보았습니다. 이런 까닭에 송(宋)나라 영종(寧宗) 때 주자가 「조묘의장(祧廟議狀)」을 올리면서 『호씨전』의 논의를 따라 형제가 왕위를 서로 계승한 것을 각기 1세(世)로 삼아 구묘(九廟) 제도를 정했던 것입니다. 그러나 동진(東晉) 시대에도 형제를 같은 소목(昭穆)으로 한다는 논의가 있었으니 한번 따지지 않

---

706 梁文惠公 : 唐나라 狄仁傑이 梁國公에 追封되었고 시호가 文惠公이므로 이렇게 부른 것이다.

707 周之大臣 : 唐나라 高宗의 后인 則天武后가 고종의 사후에 中宗과 睿宗을 폐위한 다음 국호를 周로 고치고 스스로 帝位에 올랐는데 적인걸이 측천무후의 조정에서 벼슬했기 때문에 이렇게 말한 것이다.

708 趙幾道 : 이름은 師淵, 호는 눌재이고 자가 幾道이며 黃巖 사람이다. 주자가 그에게 『通鑑綱目』을 修校하게 하였다. 『朱子書節要 14권 諸子目錄』

고 그냥 제쳐둘 문제는 아닌 것 같습니다.

형이 아우 뒤를 잇고, 아우가 형의 뒤를 잇는다면 비록 누가 먼저냐에 따라 선후의 차이는 있을지라도 소목은 같다는 주장을 따라야 할 것입니다. 만약 당(唐)나라 선종(宣宗)처럼 숙부(叔父)가 조카[姪]의 뒤를 이었을 경우 위에 있는 경종(敬宗)·문종(文宗)·무종(武宗)과 소목을 같이하고 자리를 같이하게 하면 의례(義例)가 달라지는데 어떻게 할 것입니까? 비록 조카의 뒤를 이었더라도 소목만은 형제자리로 올려붙여야 할 것입니까?

고려 묘제(廟制)도 이처럼 난처한 곳이 많습니다. 대종(戴宗)·안종(安宗)은 뒤에 추존해서 된 왕이므로 말할 게 없다 하더라도 혜종(惠宗)·정종(定宗)·광종(光宗)은 형제가 서로 왕위를 이었고, 경종(景宗)·성종(成宗)·현종(顯宗)은 종형제 사이로 서로 이었으며, 그 중 현종은 숙부로서 조카의 뒤를 이어 왕이 되었고, 덕종(德宗)·정종(靖宗)·문종(文宗)은 모두 현종의 아들로서 서로 이었으니 만약 옛 법도로 말한다면 각 대(代)마다 묘(廟)를 달리하는 후왕(候王) 제도처럼 해서 비록 조카라도 제1소(昭)에 봉안하고, 숙부라도 제2소에 봉안해야 사당 안에서 그나마 높은 위치를 지킬 수 있어서 혐의쩍은 점을 면할 수 있을 것입니다. 지금의 묘제 같은 경우는 이미 당(堂)은 같고 실(室)은 다르니, 만약 삼전(三傳)에서 말한 것처럼 역사(逆祀)를 할 수 없다면 비록 형이라도 아우 아래 있어야 하고, 조카라도 숙부 위에 있게 될 터이니, 신하와 아들이 같은 예가 되어 미안한 점이 없지 않겠습니까.

만약 그렇다면 다음 신주를 체천(遞遷)할 때 당 선종이나 고려 현종같이 숙부로서 조카의 뒤를 이은 경우에는 비록 경종·문종·무종 또는 고려의 경종·성종은 체천을 하더라도 동시에 체천할 수 없는 것입니까? 이는 우선 제쳐두고 고려의 덕종을 부묘(祔廟)할 때 황주량(黃周亮)·서눌(徐訥)이 한 말을 보면, "현종을 부묘할 때 형제로서 소목이 같은 문종·혜종·정종·광종·대종을 같은 반열에 넣어 소(昭)로 삼고, 성종·경종은 목(穆)으로 삼았으며, 목종을 또 소로 삼아 현종을 목종 사당에 부묘했으니, 소가 둘, 목이 둘 그리고 태조묘(太祖廟)와 합하여 오묘(五廟)가 됩니다. 지금 덕종을 부묘하려면 오묘가 넘게 되니 혜종·광종·정종 세 신주를 태조묘 서쪽 벽에 옮겨 모시고, 대종은 추존한 왕이므로 그 신주는 능(陵)으로 옮겨야 합니다."고 했습니다.

만약 혜종·광종·정종을 한 자리로 하고, 성종·경종을 한 자리로 한다면 이미 형제는 소목이 같다고 정해놓는 것입니다. 그런데 숙질관계인 목종과 현종을 소목으로 삼는다면 신하와 자식은 같다는 예를 따르는 것이 되어 현종이 성종·경종의 서열로 같이 올라갈 수가 없게 되는데, 이것이 옳겠습니까? 만약 신하와 자식은 같다는 『호씨전』의 예(例)와 주자가 올린 조묘에 관한 주의(奏議)의 주장을 따른다면 혜종은 소(昭), 정종은 목(穆), 광종은 두 번째 소(昭), 경종은 두 번째 목(穆)이 되어 성종을 부묘할 때에 혜종은 이미 체천(遞遷)해야 할 것입니다. 만약 형제가 소목이 같다는 경우로 말하면 신주 배열 때는 현종이 비록 목종 아래이지만 체천할 때는 현종이 성종·경종과 함께 체천되어야 맞을 듯하니, 황주량의 말은 통하지 않을 듯합니다. 유징필(劉徵弼)이 "태조가 증조(曾祖)이므로 혜종·정종·광종은 체천할 대상이 아니다."라고 한 주장을 무시해서는 안 될 듯합니다. 그런데 서눌은 주량의 말이 옛날 제도에 맞다고 했으니 무슨 까닭입니까?

그리고 세실(世室)은 이미 '종(宗)으로서 덕 있는 이'라 말했고 보면, 고려조의 여러 종들 중에 성종(成宗)과 현종(顯宗)은 세실 주인이 되어야 할 듯하지만, 혜종(惠宗)·정종(定宗)·광종(光宗)은 세실의 주인이 되어서는 안 될 듯합니다.

問: 高麗廟制, 已有妄議, 兹以錄稟. 躋僖閔上, 左·公·穀·三傳皆云逆祀, 而胡傳以爲臣子一例. 故朱子當宋寧宗時議祧廟狀[709], 遵此議, 兄弟相繼, 各爲一世, 定九廟之制, 然東晉時亦有兄弟同昭穆之議, 恐亦不可不講而全棄也. 以兄繼弟, 以弟繼兄, 雖有先後不齊, 猶可從同昭穆之議, 若以叔繼姪, 如唐宣宗, 則上同於敬文武之昭穆而同一位, 亦是異例; 將何以處之? 雖是繼姪, 其昭穆則躋附於兄弟之位耶? 高麗廟制, 亦多難處亦如此. 戴·安宗自是追王勿論, 惠·定·光三宗, 兄弟繼王, 景·成·顯三宗, 從兄弟相繼, 而顯宗則以叔繼從姪而王, 德·靖·文, 俱以顯宗之子而相繼. 若以古法言, 則如侯王之制, 代各異廟, 雖姪安於第一昭, 叔安於第二昭, 其在廟猶守其尊, 而庶免嫌礙; 如今廟制, 旣同堂異室, 若如三傳之議, 而不可逆祀, 則雖兄在弟下, 姪在叔上, 其爲臣子一例, 而可無未安否? 若然, 其遞遷之時, 如唐宣·麗顯之以叔繼姪者, 雖敬·文·武與景·成之遷, 而亦不可一時同遷否? 此姑勿論, 高麗德宗之祔, 看黃周亮·徐訥之言, 以爲"顯宗之祔也, 以兄弟同昭穆之文·惠·定·光·戴同班爲昭, 成·景爲穆, 穆宗爲昭, 顯祔於穆廟, 則二昭二穆, 與太祖之廟而爲五. 今祔德宗, 數過五廟; 請

---

709 朱子……廟狀: 「祧廟議狀」은 『朱子大全』 15권에 보인다.

遷惠・光・定三宗主, 藏於太祖廟西壁, 戴宗追王, 遷于其陵, 可也."若以
惠・光・定爲一位, 成・景爲一位, 則旣以兄弟同昭穆爲定, 而以穆・顯二
宗叔侄爲昭穆, 則用臣子一例, 而顯宗不得上同於成景之行矣; 是可乎? 若
以臣子一例朱子祧廟之狀論, 惠爲昭定爲穆, 光爲二昭, 景爲二穆, 而成宗
祔廟, 惠已遷矣; 若以兄弟同昭穆言, 則排列之時, 顯宗雖在穆宗之下, 而
當遷之時, 顯宗雖與成景同遷, 似合宜, 周亮之言似不通. 劉徵弼所謂"太祖
在曾祖, 惠・定・光不當遷"之議[710], 恐不可棄也. 而徐訥以爲周亮之言合於
古制, 何也. 且世室[711]旣以宗有德言, 則麗之諸宗, 成・顯二宗, 似當爲世
室, 而惠・定・光, 恐不得爲世室之主也.

답(答)

민공(閔公)・희공(僖公)의 역사(逆祀) 문제는 그 설이 매우 기니
감히 번거롭게 다 말씀드릴 수 없습니다. 그러나 저는 일찍이 생각
건대 소목의 뜻은 두 가지가 있으니, 천륜(天倫)의 질서와 군신(君
臣)의 의리가 병행되고 서로 어긋나서는 안 됩니다. 따라서 일절 군
신의 의리로만 판단해서는 안 될 듯합니다. 저의 좁은 소견을 들어
질정을 받겠습니다. 호씨(胡氏)는 삼전(三傳)의 부자(父子)・조녜
(祖禰)・소목(昭穆)에 관한 말-『좌씨전(左氏傳)』에는 "희공을 올려 모
신 것은 역사(逆祀)이다. 아들이 아무리 어질고 훌륭해도 아버지보다 먼저

---

710 劉徵弼……之議 : 유징필이 "太祖는 曾祖의 항렬로 親이 다하지 않았으니
혜종・정종・광종은 굳이 遞遷할 것이 없고, 다만 戴宗만을 陵에 옮기고,
德宗은 次室에 祔廟하는 것이 옳다." 하였다. 『東史綱目 병자년 定宗 2년』

711 世室 : 대대로 遞遷하지 않고 신주를 모시는 宗廟를 이르는 말이다.

제사를 받을 수는 없다." 하였고, 두씨(杜氏) 주에는 "희공이 민공의 형이므로 부자(父子)가 될 수는 없으나 일찍이 신하 자리에 있었으니 당연히 아래에 위치해야 할 것인데 지금 민공 위에 있게 되었으므로 역사라고 한 것이다." 하였고 또 "신하가 임금 뒤를 이은 것이 자식이 아비 뒤를 이은 것과 같다." 하였다. ○『공양전(公羊傳)』에는 "역사라고 기롱한 것은 예(禰)를 먼저 하고 조(祖)를 뒤로 했기 때문이다." 하였다. ○『곡량전(穀梁傳)』에는 "친(親)을 먼저 하고 조(祖)를 뒤로 한 것이 역사(逆祀)이다. 역사를 하면 소목을 무시하는 것이고, 소목을 무시하면 조상을 무시하는 것이다. 군자는 친친(親親)을 위하여 존존(尊尊)을 해치지 않는 법이니, 이것이 『춘추』의 의리이다." 하였다.- 및 위소(韋昭)의 『국어(國語)』 주(注)의 '신하와 아들은 같은 예(例)'라는 말을 인용하여,-『국어』에 종유사(宗有司 종관(宗官)으로 일을 맡고 있는 사람)가 말하기를, "소목이 아니다. 종묘에 소목 제도가 있는 것은 세대의 선후를 가리기 위한 것인데, 지금 예(禰)를 먼저하고 조(祖)를 뒤로 하려 한다." 하였는데 이에 대한 위소의 주에 "아버지가 소가 되고 자식이 목이 되는 법이다. 희공은 민공의 신하였으니 신하와 아들이 같은 예(例)인데도 민공 위로 올라갔으므로 소목이 아니라고 한 것이다." 하였다.- 형제를 부자 서열과 똑같이 각기 한 세대로 정하였던 것인데, 주자가 「조묘의장(祧廟議狀)」에서 그 설을 따랐으니, 이것이 평소 의심을 품고 아직 해결 못하고 있는 문제입니다.

소목이란 부자 사이에 대를 이어가는 고정된 법입니다. 그런데 지금 형제가 서로 왕위를 이은 것을 군신의 의리가 있다고 하여 신하와 아들은 같은 예(例)를 적용하여 각기 1세(世)로 삼는다면 소목의 고정된 예가 문란해져서 이미 예의 본뜻이 아니게 됩니다.-『예기』「제통(祭統)」에 "제사에는 소목이 있는데, 소목이란 아버지와 아들 그리고 원근

친소의 서열을 가려 문란함이 없도록 하는 것이다. 그러므로 태묘(太廟)에
일이 있을 때면 모든 소와 목이 다 함께 있으면서 서열을 잃지 않으니 이것을
일러 친소(親疎)의 차등이라고 하는 것이다."라 하였다. ○『중용』에는 "종묘
의 예는 소목의 서열을 정하는 것이다."라 하였다.-

뿐만 아니라 부자와 형제는 천륜(天倫)으로 정해진 이름이어서 달
리 호칭을 바꿀 수가 없습니다. 공자께서는 "명분이 바르지 않으면
말이 순리적이지 못하고, 말이 순리적이지 못하면 일이 이루어지지
않는다."라 하셨으니, 형제를 부자로 삼으면 그것이 명분이 바르고
말이 순리적이겠습니까?

"진(晉)나라 사람들은 형제가 소목이 같다."라고 한 말은 적절하게
예를 변통한 경우일 듯하고,-『통전(通典)』에 보인다.- 공씨(孔氏)의 소
(疏)에서는 또 『국어』에 있는, 소목이 아니라 한 종유사의 말을 인용
하여 단정하기를,

"민공(閔公)·희공(僖公)이 소목이 다르다고 말한 것은 위차(位
次)가 뒤바뀌어 마치 소목이 문란하게 된 것 같다는 말로서 소목을
빌려 말한 것일 뿐이지 참으로 소목이 다르다는 것은 아니다. 만약
형제가 서로 이었다 하여 바로 소목이 달라진다면 가령 형제 네
사람이 죽 이어 임금이 됐을 경우에는 조묘(祖廟)를 훼철해야 할
터이니, 그 이치가 반드시 그렇지 않음을 알 수 있다."

하였으니, 이 말이 매우 분명한 것이 아니겠습니까? 이런 까닭에
'형제는 소목을 같이 한다는 예(禮)'를 역대에 모두 썼으니, 친(親)
이 다하기도 전에 조천되는 신위가 있을 것을 염려해서였고 또 소
목이 문란하여 통서(統緖)가 바르지 못할까를 우려해서 그랬던 것
입니다.

주자가 『중용혹문(中庸或問)』에서는 소목은 바꿀 수 없다는 것을 의심할 바 없이 상세히 논변해 놓고서 「조묘의장(祧廟議狀)」에서는 도리어 '형제가 각기 1세(世)'라는 주장을 하였으니, 이것이 바로 후세의 유자들이 저마다 설이 달라서 끝내 합일하지 못하게 된 까닭입니다. 그러나 주자도 「조묘의장」에서, "이는 다만 선유들 학설에 의거한 것일 뿐 꼭 그래야 하는지는 모르겠다."고 했던 것을 보면 또한 정설(定說)은 아니었습니다.

고려의 묘제(廟制)는 형제를 같은 반열로 하는 예(禮)를 이미 써왔으므로 별로 난처할 것이 없었습니다. 다만 현종은 숙부로서 조카의 뒤를 이었는데, 후세의 묘제가 당(堂)은 같고 실(室)은 다르고 보면 곧 숙부가 조카 아래에 있게 되니, 과연 문제가 될 듯합니다. 그러나 이러한 곳에서 비로소 신하와 아들은 같은 예(例)라는 것을 적용해야 하겠습니다. 왜냐하면 목종이 임금이었을 때 현종은 당연히 신하로서 섬겼을 것입니다. 가령 목종이 살아서 현종에게 전위(傳位)를 했다면 현종은 그를 상왕(上王)으로 모시고 칭호도 현종은 당연히 신이라고 했을 것이고 목종은 신이라고 하지 않았을 것이며, 그가 죽은 후에는 현종이 축문에다 당연히 '사왕 신 아무개(嗣王臣某)'라고 쓸 터이니, 그렇다면 비록 숙부의 자리에 있다 할지라도 똑같이 임금이 되었다고 해서 전일 신하로서 섬기던 시절의 칭호를 갑자기 바꿀 수 없을 것은 분명한 일 아닙니까.

보내오신 편지에서 또 말씀하시기를 "덕종(德宗)을 부묘(祔廟)할 때 황주량이 '목종을 첫째 소(昭), 덕종을 둘째 소로 삼고 경종을 첫째 목(穆), 현종을 둘째 목으로 삼는다면 현종이 목으로서 차위(次位)가 되어 위로 올라가 경종·성종의 반열에 들어갈 수 없다.'고 한 것은 잘못이다." 하셨고, 또 "신주를 배열할 때 현종이 비록 목종 아래 있게 되더라도 조천할 때는 당연히 경종·성종과 함께 조천해야 한다."고 하셨는데, 이는 그렇지 않을 듯합니다. 이는 응당 임금이 된 시기의 선후를 가지고 결정해야 하니, 댓수가 차지 않았으면 앞질러 마음대로 조천해서는 안 됩니다. 따라서 황주량의 논의를 그르다고 할 수 없을 것입니다.

또 고려조의 세실(世室) 중에 혜종(惠宗)은 태조를 도와 삼한(三韓)을 통일하여 공로가 적지 않고, 성종(成宗)은 각종 제도를 만들고 태평시대를 이루어 문치(文治)가 훌륭했으니, 이 두 임금은 훼철하지 않는 사당에 모실 만합니다. 그러나 성종은 후사(後嗣)가 없었고 현종이 대(代)를 이었기 때문에 후인들이 모두 현종을 그 대상으로 삼고 성종은 언급하지도 않은 것은 잘못입니다. 게다가 현종은 나라를 얻은 방법이 바르지 못하니 세실의 대상으로는 논의조차 할 수 없을 것입니다. 지금 집사께서 또 혜종은 빼버리고 거론도 하지 않으셨는데, 왕위에 있는 동안 이렇다 할 치적이 없어서 그런 것이 아닙니까?

대저 종묘의 예(禮)는 형제가 반열이 같으면 친(親)이 다하지 않았는데 조천되는 경우는 없고, 방친(旁親)은 친이 다했느냐 다하지 않았느냐 여부에 관계없이 오세(五世)만 차면 조천되니, 이는 정통이 아니기 때문입니다. 고려 목종과 선종의 관계가 이러한 경우입니다.-목종은 선종에겐 재종숙(再從叔)이니, 복(服)이 다하지 않은 친(親)에 해당한다.- 또 이미 조천되었다가 종묘로 다시 들어온 경우도 있는데, 당(唐)의 대종(代宗)과 선종(宣宗)의 관계가 이러한 경우입니다.-무종(武宗)은 대종이 친(親)이 다했다 하여 조천을 했는데, 선종이 즉위하자 대종이 자기 고조가 되기 때문에 대종의 신주를 다시 종묘에 들여 모셨다.-

그러나 이는 변례(變例)입니다.

이렇게 하문하셨기에 감히 모른 채 할 수 없어서 망령되이 어리석은 견해를 올립니다. 다시 밝은 가르침을 내려주시기 바랍니다.

答: 閔僖逆祀, 其說甚長, 不敢煩稟. 而愚妄嘗謂昭穆之義有二, 天倫之序·君臣之義, 幷行而不悖; 恐不可一切斷以君臣之義也. 請以管見仰質焉. 胡氏引三傳父子祖禰昭穆之語-「左」曰: "躋僖公, 逆祀也. 子雖齊聖, 不先父食." 杜註: "閔兄, 不得爲父子; 嘗爲臣位, 應在下, 今居閔上, 故曰逆祀." 又曰: "臣繼君, 猶子繼父." ○「公」曰: "譏逆祀, 先禰而後祖也." ○「穀」曰: "先親而後祖, 逆祀也. 逆祀則是無昭穆也; 無昭穆則是無祖也. 君子不以親親害尊尊, 此春秋之義也."- 及韋昭[712]『國語』註臣子一例之說,-『國語』宗有司之言曰: "非昭穆也. 宗廟之有昭穆, 以次世之; 今將先禰而後祖." 韋註"父爲昭, 子爲穆; 僖爲閔臣, 臣子一例, 而陞閔上, 故曰非昭穆也."- 定爲兄弟各爲一世, 如父子之序, 而朱子祧廟議狀, 從其說; 此平素之抱疑而未決者也. 昭穆者, 是父子繼世之定法; 今以兄弟相繼, 謂有君臣之義, 而臣子一例, 各爲一世, 則昭穆之定例紊亂, 已非禮意.-「祭統」曰: "夫祭有昭穆; 昭穆者, 所以別父子遠近親疎之序而無亂也. 是故, 有事於太廟, 則群昭群穆咸在而不失其倫; 此之謂親疎之殺也." ○『中庸』曰: "宗廟之禮, 所以序昭穆也."- 且父子兄弟, 是天倫之定名, 不可以混稱也. 子曰: "名不正則言不順, 言不順則事不成." 以兄弟而爲父子, 其果爲名正而言順乎? 晉人兄弟同昭穆之議, 似爲處變之得宜者,-見『通典』.- 而孔疏又引『國語』宗有司非昭穆之言

712 韋昭 : 중국의 삼국시대 吳나라 雲陽 사람으로 자는 弘嗣이다. 『孝經』, 『論語』, 『國語』에 注를 달았다. 『三國志 65권』

而斷之曰："彼言閔僖異昭穆者，言位次之逆，如昭穆之亂；此假昭穆而言之，非謂異昭穆也．若兄弟相代，卽異昭穆，令兄弟四人，皆立爲君，祖廟毀撤；知其理必不然．"此說非十分明曉者乎？是以，歷代皆用兄弟同昭穆之禮，恐親未盡而有祧遷之位，且慮昭穆紊亂，統緒不正而然也．朱子於『中庸或問』昭穆不易之論，詳辨無疑，而祧廟狀，却用兄弟各一世之議；此所以後來諸儒之說，各有彼此之不同，而終未歸一也．然而朱子議亦云："只據先儒說，而未知其必可用"云，則亦未定之說也．麗制旣從兄弟同班之禮，則自無難處者；但顯宗以叔繼侄，而後世廟制，同堂異室，則叔居侄下，果似嫌礙．然而此等處，始當用臣子一例之義．何以明之？穆宗爲君，顯宗固當臣事之矣．假使穆宗生而傳位於顯宗，顯宗尊爲上王，其稱號之間，顯宗當稱臣，穆宗必不稱臣，及其薨後，顯宗祝文，當稱嗣王臣某；此則雖云親居叔位，不當以尊同而遽變前日臣事之稱號也，明矣．下教又謂"德宗祔廟時，黃周亮以'穆宗爲昭，德宗爲二昭，景·成爲一穆，顯宗爲二穆，顯宗爲次穆而不得上同於景·成之行'爲非"，又謂"排列之時，顯宗雖在穆宗之下，當遷之時，當與景·成同遷．"此恐不然．此當以爲君之先後定之；世數未滿，不當徑遷矣．然則周亮之議，不可非也．且麗代世室，惠宗佐太祖統三韓，功業不少，成宗制制度致太平，文治可觀，則此二君可當不毀之廟，而成宗無後，顯宗傳世，故後人皆以顯宗當之，不言成宗，誤矣．且顯宗得國不正，恐不可與論於世室矣．今執事又遺惠宗不擧，豈非臨位無可稱而然耶？大抵宗廟之禮，兄弟同班則無親未盡而祧者矣，旁親則滿五世而當遷，不當論親之盡未盡，以非正統故也；如麗穆宗之於宣宗，是也．-穆宗於宣宗爲再從叔，服未盡之親．- 又有已祧而復入廟，如唐代宗之於宣宗，是也．-武宗以代宗親盡故祧，宣宗卽位，以代宗爲高祖故復入廟．- 此變例也．盛問之下，不敢自外，妄獻瞽見．伏乞更賜明教．